说明面上的目的是工商业的顺畅流通,调控的特定工具和目标则是人。最高法院继续论述道,"为了完成整个钢铁工业所需要的活动,3.3万人在开矿,4.4万人在挖煤,4000人在开采石灰石,1.6万人在炼焦炭,34.3万人在炼钢,8.3万人在运送其产品"。正如琼斯与洛林钢铁公司案所表明的,通过国家劳资关系委员会,工业劳动力自身已经成为国家认知和干预的对象,它被概念化为一个有界限的社会单元。[17]

趁着这股攻击性的浪潮,也受益于这一新获取的法律地位,劳工运动大步向前。工会覆盖率从大萧条之前的12%(且基本上被排斥在大批量生产行业之外)上升到二战结束时的30%以上,这是颇具攻击性的产业工人联合会(CIO)把大批量生产行业的工人组织起来的结果。在匹兹堡,数十年的经理人员统治迅速让位于充满活力的工人运动,它们将工厂联合起来,把经理们在地方政府中的代理人赶下台。第二次世界大战的战争动员,以及战争带来的充分就业状态,进一步巩固了劳工运动,并进一步使这个新诞生的行政国家*介入对经济生活的规制。在1937—1945年间,新政联盟的左翼既因为被纳入国家体系而被赋能,同时又因这种纳入而受到限制,它在这个10年的后半段搁浅了。[18]

劳工在战争结束后开始发力,庞大的罢工浪潮震撼了全国。整个人口的5%参与了席卷全部主要行业的罢工。与罗

---

* 在大萧条以前,美国大体上是一个联邦制的司法国家,行政力量较弱,经过新政和二战,行政体系尤其是联邦政府的功能和权力大大增强,故作者称其为"新诞生的行政国家"。

机。这个过程中也激发了越来越多、类型不一的国家反应。[37]

在卫生政策研究和经济学领域，大量证据表明，贫困、失业、老龄化、慷慨的保险政策以及充分资本化的医疗体系，所有这些都可能要么造成了糟糕的人口健康状况，要么造成了医疗照护体系的高使用率，或者二者兼有。这些现象当然可能分别发生，但有一个显著的历史进程是这二者的共同原因：去工业化。

制造业在人口上留下的社会构型是不成比例的老龄化、疾病、失业和贫困，然而还有相对较好的社会保障。这种一般化概括并不意味着铁锈地带城市中的每一个人都老迈、有病、残疾，并很好地得到保障，也不意味着这些现象发生的唯一原因是去工业化；当然也不意味着医疗问题只是由经济机制造成的，或者只发生在工人阶级身上。如在总体水平上所显示的，此种人口学和经济学的构型，将失去工作的经验转化为病人的医疗需求，通过医院来满足由有保险的工人阶级构成的市场。与此同时，单职工家庭面临的挣钱养家的压力越来越大，女性也被推向劳动力市场，使得从前可以靠家庭内部无工资劳动来满足的照料需求加速流向机构照料。

伴随着工业就业的普遍危机，工人阶级需要更多的照料。越来越被经济压力挤出家庭内部无工资劳动领域的女性，被吸纳进蓬勃发展的照护劳动市场。当20世纪七八十年代女性寻求工资性雇佣时，她们进入了一个早已被战后福利国家制度化的种族和性别逻辑隔离出来的领域。[38]

除。他拒绝了，临近退休时得到一个纪律处分。萨拉吉自己则很快发现，一位老焊接工乔·雅兹科成了他的搭档，雅兹科已经有几十年的工龄了，他13岁就进了工厂，顶他因工身亡的父亲的班。[3] 伤亡内在于工厂的构造之中，不只在制度上，也在个人经历上，是工厂历史的一部分。死亡率标记出阶级的代际延续性，同时也表明，艰苦而又危险的工作不是什么好运气或坏运气，而就是命运——从父亲们传到儿子们身上的那种东西。

同样是顶父亲班的小爱德华·斯坦科夫斯基，同时期在霍姆斯特德下游几英里处的琼斯与洛林钢铁公司上班，他写了一部描述自己在城市南边的童年与在工厂上班时的生活的回忆录。对他而言，这些工厂似乎被赋予了超自然的力量。"我整天都在研究工厂，研究老人们为何既诅咒她又崇拜她。"斯坦科夫斯基写道，"在她锈迹斑斑的铁皮裙下面到底有什么？是什么带来闪耀夜空的火光、震撼我们房子的巨大爆炸，以及弄脏我母亲晾在后院的衣服的烟灰？"[4]

工厂拥有可怕的力量，像一个希腊神祇——事实上一个早期的工会就被称作伏尔甘*之子。工厂可以在匆忙之间占用你的整个生命，又可能在倏忽之间将你委弃一旁。它要求畏惧和牺牲，导致恐惧和憎恨。但作为回报，它也为它的人民及其城市提供一种生计，或者不如说一个世界。

---

* 伏尔甘（Vulcan）是罗马神话中的火与工匠之神，罗马十二主神之一，是朱庇特之子，对应希腊神话中的赫菲斯托斯。他是长得最丑陋的天神，而且是瘸腿，却娶了最美丽的女神维纳斯。

预示了产业性工作的危机,而且预示了所有工作的转型。

钢铁与经济周期

尽管钢产能在20世纪四五十年代稳步增长,但对钢铁的需求却在朝鲜战争之后萎缩了。在此背景下,最终席卷整个行业的危机开始慢慢发酵。若干个问题,尽管单独看来都是可控的,此时开始互相强化。首先,组织起来的工人显著地哄抬起了工资。美国钢铁工人联合会在1946年、1949年、1952年、1956年和1959年都组织了整个基础钢铁工业的罢工。在此期间,除保障了附加福利,工人们还获得了轻松跑赢通胀的工资增长。在20世纪50年代末,工会所保障的收入增长使其会员成为美国工人阶级战后富足的象征。在1959年与赫鲁晓夫的"厨房辩论"中,尼克松将钢铁工人作为他的第一个谈话要点:"如你所知,我们的钢铁工人现在正在罢工。但每个工人都买得起这栋房子,他们每个小时挣3美元。"[19] 尽管每吨钢材的劳动成本上升很快,工厂的生产率提高乏力,但钢铁行业还是有利可图的,因为劳动成本在总成本中只占很小的比例,但这个趋势是不可持续的。

钢材是太多产品的构成部分,所以其价格上涨无法不产生广泛影响。如果工人赢得了工资提升,经理们将相应增加的成本传递到钢材价格中,那么结果将是一个通货膨胀的循环:上升的钢材价格导致汽车和建筑业的成本上升,反过来又导致工人更强烈地要求更高的工资以购买汽车和房子。这个循环对组织起来的强势的工会和寡头垄断的行业相对仁慈,希望工头与工人开展斗争的情况下。在这个意义上,战后工厂中的科层体系并未冻结车间中的抗议和报复的无休止循环。毋宁说,科层体系成为这种冲突的岩层——义愤持续积累的场所。[39]

在杜肯工厂,管理层采取措施以巩固拿薪水(salaried)的职员层的象征性团结,以使其区分于工资(wage)劳动者。为了保持标准,总工头有个人办公室,而低级别的工头——他们要在车间里走动——拥有工位与他们自己的淋浴间和更衣间。全厂突然安装近两百张桌子,释放了清楚区分管理者和劳工的信号。工人通常没有舒服的地方可以坐,更没有机会去坐。一天到晚穿着沉重的钢趾靴站着,是钢铁工人身体经验的核心特征;这正是为何,如果对一个工作申请者而言,"长时间站立""长时间行走"都是问题的话,那么他只是个"适合于有限岗位"的申请者。四处走动是工作中如此关键的一部分,以至于钢厂各个环节的经理们都在计算,对工厂中各种距离的步行时间如何规定;都在与工会争论,哪部分行走时间可以算作工作时间。[40]

同样,淋浴室和更衣室的隔离,使工头们脱离了属于工人的少数的公共社会空间。工人的更衣室和淋浴室常常被管理层弄得不干不净,这也不是偶然的。"它们一般被称作屎房。"萨拉吉写道。工会不得不为了以下事项鼓动大家:饮水机里的饮用水,厕所里的卫生纸,足够大的垃圾桶,甚至水槽里干净的水;当河水涨高时,洗手间里的水因为带泥浆而变成了棕色。杜肯工厂的工人们有时不去洗手间,而是揭考勤卡扔在了长凳上。工会称，正常程序应该是工人在办公室取走他们的考勤卡，邓拉普把卡丢在洗澡间的行为进一步加剧了本已紧张的情势。"于是，两个人开始打斗，随后，哈瑞斯通过翻跳围墙而不是经由大门逃离了工厂。考勤卡成为工头升级局势的工具，不通过大门离开工厂成为工人的反应，这些都不是偶然的：老板坚持工厂的刻板纪律机制，而工人则规避它们。[61] 很多工人这样无视管理：喝酒、打架、在工作期间睡觉或者迟到。但这些行为能偷回来的时间很有限，而且面临被纪律处罚的风险。

喝酒、打架、磨洋工或睡觉构成了一种抵抗的形式，但这些实践都是被动的和防御性的。为了真正收回一些控制权，工人需要以集体的方式进行反抗。管理方——由于其在20世纪50年代后期寻求收紧激励性生产率、削减工人规模、加快生产速度——引发了这种反抗。1959年，杜肯工厂管理层提出了一项计划，从5月21日开始，将棒材厂的管道安装工分散到整个工厂。管道安装工是地位很高的手艺人，他们有熟练工匠的精神气质，并且在工会里很团结。"那天早上似乎一切如常，伙计们已经换上了工作服，工头也开始分派工作。大约7点15分，（工会官员）弗农·西德伯里来到车间并走进办公室，询问棒材车间的形势。管理方什么也没有公开表露。"西德伯里回到车间，管道工们在浴室举行了一次会议。"伙计们一起换了他们的衣服，并离开了车间。"

问题：一个规模庞大、经济上处于核心地位但仍受较大限制的群体，能否以捍卫其工作尊严的名义，而引起两党官员都非常想抑制的全社会通胀？答案是，可以。

但是，这场罢工并不是非法的暴动。钢铁工人1959—1960年的胜利是通过国家机器，而不是反对国家机器而获得的。正如新政的全盛期以来反复发生的那样，不管是民主党还是共和党，也不管它们喜欢不喜欢，尽管罢工成为参众两院中反复被抗议和平息的瘟疫，两党仍然通过强制工业雇主们让步而达成了它们的政治需要。

被包裹在安全的工业地带，工人们不只体验到作为集体权力的社会公民权的分叉性，而且也作为个体体验到这种分叉性。集体权力是解放性的——这是他们崇拜工厂的原因；而个体性的经验却是异化和恐惧——这是他们诅咒工厂的原因。这也是爱德华·斯坦科夫斯基在写下"被断开、被排除，被丢到了荒凉遥远的另一端，其间的距离是金钱无法弥合的"时所描述的现象。当他感受到罢工所赋予的情感馈赠"久远、优越与尊重"时，上述集体的和个体的经验都在其中了。

钢铁制造工作让工人同时感受到英雄主义、怨恨和四面受敌。即便一场巨大罢工的胜利也无法解决这种深刻的矛盾，因为这种矛盾深植于承诺与义务的结构中，这些承诺与义务在个人层面构成了战后工人阶级的美好生活，在社会层面构成了国民经济。不可否认，工人阶级的强势工会帮他们赢得了远超其父辈的权利和保障。但恰恰由于组织化的劳工的经历进行对比，来更好地把握它。M出生于一个工厂小镇的钢铁工人家庭，获得了一个博士学位，成为了一名学院院长。遇到她的丈夫时，她已经是一名老师了，她回顾道："我不想嫁一个其他人嫁的那种人……那时我并不考虑未来或金钱，我想我妈妈关心的是这些，而我希望跟我喜欢的人在一起。"[20] 尽管没有理由认为中产阶级婚姻有更多的爱情，但通过伴侣关系和新家庭的组建而摆脱家族的羁绊、进行自我创造的主观经验，与M博士周围那些女性的经验形成了鲜明对照——她们的经验是对过去的重复，而家庭是一种家族延续的形式。

相比以往，大规模生产和由此产生的工会化确实创造了更稳定的就业，导致了更统一的家庭结构，但对劳动力的需求从来没有与理想家庭中人的生命历程严丝合缝地匹配起来，导致这种理想家庭在实践中远未得到在意识形态中的那种普遍性。[21] 把男人送去钢铁厂上班的家庭是社会机器的一个单元，它把日常生活的过程与工业的节奏连接起来。从这个意义上讲，每个家庭都是一个小工厂，而家庭成员们同时也需要一起生活。

家内工作纪律

如工厂工作一样，家内工作也向其新参与者灌输具体的纪律。"我每天晚上回家都需要做饭，我想这是最大的调整，"R太太回忆道，"因为在娘家的时候我下班回来吃晚再生产性劳动,使其与相互交叠的生命周期的跨度相匹配,与生命历程的节点相同步——出生、结婚、抚养儿童与步入老年,以及日常的班次轮换、一日三餐和衣服浆洗。[43]

换言之,拥有住房是另一种试图把家庭相互矛盾的义务和回报变成一个连贯和持续的物质现实的方式。拥有住房的逻辑不是贪婪,而是稳定。"我可以不怎么在意你是否觉得我的房子漂亮,或者当你走进来时会不会感到失望——我可以不怎么在意,"E太太说,"那对我不太重要——我在里面感到快乐,我的丈夫努力工作才获得这一切,这个房子很适合我们。"获得一个房子是朝向社会承认和获得作为母亲的主体地位的重要一步。通过对房子的装修布置,一个工人阶级女性可以保护和再生产出她的工作所创造的家庭。"我哪儿都不去……因为(我的丈夫)希望我就围着家转。而且孩子们有时也在这儿,你不能拍拍屁股就走掉。"V太太如此解释说。[44]

相比白人家庭,黑人家庭能获得现代且可支付的房屋的渠道要少得多,原因在于歧视性的住房市场模式,这种歧视性不仅源于财富积累的水平,而且在于房屋所有者收入稳定的程度。战后匹兹堡的黑人人口被限制居住在一些最为老旧的区域,那里的房产最为破败。例如,埃塞尔·伍德·亨利跟她丈夫和7个孩子住在兰金的一个低洼地区的一间地下室公寓里,靠近河边和工厂。1957年11月,下水道倒灌进了他们的厨房,把他们家淹了好几天,而他们人还在里面——从屋檐漏下的雨水和一个邻居家壁炉冒出的煤烟更是让他们个人本身看起来也不一样。"他不是'我是男人而你是女人'那种意义上具有进攻性的人",她注意到这一点,把他们之间的关系描述为一种友谊。他喜欢做饭。在他们结婚后的第一年,他从钢铁厂出来参加罢工,而"这极大地改变了我们相处的模式,因为我要去工作而我的丈夫不去"。随着时间的推移,她反思道,"我在家里扮演了支配性的角色"。回过头看,她把自己称为一个"无意识的女性解放实践者"——很少有工人妻子会赞同的一个立场。[63]

因为家庭机器为丈夫和妻子生产主观地位的方式——把他们放置在世界中,放置在他们的相互关系和与社会的关系中——其错综复杂的功能的持续对双方而言都是至关重要的,即便它的齿轮经常发生摩擦。这种必要性,加上许多工人阶级家庭中强烈的权力不平衡,常常导致家中形成一种难以沟通的氛围。坦率的谈论会带来一种风险,即将家庭机器顺畅运行需要避免提及的事物表面化。这就导致一种拒绝:"我什么也不说。"

同样地,诺瓦克家经历了多次胁迫,而贝丝在她的私人日记里没有记录下对任何一次胁迫的感受。她的丈夫丹多次被裁员或参加罢工,还多次兼职当门房和理发师。孩子们陷入法律上的麻烦和斗殴。她的一个儿子让一个女孩怀孕,导致了一场闪电式婚姻。还有一次,她的儿子失踪了。过了一些天他们被告知他在佛罗里达的监狱里。家里人给他汇了钱,他得以回家,但"他表现得好像没有做过任何错事"。无论这个家中发生了什么,没人可以谈论它——相互之间不规范模型就是站不住脚的。在这种情况下,孩子们不得不直接参与家庭的生计维持。在这两极之间广泛的中间地带,家庭在安全与不稳定、舒适与匮乏之间循环往复,而女性则通过她们自身有纪律的努力,勉力制造家庭的连续性。

不断被接受的礼物

社会公民权是在工厂中形成的,然后通过家庭被赋予全体民众。因而,对规范的家庭保障的感受是通向这种公民权的感性渠道。简·麦克索利对煎洋葱香味带来的愉悦的回忆,描述的不正是这种感受吗?爸爸下班回家,妈妈在做他最爱吃的东西,一切都很好。玛丽安·埃克尔斯,一名钢铁工人的女儿,喜欢想象纽约摩天大楼的钢梁上她父亲的指纹;在她头脑中,他真正在字面意义上建设了这个国家。正如爱德华·斯坦科夫斯基在他的回忆录《钢铁记忆》中所言,"这个世界需要像我家那样的家庭"。[79] 即便经历艰难困苦,被社会秩序所拒绝,劳动人民也不得不赋予这种拒绝以意义,尽管这种社会秩序原本被设想会包容他们。

由此,很多工人阶级女性别无选择,只能勉力营造至少是部分符合规范的家庭。其结果是一系列有社会意义的观念:男人是英雄式的养家糊口者,而女性是利他主义的照护提供者;进一步而言,饱含男性气概的工厂工作是真正的工作,而女性的再生产劳动是一种自然的、天生的、出于爱的劳动。这些共识并不仅仅来源于政策制定者和宣传。这些观家庭的收入不是来源于就业——主要来源于公共救助和社会保障。[19]

在这个普查区中，有 1568 个住房单元，除了 36 个是空置的，其余都住满了，绝大多数住的是租户。几乎所有的房子都是战前盖的。事实上，只有 159 个单元——10%——是结构牢靠并配备了全部必要管道设施的。有一半的住房处于恶化状态：按照普查的说法，"需要比定期维护更多的维修"。三分之一的房子是"破旧的"——"无法提供安全和充分的居住条件"。该区中的多数单元没有私密的室内浴室。[20]

局限于拥挤的居住区中且相对不受城市当局的监管保护的大量匹兹堡黑人，同时还陷入了小规模的掠夺之网中。尽管这些黑人租户的居住条件糟糕，房东仍然能够收取高额房租。这座城市中的非裔美国人，有一半要花费四分之一以上的收入来支付房租，而白人中需要拿出这个比例的只有 30%。高额房租反过来又导致为了赚取房租而进行的公寓内的转租，造成进一步的拥挤和对房产的破坏。租户们用各种方式对抗他们的房东——在报纸上抱怨、向民选地方官员呼吁、在大楼外示威，甚至有时候发生暴力冲突。就在 1959 年 10 月的第一周，希尔区就发生了两起相互独立的房东与租户纠纷致伤事件：在其中一起事件中，租户被煎锅砸了脑袋；另一起事件中，房东的脸和手被剃须刀划伤。（这些插曲的发生可能不是偶然的，它们的导火索都是欠租，发生在 1959 年钢铁业罢工数月之后。）[21]

该市试图通过其城市更新计划来解决居住条件问题。这的袭击，这又导致一家白人小酒馆和一家黑人台球室的顾客之间爆发了群殴。[42]

没有哪个机构比学校更清楚地体现了这些紧张关系。在20世纪六七十年代，当地学校爆发爆炸性的种族冲突的区域，与黑人工人被剥夺生计的工业社区的地理分布几乎完全重合：麦基斯波特、霍姆斯特德、布洛克、杜肯、黑泽尔伍德、南区、莫内森、多诺拉和克莱顿——所有河岸工厂社区，每个社区都发生了非常相似的斗争。在黑泽尔伍德，学生之间的争吵导致"来自第二大道台球厅和啤酒馆的白人硬汉"涌入格拉德斯通高中，在校园内挑起了一场种族骚乱。警察跟踪并逮捕了12名黑人学生，在此过程中殴打了一名14岁的女孩。当黑人学生逃离学校时，一帮白人成年人在警察的眼皮底下追捕他们。"当黑人看到这伙人接近时，"《新匹兹堡信使》报道，"他们开始扔石头和瓶子。警察没有采取任何行动。他们更喜欢用'把它们扔回去''拿下那个……'的喊声，来鼓励白人帮派。"警察随后逮捕了扔瓶子的黑人，却放走了白人团伙。负责学校公共安全的黑人警官比尔·摩尔后来辞职了，称他不想再被利用来"安抚黑人"。[43]

类似的事件在蒙谷各处上演。"白人不希望黑人上学。"一名南区学生简洁地说。在麦基斯波特的一所学校，4名黑人学生因袭击老师和同学、携带武器（叉子）与破坏学校财产而被开除。在"查明头目"并缩小目标之前，学校让30名学生停学。一位访客报告说，白人教师的歧视和墙上的种族主义涂鸦在该校很常见。在莫内森，一名学校警卫开枪打棒攻击示威者，打伤了30人，逮捕了180人。抗议行动持续到9月。9月20日，1万名示威者包围了美国钢铁大厦工地——这里即将成为天际线上最高的建筑——并举起拳头以无声的黑人力量致敬。[63]

至此，这个问题变得具有爆炸性。在卡内基-梅隆大学的校园里爆发了大规模的示威和停工。市长约瑟夫·巴尔向尼克松政府寻求帮助，劳工部派出了一个小组，旁听黑人建筑师联盟、建筑商协会、建筑业和手工业工会之间的谈判。但各方无法达成协议，当建筑工人在未完工的三河体育场顶上挂上写有"72年的华莱士"的大牌子时，这一僵局得到了生动的说明——将他们对行业内种族隔离的捍卫，与国家政体中对一体化更大的抵制联系在了一起，预期中小乔治·华莱士*将会拥有的总统候选人资格就体现了这种抵制。雇主和工会保持着统一战线，提议在不确定的时间内雇用1250名黑人熟练工，并坚持行业必须要有长时间的岗前培训，这是阻止黑人学徒工进入行业的手段。[64]

在接下来的两年里，虽然国家签署了各种协议，并从华盛顿强加了一项计划，但问题从未得到真正解决。对协议和计划的遵守和执行不力，使目标一再被降低，建筑工人的构成仍然没有什么变化。到1974年，建筑业增加了573名黑人成员，导致该计划的管理者内特·史密斯为其辩护称"匹

---

* 小乔治·华莱士（George Corley Wallace Jr., 1919—1998），美国政治家、律师，曾三次出任亚拉巴马州州长，并四次参选美国总统。在20世纪60年代的民权运动期间，华莱士是保守派的代表性政治家。

模范城市计划的失败归咎于该项目对波兰裔社区的社会组织的无知。梅林解释说:"他们一开始没有费心去了解这些社区是如何组织起来的。他们使用了错误的方法,忽略了情谊构成的秩序。"此外,将白人工人阶级社区纳入"贫困"计划本身就是一个错误。他认为,无论实际收入如何,这个群体都不喜欢被看作穷人。"在冯·梅林教授看来,这是因为他们严重依赖泛家族圈内的合作安排,每个亲戚在需要时都会帮助对方。'贫困不是用实际收入来衡量的。只有当你无依无靠的时候,你才是穷人。'"[84]

这种社区层面的反对意见在20世纪60年代末和70年代初逐渐成为一种民粹主义的政治表达。首先是在1969年,它们助长了市长皮特·弗莱厄蒂的爆冷崛起,他公开抨击了市中心的民主党机器。弗莱厄蒂是一个中间派的民粹主义者,他承诺降低税收并淡化城市更新计划,将权力还给社区。白人选民反过来觉得这是在回应他们在反贫困计划中感受到的挫败感——新的尼克松政府在联邦政策层面呼应了这种挫败感,大幅削减了对这些项目的资助。到1972年,这种政治形式发展为一种更激烈的种族主义的民粹主义,当时白人钢铁工人基本上都支持乔治·华莱士争取民主党总统候选人提名。"我认为今天的政府给了有色人种太多的东西。我认为是时候让他们归位了,"西米夫林市一位工厂警察的妻子玛丽安·欧文说,"如果这种情况继续下去,黑人就会反过来骑到我们头上。我喜欢华莱士,因为他是为了像我这样的人而竞选的。他很公平。他相信富人会一时承担起责任。"[85]

费用、10天的产假福利，以及最高300美元的手术费用，而蓝盾公司则承保医生的费用。* 雇主和工人分摊保费，工人每月平均花费11美元。[16]

医院随后获得了巨额的新收入。它们升级了设施，以满足对更高标准的舒适和护理的需求，投资于更好的设备和更大的空间——特别是建造由钢铁工人协议授权的半私人病房。仅仅从1948年——美国钢铁工人联合会总体计划的前一年——到1953年，西部宾州的医院每年的蓝十字会付款总额就增加了2.5倍。1954年、1955年和1958年，阿勒格尼县有3家主要的新医院开业，而几乎所有的老医院都开始了雄心勃勃的资本项目。到1959年，自1937年蓝十字会成立以来，西部宾州的医院已经获得了近4亿美元的资金（按1959年的美元计算）。[17]

在1960年，从头到尾建造和装备一所拥有200张床位的医院，总共花费大约500万美元。阿勒格尼县所有37家非营利性非政府医院的资本总值约为2亿美元，年度总运营成本约为6500万美元。因此，蓝十字会确保的收入流足以改变区域医疗经济。地区医院规划协会的负责人鲁弗斯·罗尔姆写道，社区医院"已经成为整个人口的综合保健中心，而不再仅仅是生病的穷人的监护机构"。它现在属于所有人，必须提供与其新的社会基础相称的服务。正如1959年该市医疗系统的宣传所宣称的那样，"社区医院只在金钱方面是

---

* 在美国医疗体系中，医院费用与医生费用是分开支付的。

的还有救世军妇女组织、老鹰兄弟会的妇女辅助组织,以及圣迈克尔教堂的牧师。[39]

原告辩称,医院董事会是非法选举产生的,根据定义,综合医院必须有产科病房。在驳回第一项请求的同时,法院同意,关闭产科将造成机构身份的重大改变,需要更改医院章程。法院认为:"当综合医院位于一个已提供这些服务多年的社区时,这一点尤其正确。这些服务是社区居民可以合理期望综合医院提供的。"法院认为,医院必须满足社区的期望。[40]

公私联合的福利国家以集体谈判为关键,因此以资历为中心,实现了工人阶级生命历程的制度化和正常化,直至退休。然而,这种制度(regime)使得生命本身的创造成为不可谈判的,特别是在一个天主教徒众多、社会组织密集的工人阶级社区,其家庭文化的中心是自己的代际延续而不是向上流动。作为社区稳定的节点,医院必须生产(produce)婴儿。1965年宾州最高法院在"弗拉杰罗诉宾夕法尼亚医院"一案中的裁决,剥夺了医院的法定慈善豁免权,明确了这一点:"医院已经成为国家的助产士。每隔10年或15年,一个全新的国家就会在美国的医院里诞生。"因此,医院对它们的服务对象有法律上可执行的义务。[41]

不过,这些社区义务在财务上是可控的,因为医疗保险似乎打开了一个无限资金的水龙头,加强而不是推翻了私人医疗保险已经建立的逻辑。医院此时在该地区人口减少之初就蓬勃发展,而人口减少本身就是工业衰退的产物。匹兹堡对此有很多用处。

到20世纪70年代,钢铁工人和家属不仅在健康利用方面与20世纪50年代的普通人群不同,而且与蓝十字会的其他会员群体也不同。1974年,宾夕法尼亚州西部每千名钢铁工人中有164.85人入院治疗,而蓝十字会其他成员每千人中有125人;每千名钢铁工人有1169个病人日,而蓝十字会其他成员每千人中有878个病人日。不仅仅是钢铁工作的危险性推动了钢铁工人的就医;钢铁工人的家属也表现出很高的就医率。[65]

总的来说,这些产业工人及其家属的存在使匹兹堡的医院利用率在20世纪70年代初维持在接近全国平均的水平;如果没有这些人的存在,匹兹堡的医院利用率就会降到全国平均水平以下。克利夫兰、底特律和其他类似的城市也有类似的情况。[66]为了满足这一群体的需求,医院扩大了产能,尽管消费和供应的最大增幅还在未来10年。

钢铁业的用户构成了保险和医院市场的基础。在职钢铁工人及其家属占西宾州蓝十字会整个用户群的17.5%。此外,这个数字不包括成千上万的钢铁业退休人员和其家属,他们在蓝十字会补充了他们的医疗保险,使这个百分比被严重低估。因此,通过钢铁业投保的人构成了该地区主要保险公司的大部分用户,并且在实际住院病人中占有更大的比例。[67]

考虑到钢铁工人对整个医疗照护系统的影响,可以把匹兹堡看作一个巨大的公司城,由蓝十字会管理其福利计划。

为医疗照护的爆发式增长提供资金

随着20世纪70年代医疗服务需求的增长,医院开始了新一轮的资本扩张。为了给扩张提供资金,医院可以使用保留的收入,并通过慈善机构的支持或者贷款来补充资金。1971年,为了鼓励债务融资,阿勒格尼县的专员们成立了阿勒格尼县医院发展局,该局可以代表医院和养老院发行免税的市政债券,使私营医院能够进入市政债券市场。正如县专员伦纳德·斯塔西所说,该立法将允许在不增加公众成本的情况下扩大服务范围。[89]

国家权力再次通过私营机构——这次是债券市场——扩大公共服务。"这些机制是为那些在财政上可以自给自足的服务而设立的,但很难用于无法应用商业模式的那些服务,"历史学家盖尔·拉德福德写道,"归根结底,发债的方式必须通过保证强大的收入流来取悦债券持有人。"[90] 医院发展局的设立是为了将即将到来的大量保险付款转化为当下的信用来源,以建立更多医院,从而获取更多的保险付款。这种债券通常安全且免税,从而降低了医院的借贷成本。

债务融资的资本扩张随后产生了更多的供给。1978年发表的一份报告指出:"在1966年至1975年间,阿勒格尼县急诊医院的运营成本增加了两倍多。资本支出是造成这种增长的一个因素,这些资本支出服务的其实不是当下的运营费用的融资成本,而是它们为运营规模扩张所进行的资本投入随后召集了一个公民小组来权衡该机构的未来,并为私有化的支持者提供了大量代表。小组主席戈登·麦克劳德(他很快将被提升为宾州的卫生部长)支持私有化方案(private-sector ownership),或至少对凯恩进行私营化(private-sector management),他在私人信件中评论说,继续由公众控制会导致更多的员工抗议和"越来越多的负面宣传"。

反对私有化的是凯恩的有组织的工人和一个广泛的活动家联盟。埃克尔和纳吉是揭发凯恩的3个人中的两个,他们属于新美国运动(NAM),这是一个社会主义-女权主义组织,于20世纪70年代初从学生左派的残骸中出现,旨在弥合学生、专业人士和工人阶级之间的鸿沟。特别是纳吉,他曾在芝加哥的中西部学院接受过社区组织的培训,看到这个组织有可能形成一个广泛的民众联盟,共同为老年人的尊严、工人的权力与地位而斗争。[115]

活动家们因此形成了一个更广泛的联盟,帮助组建了改善凯恩医院委员会(CIK)。改善委员会包括像莱温这样的护理专业人员、进步的天主教徒(来自托马斯·默顿中心和匹兹堡牧师协会)、老年人权利组织者(来自老年人行动联盟,最突出的是马克·彼得森)、工会成员、优待病人倡导者和病人亲属,以及其他无党派的活动家。在莱温、彼得森和纳吉的领导下,改善委员会通过抗议行动和与凯恩的护工的联盟来施加压力。[116]结合1979年的县工人罢工,这一努力帮助拖延并最终击败了将该机构私有化的企图,并坚持人道和民主的老年护理愿景,其中病人和护工都将从充分的公共支抓住了去工业化的现实,而劳工队伍中的许多人仍然忽视了这一点,他还在去工业化的现实中寻找平等主义的可能性。他设法确定了产业工人的失业和新的服务经济增长之间的关系,尽管与大多数观察家一样,他还没有意识到这个新经济将为他的工人阶级兄弟姐妹们提供的帮助是多么有限。

构成萨德洛夫斯基的群众基础的基层组织仍然是工人阶级团结的重要来源,为安全、非歧视和工作中的民主而战。他们抓住了霍姆斯特德工厂1397分部的领导权,并在钢铁业的最后10年将其变成了工人阶级激进主义的区域基地。与萨德洛夫斯基本人一样,这个环境形成了一种创造性和激进的亚文化,充满了自学者、诗人、音乐家、漫画家和活动家。[17]

钢铁业危机让许多人措手不及,但激进的工人团体却睁大了眼睛。他们没有能力阻止该行业正在发生的事情。尽管他们做出了最大的努力,他们也不能像他们希望的那样,找到一种方法,将这场灾难转化为具有20世纪30年代之规模的广泛抵抗。但这一失败并不能抹杀他们的创造力和决心。

底部崩塌,1978—1985年

20世纪70年代末,钢铁业长期、缓慢的衰退加速了。1977年,也就是萨德洛夫斯基竞选失败的那一年,钢铁厂的产能开工率为78%;钢铁进口量已经上升到国内市场的20%。在1977年9月19日的"黑色星期一",扬斯敦板材年，宾州议会否定了蓝带委员会*关于减少和合理化判刑的建议。第二年，该州通过了一项强制性最低刑期法。1985年该州的一个委员会报告说："过去5年的特点是宾州的县级和州级的被监禁人口大幅和持续增加。"1979年至1984年间，看守所和监狱的在押犯人数量分别增长了58%和60%——正如历史学家安妮·帕森斯指出的那样，由于精神健康护理的非机构化和福利支持的削减，监狱的在押人数也随之膨胀。阿勒格尼县监狱，像宾州的许多监禁机构一样，出现了"严重的过度拥挤问题"，招致法院命令"纠正违宪的条件"。监狱在1983年出现了最严重的过度拥挤现象，同年匹兹堡的经济状况达到了最低点。在霍姆斯特德，1984年和1985年来自该区警方的数据显示，因轻罪、重罪和未执行的逮捕令而被捕的人中，10人有9人是失业的。就黑人男子而言，在这些类别的被捕者中，95%的人都是失业者。然而，与其他调节贫困的机构所遭受的紧缩不同，监狱的发展是繁荣的。在20世纪80年代，该州掀起了3亿美元的监狱建设大潮。[37]

---

* 蓝带委员会（blue-ribbon committee），指由一些专业人士组成的，目的在于对某项社会事务进行调查研究的组织。这种组织一般不受政府和其他权力机关的影响，但自身也没有强制力。其价值在于用专业、客观的分析得出结论和建议，供决策者参考。

到的影响最小。最终,医疗照护系统和它所依赖的公共支持在一定程度上庇护了经济上流离失所的人们。穷人的医疗服务质量无疑较差,而且难以获得。但作为一个整体现象,这种关怀仍然超过了其他方面提供的援助。

即使在个人层面上,许多新失业的人也发现他们自己能够获得护理,尽管是以被污名化的方式。例如,阿维斯·史密斯从卡利高炉公司下岗,失去了她的保险,无法负担临时保险,为她的女儿积攒了一些令人生畏的医院账单。然而,此时她开始有资格获得国家医疗援助。她仍然有一种脆弱和依赖的感觉,因为她不再是通过自己的劳动获得保险——但她得到了保险。"当你习惯于按自己的方式付费却开始被束手束脚时,这感觉很悲惨。"另一位下岗工人伯尼·斯皮瓦克赞同史密斯的说法,他说:"我很难接受别人的任何东西。我已经习惯了出去买我需要的东西。"当麦基斯波特医院和南希尔区卫生系统合作为失业者提供免费护理时,这些机构惊讶地发现失业者对该计划的需求很小。那些最可能没有保险和没有护理的人,似乎也是最年轻和最健康的人,他们最不可能立即需要护理。医院理事会主席解释说:"我们相信,需要护理的人正在寻求护理。"[58]

许多医疗机构仍然遵循社群和慈善护理提供的逻辑,挺身而出,填补了这一空白。在另一个钢铁小镇阿里基帕,社会工作者观察到:"失业委员会的成员向他们有需要的同龄人发放一张卡片,让他们在阿里基帕医院享受免费的医疗服务。"医院为失业者制订了延期付款计划——换句话说,医

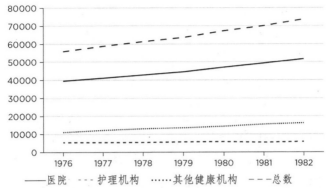

图5.1 1976—1982年匹兹堡大都会区的医疗照护业的就业情况。Data Source: Health Policy Institute, "The Implications of a Changing Economy for the Hospital System in Southwestern Pennsylvania," p. 54, Box 136, Folder 8, RHWPA.

虽然20世纪80年代初期的负面冲击相当迅速，但劳动力市场某些部分的调整总体上是渐进的，而且有些矛盾。在这10年间，医疗照护行业取得了领先的地位，到1990年，女性在阿勒格尼县劳动力市场的力量几乎赶上了男性，但仍然由男性主导的蓝领就业并没有完全被消灭。在就业的男性中，29%的人仍在建筑业、制造业、卡车运输业和仓储业工作；其中，建筑业与汽车修理等工作雇用了最多的男性，它们吸引了许多寻求使用技能的失业钢铁工人。金属生产仍然是最大的工业就业领域，尽管它的人数下降到只有1.1934万名工人。该地区的3个大型工厂——埃德加·汤姆森、欧文和克莱顿——仍在运营，但员工人数大幅减少。食品服务、批发贸易、零售业和建筑服务是吸收工人阶级男性劳动力的其他主要场所，还有医院，尽管那里雇用的男性人数远远少于女性。[81]

护理与工作文化

匹兹堡的医疗照护系统在20世纪70年代末和80年代初仍然是战后福利国家的体制产物,其印记是有组织的工业工人阶级的社会权力和社群价值。该体系在20世纪70年代因收入的流入而膨胀,将战后自由主义的逻辑延伸到20世纪80年代,几乎没有任何改变。卫生政策制定者和经济学家批评该系统"负担过重"、产能过剩并导致了过度护理和通货膨胀。钢铁工人的保险和医疗保险创造了一个适用对象广泛的社会护理权利,并刺激了大众医疗照护消费的文化。工人阶级利用这一系统来满足他们的需求,因为其他形式的保障已经消失了——这对于一个老龄化的、生病的、保险充足的人口来说是一个可行的策略。在整个20世纪70年代和80年代初,钢铁业的衰落和人口的老龄化扩大了这个市场,而且,在战后工人阶级的性别分工和照护文化的具体延续中,由于钢铁业工资收入的损失和医院的增加,原本从事家内和社区照护服务的女性被拉进了劳动力市场。

战后的家庭形式在这里充当了雇主可以利用的资源,调动了家庭中得到训练和相应社会化的劳动力。正如哥伦比亚医院的员工手册所说:"在医院工作,有一些非常特别的地方。无论你是否直接关心病人的护理,你都会有一种非常特别的感觉,这种感觉只有在为一个关心病人或残疾人的组织工作时才会有。"弗里克医院的员工波琳·奥拉维兹将自己院平均享有4.6%的净营业利润率，而22家非城区的非教学医院则平均为-1.9%。调查匹兹堡市场的卫生经济学家指出："那些在预付费制实施之前做得很好的医院报告说他们现在做得甚至更好。"另一方面，老龄化的后工业地区的小型社区医院曾在旧的支付系统中蓬勃发展，而现在，它们被切断了这一渠道，承受了压力。正如朗格斯特所说，医院不能再靠"单纯的地理位置"——即阶级的和社区的联系，这种联系将匹兹堡的工人阶级与当地可靠的专属市场中的医疗机构联系起来。朗格斯特进一步解释："志愿医院系统是由各个单位组成的，这些单位具有丰富和连续的历史，具有强大的、非常具体的社区支持。在某些方面，这可以算作这些机构最大的资产之一。"这种资产的基础是医院真正为其社区服务的意识——医院在某种情感意义上，即使不是字面意义上，属于它们所在的社区。而财务上的需要，如裁员或停止某些服务，"可能会直接影响社区对'它们的'医院的期望"。现在，一场洗牌正在展开。[25]

虽然陷入困境的医院没有找到解决这一挑战的办法，但规模较大、盈利能力较强的医院却有机会。它们将利润投资于"新技术的获取、设备更换、设施翻新……和管理信息系统建设"。1983年的变革将病情不太严重的病人赶出住院部，转入门诊治疗，导致住院病人的总体病情更重。留在医院里的人现在需要更强烈的干预。"重症患者需要更多的诊断测试、更多的药物、更多的呼吸治疗，以及使用更多的高科技监测设备。更快地出院意味着需要提供更密集的物理治在她的叙述中，这位愤怒的女管家列举了管理层自己在记录中留下的虚假内容。有些是对她个人的冒犯，有些则是关于卫生方面的问题。"关于脏床单箱的记录是假的"；"烘干机的使用记录是假的，记录显示每天10点清洗，使用达到300次时也清洗，实际他们只在使用300次时才清洗"。其他工作人员观察到失禁垫、尿布和隔离手套的普遍短缺。有一次，疥疮暴发了，传染了几名病人和至少一名护士助理，这显然是由于相关用品缺乏和行政部门拒绝隔离病人造成的。正如一位工作人员所言："在治疗期间，让病人整周都处于隔离状态，成本太高了。"[46]

当该院的一名病人在例行呼吸道抽吸后死亡，成本削减的后果就显而易见了。护士凯伦·阿克斯经验丰富，并且有"出色的履职记录"，但她和呼吸技术员伊丽莎白·佩特鲁拉克在"转身去照顾其他病人"时没有重新开启呼吸机。事件发生后，默里庄园终止了呼吸机项目——"因为缺乏资金"——并解雇了从事这个项目的工人。[47]

养老院和居家护理人员是卫生保健工作人员中最容易被处置的（disposable），即便他们的工作是对病人的长期处置。这种共同的可处置性可能表现为护理人员对病人的疏忽，甚至与病人之间的冲突和暴力，但它也可能产生员工与管理层之间关于护理条件的冲突。1985年，匹兹堡的两家养老院沙迪赛德庄园与内格利之家的所有者将它们卖给了一个更大的营利性经营者。买方随后解雇了每家养老院约一半的员工，在匹兹堡崩溃的劳动力市场上，他们被轻易取代。作为回医学院在1990年至1993年间增加了20个捐赠讲席。"我们的指导原则,"德特雷向长老会大学医院和蒙特菲奥里医院的联合理事会解释说,"一直是在我们的医疗中心医院和附属医院、各健康科学学院以及匹兹堡大学的其他学院和中心之间建立尽可能多的联系。"截至1990年,该医疗中心以其基础癌症研究所的模式拥有22个研究和临床中心,另外还有15个中心正在组建中。"除了提供最先进的护理外,中心还具有额外的优势,即为那些需要多学科团队来处理复杂医疗问题的病人提供舒适的一站式服务。"例如,运动和预防医学研究所包括一个专门的疼痛诊所,这反过来又为"招聘一名国际知名的生物力学工程师提供了种子资金,他将担任骨科手术部的研究副主席",德特雷解释说。[69]

当德特雷于1992年退休时,匹兹堡大学医疗中心理事会任命了他的副手,杰弗里·罗莫夫——一名商人,而不是医生——来接替他,尽管卫生科学系的教师们压倒性地倾向于从外部任用。罗莫夫表现出对企业转型的不加掩饰的拥抱。他对《匹兹堡邮报》说:"我们正在见证医疗照护从社会公益向商品的转化。"[70]

尽管医疗保险改革在20世纪80年代已经使医疗卫生有些非政治化,但这种公司化的转变将这一问题重新推上了国家议程——这一过程始于宾夕法尼亚州。1991年,在约翰·海因茨参议员突然去世后,州长鲍勃·凯西提名了一位名不见经传的民主党政策知识分子和官僚哈里斯·沃夫德来填补空缺。沃夫德随后在一次特别选举中出人意料地击败了共和次。在20世纪70年代，作为一名年轻女性，她曾在位于她长大的地方附近的布拉多克医院担任护士助理。她换床单、量体温、洗身体、打扫房间。工资很低，但工作"并不坏，真的不坏"，她回忆说。[89]

然后，在从事其他工作多年后，科本于1997年被长老会大学医院聘为管家，时薪约为9美元。"我想我花的时间太长了。因为他们要你在一定的时间内把床翻过来。为此我不得不在第一个周末工作。我永远不会忘记。他们没有对我进行重症监护室的培训。我从字面意义上说，他们把我扔给了狗，我太紧张了。"在她负责的区域，她有30个房间需要清理。"每层楼有10个房间。我必须进入每个房间，拉出垃圾和床单，如果地板上有任何杂物，不管怎样，我都要把它们整理好。我要清理护士站和厨房里的垃圾。这基本上就是我在每层楼所做的工作，直到他们叫我去找床位。"有些时候，如果没有对新床位的需求，她就能处理好这个任务。而在其他日子，"这是不可能的"。[90]

为了完成工作，科本经常不得不运用自己的方式。她在下午3点开始轮班，她发现前一班超量工作的员工有时会把本应已经办理出院手续的病人拖住，以避免病人出院带来的额外工作。"他们会一拖再拖。然后当值管理人员会在统计中调用床位。他们想让你快点进来打扫这个房间。他们等了很久，有时病人在走廊上，而你却正在打扫房间！"科本"从未按照他们教我的方式打扫过房间。因为按照他们教我的方式打扫，病人要等到更晚才会有床位。"通过裁员，医你打扫卫生间，拖地，整理床铺，放入所需的用品。你知道，要保持库存，库存，好吧，我做过两次肩部手术，肩膀并非100%都是我自己的零件。你知道我整晚都在做这个。"[11]

像许多患者一样，佩顿现在也欠下了医疗债务——尽管她是欠自己的雇主的。在放射科工作的日内瓦·戴维斯患有糖尿病、高血压和甲状腺疾病。"我在一家世界知名的医院工作，有时我不得不在购买食物和支付药物费用之间做出选择。"琳达·托马斯做了25年的护士助理，"我甚至无法负担我每天需要的药物。我每隔一天吃一次药，以延迟药物被吃完的时间"。莱斯利·波斯顿从事两份工作——匹兹堡大学医疗中心的秘书和家庭健康助理——却没有可支配的收入："如果我有多余的钱，我会付给匹兹堡大学医疗中心，因为我有数千美元的医疗债务。"[12]

工人的集体行动在21世纪头10年的后半段开始反弹，正是这类经历奠定了其基础。2018年，美国经济中的罢工参与率达到了自20世纪80年代中期以来的最高水平；在那些离开工作岗位参加罢工的人中，90%的人在教育或医疗照护行业工作——这些是主要的照护行业。在匹兹堡大学医疗中心举行的为期一天的小规模罢工也成为这些数字的一部分。在过去的10年里，医疗照护行业的罢工活动比任何其他行业都多。[13]

当我在2020年春天完成这本书时，这一形势似乎在加速发展，而新冠肺炎疫情正在肆虐，这场大流行病就像一道

注 释

引 言

Fredric Jameson, *The Political Unconscious: Narrative as a Socially Symbolic Act* (Ithaca, NY: Cornell University Press, 1981), 102.

导 论

[1] Charlie Deitch, "No Help Wanted: In Filing to Labor Board, UPMC Claims It Has No Employees," *Pittsburgh City Paper*, January 30, 2013; "UPMC to Invest \$2 Billion To Create 3 New Specialty Hospitals in Pittsburgh," *Pittsburgh Post-Gazette*, November 3, 2017.

[2] David Weil, *The Fissured Workplace: Why Work Became So Bad for So Many and What Can Be Done to Improve It* (Cambridge, MA: Harvard University Press, 2014); Danny Vinik, "The Real Future of Work," *Politico Magazine*, January–February 2018. 另见 Louis Hyman, *Temp: How American Work, American Business, and the American Dream Became Temporary* (New York: Viking, 2018)。

[3] 见 Eileen Boris 和 Jennifer Klein, "We Were the Invisible Workforce: Unionizing Home Care," in *The Sex of Class: Women Transforming American Labor*, ed. Dorothy Sue Cobble (Ithaca: Cornell University Press, 2007), 177–193; Tamara Draut, *Sleeping Giant: How the New Working Class Will Transform America* (New York: Doubleday, 2016)。

[4] William D. Nordhaus, "Baumol's Diseases: A Macroeconomic Perspective," *The B. E. Journal of Macroeconomics* 8, no. 1 (February 2008), 1–

2003), 1。

[48] "Health care and related data," ca. 1981, box 41, folder 3, ACCDR.

[49] Christopher Briem 和 Peter A. Morrison, "How Migration Flows Shape the Elderly Population of Pittsburgh," 发表于 the Southern Demographic Association (2004), 参见 http://citeseerx.ist.psu.edu/viewdoc/download?doi=10.1.1.572.4299&rep=rep1&type=pdf; United States Census, Census of Population: 1950, table 82; United States Census, 1980 Census of Population, table 230; "Allegheny Still Second Oldest Big County in United States," *Pittsburgh Post-Gazette*, May 24, 2001。

[50] Arlie Russell Hochschild, *The Managed Heart: Commercialization of Human Feeling* (Berkeley: University of California Press, 1983); Clare Ungerson, "Cash in Care," in *Care Work: Gender, Labor, and the Welfare State*, ed. Madonna Harrington Meyer (New York: Routledge, 2000), 68–88; Clare L. Stacey, *The Caring Self: The Work Experiences of Home Care Aides* (Ithaca, NY: Cornell University Press, 2011); Federici, *Revolution at Point Zero*; Kathi Weeks, *Constituting Feminist Subjects* (New York: Verso, 2018).

[51] Maurine W. Greenwald 和 Margo Anderson, eds., *Pittsburgh Surveyed: Social Science and Social Reform in the Early Twentieth Century* (Pittsburgh: University of Pittsburgh Press, 1996)。

[52] Emily K. Abel 和 Margaret K. Nelson, eds., *Circles of Care: Work and Identity in Women's Lives* (Albany: State University of New York Press, 1990); Eva Feder Kittay, *Love's Labor: Essays on Women, Equality, and Dependency* (New York: Routledge, 1999)。

[53] 关于这种普遍现象的讨论，见 Paul Pierson, "Irresistible Forces, Immovable Objects: Post-Industrial Welfare States Confront Permanent Austerity," *Journal of European Public Policy* 5, no. 4 (December 1998), 539–560。另见 James K. Galbraith, *The Predator State: How Conservatives Abandoned the Free Market and Why Liberals Should Too* (New York: Free Press, 2008), 105–113。

[54] Esping-Andersen, *Social Foundations of Postindustrial Economies*, 148. 关于这一观点，见 Malcolm Harris, *Kids These Days: Human Capital and the Making of Millennials* (New York: Little, Brown, 2017)。

〔13〕 Joann Vanek, "Time Spent in Housework," *Scientific American* 231, no. 5 (November 1974), 116-121; Susan Thistle, *From Marriage to the Market: The Transformation of Women's Lives and Labor* (Berkeley: University of California Press, 2006), 39-41. 见 Nancy Fraser, in "Behind Marx's Hidden Abode: For an Expanded Conception of Capitalism," *New Left Review* 86 (March-April 2014), 55-86。

〔14〕 Talcott Parsons 和 Robert F. Bales, *Family: Socialization and Interaction Process* (London: Routledge, 1956), 16。

〔15〕 见 Mirra Komarovsky, *Blue-Collar Marriage* (New York: Random House, 1964); Elaine Tyler May, *Homeward Bound: American Families in the Cold War Era* (New York: Basic Books, 1988); Coontz, *The Way We Never Were*; Joanne Meyerowitz, "Women and Gender in Postwar America, 1945-1960," in *Not June Cleaver: Women and Gender in Postwar America, 1945-1960*, ed. Joanne Meyerowitz (Philadelphia: Temple University Press, 1994), 1-18; Alice Kessler-Harris, *In Pursuit of Equity: Women, Men, and the Quest for Economic Citizenship in 20th Century America* (New York: Oxford University Press, 2003); Nancy F. Cott, *Public Vows: A History of Marriage and the Nation* (Cambridge, MA: Harvard University Press, 2000); Margot Canaday, *The Straight State: Sexuality and Citizenship in Twentieth-Century America* (Princeton, NJ: Princeton University Press, 2009)。

〔16〕 Census of Population, 1960, Tables 26, 45. **关于天主教工人阶级家庭的家庭观念**，见 Robert A. Orsi, *The Madonna of 115th Street: Faith and Community in Italian Harlem* (New Haven, CT: Yale University Press, 1985)。

〔17〕 S-13-B, pp. 8, 11-13, WEMHOHPR.

〔18〕 S-13-C, p. 1, WEMHOHPR.

〔19〕 S-23-B, pp. 3-33, WEMHOHPR.

〔20〕 S-9-C, p. 36, WEMHOHPR.

〔21〕 见 Wally Seccombe, *Weathering the Storm: Working-Class Families from the Industrial Revolution to the Fertility Decline* (London: Verso, 1995)。

〔22〕 S-25-C, p. 11, WEMHOHPR.

〔23〕 S-5-B, pp. 20-21, WEMHOHPR; S-18-B, p. 25, WEMHOHPR; Ellie Wymard, *Talking Steel Towns: The Men and Women of America's Steel Valley* (Pittsburgh: Carnegie Mellon, 2007), 62.

gro," *PC*, October 16, 1965; "Negro-Hiring Pact Ends Picket," *PP*, August 7, 1963; "Negroes Plan March on Light Firm," *PPG*, August 8, 1963; "Negro Job Protest Facing 2 Firms Here," *PPG*, September 21, 1963; "Reach Agreement on Negro Hiring," *Gettysburg Times*, October 4, 1964. "State Admits Past Bias in Job Agency; Reveals New Plan," *PC*, March 7, 1964; "Penn-Sheraton Assures UNPC On Job Issue," *PC*, May 30, 1964; "UNPC Skirmishes in Warning of All-Out Warfare for Jobs," *PC*, May 23, 1964; "Demonstration Success, Meat Firm to Talk," *PC*, November 14, 1964; "Expect Department Store Jobs for Negroes," *PC*, May 14, 1966; "UNPC Hails Important Breakthrough: A&P On-the-Job-Training Set Up, Salaries Boosted, 56 Negroes Hired Since January," *PC*, March 19, 1966; "Major Job Breakthrough Seen in Auto Dealership," *PC*, February 12, 1966.

[61] "Mellon Faces Picketing; PPG Under Attack," *NPC*, October 4, 1969; "How Building Factions Differ Over Black Jobs," *NPC*, September 27, 1969.

[62] Marc Linder, *Wars of Attrition: Vietnam, the Business Roundtable, and the Decline of Construction Unions* (Iowa City, IA: Fǎnpìhuà Press, 2000), 246. 关于20世纪70年代的平权行动与工作场所的融合，见 Nancy MacLean, *Freedom Is Not Enough: The Opening of the American Workplace* (Cambridge, MA: Harvard University Press, 2008)。尤其是建筑行业，见 Jefferson R. Cowie, "Nixon's Class Struggle: Romancing the New Right Worker, 1969-1973," *Labor History* 43, no. 3 (2002), 257-283。

[63] "Golden Triangle Is Hit with Cop Brutality, Mass Arrests," *NPC*, August 30, 1969; "Plan More Demonstrations as U.S. Moves into Jobs Fight," *NPC*, September 20, 1969.

[64] "Job Tensions at a New High," *NPC*, September 27, 1969; "Plan More Demonstrations as U.S. Moves into Jobs Fight," *NPC*, September 20, 1969; "BCC Calls for Job Moratorium as Talks Stall," *NPC*, October 4, 1969.

[65] "Community Is Puzzled over Coalition-Union Agreement," *NPC*, February 7, 1970; "Black Construction Coalition 'Bested' by White Trade Unions," *NPC*, February 8, 1970; "Nate Smith Should Resign from Pgh. Plan," *NPC*, May 8, 1971; "Black Construction Coalition Backs Pgh. Plan Trainees," *NPC*, May 22, 1971; "New Pittsburgh Plan Proposal Is Labeled Inadequate by

New American Political Order (Urbana: University of Illinois Press, 2017), 26-55.

[60] "Irvis, Kaufman Back Hospital Union Fight," *PP*, January 27, 1970; Pennsylvania General Assembly, *Legislative Journal* 1, no. 144, July 13, 1970, 1309; "New Law to Trigger Hospital Union Drive," *PP*, March 29, 1970; interview, Kay Tillow.

[61] Dennis D. Pointer, "The 1974 Health Care Amendments to the National Labor Relations Act," *Labor Law Journal* 26, no. 6 (June 1975), 353; US Department of Labor, Labor-Management Services Administration, Federal Mediation and Conciliation Service, Office of Research, *Effect of the 1974 Health Care Amendments to the NLRA on Collective Bargaining in the Health Care Industry* (Washington, DC: Government Printing Office, 1979), 19.

[62] "Opening Statement of Robert Taft, Jr. Regarding Extension of the National Labor Relations Act to Non-profit Hospitals," 1974, p. 4, container 295, folder 11, RTJP.

[63] Lawrence F. Feheley, "Amendments to the National Labor Relations Act: Health Care Institutions," *Ohio State Law Journal* 36, no. 2 (1975), 235-298; "Hospital NLRA," ca. 1974, container 295, folder 11, RTJP.

[64] American Hospital Association, *Taft-Hartley Amendments: Implications for the Health Care Field* (Chicago: American Hospital Association, 1976), 10; American Hospital Association, *Taft-Hartley Amendments*, 46; American Hospital Association, *Taft-Hartley Amendments*, 47.

[65] Wanda W. Young, Robert Blane Swinkola, Kathleen M. Barker, 和 Martha A. Hutton, "Factors Affecting Hospital Inpatient Utilization," Blue Cross of Western Pennsylvania, Research Series 17 (June 1977), 16-22。

[66] Young et al., "Factors Affecting Hospital Inpatient Utilization," 3-7; US Department of Health, Education, and Welfare, *Medical Care Expenditures, Prices, and Costs: Background Book* (Washington, DC: US Government Printing Office, 1975), 34.

[67] Younget et al., "Factors Affecting Hospital Inpatient Utilization," 22. 另见 Root, *Fringe Benefits*, 197。

[68] *Travelers Insurance Company v. Blue Cross of Western Pennsylvania*, 361 F. Supp. 774 (W. D. Pa. 1972); Stevens, *In Sickness and in Wealth*, 290.

[30] "Hungerin Allegheny County," p. 12; "A Study of Act 75—Executive Summary," p. 2, box 2, folder 29, MVUCC.

[31] "Hunger in Allegheny County"; Nonprofit Sector Project, "Impact of Government Cutbacks on Allegheny County," p. 22, box 60, folder 1, RHWPA; "Survey of Shelter Care Problems in Allegheny County," February 1980, box 90, folder 7, RHWPA; Draft Proposal, Homeless/ Health, December 20, 1984, box 90, folder 9, RHWPA. 关于去工业化, 见 Parsons, *From Asylum to Prison*; Karen Tani, "Deinstitutionalization as Expropriation," unpublished paper, 2020。

[32] "The Reagan visit," box 11, folder 3, Lawrence F. Evans Collection, 1978-1988, AIS. 1988. 17, Archives & Special Collections, University of Pittsburgh Library System; Allegheny Conference on Community Development, "A Strategy for Growth: An Economic Development Program for the Pittsburgh Region," vol. 1, November 1984, p. 27, box 7, folder 89, ACCDC. 另见 Guian McKee, *The Problem of Jobs: Liberalism, Race, and Deindustrialization in Philadelphia* (Chicago: University of Chicago Press, 2008); Tracy Neumann, *Remaking the Rust Belt: The Postindustrial Transformation of North America* (Philadelphia: University of Pennsylvania Press, 2016)。

[33] Job bank applications, box 23, RKR. 资料中的名字已被更改。

[34] Oursler interview, box 2, folder 50, SDP; "Towns: Life on the Line," box 1, folder 10, RKR. Nonprofit Sector Project, "Impact of Government Cutbacks on Allegheny County," pp. 27-34, box 60, folder 1, RHWPA.

[35] "Towns: Life on the Line," box 1, folder 10, RKR; Linda Ganczak, interview by Steffi Domike, box 2, folder 39, SDP; Jim Cunningham 和 Pamela Martz, eds. , "Steel People: Survival and Resilience in Pittsburgh's Mon Valley," p. 52, box 17, Item 8, RKR。

[36] "Retraining Fund Delay Puts Jobless in Squeeze," *PP*, August 11, 1983; Unemployed Survey, box 1, folder 54, MVUCC.

[37] "On Black Pittsburgh (II)," *PPG*, August 31, 1981; "Thornburgh Signs Mandatory-Sentencing Bill," *WOR*, March 9, 1982; Pennsylvania Commission on Crime and Delinquency, "A Strategy to Alleviate Overcrowding in Pennsylvania's Prisons and Jails," January 1985, box 1, folder 6, MMDP; "New Prison Won't Ease Crowding Much," *PPG*, September 20, 1988; Penn-

fore the *Special Committee on Aging*, 99th Cong. , 1st sess. , 1985, November 12, pp. 1-2, 261.

[20] Wanda W. Young, Robert Blane Swinkola, 和 Martha A. Hutton, "Assessment of the AUTOGRP Patient Classification System," *Medical Care* 18, no. 2 (February 1980), 228-244; Wanda W. Young, Robert B. Swinkola, 和 Dorothy M. Zorn, "The Measurement of Hospital Case Mix," *Medical Care* 20, no. 5 (May 1982), 512。

[21] Margaret A. Potter 和 Allison G. Leak, *Health Care System Change and Its Employment Impacts in Southwestern Pennsylvania* (Pittsburgh: Health Policy Institute, 1995), 27-28。

[22] Maryann Johnson, interview with Gabriel Winant, March 24, 2017.

[23] Gaynor et al. , "National Hospital Prospective Payment Evaluation," pp. 7-8, 24; Hospital Council of Western Pennsylvania, "Changing for Good: The Transformation of Hospitals in Western Pennsylvania over the Next Five Years," December 1985, Section 2, "Repositioning," p. 2, box 186, folder 9, ACCDR; Health Policy Institute, "The Future of Health Planning in Southwestern Pennsylvania," March 1987, p. 16, box 293, folder 4, ACCDR.

[24] Hospital Council of Western Pennsylvania, "Hospitals at Risk: The Need for an Operating Margin," February 13, 1987, p. 6, box 186, folder 9, ACCDR; Beaufort B. Longest, "The Prognosis for Hospitals in Western Pennsylvania," June 15, 1988, pp. 1-5, box 295, folder 19, ACCDR.

[25] Hospital Council of Western Pennsylvania, "Hospitals at Risk," pp. 6, 11; Beaufort B. Longest, "The Prognosis for Hospitals in Western Pennsylvania," June 15, 1988, pp. 9, 11, box 295, folder 19, ACCDR.

[26] Gaynor et al. , "National Hospital Prospective Payment Evaluation," pp. 12-13; Potter 和 Leak, *Health Care System Change and Its Employment Impacts in Southwestern Pennsylvania*, 27-28。

[27] Daron Acemoglu 和 Amy Finkelstein, "Input and Technology Choices in Regulated Industries: Evidence from the Health Care Sector," *Journal of Political Economy* 116, no. 5 (October 2008), 837-880; "Presby's Plan to Expand, Renovate Approved by HSA," *Presby News* 18, no. 4 (April 1987), p. 1, box 2, Presbyterian University Hospital Aid Society Records and Photographs, 1945-1996, MSS 934, Library and Archives Division, Senator John

致　谢

劳动是社会性的,这本书也不例外。它的作者署名是我,所以错误当然由我承担,但它的贡献要归功于几个不同组织的集体工作。没有这些共同努力、支持和团结,这本书就不可能被完成。

首先,我感谢在耶鲁大学读研究生时为我授课和提供建议的老师们,他们每个人都提供了与众不同的东西。这个项目从我为 Glenda Gilmore 写的一篇论文发展而来,她为我论文的成文提供了重要的建议。我也有机会在 James C. Scott 的早餐讨论组中讨论了一些想法。这个项目深度分析民族志的野心在很大程度上归功于 Jean-Christophe Agnew 的鼓励,他是历史学家的典范,知道如何跨越知识传统,对档案证据保持开放的视角。Michael Denning 同志式地不承认导师制的概念,他向我展示了如何尽可能地成为大学中的平等主义主体。他对学术等级制度缺乏兴趣,并致力于最高标准的唯物主义分析,鼓励我尝试提出更大胆的主张。Beverly Gage 帮助我把我的工作建立在关于 20 世纪美国生活和政治的具体问题和辩论上,帮助我把这个项目变成了有关美国历史的作

Communist Party（CPUSA），共产党，10

communitarianism，社群主义，178，203；and Catholicism，与天主教，139，and corporatization of health care，与医疗保健的公司化，166，174，219，220，227；and reproductive labor，与再生产性劳动，217，239；and volunteerism，与志愿服务，116，249

"community rating"，"共同评级"，140；See also health insurance，另见健康保险

Comprehensive Employment and Training Act（CETA），《综合就业和培训法》，192

Congress of Industrial Organizations（CIO），产业工人联合会，9，10，14，59

Conners, Martin，马丁·康纳斯，44，51

consent decrees，联邦同意令，124，125，183，200，213

consumerism，消费主义，59，64，80，220

contracts（union），合同（工会）：and Experimental Negotiating Agreement（ENA），与实验性谈判协议，181；and health insurance，与健康保险，147，150，158，159，205，206；and layoffs，与裁员，182；and 1959 steel strike，与1959年钢铁业罢工，59，60；and nurses' union，与护士工会，223，232，249，250；and retiree benefits，与退休人员福利，147，151；and strikes，与罢工，12；and wage reductions，与减薪，189，213；and Section 2-B，与2-B条款，55，61

Cooper, Richard（Buz），巴兹·库珀，202

"cost crunch,""成本紧缩"，46

"cost disease,""成本病"，3

cost-of-living increases，生活费增长，11，33，38，172

"cost-plus" payment，"成本加成"支付，148，218；See also Medicare，另见医疗保险

cost-productivity gap，成本-生产力鸿沟，46

Cott, Nancy，南希·科特，83

COVID-19，新冠肺炎疫情，263

Cowie, Jefferson，杰弗逊·考伊，27

Czap, Mary，玛丽·沙普，86

Day, Jared，杰瑞德·戴，101，163

Debt，债务：and construction of new hospitals，与新医院的建设，167—169，171，173，175，209，235；and mergers and acquisitions wave of 1980s，与20世纪80年代的并购浪潮，187，249，250；and precarity，与不稳定因素，4，263；and steel industry capital expansion，与钢铁业的资本扩张，38；and

and working women, 与职业女性, 69, 77

Oakland, 奥克兰, 9, 120, 130, 166, 250
Obama, Barack, 巴拉克·奥巴马, 259
Office Buildings Association of Pittsburgh, 匹兹堡办公大楼协会, 213
Office of Equal Opportunity, 机会平等办公室, 127
Ohio River, 俄亥俄河, 28—29, 249
Oursler, Barney, 巴尼·奥斯勒, 190, 192
Palm, Lefty, 莱福特·泡姆, 206
Parsons, Anne E., 安妮·帕森斯, 194
Parsons, Talcott, 塔尔科特·帕森斯, 65, 68
Patient Protection and Affordable Care Act (ACA), 《患者保护和可负担医疗法》, 259
Patrick, Rev. LeRoy, 勒罗伊·帕特里克, 164
Peirce, Robert, 罗伯特·皮尔斯, 173—174
pension plans, 退休金计划, 11—12, 146, 205
Peterson, Mark, 马克·彼得森, 86, 176
Pettijohn family, 佩蒂·约恩一家, 119
picketing, 罢工, 54, 105, 135, 154
pipefitters, 管道工, 53—54
Pittsburgh Hospital, 匹兹堡医院, 164—165, 249
Pittsburgh Plan, the, 匹兹堡计划, 124
Pittsburgh Plate Glass, 匹兹堡平板玻璃, 34
Pittsburgh Visiting Nurse Association, 匹兹堡探访护士协会, 150
Planned Parenthood, 计划生育, 128
polarization of economy, 经济的两极化, 2—3, 210, 242; See also dualization, 另见二元化
Polish Hill, 波兰裔希尔区, 69, 105, 131—132
Polish Hill Civic Association, 波兰裔希尔区公民协会, 131
Posvar, Wesley, 韦斯利·波斯瓦尔, 136, 170, 245
precarity, 不稳定因素, 4, 14, 232, 236, 240
Presbyterian–University Hospital, 长老会大学医院, 135, 229, 243, 249
price controls, 价格控制, 225
productivity, 生产力: and "cost disease" in health care sector, 与医疗部门的"成本病", 2—4; and management efforts to streamline hospital work, 与管理部门精减医院工作的努力, 136, 227, 253; and managerial offensive against

雅理译丛

钢的城

美国锈带兴衰史

The Next Shift
The Fall of Industry and the Rise of Health Care in Rust Belt America

〔美〕加布里埃尔·维南特 著
刘阳 译

生活·读书·新知 三联书店

Simplified Chinese Copyright © 2023 by SDX Joint Publishing Company.
All Rights Reserved.
本作品简体中文版权由生活·读书·新知三联书店所有。
未经许可，不得翻印。

图书在版编目（CIP）数据

钢的城：美国锈带兴衰史 /（美）加布里埃尔·维南特著；刘阳译. —北京：生活·读书·新知三联书店，2023.10
（雅理译丛）
ISBN 978-7-108-07664-9

Ⅰ.①钢… Ⅱ.①加… ②刘… Ⅲ.①制造工业－工业史－美国 Ⅳ.① F471.264

中国国家版本馆 CIP 数据核字 (2023) 第 119658 号

THE NEXT SHIFT: The Fall of Industry and the Rise of Health Care in Rust Belt America
by Gabriel Winant
Copyright @ 2021 by the President and Fellows of Harvard College
Published by arrangement with Harvard University Press
through Bardon-Chinese Media Agency
Simplified Chinese translation copyright © (2023)
by Tao Zhi Yao Yao Culture Co., Ltd
ALL RIGHTS RESERVED

文字编辑	蔡雪晴
责任编辑	王晨晨
责任印制	宋　家
出版发行	生活·讀書·新知 三联书店
	（北京市东城区美术馆东街 22 号 100010）
网　　址	www.sdxjpc.com
图　　字	01-2023-4113
经　　销	新华书店
印　　刷	河北鹏润印刷有限公司
版　　次	2023 年 10 月北京第 1 版
	2023 年 10 月北京第 1 次印刷
开　　本	880 毫米 × 1092 毫米 1/32 印张 15.5
字　　数	309 千字 图 12 幅
印　　数	0,001－8,000 册
定　　价	78.00 元

（印装查询：01064002715；邮购查询：01084010542）

致我的父母，黛比·罗戈和豪伊·维南特，他们一直梦想着一个更好的世界，并确实为他们的孩子创造了一个。

历史是伤痛。

——弗里德里克·詹姆逊
《政治无意识:作为社会象征行为的叙事》

目　录

导论　工人是如何消失的　　　　　　　　　　　1

第一章　掉进无底洞

　　　　匹兹堡20世纪50年代的钢铁业　　　34

第二章　待洗的脏衣服

　　　　工人阶级家庭中的劳动与爱　　　　86

第三章　"只有当你无依无靠的时候，你才是穷人"

　　　　种族、地理与合作　　　　　　　　134

第四章　医生新政

　　　　社会权利与医疗照护市场的形成　　184

第五章　持久的灾难

　　　　工人阶级的回收　　　　　　　　　243

第六章　"生存的任务"

　　　　护理的商品化与劳动的转型　　　　297

尾声　　　　　　　　　　　　　　　　　　　354

文内缩略语列表	363
文献档案缩略语列表	367
注释	372
致谢	456
索引	463

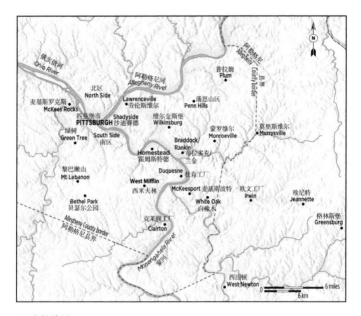

匹兹堡地区

导 论

工人是如何消失的

2013年，宾夕法尼亚州最大的私营雇主在联邦管理部门面前声称，它"并没有雇员"。这个机构就是"匹兹堡大学医疗中心"（UPMC），它还认为自己"并不从事操作（operation）"，因而"并不涉及雇佣或工业关系活动"。这种说法让很多人感到惊讶，因为该组织是医疗领域的巨头，支配着地区经济。它从美国钢塔（US Steel Tower）俯瞰整个匹兹堡，这是天际线上最高的建筑，其上"UPMC"几个巨大的字母取代了"USS"（美国钢铁公司）。这个庞大的医疗体系如今雇用着8.5万多人——尽管从法律上讲并非如此。那么这些工人去了哪儿？[1]

这家连锁医院之所以能够做出无雇员宣称，是因为其雇佣实践和纳税地位存在争议，而争议的基础则在于其母公司与子公司之间的法律性区分。匹兹堡大学医疗中心辩称，由于其组织架构的特点，它并无义务以雇主的方式行事。此一论点使匹兹堡大学医疗中心成为各行业中一个越来越大的阵营中的一员，它们通过转包契约，或将工人虚假划分为独立契约主体，来逃避雇佣成本的责任——这种现象通常被人们冠以工作场所"撕裂"（fissuring）的说法。一家杂志2018年关于此主题的一次专题报道就将匹兹堡大学医疗中心的做法作为其核心案例，讲述了一个医疗转录员戴安娜·宝兰原本按时计酬的工作被外包的故事，承包商按转录的行数计费。"作为匹兹堡大学医疗中心的一名雇员时，她曾拥有每小时19美元的薪水，足够支撑一个稳固的中产阶级家庭生活；而她的第一张按行计费得到的支票，换算过来只有每小时6.36美元。"[2]

尽管匹兹堡大学医疗中心的说法有一定的穿凿附会，但它在另一个层面也象征着美国政治经济学中的一个深刻悖论：护理工作者既无处不在，又无处存在；他们对每个人都负有责任，但无人对他们负责。[3] 所谓的"撕裂"实践只不过是这种深层现象的形式化显现。

当前存在经济"极化"或"二元化"的广泛趋势，利润越来越集中到并不产生大规模雇佣的企业，而劳动越来越集中在远离利润的低毛利行业。资本的积累越来越与就业分离，这不仅源于公司的结构变化，而且与人类劳动所需要生产的不同商品之间的比例有关。变化了的不只是劳动力市场的公司组织，更深层次的是其下的社会分工也改变了。[4]

这种变化造成了严重的社会后果。高就业、低利润的行业——如医疗照护、教育、社会服务——承受着毛利下行的经常性压力，这些人力服务行业受到内在限制，少有机会获得生产力提升。即便在医疗行业内部，这种模式仍在起作用，制药企业、保险业和医疗技术企业攫取了利润，而医院、居家照护机构、养老院等——那些就业的引擎——就不怎么赚钱,在价值链中处于末端。由于在生产效率方面无法获得稳步提升,这些雇主只能通过提高价格和压低工资来维持自己的财务状况。"我已经有10年到12年没从雇主那里涨过工资了,而我买面包的价格跟其他人是一样的。"一位匹兹堡大学医疗中心的工人在2015年如是说。[5]

此类劳动密集、低生产率、低工资的行业,近年来在总就业中所占的份额不断增长。这种趋势是从工业经济向服务业经济转变所固有的,尽管特定政治制度会促进或抑制此趋势,从而导致了国际的差异。在北半球的每一个地方,有组织的工人的力量随着制造业的利润一同衰落,经济部门结构的转变也发生了——而照护经济要么作为公共部门内部的一部分,要么作为公共部门的附属,规模得到了显著扩张。[6]

社会科学家们观察到,资本主义民主的选择面临一个"三难困境",即在高失业率、低工资增长率和高财政赤字三者之间做选择。国家或次国家层面上显现出来的制度差异,塑造了经济不平等在程度和特征上的区别,但这些都不过是"三难困境"下的不同选择而已。"大片大片的服务业区域都是劳动密集型和低技能的。服务业行业群的低端才是我们扩大大众就业的希望所在。"艾斯平-安德森观察到,"不幸的是,由于这些行业'拉胯'的生产率,低端服务业工作岗位被长期的'成本病'问题所困扰。由此,(服务业部门的)就业很可能会停滞,除非工资向下滑动。"[7] 压低工资以鼓励创造工作岗位,为了高工资水平而接受高失业率,或者接受国家以提高财政赤字为代价对就业进行直接干预——这就是"三难困境"的大致含义。

在美国,通过公私混合的福利国家体制,我们已经做出了选择,那就是低工资、广就业的私营部门模式。但是,对一部分人来说具有剥削性的工作条件,带来了对其他人的保障,因为,不可思议的是,从我们的二元经济体制底部爆发出来的数百万工作岗位,正是源于照护经济的蓬勃发展。照护经济的范畴囊括了为发展和维系人的能力而提供的各种直接和间接的服务,包括对儿童、老人、失能者、病人的照顾,以及室内清洁、餐饮服务和其他家务劳动等支持日常生活的工作。尽管所有这些范畴的就业都显著地扩张了,医疗照护仍然是照护经济现象中的大头。[8]

占据美国工资结构最底层的20%,照护经济在20世纪80年代提供了56%的岗位增长,在20世纪90年代提供了63%的岗位增长,而在21世纪初提供了74%的岗位增长。那些"并不存在"的工人——匹兹堡大学医疗中心否认存在的那些人——以巨大且不断增长的数量存在于此处,存在于劳动力市场的最底层,他们人数的翻倍式增长推动了不平等的总体增加。由于这部分就业长期以来被划归为低身份就业,主要是由女性,尤其是有色人种女性承担,这种极化趋向也代表了种族和性别的再生产通过劳动力市场的岗位分配而走向固化。反过来说,工业衰退以来劳动力市场的重构,有赖于既存的种族和性别等级制度。[9]

但是,此类岗位数量如此异乎寻常的增长,也表明它确实满足了某些需求,履行了某种主要的社会功能,或者说提供了某种重要的价值。但这种价值并没有反映在支付给承担该角色的工人的工资中。事实上,照护经济中的雇主在不少重要方面偏离了通常对资本主义实践的预期:这些雇主们相互之间的市场竞争并不充分,他们直接且严重地依赖政府补贴,也并未持续地提高生产率。[10]

近年来关于劳工转型及其与不平等的关系问题,学界讨论越来越热烈,而对照护工作的关注,使该讨论变得更加复杂。讨论中的一方观点认为,在严重的结构负担下,稳定的正式雇佣不得不停止了。在这种分析中,失业、债务、就业脆弱性,都变成了过去几十年中资本主义制度下基本的人类经验——其原因要么在于全球范围的竞争压力造成的不断深化的增长危机和利润危机,要么在于生产自动化的加速发展,或者是二者的共同作用。另一些观察者看到的是一种结局更为开放的动力机制,他们认为,劳工群体起伏涨跌的前景并不包含任何历史必然性,而是可以被集体政治干预所修正。[11]

这两种说法都没有给予不断增长的照护经济显著地位。如果我们正在经历正式或者说传统雇佣方式的普遍衰落,那么怎么解释劳动力市场中这一领域在快速增长,而周围的其他产业却纷纷崩溃?尤其是,为何对机构性照料的需求增长如此迅猛,以至于低工资照料工作岗位极速扩张?另外,如果将这个过程视为偶发的,那么我们就不会赋予劳动雇佣的这种部门式转换模式以重要意义;相反,照护经济似乎只不过是经济发展长序列中的另一个增长领域而已。这种观点带来一个问题，那就是这一新领域在资本主义历史上显得十分反常，因为自我维系的生产率增长一直是资本主义历史的显著特征。

将照护经济置于历史视野之中，就可以调和这两种立场。照护劳动岗位的增长与工业就业的衰落同时发生，这并不是一个巧合。两个过程是相互交织的。经济的工业内核崩溃，通过福利国家的中介转换作用，产生了以健康问题为表现形式的各种社会问题。随着工人阶级维持生计的手段被瓦解，他们不得不背负各种压力，进而需要社会支持。这些压力有时表现为直接的政治骚动，但最后往往表现为扩张照护提供体系的经济力量；作为有组织的工人，他们也可以变成集团化的庞大消费者群体，从而发挥这种经济力量。由此产生的很多机构，创造出大规模的就业。

如今，从全国层面看，照护工人在劳动力市场统计中所属的部类——"医疗照护与社会救助"成为所有部类中最大的一个，占据总就业量的七分之一，而在像匹兹堡这样的地方，比例会更大。在美国整个北部和中西部的老工业地带，这个比例如今已上升到五分之一。而在很多类似匹兹堡这样的城市——密尔沃基、布法罗、罗切斯特、巴尔的摩、底特律、克利夫兰、费城，医院往往占据当地最大雇主之中的大部分席位。倘若单一机构——像匹兹堡大学医疗中心、巴尔的摩的约翰斯·霍普金斯大学医院或者克利夫兰诊疗中心——巩固了其市场，那么这家医院可能成为全州最大的私营雇主。[12]就医疗照护岗位在就业中的比重而言，南部和西部的主要城区中，没有哪个能与铁锈地带诸城市相比（见表Ⅰ.1）。

表 I.1 2017 年按从事医疗照护和社会救助的劳动力百分比排列的前 25 个城市化县区

县区	所属大城市	在保健和社会救助领域就业的劳动力（%）
布朗克斯县，纽约州	布朗克斯	25
费城县，宾夕法尼亚州	费城	19
纽黑文县，康涅狄格州	纽黑文	19
库雅荷加县，俄亥俄州	克利夫兰	19
国王县，纽约州	布鲁克林	18
阿勒格尼县，宾夕法尼亚州	匹兹堡	18
萨福克县，马萨诸塞州	波士顿	17
埃塞克斯县，新泽西州	纽瓦克	17
门罗县，纽约州	罗切斯特	17
伍斯特县，马萨诸塞州	伍斯特	17
埃塞克斯县，马萨诸塞州	林恩	17
哈特福德县，康涅狄格州	哈特福德	17
诺福克县，马萨诸塞州	昆西	17
圣路易斯县，密苏里州	圣路易斯	17
皇后区，纽约州	皇后区	17
密尔沃基县，威斯康星州	密尔沃基	16
威彻斯特县，纽约州	扬克斯	16
伊利县，纽约州	布法罗	16
拿骚县，纽约州	汉普斯特德	16
巴尔的摩县，马里兰州	巴尔的摩	16
韦恩县，密歇根州	底特律	16
皮内拉斯县，佛罗里达州	圣彼得堡	16
穆特诺玛县，俄勒冈州	波特兰市	16
汉密尔顿县，俄亥俄州	辛辛那提	16
伊达尔戈县，得克萨斯州	麦卡伦	15
全美平均水平	—	14

"城市化县区"是全国范围内拥有最多劳动力的 100 个县。Data Source: United States Census Bureau, 2017 American Community Survey 1-Year Estimates, Industry by Sex for the Civilian Employed Population 16 Years and Over.

与此同时，医疗照护行业的工人面临工资低、工作安排不稳定等问题（这些也是本书未曾研究的其他照护行业的工人普遍面临的问题）。就在匹兹堡大学医疗中心在劳动争议中声明其没有雇用任何人前不久，它还在当地新闻中露脸：该中心建立了一个假日食物银行，方便自己的工人彼此分享食物。[13] 工资低下、人手配备不足、精神压力大、工作调度的不稳定，以及在工作场所中不被尊重等等，都是从事清洗和喂养失能人群、洗衣、换床单、病房清洁、给药、化验、治疗、提供情感支持等工作的人经常面临的境况。

所以这里的吊诡之处在于，此种就业的异常增长表明了其日益增加的社会重要性，同时无数从事这类工作的人却在经济上受到排斥。这种排斥与匹兹堡往日著名的工人阶级形成了鲜明的对比。这个"医疗巨人"从美国钢塔（被重新标识为"匹兹堡大学医疗中心"）俯瞰这座如今仍被称为"钢城"的城市。当地啤酒叫"铁城"，当地橄榄球队叫"钢人"，总统只需要提到这座城市的名字，就能构成对环保规制的猛烈抨击；而事实上，匹兹堡现存的钢铁工人已经很少了（见图 Ⅰ.1）。为何这些数量庞大的新服务部门工人阶级不能拥有权力或者影响公共意识，而其已经消亡的工业先辈的幽灵，却仍然在诸如匹兹堡这样的地方甚至全国政治文化中游荡？

这反映了一个历史悖论——照护工人"缺席的在场"（absent presence）与工业工人"在场的缺席"（present absence）。在行业增长的同时，该行业的工人却持续地边缘化，这与美国政治经济的历史变动有何关联？医疗照护行业为何扩张得如此之大？为何以此种特殊方式扩张？"钢城"如何变为一个护工之城？

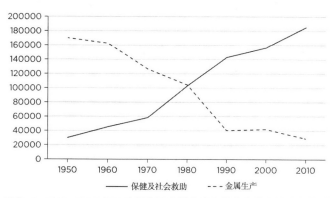

图I.1 1950—2010年匹兹堡地区金属生产与保健及社会救助的就业情况。Data source：US Census

本书展示了工业经济与围绕着它的那些制度如何创生出照护经济的图景。在匹兹堡，无论是照护经济蓬勃发展的市场，还是提供照护服务的巨量劳动力，都脱胎于这座钢城的社会与政治背景。匹兹堡的工厂不仅制造金属制品。它们还制造人、制度、一种生活方式，以及一种关系体系——简言之，它们制造了一个社会世界。当这个世界的工业基础开始崩溃，它的居民就面临越来越大的社会和经济压力。为了应对这种压力，他们运用自己拥有的资源，这些资源嵌入于他们已经建立的关系与认同——他们早已生活于其中的日常历史——之中。他们的世界已被熔化与重铸，但重铸了的世界仍是由同一种材料构成的。

战后工人阶级的政治形成

今天的照护经济产生于20世纪70年代的经济转型。这一转型只有在此前形塑了战后工人阶级的制度结构和社会史中才能被正确理解。进一步而言，这一战后历史本身又是在20世纪三四十年代的政治斗争中被决定的。换言之，是（罗斯福）新政及其后果为1970年所发生的经济转型埋下了伏笔。

早先危机年代中的重大世界性事件*在20世纪40年代后期逐渐平复，形成了模糊而又脆弱的平衡。美国作为世界霸主走向前台，开始重整欧洲和亚洲破碎的资本主义经济，并对其社会主义对手进行遏制。在国内，推动了新政改革的尖锐社会冲突也随着冷战的到来而冻结。这种历史的剧烈转向，在一些城市工业中心体现得尤为集中，像芝加哥、底特律、纽约和匹兹堡就是如此，它们都处在新政谋划的核心地带，在这里，高度集中的产业工人阶级已经组织起来并挑战既有秩序。[14]

在20世纪三四十年代，劳工运动取得美国历史上最重大的进展。劳工成为民主党阵线的核心支柱，不仅获得了法

---

* 作者应该指的是大萧条、罗斯福新政和美国参加第二次世界大战以及国内的相关政治斗争。——译者注（凡以此星号标注的均为译者注，后不再一一注明）

律承认，而且成功地将处在经济体系核心的大批量生产*行业的工人组织起来，前所未有地实现了跨越种族、族群和技能熟练程度的工人联合。在1934年罢工浪潮的推动之下，国会通过了《国家劳动关系法》（NLRA），通过国家劳资关系委员会（NLRB）主导的集体谈判，寻求重建工业关系的稳定性。[15]

最高法院于1937年在裁决宾州西部的一个钢铁厂的案件时，将集体谈判宪法化了，这个案件就是国家劳资关系委员会（NLRB）诉琼斯与洛林钢铁公司（J. &L）案。最高法院发现一个像琼斯与洛林钢铁公司这样的内部垂直整合的企业，其内部运作引发且构成了跨州的商业关系，因而使得联邦政府对其劳资关系的规制具有宪法性质。在其里程碑式的判决中，最高法院引用了劳资关系委员会的结论，宾州西部的钢铁工人"可以被比作一个自足的、高度整合的机体的心脏。他们从密歇根、明尼苏达、西弗吉尼亚、宾夕法尼亚等地收集原材料，部分地通过大动脉（指交通干线——译者），并且通过被告所控制的手段进行输送；他们将获得的原材料加工转化为成品，然后再（像心脏一样）泵送到全国各地"[16]。

为了调控生产，美国政府关注从阿巴拉契亚到中西部的工业地理，而匹兹堡的众多钢铁厂是其关注的焦点。但如果

---

* 大批量生产（mass production）指的是使用福特汽车公司发明的流水线式生产，其工人从事流水线作业，按传统的观点不属于拥有高超技能的熟练工，而传统的工会组织具有一定手工业工匠行会色彩，因而这部分工人处在传统的工会组织之外。

切斯特和奥克兰一道，匹兹堡在1946年经历了一场大罢工，当时数以万计的钢铁工人、电力工人、公交车司机、电车操作员与电力共用事业的雇员团结一致，走上街头。数以千万的工日（person-days）消耗于那一年的罢工，宾夕法尼亚一个州就占据了其中的17%。占总数一半以上的罢工行动发生在宾州或者伊利诺伊、密歇根、纽约、俄亥俄等州——正是新政大众基础的地理中心地带，与前述琼斯与洛林钢铁公司案中所剖析的工业机体的范围大体一致。[19]

在如此狭窄的地域范围内展开的如此有攻击性的工业行动，使劳工运动遭受严厉的政治反扑。共和党人在1946年的国会选举中重新掌权，然后迅速通过了《塔夫特-哈特莱法》（the Taft-Hartley Act）。这个新的法律制度允许各州制定有关工作权的法律，但将新的工人群体排斥于劳动法的保护之外（国家劳资关系委员会最初已经将家内劳动和农业劳动排斥在外了），强迫工会驱逐共产主义分子，并且禁止了一系列攻击性强的斗争方式。《塔夫特-哈特莱法》刚颁布没多久，劳工运动在南方组织工人、摆脱原先地理限制的企图，也被挫败了。[20]

麦卡锡主义中止了这个左右之间互相反动的循环，20世纪30年代存留下来的激进分子从公共生活的每一个领域被清洗出去：工厂车间、大中小学、文化产业与政府机构。天主教教士与地方官员，在联邦探员的帮助下，使当地带有浓重南欧和东欧移民色彩的工人阶级，重新敌视起威胁着他们的母国的苏联。地方报纸公开了被认定为共产主义分子或者哪怕是在1948年左翼总统候选人亨利·华莱士竞选请愿书上签过字的人的姓名和住址。工厂经理对工人进行监视，并开除了那些被怀疑从事颠覆活动的人。在代表着匹兹堡庞大的西屋公司数千名工人的激进工会——电气工人联合会（UE）拒绝遵守《塔夫特-哈特莱法》对共产主义分子的禁令后，产业工人联合会就将其除名，并成立了一个新工会，突然搜查电气工人联合会的车间，并在天主教教士的协助下逐步挖走其会员，以此来扼杀左翼工会。[21]

20世纪40年代末针对工人运动攻击性的反扑——由保守派挑起，也得到自由派的煽动——限定和重塑了工人的组织。像美国钢铁工人联合会（USWA）这样强有力的工会幸存了下来，仍然能够在其特定产业中制造罢工。但此前15年那种动力机制，即由产业工人（labor）居于基础广泛的工人阶级（working class）全体的民主政治运动的先锋位置上进行斗争、从而取得社会进步的机制，一去不返了。工会越来越局限于单纯的经济谋算，只会顾及其会员群体的狭隘利益。集体谈判虽从未覆盖所有人，但自20世纪50年代以来，它越来越变成经济性安全的绝缘池——不再是推动进步的浪潮。[22] 这种绝缘*深刻塑造了此后的福利国家以及美国更晚近的政治经济发展。

---

* 即只关注自己成员的狭隘经济利益，完全不考虑更广泛的工人阶级的共同利益的倾向。

集体谈判与分裂的福利国家

在20世纪40年代末和50年代初,新政并未被击败或出现倒退,而是被遏制和不得不做出妥协。在基础广泛的经济保障项目中,除了激进的倾向,也一直有传统派的支持。这些传统力量一开始就很强大,而当激进的挑战退去之后,它们就走向前台。左翼领导的反种族主义劳工组织崩溃了。男女同性恋们面临着被压制的浪潮。女性主义新政支持者和女性劳工活跃分子发现,随着保守主义反弹浪潮的上升,性别平等的前景暗淡下去了;父权制家庭-工资(family-wage)式自由主义的规范原本就内嵌在20世纪30年代以来的社会政策中,此时完全显形。随着时间的流逝,经济保障的制度设置——福利国家与劳工运动——继续带来某些向下分配财富的效果,但这些设置同时也保障了更广泛的社会等级制。[23]

集体谈判是这个过程的核心舞台,它将产业中的养家糊口者提升为经济保障中的首要主体。由于战时的价格控制制度无力维持,劳工们开始为其成员生活成本的增长而谈判——这有效地构造了一个局部化(private)的货币政策区域。工会一开始试图实施全国性的医疗保险计划,该计划受挫后,就致力于局部化的福利体系的谈判——将对其会员及其家属的保障作为一个特殊部分圈护起来。联邦司法体系在另外两个钢铁行业相关案件中支持了这种圈护,肯定了附加福利*谈判是集体谈判的法定内容。作为这种局部化保障的代价，劳工放弃了过去关于更少工作和更多车间民主的抱负。[24]

这一系列在二战期间和新政末期就已在酝酿的妥协，将工人阶级有组织的部分与相对无保障的部分分离开来。在为产业工人提供保障的同时，此一安排通过保障而规训了他们。国家劳资关系委员会的律师公开承认在保障与规训之间的这种联系："大多数发起养老金计划的雇主，都期待通过消除如今败坏工人士气的基本的不安全感问题，来提升士气和改善劳资关系，进而提升生产效率。"[25]

在此种促进团结的体系下，福利国家通过围绕集体谈判而形成的分化且不平均的体制，向工人阶级提供了社会性公民权益和经济保障。在福利国家中，工业部门中的私人劳动力市场，成为服务特权性主体的社会政策的关键工具：提供医疗照护、失业保险与工作保障、年资权利、退休福利等等。这些形式的保障有赖于公共监督下的集体雇佣关系，且这些集体雇佣关系的建立和维护还得到公共补贴的支持以及非营利的第三方的撮合。[26]

事实上，相比任何别的领域，医疗照护领域都更清晰地展现了福利国家的"层累递进"（tiered）机制：新政国家的出现及其通过集体谈判对工业领域的介入，刺激了第三方非

---

* 附加福利（fringe benefit），指除了工资之外的员工福利，如企业年金、带薪休假等。

营利医疗保险的出现,并最终导致私营且非营利医院的大规模扩张。而正如老人医疗保险制度(Medicare)*所显示的那样,公共部门更深一步的介入,其实是公私结合体制所引发效应的后果:20世纪50年代,集体谈判达成的医疗保险的兴起,将医疗服务的价格抬得很高,使之超出了老年人的支付能力,而在福利国家的道德秩序中,老年群体应当获得医疗照顾——这导致让退休老年人和穷人享受医保的政治需要。[27]换言之,哪怕直接的政治干预也让国家处在医疗服务的消费者而非提供者的位置上,从而巩固了这个不平均且分化的福利国家,而不是纠正它。

在公共政策的鼓励和塑造下,私营实体为工人阶级提供了抵御冲击的缓冲带,只要工人们以给定的方式安排自己,并以给定的路线过自己的日子。在工业领域鼓励长期限的雇佣,虽然在20世纪早期就出现了,但新政巩固了这种做法,将一个规范的生命历程制度化了——正如富兰克林·罗斯福的经济安全委员会所做的表述,"一个'正常的'工人生涯"。工人阶级被设想组建一个异性恋的核心家庭、抚养孩子,若为男性,则全职从事一份工厂工作并一步步积累年

---

* 美国政府为65岁以上老人提供的医疗保险。美国至今未建立覆盖全民的医保制度,其医保大体格局为,在职职工由行业工会出面通过集体谈判与私人保险公司合作建立行业性医保,其实质是商业性团体险;退休老人参加政府组织的医疗保险(Medicare),低收入群体享受医疗补助(Medicaid),参见本书边页码137。关于美国医保体系更详细的介绍,可参考知乎条目"美国现行的医疗保险制度具体是什么样的?",https://www.zhihu.com/question/21805298/answer/2374058069。

资；若为女性，则嫁给一个工厂工人，买房买车，在雇佣合同允许的时机参加一场罢工，生病时去医院，退休后领退休金。集体保障有赖于这些集体行为。而当经济周期性涨落带来的结构性压力在雇主们身上积累到一定程度时，冷战军费支出带来的几乎不停歇的经济刺激，又在某种程度上使经济体有组织的核心部分得以不受触动，* 由此，这一人数不少但经过选择的群体的生命历程，就实现了虽然偶尔间断、但却实实在在的改善。[28]

这样，新的公私联合的福利国家就将产业工人放到与此生命历程序列同步的保险精算池中去，集体地保障他们，因为从时间上看，他们在这个世界上的行进方式也是整体性的——扭曲了围绕着他们的时间。** 这个模式为他们在不均衡（uneven）的福利国家中的特权地位买了单。战后工人阶级在空间中的不均衡分布，*** 导致了居住和教育方面的种族融合问题的爆发，这一点已广为人知；但不为人们所知的是，工人阶级在时间中的不均衡分布，导致了战后顽固的通胀问题：就业于协调得更好的经济领域中的人们，较少受到飙升的价格的影响。与此同时，这种模式将经济的其他部分搅拌进不断恶化的通胀循环中。[29]

---

* 指冷战军费支出扩大了对钢铁业、制造业等核心工业部门的需求，烫平了经济周期对它们的影响。

** 作者的意思可能是指：本来每个人的生命历程应该是不同的，包括要不要进入工厂工作，何时进入工厂工作，要不要结婚，何时结婚等，但集体保障使产业工人阶级的生命历程划一了。

*** 指工人阶级集中在国家和城市的特定区域，详见本书第四章。

不过，产业工人所拥有的保障通过家庭形式的法律依赖关系为其家庭成员提供了庇护，使保障扩散到了工人阶级中更广泛的部分。在此意义上，以男性为户主的家庭构成了公私联合的福利国家的基础单元：一个享受特权性法律地位和公共补贴的私人性社会集体，且通过社会政策得以维持和扩张。此一秩序的属民，即最被完全地加以承认的那些人，是异性恋男人，他们承担了绝大部分的工厂工作，并主导着绝大多数工人阶级家庭。非裔男性在这个世界中并非没有立足之处，但其立足点很小、受局限且易被侵蚀。对女性而言，获得保障的主要途径是嫁给这样一个白人男性工人——对黑人女性而言，这种前景很难实现，因为工厂工作岗位对黑人男性不断收缩，这反过来使黑人女性的生存策略变得很有政治性倾向，让她们变成激进分子。[30]

公私联合的福利国家为其属民——集体谈判体制的内部人——提供的保障，不仅是财务上的。在一些重要的方面，这种保障也是由对被低估和不可见的劳动的特权性占有所构成的。作为这个体制的核心的家庭为此提供了最明显的例子。在形式上，产业工人的妻子和孩子是他的属民；女性和孩子通过男性工人获得收入和经济保障，这不仅是政策的规定，也是习俗的规定。实际上，产业工人及其雇主都依赖于这种异性恋父权制核心家庭，它是大众生产式资本主义获取和再生产稳定的劳动力的工具——尽管在这个去商品化的、非量化的领域里，当然很难清楚区分情感与工作。同样地，战后时期享受医疗保障的人群范围越来越大，他们的特权也基于照护工人劳动的无保障。作为经济体系中安抚内部区域的交易，产业工人的福利来自不受保障的外部区域——这就像在不平等的国际贸易关系中，美国的通货比别国的坚挺得多。[31]

一边是集体谈判内部的有保障，另一边是向内部提供服务的外部的无保障和脆弱性，两边的关系是一个政治性效应。它代表着新政所开启的可能性被收窄了。正是在集体谈判周围竖起的围墙，以及福利国家的私营化，这二者导致了此种效应。

起初，医院工人在联邦劳动法中的地位并不明确。但在20世纪30年代的激进运动中，一些医疗照护工人——往往是女性和非裔美国人——竭力捍卫自己的权益。在匹兹堡，医院工人于1940年发起了针对低于基本工资的待遇和每天12小时工作的抗争，寻求使西宾州地区新的工人联合会获得承认。但经理们拒绝了这一诉求。在随后的诉讼中，26家区域医院要求颁布针对该工会的禁令。请求者认为："医院不是雇主，与医院有关的人也不是雇员。"宾州高等法院赞同：医院是一种半公共的服务机构，"不是一个产业"。让医院受制于州劳动法，将"严重危及医院的管理与病人的健康和安全"。在宾州的斗争——这预示了20世纪40年代后期将发生的情况——之外，联邦法院最终在1944年认定，医院工作会影响到州际商业活动，因此须处在全国劳资关系委员会的规制之下。[32]

但20世纪40年代后期的保守主义反动，很快就给医院管理者带来了安慰。在国会审议《塔夫特-哈特莱法》的时候，参议员泰丁斯提出了一项修正案，将医院从劳动法中豁免出去，这显然是由美国医院协会推动的。"它们并不在州际商业活动的范围中。医院是地方性机构，常常是由慈善家的捐赠维持的，"泰丁斯论证说，"在此项工作中并不涉及利润。"这个问题并未被过多考量，很快泰丁斯的修正案就与《塔夫特-哈特莱法》一起成为法律。[33]

由此，尽管医院工作是相比妻子的服务和家务工作更正式的雇佣，但它在法律上仍然跟家务工作一样，处在新政国家的保护之外——被排除在《公平劳动标准法》的工资和工时规定与国家劳资关系委员会的监管之外。在文化层面上，国家的监管此时已将医疗照护看作一个亲密关系领域，认为它更接近于家庭而不是工厂。医疗照护外在于商业的循环体系。医疗照护工人不属于琼斯与洛林钢铁公司案所想象的工人阶级的一部分，相反，他们被视作工人阶级的服务人员。

战后的福利国家有内部与外部之分，二者的边界就是集体谈判的界限。但被排斥在外并不意味着没有关联；被排斥的部分同时也被动员起来，为了实现某种目的而被利用。总而言之，此种体制旨在维护生产工人阶级的生活，以及保障对他们的社会再生产，只不过这种生产和再生产是通过分化的、不均衡的形式完成的，而分化的界线正是种族和性别。该系统维系了人口和一个个社区，塑造了它们的物质生命，也塑造了童年、亲职、婚姻、性爱、工作生涯、老年、疾病、失能和死亡的社会现实。在这个过程中，福利国家不仅带来了经济上的保障或无保障，同时也规范和训练了个体。福利国家在其各种伪装之下，通过照料者的劳动而做到了这些，但却未给予他们的劳动以保障。[34]

通过社会组织的私人乃至亲密的形式而达到公共的目标，这种做法将照护工作湮没于层层私人权力之下，这些私人权力通常采取种族化或父权化的形式。此种体制将工人性别化为从事照护工作的臣民——这一点与妻子或者家庭佣人相似——并为了更大的社会目标而据有他们的工作成果。通过对照护工作的这种治理，战后正在浮现的福利国家——幸存的新政自由主义因素与正在兴起的保守主义反动二者杂交的产物——建立起其"分裂的"或曰"双重的"劳动政体，在我们近年来所了解的现象出现之前很久，情况就已经如此了。这种安排被编织在负责提供照护的经济组织内部，在整个战后时期持续存在——甚至在20世纪60年代和70年代劳动法改革之后仍是如此，由此构成了后工业时代劳动力市场的基石。匹兹堡的医院1940年宣称自己不是雇主，2013年这一说法被重复，这二者之间不是战后之前的情况在战后时期的再发生，而是一种未间断的延续关系。

工业的衰落与照护的兴起

战后数十年间，制造业的就业人数一直在普遍减少。一个又一个产业的工人由于自动化、撤资、资本逃离等原因失去了工作，这一过程从20世纪50年代就开始了。采煤业出现了露天开采,汽车装配业、电子工业和肉类加工业出现了去中心化和自动化,纺织业出现了无人照料车间,船运业出现了集装箱化,钢铁业出现了全球范围的竞争。在全国各个工业区,通过与这些产业相关联而获得保障的那些社区,面临着巨大的经济压力。[35]

但产业工人阶级的这种慢性的解体,发生在战后福利国家的背景之下。在整个美国工业乃至整个北半球,工人阶级通过向国家机构提出要求来应对普遍的制造业就业危机,提要求的方式既包括直接的政治形式,也包括作为社会服务的大众消费者的间接形式。在整个去工业化世界,紧接着出现了福利国家扩张的浪潮,这是政府对这些需求的回应方式,希望以此来控制战后丰裕社会中出现的这种新形式的贫困。[36]

在美国,我们不把这种政治现象理解为一个孤立的事件,而是将其看作一个系列:"向贫困宣战"、"伟大的社会"、城市骚乱、福利权与黑人民权运动、"年轻的领主"运动*、国家的财政危机以及滞胀。在20世纪五六十年代,工人被取代最初只限于北部城市的非裔和拉美裔工人,白人另有保障;到了七八十年代,则变成蔓延至整个工人阶级的严重问题:从一个地区的贫困逐步变为全面的宏观性经济危

---

* "向贫困宣战""伟大的社会"都是美国第36任总统林登·约翰逊1964年提出的施政口号;"年轻的领主"运动,则是20世纪60年代末起源于芝加哥街头帮派的全国性运动,致力于在社区中推动政治、社会与文化变革。

随着工人阶级的社会再生产问题变得越来越棘手,早先就存在的受补贴的医疗消费体系提升了医疗机构的地位,使之成为家庭之外最主要的照护提供途径。由于医疗照护体系碎片化、公私混合的特征,这种特征使日常的、劳动密集的照护提供与保险业、医药公司和投资者的利润相关联,也由于系统能获得大量工价低廉的照护工人,医疗照护体系有充足的空间来满足日益增长的大众照护需求。战后时期建立起来的公立或私有化的医疗提供机构,将大量资源输入工人阶级社区,而此时其他的保障资源业已崩溃。在老年保健医疗制度和集体谈判制居于主导地位的时候,甚至面向穷人和残疾人的医疗救助(Medicaid),作为医疗保险可怜的继子,在1981—1988年间的预算都增长了一半,与之对照,食品券计划的预算同期却收缩了。[39]

由此,增长的社会需要遇到了一个相对义务化的医疗照护体系,这个体系以反经济周期的方式扩大,吸纳工业就业崩溃造成的冲击。20世纪30年代到60年代之间建立的社会政策机构,努力将去工业化引发的社会危机压力分流到医疗照护系统之中。在劳动力市场的底部,作为对工业衰落的反应,工资化的照护工作激增。从历史角度看,这个过程与大众监狱的兴起颇有相似之处。正如20世纪最后几十年监狱系统的扩张一样,医疗照护产业的兴起为去工业化造成的社会危机提供了经济缓释剂,将公共开支与国家权力导向对过剩人口的管理,以及对就业、利润和社会稳定的创造。[40]

这么看的话,20世纪中期的"平等化"时期与我们现在的情形很不一样。是战后的自由主义创造了至今仍伴随我们的公私混合的福利国家；也是它将数量庞大、种类众多的工人排斥于社会保护之外；它为大众监禁打下了基础；将异性恋父权制核心家庭确立为工人阶级家庭唯一可接受的形式；在居住方面建立了广泛的种族隔离；在遇到财政危机时让政策制定者求助于金融市场；建立了一个多元的，因而可以被雇主钻空子（captured）的劳动力市场体制。[41] 我们仍在这条历史路径上行进，那种将 21 世纪初视作对镀金时代（the Gilded Age）的回归的看法，显然是错误的。

作为一般规律，这些妥协反映了明显的政治必要性。在很多情况下，推动落实自由派主张的是保守派。我们不能将这些结果简单解读为战后福利国家本质上是"好"或"坏"，是"特殊"或"正常"的证据。我们要做的不是将这个历史时期的特质例外化，而是将其局部化：将工厂工人以及围绕工厂工人建立的社会秩序，当作更广阔的、仍在进行中的历史进程的一部分去看待。

工业雇佣是统治和塑造大规模人口的权力之网的关键节点，因为在这个网络中，正式雇工通过家庭等级化的、不对称的相互依赖关系，将其他人口（家庭成员）联结起来。但这个安排随着工厂工人失去工作而逐步失去效用，逐渐从一个简单的经济问题转变成广泛的社会问题，因为越来越多的人口变得不稳定。去工业化在社会层面显现的后果，是产生了大量的用后即弃的（disposable）、依赖性的人口。这种后来发生的社会不稳定，使我们回头发现，新政国家当初是如何不懈地致力于保障、维持、再生产和有序安排全体人口的生活的。这样一种努力的意义,在其基础被侵蚀之后才变得明显。[42]

作为就业场所,美国医疗照护业的增长与其他富裕资本主义民主国家的情况大体平行。但在其他正在经历去工业化的富裕社会,在医疗照护就业增加的同时,医疗照护服务的提供与福利国家其他方面的安排并无明显差别;医疗照护服务提供的增长与福利国家的扩张是同步的。与此形成对比的是,美国的医疗照护体系实际上是独立的,跟刑罚性的社会政策一起急剧增长。由于医疗照护行业深深地植入私人市场与利润积累之中,随着它越来越脱离围绕着它、喂养了它的经济废墟,这个行业构成了对公共支出的持续挑战,尽管是以越来越扭曲的反常方式进行的。正因如此,出现这种情况就毫不奇怪了:20世纪80年代早期,美国的医疗照护支出在富裕国家中一骑绝尘,而福利体制其他方面的支出却被大幅削减。[43]

为什么是匹兹堡?

由于福利国家被私营化了,它在地理分布上与东一块、西一块的工业性就业相对应,也是不均衡的。随着失业导致的危机,去工业化的区域出现了同样的问题;危机对社会再生产机构产生了压力;而那些能吸引公共投资、满足政治社会需求、回应压力的行业开始成长了。这个模式不限于美国，但在不同国家遵从了不同的制度路径，并产生了各不相同的社会与政治后果。[44]

尽管这一逻辑的某些版本也适用于其他城市，但匹兹堡及其周边地区放大了这一逻辑的关键特性，揭示了在其他地方可能不可见的维度。这个地区的社会构造被钢铁业扭曲了，但这种扭曲恰恰放大了工业中心的一般性特征。本书以阿勒格尼县及其周边几个县为研究的地域范围，它们形成了一个经济单元：匹兹堡城在中间；钢铁厂和其他工厂坐落在内圈的蓝领工人市镇；白领居住的郊区在第二圈，再往外就是煤矿和农业区域，中间点缀着一些更小的工业小镇。[45]

在匹兹堡，工业衰落的过程尤其显著。从1930年到1960年，当地经济增长率只有全国水平的一半。[46] 相应地，钢铁业既占据经济支配地位又陷于停滞的状况，塑造了这座城市政治经济的其他部分。

匹兹堡由于其核心的工业巨人的衰落而承受了很大的压力，这种压力的印迹在整个地区的社会构造中随处可见。近一个世纪以来，由于处在一个衰落中的行业的支配之下，这个地区既没能从南方也没能从海外吸引大量的移民，这造成了其人口构成长期不变：大约70%的白人和25%的黑人。作为其经济构成的一个结果，战后的匹兹堡还在家务－工作之间发展出很深的分界线，虽然这种区分在战后时期很普遍。女性参加工资劳动的比例要比全国水平低得多：在这座城市的市区，1960年的比例是30.8%，而同期全国水平是40.2%。[47] 女性参加工资劳动的经济性义务比较小，因为钢铁工业中有较多提供给男性的高工资工作,同时对家庭内部非工资照护的需求相对更大。

在匹兹堡,作为战后美国标志之一的医疗照护行业的扩张也更加快速。到20世纪70年代后期,匹兹堡消费的健康照护服务的比例是惊人的,它的单位人口的医疗照护工作者比例比任何其他都市区都要高——每千人17.3个相当于全职的医疗照护工作者,而全国平均水平是每千人13.8个。[48]

加速这个行业增长的是都市人口急剧的老龄化,而老龄化本身也是长时间工业衰落的一个后果。由于钢铁行业走下坡路,二战结束时加入钢铁厂的青年大军从未被完全替代。在年资制的规则下,年轻人能得到的机会相对而言严重不足,他们越来越多地向外移民。1950年,在匹兹堡地区的钢铁工人中,45岁以上的占比为38%;到了1980年,45岁以上的占到一半。1990年,匹兹堡成为老龄化程度全国第二的都市区——仅次于佛罗里达州的布劳沃德县。[49]

换言之,对钢铁业的依赖迫使匹兹堡用很高的强度来动员其照护劳动力。工人阶级生活的维持和再生产,制度性地通过钢铁生产来运行,所以钢铁生产的衰落立即对提供照护产生了影响。照护的场所从家内转移到医院,其角色变得更重要,足迹也变得更明显。这个发展趋势,虽然一开始被社会政策固定在钢铁业,但一直延续到钢铁业终结之后,而且实际上在应对去工业化的背景中继续得到发展。通过追踪匹兹堡转型中的照护问题的线索,我们将揭示今天经济极化问题的起源。

需要抉择的是什么?

本书追踪了一个转型之弧,在这个转型中,匹兹堡的工人阶级经历了社会再生产的危机,并重组了自身。本书的叙述从20世纪中期封闭的工厂和家庭向外延伸到社区和公共机构。随着焦点的扩大,本书从战后福利国家受保障的世界内部向外拓展;同时,叙述也是从以白人为主的、工会化的钢铁产业工人开始,而在以非裔美国人为主的低工资医院工人那里结束。对工人阶级构成变化的把握,要求我们去探索这些社会群体之间真实的历史联系。相应地,这又需要一种历史的方法:一方面考虑公司和机构的结构变迁,这些通过传统的档案研究就能完成;另一方面,需要深入到日常生活的毛孔中去。不去探究亲密关系的经验,就不可能把握对照护的需要或者照护工作的产出;在这里,这种亲密关系领域是与更宏大的社会后果相联系的。劳动可能由情感甚至爱激发出来,但仍可能同时是剥削性的甚至强制性的。[50]

在本研究中,我常常依赖能获得的车间记录,以及已经进行且已被存档的社会工作研究和访谈记录。作为第二次工业革命的代表性城市,一个多世纪以来,匹兹堡已经成为大量社会研究的对象,尽管这些研究大都集中在白领工人的经验上——对于这种档案记录上的不均衡,我也只能部分地加以纠正。[51] 我自己也做了一系列访谈,尤其针对医疗照护工人,特别是非裔美国人,以便补充本研究后半段的档案不足。有些受访者分享的生活故事涉及其本人未受访的朋友和家人的经验；另一些人面临被雇主报复的风险。出于这些原因，除了已经进入公共记录或者已经退休的人，所有受访者的姓名都被进行了更换。

本书努力贴近照护提供的时间节奏与这些节奏之间的互动。照护服务是在特定时间中发生并经历时间而完成的。通过照护，我们得以习惯生命历程中的时间路径，无论这种时间路径如何被制度化。照护抚养儿童；维系个体与亲属关系；安抚进入老龄阶段的人们；管理疾病、残疾与不幸；指导我们面对死亡。不管是对照护的需要还是照护的提供，只有在与社会性建构起来的、并不均匀的生命时段相联系时，才能得到理解。[52]

医疗照护这个行业，解决的问题和获得的资源都是别处少见的，它已经过度扩张，演变成对经济进行社会干预的一张大网。由于其叠床架屋的激励模式和碎片化的组织结构，医疗服务采取了矛盾的、有悖常情的形式。尽管对病人既不人性化又包含剥削，这个行业仍继续代表了对社会再生产进行公共和半公共支持的一种主要形式，引诱着数以百万计的人依赖它获得某种奇怪的、退化的保障。尽管政策制定者总是在努力控制其成本，医疗照护仍然是社会支出的主要途径，同时也是一个通过运作这种关联*而蓬勃兴旺的巨大产业。换言之，这个行业的增长代表了资本主义内部的一种悖

---

* 作者所指应该是社会再生产的公共职能与私人运营之间的关联。

论性的、私营的社会化过程，同时还依靠战后福利国家的遗产在这个巨型行业中保持利润和就业。这个行业在以它维生的支持者中寻求政治支持，这里的维生一开始是比喻性的，意思是靠这个行业赚钱的人，最后变成字面上的意义，即靠这些照护维持生命的老人。[53]

当那一拨从公私混合的福利国家中最受益的人变老了之后，也就是说，当钢铁工人退休并且不是被人顶替的时候，战后时期建立的"内部人-外部人"区分机制，就越来越多地体现了代际之间的、冲突性的维度。受到保障的老年群体越来越站到政治上反对未受保障的年轻人的位置上，这些年轻人不仅作为公民被排斥于最高等级的社会支持之外，还作为工人不得不以低工资为这些年老者提供服务。这很容易导致代际间的战争。[54]

但与此同时，蓬勃发展的照护经济也成为工人阶级形成的新场所。照护工人的数量每年都在增长，而且必须在日常生活中经常展开与医疗照护系统的乖张机制之间的斗争——这些机制既压低工资，又增加工作压力，过度工作。但到目前为止，照护工人在集体行动方面只取得了有限的成功。关键问题是他们动员更广泛政治支持的能力有限，因为哪怕是私营部门的医疗照护行业，在很多方面也是国家委托的工具，具有多重的公共意义。最近这些年，照护工人们已经阐明了他们与患者、社区之间是利益共同体关系，患者既得到这个行业的保障，也受到它的剥削。这样，照护工人已经最大化了他们的力量。[55]

由此，我们需要在两种事态之间进行选择：一种是老一辈为照护服务支付的价格，与年轻一辈作为照护工人得到的工资之间的零和博弈所带来的代际冲突政治；另一种则是照护工人、照护对象以及他们所属的社区三者之间的团结。创造了医疗照护行业的历史进程也带来了代际冲突的机制，但与此同时也创生出可能超越这种机制、刷新美国阶级政治的力量——以为所有人提供保障和照护为基础。由此，本书的最后一个意义就在于围绕照护提供来重新组织工人阶级，创造出强有力的政治力量。我们所有人都需要照护。在一个更民主和平等的社会里，我们都将得到照护，同时我们都将参与到对他人的照护中去。[56] 本书讲述了我们如何已经开始向那个方向前进的故事。这是一个我们没有选择进入，却被撞进去的转型。它的发生是非故意的、不均衡和不规则的，最重要的，还是不公正的；但它已经发生。我们要做的是纠正它，并且不达目的誓不罢休。

第一章

掉进无底洞

匹兹堡20世纪50年代的钢铁业

"记得在高中时,老师警告我们,如果我们不学习、不做作业,上不了大学,将来就只能在'那该死的钢铁厂'扑腾一辈子。'该死的钢铁厂'就是老师们的口头禅,'你们将成为人生的失败者',"霍华德·威克汉姆如是回忆道,"嗯,我最后确实进了钢铁厂。"1966 年一从高中毕业,威克汉姆就在美国钢铁公司(United States Steel)旗下的巨人霍姆斯特德钢铁厂找到了第一份工作。他父亲也在那儿上班,已经一级一级地爬上了工头的地位,所以给儿子谋了一个技术型学徒工的位子,将来可以成为厂里的焊工。

一条职业发展道路在威克汉姆的面前展开,虽然不是他预想的,但一片坦途。"我还是想成为一名摇滚歌手。干这个就是为了谋生。我后来结婚了,有了一个女儿。"但他还是能感觉到自己被猛烈地拉入工人阶级之流,时间之流——以机器换挡、发薪期以及年资来衡量——会拉扯着他滑向老朽。

在来到霍姆斯特德钢铁厂最初的日子里，威克汉姆用一个纸包带午餐，找个地方放起来，直到午休时间。午餐时间到了，当他去取回他的三明治时，却发现纸包被老鼠撕开了，在这个半敞开的、污秽、炎热且靠近河边的地方，到处都是老鼠。他知道，为了防老鼠，老工人们都用小铁桶带饭。但威克汉姆不愿买这么个铁桶。他坚持用纸包装三明治，同时也总是被老鼠偷去午饭。铁桶挺贵的，但这不是他不想去买的原因。问题在于，一旦他妥协，去买了铁桶，也就意味着他将长期在这里待下去。作为一个年轻人，第一次面对高炉、燃气管路、可怕的热气和噪声，以及饱经沧桑、皓首于此的老工人，他宁愿想象自己每天还有别的选择。[1]

爱德华·萨拉吉跟威克汉姆在同一个部门上班，也是通过当钢铁工人的父亲获得了这份工作。由于也得到过防范老鼠的提醒，他早早就买了饭盒。他的焦虑有另一种表达方式——与他父亲有关，他来工厂的最初几年与父亲工作的最后几年是重叠的。这位儿子来霍姆斯特德的第一天是1964年的3月2日，正好是其父亲第一天上班的28年之后的同一天，这似乎是一个有象征意义的重合。"我父亲在他工作的最后一段日子有一个担忧，"萨拉吉在一份未出版的自传里写道，"他害怕自己会在工厂里受重伤或者丢掉性命。"这是一种有道理的担忧。几乎每一个钢铁工人都有某种接近死亡的体验，每个人都能说出他们曾亲眼目睹的可怕事故。[2]

萨拉吉的父亲在厂里工作的最后一段日子里曾被分派一项危险的工作，就是站在工厂的屋顶上，将雨后疯长的树铲威克汉姆、萨拉吉和斯坦科夫斯基都是白人，都是强大的美国钢铁工人联合会（USWA）的会员，受雇的时期正值战后的繁荣阶段，受雇的待遇也是世界上工业劳动力中前所未有的。其中两个人，威克汉姆和萨拉吉，是熟练的焊接工，处于工人内部等级的顶部。对于这群人而言，战后时期是一个特殊的、较为安全的时期。当时，这些工人干得如此之好，以至于观察者们相信社会阶级已经不再是分化性的力量，相信所谓"战后契约"或者"劳资协议"。[5]

根据更晚近的解释，像这三个人的经验处在美国历史一个独特时刻的核心位置，即一个有限但总量不小的美国工人群体，通过斗争获得了保障与社会解放（social enfranchisement）。历史学家杰斐逊·考伊将此一时期称为"伟大的例外"，他写道："战后时代，也就是实际上的'伟大的例外'时期，对一个工人而言是格外好的时候。这不仅是因为工资上升到前所未有的高度，不平等在下降，而且因为未来是光明的，付出得到回报，下一代人也前途看好。"[6]

在某个层面上，这一观点是无法辩驳的。杰克·梅茨加成长于西宾州一个钢铁工人家庭，他在回忆录中写道："如果我们在20世纪50年代所过的生活不是解放的话，那么解放就在人类的实际生活中从未存在过。"这是新政秩序与资本主义黄金时代共同达到的顶点。考伊将那个时刻的情绪构造描述为"一种开阔的可能性的感觉"，并且毫无疑问，工人阶级看到了自己生活水平的显著上升，并且拥有崭新的政治与社会权力。[7]

但有些东西与此相抵牾。如果他们感到的是开阔的可能性，那为什么斯坦科夫斯基的邻居们在崇拜工厂的同时却诅咒它？为何萨拉吉的父亲带着性命恐惧去上班——这种恐惧如此强烈，以至于萨拉吉数十年后回忆起来的第一件事就是它？在一个未来光明、后代前途看好的世界，为何年轻人被警告离开工厂？在一个对工人而言格外好的时期，为何威克汉姆如此害怕在工厂长待下去，以至于让老鼠吃掉自己的午餐？

如何解释这些战后镀金上的铁锈？尽管历史学家们如今大体同意，管理层从未真正接受与劳工的永久和平，但这一洞见只是很零散地渗入对日常生活的分析之中——仿佛组织化了的、产业性的工人阶级在20世纪七八十年代遭受猛烈攻击之前，并未觉察到其地位的不稳定。事实并非如此。[8]

钢铁的世界

19世纪炼钢业在匹兹堡的兴起，有两个原因：这个城市毗邻阿巴拉契亚煤田，阿里盖尼河与莫农加希拉河在此交汇，形成俄亥俄河。高品质的"焦炭"级煤在宾夕法尼亚附近开采。铁矿石从围绕苏必利尔湖的中西部上游运来（一般是铁来就炭）。匹兹堡作为密西西比河流域最东端的主要港口，通过河道拥有获取这些原料的途径。这样，它就成为铁路运输与河道航运之间的转口港，连接了东海岸与中西部地区。在密西西比河流域最早开通航线的一批蒸汽船就是在这里建造和下水的。由于获取关键原材料和船运航线如此便捷,在整个19世纪,工业资本在匹兹堡不断聚集,同时也吸引了越来越多的移民前来工作。[9]

20世纪对钢铁的大量生产,需要的经营规模是惊人的。能够为美国的汽车、电器、飞机、船舶、武器、摩天大楼、桥梁、管道和高速公路提供钢铁的工厂复合体,其数量之巨达到了很少有其他产业可以匹敌的程度。如果你1955年在"匹兹堡角"(就是阿里盖尼河与莫农加希拉河交汇形成俄亥俄河的地方)登上一艘船,并向东南溯莫农加希拉河而上驶向西弗吉尼亚,在25英里之内,只要河岸不十分陡峭,你都会发现那里堆满了钢铁制品(见地图1.1)。

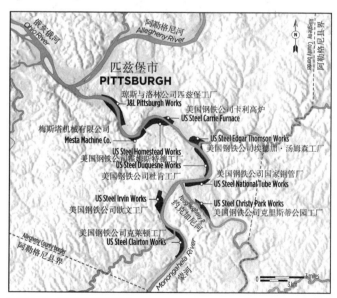

地图1.1 蒙谷的钢铁制造

图 1.1 琼斯与洛林公司匹兹堡工厂鸟瞰图

满载着煤炭和铁矿石的巨大驳船沿河行驶。"炽热的铁桥",也就是特制的、将铁水从河的一边传送到另一边熔炉的传送设施横跨水面。火车车厢在两岸嘎嘎作响,哨声和汽笛声此起彼伏。蒸汽或者火焰冲天而起,大片大片的烟尘——铅灰色、煤黑色、铁红色或者硫黄色的——悬浮在空中。一座座堆成小山的矿渣——冶炼过程中的废弃物——在山边排列着,还散发着微光和蒸汽。数万人在附近忙碌着,其工作任务复杂多样。安妮·尤尔孔住在霍姆斯特德的山坡上,山下是钢铁厂。"人们总是爱问火车的噪声有没有干扰到我们,"她回忆道,"那意味着人们在工作。"整个的经济周期都可以用这种方式来测度:火光与大烟囱排出的烟、工人排班表以及钢铁小镇主街上那些企业的业务水平。[10]

这个巨大建筑群中的活动是怎么展开的呢?首先,焦炭级的煤在大炉子中烘烤。琼斯与洛林钢铁公司的匹兹堡工厂开展这项加工;美国钢铁公司则在克莱顿的蒙谷进行进一步的处理。这是整个钢铁制造流程中最热、毒性最强的环节,而黑人工人最经常被丢进与此相关的部门。[11]

下一步,焦炭和焦炉煤气从焦炭工厂被传送到高炉,参与冶炼过程的第一部分。在那里,巨量的铁矿石、焦炭和石灰石将被一层一层地倒进高炉,然后用焦炉煤气点燃。高炉自身以 200 英尺*的身姿高耸于河岸之上,其内衬由特种的耐火砖搭建,能承受可怕的高温。高炉旁矗立着巨大的风

---

* 1 英尺 = 0.3048 米。

箱,用来给高炉提供加热后的空气以助燃。

点火之后,焦炭与铁在高炉中结合而成"铁水",也即熔融状态的铁;同时,石灰石吸收杂质并形成炉渣,一种浮在铁水表面的燃烧着的副产品。工人们在高炉上打个洞,让炽热的金属流出来,并撇去铁水表面的矿渣。通过地面上的管道,铁水流出来,汇聚到砖砌的容器(混铁车)中,矿渣则被运走丢弃。当这一批原料处理完毕时,工人对高炉受到的损坏进行维修。在炼钢的每一个步骤中,对设备设施进行经常性的维修是工作的重要部分,因为持续容纳如此高温的极端过程,对设备设施的破坏可想而知。

在混铁车中,铁水通过轨道从高炉运往平炉,冶炼过程将在这里完成。铁水通过一个可以由起重机举起的"钢包"(ladle)被倒入砖砌的平炉中,与熔化的废料、石灰石或白云石进行反应,以除去多余的碳成分。大约8小时之后,工人将打开平炉,流出的是钢水和新的一层矿渣。当矿渣被分离、杂质被烧净后,钢水被注入巨大的模子,形成钢锭。维修队修理损坏设施,工人们准备下一次作业。

到这里,流程——直到这里还或多或少是大家一致的——开始根据要生产的产品的不同而出现分叉。钢锭与其他必要物质熔合形成合金,被浸泡在巨大的坑中以获得一致的温度,并在酸液中进行酸洗,重新加热、加压以便加工成各种不同的形状。巨大的桥式吊车吊着钢锭在工厂里来回移动。不同的工厂有不同的特长:麦基斯波特的国家钢管厂制作管材,霍姆斯特德制作板材。为了制作钢材消费者需要的线材、棒材、板材、钢轨和管材,还需要很多其他的工艺流程,正是这些钢材构造了现代世界。

由此,钢铁制造业的一个突出特征在于工作的异质性。1950年,在匹兹堡的都市区,有134494人在这个行业工作。其中,6%是管理人员和专业人员,8%是办公室职员。剩下的86%,可以相当平均地划分为熟练的工匠和工头,半熟练的操作工,以及不熟练的辅助工。在20世纪中期一般的大众制造行业中,工人的熟练度分布应该是一个接近正态分布的曲线,而不是钢铁业中的平坦曲线。* 钢铁制造由于缺乏单一的一般工艺流程,其工人的分层化程度更高。这种技术分层同时也是种族分层:黑人工人构成了不熟练工的14%,半熟练工的7%,熟练工中则一个黑人也没有。别忘了威克汉姆、萨拉吉都是在他们父亲的帮助下才获得了焊接工的位子,这表明了这一工种的封闭性。[12]

美国的钢铁工业1950年生产了接近1亿吨钢,数量之巨前所未有。在战后美国颇为独特的消费图景中,钢材无所不在:在州际高速公路的骨架中;在用来充实郊区新建的大房子的闪亮的家用电器中;在从油田输送石油的管道线路中;在城市更新过程中矗立市中心的摩天大楼中;以及最为重要的,在重塑着美国社会的汽车中。但在这一切之上的,是冷战军事机器的庞大刺激,1950年这架机器在朝鲜战争刺激下全速运

---

* 正态分布,形状为钟形,两边少中间多,即熟练工和不熟练工少,半熟练工多;平坦分布,即三类工人人数接近。

转,当然,原则上,在和平时期仍可维持对钢铁的需求。[13]

在冷战初期,美国钢产量在全球占据令人称羡的位置,占全球总产量的47%——这使得美国生产商在20世纪50年代的大部分时间里都不用担心国际竞争。况且,国内市场是高度协同的,劳动成本和产品价格在所有主要工厂之间同步变动,使钢铁公司对市场压力不再敏感。正如加里·赫里格尔所观察到的:"对于大多数人而言,战后的前35年,美国钢铁公司和美国钢铁工人联合会有效地制定了美国的钢材价格。"那些控制了80%国内市场的主要公司,集体地与工会谈判,并遵从美国钢铁公司制定的价格,这个价格反过来又与集体谈判对工人生活成本的调整同步。[14]

对国际竞争和国内市场压力心不在焉的关注,让钢铁制造商们在20世纪四五十年代接受了联邦政府的大量补贴以扩充产能;这些工厂不是通过集约型增长,而是通过粗放型增长来实现产能扩充——更大的工厂,而不是技术更先进、更有效率的工厂。钢铁公司的公司文化臭名昭著地保守,而且其寡头垄断地位也看似安全,所以它选择了所谓的"平滑"路线,而不是欧洲新式工厂中所用的、效率高得多的氧气顶吹转炉技术。即便氧气顶吹转炉技术的优越性已经无可争议,经理们在20世纪50年代也延宕了安装新高炉的进程,为的是多从国会争取点折旧补贴。美国公司此时留下了巨大的过时产能。1940年,美国钢产能为8160万吨,在接下来的20年中,它缓慢地增长到了14860万吨。[15]

建造了20世纪中叶之现代性的钢是由多处生产的——

主要集中在伊利诺伊、印第安纳和俄亥俄这几个州。但宾州西部排在最前面，尽管比重在下降：1947年，匹兹堡地区的钢产量占全美钢产量的四分之一，紧随其后的芝加哥占五分之一（钢产量下降的匹兹堡和钢产量上升的芝加哥将在1958年相遇，彼时它们所占的比例都为21.5%）。美国钢铁公司的总部在匹兹堡，美国钢铁工人联合会的总部也在那儿。[16]一个巨大的如日中天的行业，虽然处在缓慢衰落中，但仍有强有力机构的庇护和维系，决定性地塑造了匹兹堡地区的整个劳动力市场。

1950年，在220万都市区居民中，有86.3万人从事民用工作，其中男性占了四分之三。而在受雇的男性中，近三分之二从事制造、采矿、建筑、铁路或者卡车运输、仓储等工作。换言之，大匹兹堡地区的男性劳动力，就业于蓝领劳动领域的比例之高令人吃惊；钢铁制造业居于领先地位，其就业人数占据了男性劳动力的四分之一。还有很多围绕着钢铁业的供应商、船运商和加工企业，同时还有一系列从早已聚集在钢铁业周围的资源中获益的平行行业：工厂设备制造商梅斯塔机械，铝业巨头阿尔科阿，匹兹堡平板玻璃，造船商德拉沃，食物加工商海因茨，电气制造商西屋。剩下的三分之一不从事制造业的受雇男性散落在经济体系的各处——零售业、食品业、医疗业、公共管理行业、银行与保险业——并没有主要集中的行业。尽管匹兹堡在20世纪50年代被列为全美第四大公司总部中心（前三名为纽约、底特律和芝加哥），但这并未改变匹兹堡劳动力市场中工业生产性岗位占主体地位的结构。事实上,工业生产在匹兹堡劳动力市场上的分量是如此之重,以至于制造业、建筑业和运输业企业也构成了女性就业最多的部门——主要是在职员岗位上。这样的就业占了女性就业的五分之一。在这些工作之外,在医疗、教育、电信、服务、家政和零售等行业有较少的女性集中就业。[17]

劳动力市场不仅按照性别轴划分来看显得不对称,而且按照种族轴划分后,仍显得不均衡。在制造业就业达到历史高点的1950年,非裔美国人的就业模式与白人看似相同:与白人的情形一样,黑人工资劳动者中的绝大多数是男性;三分之二的受雇男性从事制造、建筑、采掘,或者运输与仓储业,这一点也与白人相同。非裔男性在这些行业中的等级要低于白人男性,而且不远的将来将难以长期从事这类工作——但在工业就业高潮期间,他们跟白人男性工人一样依靠蓝领工作维持生计。黑人女性的就业模式相比白人女性则差异更大。非裔女性在医院、洗衣店、餐饮行业等地方找到工作,而像秘书、电话操作员、售货员和教师这样的粉领职业,基本上与她们无缘。黑人女性主要被驱赶进家政行业工作:1950年,42%的受雇黑人女性从事家政工作,而白人女性从事这类工作的比例为5%。[18]

不过,所有这些就业模式都围绕着一个主轴运转,这就是一般而言的制造业尤其是钢铁业。该地区的劳动力市场被处在中心的工业巨人扭曲了。发生在钢铁业上的,最终也落在了每个人身上。20世纪50年代发生在钢铁业的早期震颤,不仅但会惩罚那些在充分竞争的劳动力和商品市场上打拼的人们。[20]

这种循环的前景引起了政策制定者的警觉。通胀将会威胁处在经济体系的工业核心之外的那些美国人的生活水平。更可怕的是，美元的强势程度拥有重大的地缘政治影响：美国对战后欧洲的投资使整个欧洲大陆都充斥着美元。如果美元大幅贬值，就可能导致重大的不稳定。这种会破坏马歇尔计划的后果，在冷战的高潮期是不受欢迎的。美国政权无论从国内角度还是国际角度，都偏向强势美元的一边。钢铁业中的集体谈判由此从经济冲突延伸到政治领域。[21]

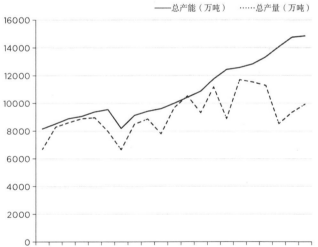

图 1.2 钢铁工业的运营，1940—1960 年。Data Source：American Iron and Steel Institute, Annual Statistical Report, various years. 见 Paul A. Tiffany, *The Decline of American Steel: How Management, Labor, and Government Went Wrong* (New York: Oxford University Press), 1988, table 2.1。

在整个战后时期,联邦政府都参与到了钢铁工业的集体谈判和价格制定中。钢铁业劳资之间的协议是在白宫的椭圆形办公室中制定的。最著名的是,杜鲁门政府1952年曾尝试将钢铁业国有化,以维持战时工资和价格稳定。1956年,尽管曾公开反对将集体谈判政治化,艾森豪威尔总统还是努力斡旋以结束一次全行业规模的罢工,并被随后必然会发生的价格上涨触怒。

他反复公开地——包括在他的国情咨文中——就钢材价格提出警告。然后在1957年年中,当达成一致的生活成本调整和工人工资上涨将要被落实时,美国钢铁公司宣布了又

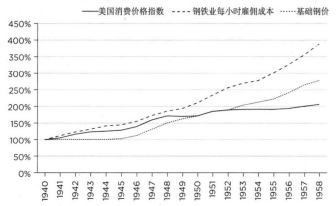

图1.3 钢铁工业的工资和价格增长,占1940年的百分比. Data Source:Bureau of Labor Statistics. 见 Paul A. Tiffany, *The Decline of American Steel: How Management, Labor, and Government Went Wrong* (New York: Oxford University Press), 1988, table 2.4。

一次提价。在钢铁业卡特尔*中的其他公司快速跟进。与此同时,一次萧条出现了——20年来最严重的一次。政策制定者和经济学家们困惑地看到通胀与失业同时发生了——这两者本来被广泛地认为是相互抵触的(20年后,这种现象的一个更严重的版本开始被称为"滞胀")。[22]

政策制定者与钢铁制造商之间的冲突随着经济下行而逐步升级。参议院反垄断委员会的主席埃斯蒂斯·基福弗参议员,启动了一项关于工业领域反竞争实践的调查,直接指向钢铁业。钢铁业的经理们将通胀归咎于过度的工资需求。如美国钢铁公司的一份内部备忘录所言:"如果钢铁公司仍然按1946年的价格收费,并自行消化从那时以后到1957年之间上升的成本……破产早就发生了,它们也不可能运转到现在。"[23]

钢铁公司面临着不断提高工人工资的压力,但却并未投资技术升级,以便通过生产率的上升为上涨的工资买单。在基福弗的听证会上,美国钢铁公司的总顾问站在公司立场说话,认为氧气顶吹转炉的潜力"无法预测"。工业界的领袖们继续着他们保守的习惯,用存留利润而不是举债的方式来投资,使安装新的氧气顶吹转炉的投资额看起来吓人,即便是盈利情况很好的公司也无法完成。成长于20世纪中期匹兹堡管理精英家庭的作家安妮·迪拉德,回忆起她父亲的社

---

* 卡特尔是垄断组织形式之一,是为了垄断市场从而获取高额利润,生产或销售某一同类商品的厂商通过在商品价格、产量和市场份额分配等方面达成协定从而形成垄断性组织和关系。

会世界:"我知道他们恨什么:工会、懒惰、浪费、狂野、大声说话。他们不信上帝。他们不会去买任何可以不买的东西。而且他们从不冒险投机。"[24]

钢铁公司靠稳步且协同上涨的价格来支撑稳步上涨的工资,但越来越大的政治压力使得这种策略难以为继。在20世纪50年代的后半段,钢铁公司开始寻求缓解这种多面挤压的方式,可行的方式只有一种。如果对技术投资的抵制使生产率提升成为不可能,同时政治上的反对排除了提价的选项,剩下的只有削减成本。这种努力在匹兹堡塑造了成千上万人的日常经验,他们工作在这些过度膨胀的、半废弃的钢铁厂中。[25]

铁锈的迹象

在没有对新技术进行重大投资的情况下,成本控制只能依赖人的努力。"这是问题的最基本因素,"1956年一份给美国钢铁公司高层的"进度报告"说,"必须缩小或者消除以8%的速度上升的人力成本与以2%的速度上升的生产率之间的鸿沟。"管理层的建议是驱使更少的工人去做更多的工作。"我们的工业工程学研究告诉我们,总的来说,我们的生产工人和维修工人的正常能力只利用了三分之二。这意味着巨大的提升空间。"然而,利用这个"巨大的提升空间"并非易事。[26]

最基本的,没人真的懂如何测度生产率。生产过程牵涉的物质细节非常多样，无法抽象成单一的指标。唯一清晰的度量就是每人时产钢的质量。自从 1940 年以来，这个数字平均每年上升 2.7%——还是比较可观的。工会引用这个数据作为生产率增长的证据，意思是公司可以负担工资上涨。但管理层反驳，这样一个粗略的每小时产出数据高估了劳动方面的贡献。这一计算误将外延型扩张当作生产率增长："钢铁业中的这个数据主要反映的是规模相对扩大带来的效应。"也就是说，生产率的有效增长主要是由规模经济带来的，而不是由生产方法的改善带来的。公司生产的钢材越多，它运转得就越有效。公司方认为，粗略的每小时产出率，忽视了可能影响效率的一系列因素："（1）产量和客户要求；（2）资本投入对设备的改善；（3）钢材的等级、尺寸、形状等产品多样性；（4）生产工艺的提升；（5）原材料的品质；（6）购买的产品和服务的质量；（7）员工绩效率。"[27]

尽管在 1956 年 5 月制定"进度报告"时，美国钢铁公司还没有明确自己计算生产率增长的方法，但管理层已经开始预测："如果工资和福利的增长只源自真正意义上的生产率提升，且企业主也能分享生产率提升带来的福利，那么似乎年度工资和福利增长不应该超出 2%。"而实际上，工资和福利自 1941 年以来年均增长了 7.81%。[28]

管理层如何填平这个鸿沟？最主要靠缩减员工规模。更少的员工干同样多的活儿，对员工而言就意味着更高的劳动强度和劳动生产率——为此公司领导层会要求更高的组织合作水平。老板们就需要打造一个团结而坚定的阵线，不仅是在谈判桌前，而且是每天在车间工人中间。

跟工人一样，老板们也是被组织起来的。考虑到匹兹堡的经济文化，经济学家本杰明·奇尼茨看到的是"由大企业主宰的环境。这一点反映在很多方面，比如你能加入的社会俱乐部，你能舒服地融入的居住区，你能加入的商业组织，等等"。迪拉德记得经理们打造的社会世界是多么紧密。城市景观中散落着他们的纪念碑：工厂、宅邸和摩天大楼。"我的同学们的爸爸在这些建筑物中，或者在附近的公司总部中工作，像西屋电气、琼斯与洛林钢铁、罗克韦尔制造、美国标准、阿勒格尼*、西屋空气制动、亨氏**……这些小男孩们肯定已经知道，他们将来会继承匹兹堡的这些大公司，事实上他们确实继承了。" 1957 年杜肯工程公司的管理层对主管们进行了调查，并产生了一份"社会活动"记录，这些社会活动正是这些主管们想要鼓励的。其结果是参加核心的中产阶级社交活动的花名册：数十上百人参加了童子军、商会、吉瓦尼斯俱乐部、狮子会和扶轮社。通过这些中产阶级身份性组织，匹兹堡精英将其价值观传递给较低阶层，并在这些阶层（低层与中层管理者）中招募部属。"经理们被要求向童子军捐助金钱，甚至要向童子军的项目捐出

---

* 阿勒格尼（Allegheny Ludlum），全球最大的特种钢生产商之一，产品包括镍合金、高温合金、钛、钛合金、不锈钢、特钢、锆、铪、铌、钨、硅、工具钢、锻件、铸件等。

** 亨氏公司（H. J. Heinz），1869 年由海因茨创建，主要经营各种酱菜，20 世纪 50 年代，该公司总裁是创始人海因茨的孙子杰克，此时亨氏已经扩张到整个西方世界。2013 年该公司被巴菲特收购。

时间。锅炉车间主管会关注他们办公室里的一块小黑板,看什么时候又该捐款了,他们并不会隐藏这件事,"萨拉吉回忆道,"我甚至还记得一个人加入了我家附近的童子军,尽管他自己的住处在好几英里之外。"威克汉姆的父亲为了从底层管理者位置往上升,有意地加入了共济会——但他的向上流动被阻止了,因为他"跟那些卖劳力的走得太近"。[29]

20世纪50年代中期,公司领导层发动了一场激烈的运动,以巩固其在工作场所中的霸权。运动自上而下,首先发生在管理层内部。"我们无法保证长期的增长和进步,"美国钢铁公司的负责人说,"除非我们采取措施,在所有增长和进步必然源起之处保持力量——此处就是管理层。"美国钢铁公司杜肯工厂的高管们(the superintendents)自己组成了一个每周午餐会俱乐部。俱乐部每月捐一次款,迟到和无故缺席还要交罚金。成员可能因为坐错位置、抱怨食物、要求特殊餐食、谈论车间或者使用"违禁语言"而被罚款25美分。一个明确的规则就是,这些规则都是不公开的。俱乐部就某事项进行投票时,如果出现单一的反对票或赞成票,投出该票的人将被罚款。这些罚款只是名义上的,但它们表明了这一群体的要点:在工厂管理的社会生活中,再生产出工业操作中的规范性纪律、等级和共识。[30]

当工厂的高管们举行比他们的午餐会更大的宴会时,他们也同样进行了周密的筹划。20世纪50年代后期和整个60年代,杜肯工厂的管理层(the management)几乎所有时间都在谋划一次高尔夫球郊游或者乡村俱乐部聚会。当主管(supervisors）缺席时，管理层就进行记录，并参照自己上级的做法对其进行罚款。"我很高兴地注意到，你的管理人员中的87%都是这个组织的成员。正如你所知，这个工厂的管理人员有500多人，很难在工作时间里相互认识，"一位高管给他的下属写信道，"我希望你能鼓励所有的管理人员参与1959年管理人员俱乐部的活动。"每月的派对在全男性的"雄鹿"活动和家庭活动——舞蹈、野餐和宴会——之间交替举行。[31]

在1954年的经济衰退期间，公司为经理们制定了一个激励计划。在解释该计划时，公司领导警告将出现"买方市场的回归"，这种回归将根据成本表现"区分谁是王者谁是青铜"。激励方案计算整个工厂运营成本的基本预期值，哪个工厂的高管集体打破了预期值，就对这个集体进行奖励。换言之，这一计划将高管层的社会凝聚力从象征层面转换到了经济层面。一份1956年针对国家钢管厂的后续研究显示，加入全厂激励计划的高管收入增长可观。[32]

工厂一级的管理层也努力推动这项运动。在杜肯工厂，管理层发起了对"管理发展实践"的全面评估。该项目"评估"经理们"计划和保持最高质量员工服务的能力"。经理们从遵从工厂和公司做法的角度被评估。"换言之，考虑他作为一个个体、作为团队一名成员的行为……同时考虑他是否寻求和接受其社区的、公民的、政治的及其他外在生活的责任……同时考虑他是否显示了对公司和上级的忠诚。"经理们接受了能发现自己某方面不足的一整套培训：从劳动法课程的学习，到职业拓展班，再到"卡内基"训练——这个训练是关于公共演讲和领导力的 14 周课程。[33]

1956 年 9 月，美国钢铁公司开展了针对其所有工厂管理层工作条件的调查。每个部门都更新了组织构架图吗？每个人都明了他的岗位说明吗？每个经理都拥有自己的停车位、餐饮设施和装有空调的办公室吗？这项调查有两个相互关联的目的：确保工厂科层体系的顺畅运转和明确每个工厂社会结构的内部等级。清晰的层级，以及这个层级在工厂象征秩序中的有效表征，是非常必要的。[34]

问题在于，车间中的工头可能更认同工人而不是职位更高的管理人员。尽管在以黑人工人为主的车间，这种风险很小——因为基本没听过哪里有黑人工头，加上车间中的种族主义是既定的现实——但在绝大部分工厂中，工头更认同工人才是日常现实。霍华德·威克汉姆认为正是这种认同阻止了他父亲——一个"跟那些卖劳力的走得太近"的工头——被提拔。安娜·梅·林德伯格记起："我的哥哥比尔在工会里很活跃。我另一个哥哥是个工头。"爱德华·斯坦科夫斯基记得自己坐在更衣室里，他当工人的爸爸和他的工头莫伊在性方面取笑他。"'你的小乌龟长毛了吗？'莫伊一边问我，一边用胳膊肘戳着我的肋骨，'长毛了吗？嗯？'我的脸涨红了，我的父亲在一旁轻笑。"仍然是这个工头，会"在高炉里一次艰苦的换料之后轻拍我的背"，说"你度过了美好的一天，帅哥"。阶级障碍在文化上并不是不可渗透的。工人阶级男性可能激活男性气概的共享规范并超越管理文化，这种风险正是管理层所惧怕的。[35]

工人和工头之间的默契之网贯穿了每个工厂。当爱德华·萨拉吉退休前接到一个十分危险的工作安排时，萨拉吉家感到震惊的部分原因在于下指令的工头"是我父母的一个老朋友和同乡"。该事件发生后不久，萨拉吉的父母一起去工头家里对质。他向他们解释说，"拒绝接受工作指令的违纪行为对于我父亲没什么影响，因为他马上就要退休。而作为一个工头，他需要签署违纪罚单，这张罚单对他有帮助"。萨拉吉自己也"曾跟一个工头做过交易，接受了一个无意义的纪律处罚，以帮助对方维持工作业绩"。工厂的日常运行实际上需要通过类似的安排来衔接各种操作。当然，有些安排不可避免地会阻碍任何削减成本的企图的实现。[36]

工人与工头之间相处得痛苦的情形，可能比斯坦科夫斯基与莫伊之间不对等的友谊，或者萨拉吉父母与工头之间的友谊要来得常见。但这是一种由亲密感调节的痛苦——由跨越阶级区分、直接面对面的两个男人能够分享的东西有多少来调节的痛苦。这种对抗产生于工头和工人之间不可避免的默契的破裂。对威克汉姆而言，当人们加入管理层级时会戴上的白色安全帽，就是一个强有力的象征。吊车工人站得高，观察到一个白色安全帽靠近时就发出某种声响，示意大家回去工作。工头会将他们的白色帽子放在车的后窗，这样他们开车在城里转悠时，大家就都知道他们是老板了。但是，这个策略产生出它想要的区分效果，只是因为二者有足够的社会相似性：工人和工头都需要安全帽，因为他们都在车间，不像待在办公室里的那些老板；工人与工头分享居住环境和街道；工头的车与工人的十分接近，以至于不能作为区分地位的象征。[37]

有一种工人与工头之间虽然共享，但却使他们趋向分离的情绪，即对上级的惧怕。"我们相处得还可以，"马丁·康纳斯如此回忆他的岳父，一个工头，"但他对我而言永远是一顶白帽子，是公司的人。"工头约翰·休伊有两次受伤并被工人们抬上救护车。对此，休伊从未表示过感谢或承认。"小伙伴们说，'这是啥人啊？'"一段时间以后，一个叫乔·佩恩的工人跟休伊关系近了一点，最后问他："你是不是人啊？……那些人救了你两次，你呢，回来工作，看都不看他们一眼。"休伊回答说："当生产被中断时，乔，谁来吹哨子？是我。当我吹响哨子时，我的老板在总办公室就会听到。这时我的电话就会响起，他问，'怎么回事？修好它需要多久？'我需要走四分之一英里才能看到哪里出了问题。但我当时还不知道哪里出了问题。所以当我走过那间工厂时，我并没有看到那些人。我看到的是杵在那里的那个魔鬼，我的老板。"[38]

工头得考虑管理层的抽象指标——季度成本和生产率目标，也要考虑工人对酷热、危险和疲惫的具体体验。工头们不能像轮班的工人那样轻视生产目标，也不能像公司那样把工人仅仅当作投入要素。休伊的哨子将工人时间中发生的事传达给管理层；电话则意味着在公司的时间里沟通一件事并将其反馈给工人们。工头就是那个交换点。

权威的维持和再生产需要持续的工作，特别是在管理层开位于他们车间一角的炉灶，在里面撒尿。[41] 钢铁制造业中的权力关系，在坐与站、干净与肮脏、冷与热、舒服与痛苦的社会性区分中得到了表达。在一天结束的时候，一副躯体的感觉，或者在下一个班次开始时回到工作岗位对精神意味着什么，都取决于你在上述区分中被归入了哪一边。

针对利润紧缩的建议方案是"大幅度提高"对工人的"产能利用率"。如果管理层无力支撑通过技术提升提高生产率所需要的资本投入，那么它就只能与车间里的工人斗智斗勇，以提高工人的生产率。这种管理上的攻势——最终将显现在整个制造业部门和全钢铁行业范围的集体谈判中，以及美国国家的最高层级中——首先出现在老板与工人之间的对抗中，这种对抗并不因为司空见惯而少一点痛苦。战后工业经济的张力上达参议院、白宫和全球货币市场，但它们的根源在于对于完成一项车间任务需要多少分钟的争吵。正如1956年美国钢铁公司的一份秘密备忘录所说，在考虑生产率和成本的问题时，"时间，我们最宝贵的资产，才是根本性的"。[42]

熬过一天

1956年5月8日晚上，一个叫皮特·多哈尼克的钢铁工人从厂里面来到杜肯工厂的大门，向门卫借用他的枪。门卫后来做证说，多哈尼克"扬言要射杀（帮派头头）约翰·斯塔维奇，因为受不了他的精神折磨"。过了一会儿，多哈尼克请假了。在他出厂区的路上，他再次告诉门卫"他要杀死那个叫约翰·斯塔维奇的家伙"。门卫觉得他喝高了。一小时之后,多哈尼克再次出现在工厂大门口,这一次他是从外面回来的。再次离开后,他开着自己的小皮卡,从厂区穿过街道,手里挥舞着一支步枪。有人报警,警察逮捕了多哈尼克,发现他的枪是上了膛的。

是什么让这个工人走到了谋杀的边缘?作为被传唤的证人,多哈尼克的工友们站在他这一边。他们都同意,他们的老板,斯塔维奇,有一点"神经质",总把生产中的问题看成工人自身的问题。他不停地催促大家,而由于工人们经常无视他的指示,他总是卷入冲突之中。"他们说,他努力催促他们尽快完成工作,一直抱怨工人们动作太慢,一次指派给他们两到三个任务,尽管他知道他们一次只能完成一个任务。"多哈尼克称,他不是这次威胁的始作俑者,尽管他承认自己使威胁升级了。这些证词使得对多哈尼克的处罚由解雇改为停职;他在10月被重新雇佣到全厂劳动力库中。[43]

按时、抓紧,这一直是整个现代世界中工作经验的重要部分。[44]但日常生活中衡量和分派时间的方式随着社会情境的不同而不同。没有哪个为工资而工作的人可以完全忽略时间,但在何种程度上、以何种方式意识到时间,则随历史情境的不同而不同。20世纪50年代后期的成本鸿沟和管理上的攻势导致了这种情况的升级。

管理层在缺乏新投资的情况下弥合成本–生产率鸿沟的计划,在于用更少的工人完成更多的工作。从工人的角度,问题的核心在于更高的劳动强度。但它的表现形式有很多:

打乱排班表、干扰睡眠周期,以及将工人暴露于严酷和危险程度更高的环境之下。由于其核心环节是明确和强化工头的权力,攻势管理产生的是一种羞辱感并总是引起抵抗。有时候抵抗是个人性质的,像多哈尼克醉酒后的鲁莽威胁那样——但即便是他采取了这种个人行为,最终也依靠工友们的团结而保住了工作。但工人们有一个制造摩擦冲突的策略库。1950—1955年间,在官方的普遍罢工之外,杜肯有总数达600人的工人参与了一系列的野猫罢工*。这类小规模抵抗的相对成功,反过来又使冲突逐步升级。管理层1958年的一份备忘录显示,"根据过去的经验,我们知道铸造车间和库存车间的工人对人员规模的任何变化都非常敏感,因为在最后一次试图减少区域的人员规模时,我们受到了停工的威胁……所以,我们要决断,是否要甘冒停工的风险"。[45]

管理层也在刺探工人团结之网的薄弱环节。1957年3月,杜肯工厂管理层与工会的申诉委员会举行了一场特别会议,以解决积压的纠纷。每个地方的故事都是相似的。在打开的炉膛里,维修团队按照他们憎恶的排班表工作已经达6个月了。运铸锭的工人说他们的工作负担太重了。在开坯工厂,工人们要求缓解堆积在他们身上的工作需求。棒材厂的工人们希望扩大工人数量,"因为工作负担加重了",还要求调整激励计划。[46]

整个工厂都存在由过少的工人完成过多的工作的问题,

---

* 即未经工会允许的突然罢工。

他们也表达了无数的不满:"工会的证人总是提到,当高炉的维修人员因为病假、休假等等出现临时空缺时,管理方有时故意不填补空缺,让维修团队在人手不足的情况下工作……这是一个危险的工作区域,任何时候一名维修工或者他的助手被要求单独工作,他都暴露在危险之中。"在开坯工厂的浸泡坑里,"工作负担显著增加了",一份6月的申诉报告提到。管理层已经削减了工人规模,并同时运行38英寸和40英寸的轧机。同时,更高的生产定额意味着加热器移动的钢锭比浸泡坑设计的要大,这就要求更集中的注意力,也意味着更大的风险。[47]

这种收紧也有其重要的种族面向。一般被困在最糟糕岗位上的黑人工人,被裁员的时间更早,比例也更高。比如,当1957年的萧条开始时,在杜肯工厂第一批被裁掉的343人中,没有一个人在几乎全是白人的技术行业工作。黑人工人的岗位从危险性和艰苦性的角度看也是最差的,这一点与他们对削减成本的体验相互作用,一旦削减人手,其岗位的危险性和艰苦性就会加剧。[48]

比如,1958年,琼斯与洛林钢铁公司焦炉厂的一组黑人工人提交了一份申诉书,希望重新安排"替补工"——工人团队中多出来的一个人。如果队伍里有一个替补工的话,每个工人都可以从"酷热、蒸汽、浓烟和其他极端工作环境中"获得短暂的休息。特别是,他们可以每96分钟休息16分钟。公司的回复是,由于工厂产能开工率不足,吞吐量下降,因此不需要作间休息;工人的申诉被拒绝。然而,问题不是肌肉疲劳，而是表皮和呼吸系统抗热抗烟的问题。从人体角度来说，一个焦炉在负荷稍微偏低时是不是温度低一些或者烟气少一些，是毫无意义的，正如问火山是不是比太阳更热毫无意义一样。成为一个黑人钢铁工人意味着他的身体以更大的强度成为被损害和羞辱的对象，每小时更多的分钟、每天更多的小时。"你说地狱？这就是地狱。"焦炉厂的赫伯·爱德华兹如是说。[49]

在1957年夏末萧条开始的时候，关于工作安排的冲突激烈了起来。到了11月，工厂中大约一半的工人都被裁员或减少了工作时间。"由于订单疲软，"管理层向工会解释说，"有必要从12月底开始，对工厂相当多的部分进行为期两周的关停。"1958年年初，裁员情况更严重了，之后才逐步回转。迟至1959年1月——萧条开始的18个月后，官方宣布萧条结束的9个月后——杜肯工厂还有大约12%的雇员在停工中。[50]

由于20世纪50年代末期经济恶化，管理层变得更具进攻性，而排班表成为冲突的一个主要领域。甚至资历足够高、可以避免被裁的工人，也不大可能在轮班中不受干扰。在美国钢铁公司的欧文工厂有20年资历的丹·诺瓦克，1958年1月的排班情况如表1.1所示。

对工人排班的这种打断并非个例。比如在1958年2月，在杜肯工厂的路边，管理层贴出了一张针对平炉部工人的4周的轮班表（见表1.2）。在4周的时间里，这些工人要倒3个不同的班——用钢铁厂的行话说就是"转三个弯"。[51]

轮班时间表具有重大意义。如果值夜班，工人们要么不

表 1.1 工作日程，丹·诺瓦克，1958 年 1 月

1/1/1958	休息	1/9/1958	上午 8 时至下午 4 时	1/17/1958	下午 4 时至晚上 12 时	1/25/1958	休息
1/2/1958	上午 12 时至晚上 8 时	1/10/1958	上午 8 时至下午 4 时	1/18/1958	关闭	1/26/1958	休息
1/3/1958	上午 12 时至晚上 8 时	1/11/1958	休息	1/19/1958	关闭	1/27/1958	上午 8 时至下午 4 时
1/4/1958	休息	1/12/1958	休息	1/20/1958	上午 8 时至下午 4 时	1/28/1958	上午 8 时至下午 4 时
1/5/1958	休息	1/13/1958	下午 4 时至晚上 12 时	1/21/1958	上午 8 时至下午 4 时	1/29/1958	上午 8 时至下午 4 时
1/6/1958	上午 8 时至下午 4 时	1/14/1958	下午 4 时至晚上 12 时	1/22/1958	上午 8 时至下午 4 时	1/30/1958	上午 8 时至下午 4 时
1/7/1958	上午 8 时至下午 4 时	1/15/1958	下午 4 时至晚上 12 时	1/23/1958	上午 8 时至下午 4 时	1/31/1958	上午 8 时至下午 4 时
1/8/1958	上午 8 时至下午 4 时	1/16/1958	下午 4 时至晚上 12 时	1/24/1958	上午 8 时至下午 4 时		

Data Source: Beth Novak, diary, January 1958; facsimile in author's possession.

表 1.2 4 周轮换时间表，平炉，1958 年 2 月

	周日	周一	周二	周三	周四	周五	周六
第一周	关闭	上午 7 时至下午 3 时	上午 7 时至下午 3 时	上午 7 时至下午 3 时	上午 7 时至下午 3 时	关闭	关闭
第二周	关闭	关闭	下午 3 时至晚上 11 时	下午 3 时至晚上 11 时	下午 3 时至晚上 11 时	下午 3 时至晚上 11 时	关闭
第三周	关闭	晚上 11 时至早上 7 时	晚上 11 时至早上 7 时	晚上 11 时至早上 7 时	关闭	下午 3 时至晚上 11 时	关闭
第四周	关闭	下午 3 时至晚上 11 时	关闭	关闭	晚上 11 时至早上 7 时	晚上 11 时至早上 7 时	上午 11 时至晚上 7 时

Data Source: Memorandum of Understanding Regarding Temporary Work Schedules for Open Hearth Department and Open Hearth Assigned and Operating Maintenance, February 9, 1958, box 15, folder 10, USSCDWIRDR.

得不与工厂外的世界不同步,要么把他们的社会世界拉入自己的异常节奏中。酷儿理论家伊丽莎白·弗里曼描述了一种她称之为"时序规范性"(chrononormativity)的现象,即与日常生活和生命历程中的主流节奏合拍。但对于钢铁工人而言,达成养家糊口者的规范生命历程,同时又意味着偏离规范的日常生活节奏。[52] 由此,排班所产生的异步性既塑造了钢铁工人的社会归属欲望和形式,又打碎了它们。

工厂中的工作排班打乱了一个养家糊口者的社会关系。斯坦科夫斯基回忆道:"我很难适应在白天睡觉。很难适应一个不同于我朋友们的日程表的日程表,在他们要上床睡觉的时候,我起床去上班,把周二和周三或者周一和周四当成我的休息日。当广播唱片节目主持人和电视新闻播音员向其他人预告周末要到来时,我对他们感到很生气。我感到被断开、被排除,被丢到了荒凉遥远的另一端,其间的距离是金钱无法弥合的。"[53] 然而,由于工厂的工作既是一种干扰性力量,在意识形态中又深具规范性,所以在工人阶级文化中,几乎没有认知这种时间性造就的奇怪生活形式的空间。"我的工厂工作为我提供了一个好的、稳定的生活,给了我体面的收入,让我得以结婚、养育一个家庭并拥有一个体面的生活方式。"萨拉吉回忆道,"每周的工作排班表总是一件让人忧心的事。我这周末又要上班吗?晚上 12 点到早上 8 点吗?!"轮不同的班对身体是一种折磨,相应的社会生活往最好了说也是不完善的。"直到工厂关闭后,我才注意到钢铁工人也是一种污名化的身份。我想我之前只是不愿相信它。"[54]

通常而言，倒班工作意味着疏离和疲惫。1956年12月10日，焦铲工约翰·巴图斯被撞见上夜班时睡觉。第二天晚上，他对工头伍德林分配给他的工作有异议。在纪律听证会上，他多次打断议程，表达了以下情况：（1）他12月10日晚上并不是在睡觉，只是刚吃过东西，在向后仰头；（2）他在8小时内被分配的活儿太多了；（3）他并没有拒绝做那些工作（伍德林先生插话说，巴图斯拒绝做指定的工作）；（4）伍德林先生总是在"欺压"（riding）他。对巴图斯而言，夜班及由此导致的吃饭、睡觉、盥洗等日常休息的不规律，对他的男子汉气概构成了威胁。"巴图斯先生憎恶接受指令的辅助工的地位，可能部分原因在于他比很多辅助工都年长，部分原因在于他曾是一名教官，已经习惯于下达指令。"[55]

工厂工作的异化性和疲惫性不只在于它的时间安排，也在于经常性的、不可避免的受伤和死亡。一般而言，工作环境的温度越高，危险性就越大，焦炉、高炉和平炉通常是最糟糕的。有段时间，在杜肯，高炉车间的工作人员报告说，吸入灰尘会导致他们吐血。而这种伤害远不是最坏的情形。霍华德·威克汉姆最好的朋友死在岗位上。威克汉姆记得，还有一次，他看到一个工人沉到一个钢包里进行修理，然后听到他的安全索发出声响，他就跌落在钢包的内表面，立刻被烧死了。威克汉姆还看到一次爆炸将3个同事的身体从中间劈开；他记忆中的图像是一个人体的横断面，外面是烧焦的，里面是红色的。这样的事故并不少见。绝大多数在钢铁厂工作过的人，不管待的时间长短，都提到过类似的可怕事件。例如，在麦基斯波特的国家钢管厂，每个月都能看到数百例较轻的工伤案被报告——经常一个月500例以上的受伤案，而这家工厂的工人总数也才刚刚超过4000。[56]

为了挨过所有这些——倒班、危险和疲惫——钢铁工人形成了他们自己的文化和仪式。"丹上晚上12点到早上8点的班——睡到下午4点，"他的妻子贝丝在日记里写道，"一个4点要去厂里的男人，要在下午两三点吃一顿大餐……半夜回到家的丈夫们坐下来另吃一顿家里做的饭，或者至少吃热过的剩菜剩饭。"对于在克莱顿上班的马丁·康纳斯和他的工友们而言，是焦炉支配了他们吃什么和不吃什么。"你能品尝的只有像浓咖啡、墨西哥咖啡或威士忌这样的刺激性食物，因为焦炉里的烟气让你失去味觉和嗅觉。但伙计们早7点上工的时候也会喝威士忌，只是为了挨过这一天。"吉姆·博兰德回忆道，上夜班的时候，"你会在早7点30分下班，然后可能喝到下午1点；回家睡觉，下午5点起床吃晚饭；然后可能再睡几个小时，晚上10点左右出去上工"。[57]

所有人都需要发展出惯例和仪式，以便在下班时放空自己，摆脱在上班时经历的那些事。杜肯一家酒馆的老板还记得，他每天都在向一拨又一拨的钢铁工人出售那些很贴切地被称作"锅炉制造者"的东西——一杯威士忌和一杯啤酒。"他们说威士忌能清肺，而啤酒能软化威士忌。"工人们不能立即出工厂回家，因为工厂的印迹还在他们身上——在疲惫的身体、淋血的肺和受伤的精神之中。如果说工厂的大门、时钟、铭牌和工号、工头和激励性生产率把他们变成了齿轮,那么酒馆和小酒杯就解除了这些。酒使工人重新接受洗礼,回到生命的世界。[58]

工人们每天都穿越一道薄膜。在薄膜的一边,他们是活的劳动者,有无法量化的需求、责任和关切;而在薄膜的另一边,他们是商品化的劳动的容器。威克汉姆回忆,他在开始轮班时来到霍姆斯特德的入口,这才想起他忘了带铭牌,上面刻着他的工号——一个工作场所的身份号码。门卫已经认识他很多年,而且也能记起他工号的数字,但就是不让他进去,导致他迟到了——这一刻让威克汉姆意识到,每天通过佩戴铭牌进入工厂,是一种精神暴力。[59]

从20世纪50年代后期到60年代早期,美国钢铁公司的工业工程部总是在从事它所谓"拧紧"的工作。具体而言,工业工程部保持了"100%的成本绩效目标,以及年度标准收紧2%的目标"。这个目标——没有浪费,且每年有标准的效率提升——意味着工人们有多种多样的抵制手段,这些手段并不都是集体性的或者有意识形态上的说法的。[60]

例如,辅助工爱德华·哈瑞斯凌晨4点15分在上夜班时进行了一次未获授权的休息,因为浸酸坑的温度太高了。他没有遵从"重新下到坑中"的指示,相反,他"诅咒了浸酸坑,然后工头邓拉普说要开除他,因为他拒绝接受工作指令还口吐污言秽语"。哈瑞斯退到洗澡间去洗澡和换衣服。"当哈瑞斯在洗澡的时候,邓拉普来到洗澡间,把哈瑞斯的

图1.4 在杜肯工厂门外进行野猫罢工的工人。Source：Management's identifying annotations, June 11, 1959. United States Steel Corporation Duquesne Works Industrial Relations Department Records, 1904-1980, AIS. 1987. 03, box 17, folder 3, Archives & Special Collections, University of Pittsburgh.

西德伯里将消息带到平炉车间，那里的工头"注意到哪里出了问题，但仍然在分派工作。他指派了4个人去压弯钢板，在那时他又问乔·德沃斯基有没有给爱弥儿·米尔指派工作。德沃斯基一动不动，工头意识到真出问题了。这时亨利·哈夫直言，他们不会接受工作指派"。野猫罢工以这种方式持续蔓延，当天，浴室会议和对工作指派的拒绝遍及整个工厂。到了下午2点，122名工人走出了工厂。那天晚上工会大堂人潮汹涌，到第二天早晨5点50分，罢工人员已经就位。[62]

5月22日，非法罢工人员在厂外展开工作，366名应到岗工人——约占劳动力的7%——要么没有出现,要么报到之后又走了出去。野猫罢工在维修工人中尤其激烈,管道安装工对违反作业规程的不满在这个群体中广泛散布。在非法罢工期间,管理方明目张胆地调查谁是参与者:"不反对让罢工人员知道我们在拍照。"管理者们努力辨认照片上的每一张脸。公司等了5天才下达纪律处分。因为管理者们懂得,工人们的团结是一种相互叠加强化的现象,在工作日会积累,处罚决定的签署也要遵循一种特定的时间礼节:"违纪单不应该在中午12点以前发出。这样工人们就不大有机会在整个上班时间都抱怨……违纪单应该这样传达:最严厉的处罚决定,也就是5天的和1天的停工,应该在一个班次中的最后时刻下达。"经理们知道他们正在走入深水区。那些在整个20世纪50年代只是周期性爆发的冲突,现在已经开始积累和加剧。[63]

罢　　工

在20世纪50年代后期,管理方开始认识到仅仅缩小工人规模无法带来足够的进展。工人们早就做好了抵抗的准备,不管是个人的还是集体性的。尤其重要的是工会合同中的工作规则。合同的2-B条保护"当地的工作条件"不被改变,除非该工作的"基础"出现了某种变动。仲裁者们将"基础"解释为"技术环境"——也就是说,管理方的权限仅在于根据生产技术的变化来对一项工作进行调整,但管理方并不可以直接削减人手或者缩短休息时间。"虽然委员会确认，管理层有权自行决定改变工作内容和增加工作量，但假如工作内容或工作负担的变动涉及既有工人规模的缩减或者既有休息时间的变化，那么管理层的变动权受到2-B条的限制。"引用2-B条的申诉书数量要远多于引用工会契约其他条款的申诉书。[64]

在这个10年中，很清楚的是，管理层并未在这些限制范围内找到办法，使生产率的提高足以匹配成本的扩张。工头与工人之间的局部性斗争不足以达到这个目标。钢铁公司将不得不正面发起对工会的攻击。[65]

1958年11月，E. J. 沃尔，美国钢铁公司负责劳资关系的副总裁，从中央办公室向所有的工厂高管发出了一份调查指令，指示他们检查他们的工厂，以确定2-B条款的运营成本："尽管从申诉和仲裁记录可以看出，管理层发起的很多潜在的成本削减行动被工会阻止，但毫无疑问的是，还有更多已被考虑的行动由于2-B条款的限制从未付诸实施。"因此，沃尔指示道："开展一项关于以下情况的评估：如果保持当地工作条件的限制被消除，在正常运作条件下可以带来多少生产增长和/或年度成本的削减。"[66]

工厂高管们提出了大量取消岗位和增加管理方特权的建议。"取消6号剪板机的刮板工职位，将刮板工的职责归并到钢筋剪切助手中。"一个人如此建议。还有人建议："应该规定……给管理层更多的自由来改变时间表，以满足业务的经营需求（如订单量），而不用受限于故障，或导致延迟交货。"有人建议缩短无薪午休时间。[67]

于是,行业谈判代表 1959 年 6 月加强了与工会的联合谈判,要求对 2-B 条款进行重大修订。为了给 1959 年的谈判做好准备,美国钢铁公司一位劳资关系高管解释说:"协议中需要使用积极的语言,以便国际工会同意削减工人数量,使公司获得更有效的运营。"这个问题上一次在谈判中出现还是在 1952 年,那时候各家钢铁公司还没有形成足够的共识来推动这个问题的解决。现在它们有了。[68]

不过,尽管生产率的提高没能赶上成本的增长,但它确实提高了。车间中的老板们没能赢得每一次战斗,但由于多年的不懈努力,他们确实略微提高了工人的生产速度。相应地,当资方在 1959 年中期开始参加关于 2-B 条款的谈判时,美国钢铁工人联合会主席大卫·麦克唐纳做出了愤怒的反应,因为他知道自己是在为会员说话:"这个行业的钢铁工人比 1953 年少了 4.4 万,而减少的人力却多产出了 30% 的钢。这听起来像是钢铁工人都在磨洋工?"[69]

在这个意义上,对 2-B 条款的攻击,恰恰成了上天送给工会领袖的礼物。在 20 世纪 50 年代后期,美国钢铁工人联合会已经变成一个高度官僚化甚至反民主的组织。1957 年,从未在工厂中工作过、看起来更喜欢豪华轿车而不是罢工的麦克唐纳,差点因为一场并不复杂但很难缠的组织内部反抗而弄砸他的主席连任选举,引发反抗的原因是会费的增加。一场叛乱,其领导组织被称为会费抗议委员会(DPC),提名在蒙谷欧文工厂工作的普通工人唐纳德·拉里克担任主席

(至于副主席,会费抗议委员会数月前已让杜肯工厂野猫罢工的负责人之一担任)。如果工会不能给大家带来更多,凭什么工人要支付更多?[70]

尽管会费抗议委员会和拉里克在实质方向上基本不关心政治,他们仍然表达了普通工人中酝酿的幻灭感。曾一度被焚烧画像的麦克唐纳为了自保,试图给会费抗议委员会扣上托洛茨基分子的帽子。据拉里克说,麦克唐纳同时曾贿赂他,让他退出。随着反抗运动蔓延到数十个地方,陷入绝望的麦克唐纳在普通工人中寻找不满情绪:他建议每5年3个月假期、每周工作4天、每天工作6小时。很难说他有没有找对不满情绪;可能是由于选举舞弊,1957年他以404172票对223516票,以令人尴尬的微弱优势赢得连任。尽管如此,挑战者和现任者的竞选活动还是让渗透在这些产业工人生活中的不幸浮出了水面,虽然他们是当时世界上收入最高的产业工人。[71]

这就是工会在1959年谈判开始时的背景。麦克唐纳在普通工人中并没得到特殊爱戴,他只是在1957年被迫诉诸具有20世纪30年代风格的乌托邦式承诺,来回击一个名不见经传的挑战者。因此,当诸家钢铁企业的谈判委员会在1959年开始提出不可接受的要求时,工会的领导层能不能动员起普通工人的忠诚来成功地对抗这些要求,还很难说。雇主方有人认为麦克唐纳很虚弱,因此让产业方的谈判者注意不要去削弱他的地位,不要逼工会方面做出过多让步,否则可能导致工会重新推出更强势的领导人。公司削弱工作规则的需求，无意中给四面楚歌的工会主席提供了可以团结工人的东西。"大家的一般感受是，"美国钢铁公司的官员后来反思说，"在新议题（2-B条款）被引入之前，我们已经赢得了这场斗争；这些新议题抛给了麦克唐纳一个情感救生圈。"杰克·梅茨加回忆起他1959年在宾夕法尼亚州约翰斯顿的经历和当时的新闻报道，他同意："在6月10日之前的两个月，民调和报纸记者的非正式访谈表明，钢铁工人们虽然做好了罢工准备，但并没有多少兴致去罢工。在1957—1958年的经济衰退中，年轻的工人经历了长时间的裁员，而他们才刚刚从中恢复过来。"[72]

关于工作规则的斗争改变了所有这一切。在钢铁公司提出这个议题一个月之后，谈判破裂，罢工开始。在杜肯，"罢工人员在1959年7月14日晚上9点47分首次出现在惠特菲尔德街入口，在晚上10点15分首次出现在格兰特大道入口"。[73] 全国几十万人也做了同样的事情。

当钢铁工人1959年7月走上街头时，他们开启的是美国历史上以耗费的工时计规模最为庞大的罢工。他们使美国规模巨大的基础钢铁工业陷入停顿达4个月之久，把很多家庭带到了贫困的边缘。"我最好的朋友，丹尼·迪松，就住在我们旁边的小巷里。在他妈妈和爸爸的记忆里，这次罢工就是绝对的浪费时间和生命。"梅茨加写道。对霍华德·威克汉姆来说，1959年在他的记忆里是没有圣诞礼物，但有慈善机构分发的军事口粮——"政府肉"的一年。在宾州德拉沃斯堡的诺瓦克家族中，有两个男人，老丹和小丹，在工厂工作。在罢工的第一周，他们吃着丰富的食物，主菜是猪肉、牛排和鱼，而最后一周，他们吃的则是三明治和通心粉沙拉。全家每个月领取100—150美元的救济券，大致相当于丹每月工资的四分之一。"（我们）需要它，它来得正是时候"，在10月3日的援助允许她买杂货时，贝丝写道。她的丈夫和儿子做过理发师和清洁工，还做过其他零工，而她的父亲则留在家里，试图制作加法机。其他的记述也印证了这种经验：乔伊斯·亨德森回忆起1959年分发给她家的"福利奶酪"；卡罗尔·亨利记得她曾排队购买"政府肉"。[74]

是什么使大家坚持如此漫长而痛苦的罢工？梅茨加将罢工的核心精神描述为钢铁工人的"男子气概"——"我不为任何人吃屎"的准则。但其他人不得不吃。1959年年底，一名钢铁工人的妻子，即迈克·米克洛太太，写信给美国钢铁公司的主席请求贷款："我丈夫今年48岁，他还能在厂里干15年。他对自己的工作很满意，他得到的待遇不错。他并不知道这（封信），否则会把我打翻在地。请您考虑这（笔贷款）。"[75]

公司积极做妻子们的工作，让她们反对这场罢工。一份公司宣传单上说："钢铁工人的太太怎么看待此事？她渴望新厨房吗？想要新衣服吗？想要孩子的教育金吗？"1959年8月28日，大约100名妇女和50名男子聚集在麦基斯波特的伦齐埃豪森公园，呼吁立即、公开地恢复谈判。正如一个公司方的探子所言，这一事件暴露了钢铁小镇世界中的性别张力。在集会上，麦基斯波特的市长对聚集在下面的妇女发表演讲:"不要做任何会破坏我们拥有的美好事物的事情……不要摇晃我们共乘的船。"于是,一位自称为詹姆斯·汉拉蒂夫人的女性对显然来自工会的男性质问者说:"让我们把自己的男人弄回工作岗位。我们丈夫的手被绑住了……你们这些男人已经读了报纸,也打了牌,现在该了结问题了……我们的孩子需要上学的衣服——有的家庭有五六个孩子要养活。"[76]

一周后,这个群体又开始聚集了,这一次来了125个女人和225个男人。汉拉蒂想澄清"报纸上关于我们女性希望看到丈夫没有合同就回去工作的错误引用。我没说过这样的话。我们女性希望看到的,是我们的丈夫回到一份拥有对所有相关方面都公平的合同的工作中"。她呼吁为罢工者的孩子们提供鞋子和衣服。"在这个时候男人们和一些女人中出现了有组织的、被滥用的抗议",那名探子报告说。汉拉蒂随后介绍了查尔斯·欧文·赖斯神父,一位"劳工牧师",他因在20世纪30年代支持产业工人联合会(CIO)*而声名显赫。赖斯提供了某种性别分析:

> 老男人辛苦工作了8个小时,在回家的路上停下来喝了杯啤酒,他太累了,回家后想睡觉。他还没有花任何时间来告诉他的妻子即将到来的罢工。现在她在问这到底是怎么回事。她想提供帮助,而且她应该提供帮

---

* 产业工人联合会是激进的工人组织,参见本书边页码9。

助。我会告诉你,你应该坚持下去,不赢得这次罢工就不回去工作。他们(管理层)想要尽可能少的人来运转工厂……而且他们想要的是那些最便宜的人。

如果女人们想帮到她们的丈夫,赖斯建议,"在这次罢工中支持他们。让他们在家里感到开心舒服",否则,"如果你们的男人没能赢得这次罢工,他们将无法跟你们这些妻子说话……他们会因为过度工作而过分劳累"。拉里克,那位竞选失败的会费抗议委员会领袖,也出现在集会上并警告大家:"如果你们想帮助自己的丈夫,就应该把他们带回家,给他们做一顿丰盛热乎的饭,对他们和颜悦色!"[77]

管理层徒劳地希望消费主义能够征服钢铁工人的妻子们,让她们在后方抵制罢工,打破工会的抵抗。汉拉蒂通过召集第二次群众集会来"澄清"事实,通过请来赖斯这位工人阶级的英雄来清楚地表明管理层的策略不会成功。贝丝·诺瓦克这几个月的日记也是如此,她从来没有抱怨罢工,甚至没有庆祝罢工的结束,尽管她每天做饭、打扫卫生、维持家计和赚点小钱,经常忙到深夜。在家工作的女人们跟在工厂工作的男人们一样懂得,他们所拥有的一切,都是来之不易的胜利。但是,男人与女人之间误会和怨恨的隔膜,也是真实存在的。

当冲突首先变成充满敌对情绪的休战状态时,艾森豪威尔总统援引《塔夫特-哈特莱法》,要求工人们在10月返回工厂,尽管这个做法违背了他所有曾公开宣称的原则。自他的总统任期开始以来,艾森豪威尔经常和强烈地反对集体谈判的政治化,他在第一份国情咨文里将这种政治化描述为"官僚专制"——哈里·杜鲁门在1952年为了不加重通胀而试图将钢铁业国有化就是一个主要例子。尽管曾声明这样的立场,艾森豪威尔还是以偏向工会的方式,推动解决了1954年和1956年的钢铁业罢工;事实证明,他的原则敌不过选举年里他对钢铁业长期停摆的恐惧。1959年停摆开始后,艾森豪威尔徒劳地希望第三次成功。然而,首席经济顾问雷蒙德·索尼耶坚称,任何导致价格上涨的和解协议对白宫的反通货膨胀计划都是灾难性的;因此,总统建议达成一项自愿的冻结工资和价格的协议,可是,劳资双方对此都不感兴趣。换言之,控制通胀的政治必要性再一次直接地与非干预原则相抵触。[78]

总统再次跌入了陷阱。在调查委员会未能提出一个可行的解决方案后,以司法机构认定恢复钢铁生产对国家安全至关重要为依据,艾森豪威尔决定使用国家强制力。愤怒的工人们打着写有"艾克的奴隶"*的横幅回到了工厂。工会准备在1960年年初,在所要求的冷却期结束后,恢复罢工。然而,共和党人再次选择在选举年不激起美国钢铁工人联合会的愤怒。副总统理查德·尼克松在准备自己的总统候选人资格时,意识到工人们的战斗意气已经被唤醒,他成为政府中工会解决方案的主要支持者。尼克松和劳工部长约翰·米

---

* "艾克"是艾森豪威尔的小名。

切尔一起，要求雇主放弃工作规则议题。1960年1月7日，管理方让步并签署了一份协议，使2-B条款完好无损，同时允许工资增加40美分。正如《商业周刊》挖苦的那样，这些条款"不是通过谈判达成的协议"，是工会将自己的要求强加给了美国政府和管理方。[79]

这次罢工浓缩了工人们对工作的一种特殊的、矛盾的感觉结构。这种感觉多年来一直在塑造工会政治，使2-B条款成为一个避雷针，因为它以合同的形式表达了钢铁工人回家后会多么疲惫、多么丢脸的问题。爱德华·斯坦科夫斯基说，即便在此次罢工后的数十年，琼斯与洛林钢铁公司匹兹堡工厂工人之间的每一次争论仍然通过这样一个问题达到高潮："'59年罢工期间，你在哪里？'仿佛当时在场就意味着拥有了足够久远、优越与尊重的身份。"这一刻似乎是一代钢铁工人的无产阶级男子气概的顶峰；他们为生存而战的能力受到了考验，而且他们赢了。1959年罢工的胜利也是梅茨加关于他父亲的回忆录的核心章节的标题。在这样的记忆中，我们很容易忘记有多少工人怨恨他们所捍卫的工作——正是这种怨恨将工人们捆绑在一起，使他们的自卫拥有了可怕的力量。[80]

久远、优越与尊重

这次罢工使战后社会的公民身份在集体谈判内部和外部之间的分叉问题得到了戏剧性的缓解。此次冲突提出了以下享受了一个新建立起来的强势地位,其成员要面临新的矛盾。一方面,钢铁工人们如今承担了作为养家糊口者的一系列物质上和意识形态上的责任:成为循规蹈矩的、可靠的主流美国式生活的贡献者和参与者——成为战后繁荣的人口核心。事实上,这种规范是如此强大,以至于当艾森豪威尔政府决定结束罢工,而联邦最高法院也予以支持时,其理由在于产业停摆"危及国家安全"。[81] 另一方面,钢铁工人一般担忧自己的生命安全,憎恨自己的工头,总是需要借酒浇愁。

钢铁行业受到的经济压力越大,这种冲突就变得越严重。在数十年来积累的一层层对产业工人工作的崇拜下面,我们可以辨别出一些别的东西。工人阶级男性不只喜爱这份工作并从中汲取力量,一想到这份工作所要求他们和施与他们的,他们也害怕在其中耗尽一生。这个矛盾往小了说,塑造和破坏了成千上万人的生活;往大了说,造成了围绕工业劳动而组织起来的社会公民权结构的深层次的不稳定。毕竟,在远离钢铁工人的"荒凉遥远"的另一端,是工人阶级的其余部分,而他们的命运也是与工厂中所发生的一切联系在一起的。

第二章

待洗的脏衣服

工人阶级家庭中的劳动与爱

琳达·诺瓦克在钢铁工人中间长大。她的父亲,丹,在美国钢铁公司欧文工厂上班,为了这个大家庭的生计,他有时还做一些兼职工作。但他1961年去世了,那时候琳达还小。当时他骑的一台牵引器着火了,他从上面跳下来摔断了腿。数周之后,一次栓塞使他死在医院的病床上。贝丝,琳达的妈妈和丹的妻子,在他葬礼那天停止写日记,结束了她多年来每天坚持的习惯。贝丝在日记中斜斜地写道:"丹今天下葬。一切都结束了。(我对)任何事情再也提不起兴趣。"[1]

琳达长大了,并嫁给了她的钢铁工人丈夫。为了支付房子的费用,他选择上夜班。她让孩子们保持安静,让屋子保持黑暗,以便他白天回家后可以在电视机前颓然入睡。后来他受了很严重的工伤,两人开始打架。最后他们离婚了,房子归琳达。作为一个只有很少工作经历的中年女人,她只能依靠前夫的工人补偿金挣扎度日。琳达有了一个爱好:绘制圣诞老人的小雕像。对她而言,圣诞老人意味着例行的幸福——他每年都来,而且带来快乐。还有什么别的会带来如此可预见的快乐呢?[2]

每个小雕像代表并结束了持续几十年的从快乐、自律到失望的过程。甚至圣诞季象征的特殊性——对工人阶级而言常常充满了对提供礼物、食物和饮料的焦虑——都提供了朝向更深层、更一般性问题的一瞥。另一个钢铁工人家庭的女儿,在匹兹堡的格林菲尔德街区长大,回忆起圣诞节是一种强制性快乐的仪式:"我们必须用一块银币洗手后才可以吃饭。一旦你在吃饭时间拿起你的银餐具,你在吃完饭之前就不许放下它。如果你放下了,就不准再吃了。就是这样。"当然,工人阶级家庭将为购买礼物而省钱。钢铁工人为了过圣诞而非法停工。[3] 女人们在节前连续多日加班加点以便为节日做准备,所以他们的家庭最好可以好好享受这个假期。

准备节庆带来的严峻考验——为了让一个节日过得像人们想象的那么快乐而奋斗——意味着家庭生活的规范性力量带来的压缩时刻。圣诞节是"所有的机构都发出同一个声音的时刻",正如伊芙·科索夫斯基·塞奇威克所言:"'家庭/圣诞节'这对词越来越变成一种同义反复,家庭越来越根据这个时间表来构建自身,而在无休止地被重复的形象中,节日自身在'家庭'想象中构建自己。"各种关联性松散的不同生活目标被迫在"被称作'家庭'的体系中保持一致"。[4]

节假日使平时分散和难得见到的一系列一般机制变得可

第二章 待洗的脏衣服 87

见。在必须快乐的圣诞节中,人们称作"家庭"的这一过程中的很多矛盾,被努力加以强制性解决。不过,节日的要求只是夸大了工人阶级女性每天需要做的东西。在整个孩童时代被暗示,而在婚后被日益明确的,是向工人阶级女性灌输的关于消费丰裕和家庭幸福的战后价值规范,这种灌输中带着强制和威胁的口吻。明面上看有一个承诺,但这个承诺是带着制裁意味的。

回到家的工人阶级

在战后的年代里,工人阶级一般被设想为获得了一种适当的家庭生活。在二战前,很多女性在某个时刻成为寄宿生或洗衣工,从事劳动密集型的轻工业,或做佣人、推销员、电话接线员、护士、教师或服务员;战争开始后,她们从事国防生产。在整个生命历程中,她们有时进入、有时退出这样的工作,这一过程随着经济需要而波动。而到了战后,随着消费主义的兴起和工薪阶层家庭体面生活水平规范标准的提高,女性回归家庭生活变成主导性的生活方式。[5]

在战后年代里,一般而言,更多的女性开始参与带薪工作,但在像匹兹堡这样的地方,工人阶级女性由于其丈夫新的、受保障的经济地位,而落后于这种女性工作的潮流。一个拥有支配性的高工资工业部门和传统主义、具有浓厚天主教氛围的工人阶级文化的蓝领城市,产生了一种独特的劳动力市场行为模式。尽管匹兹堡女性在20世纪20年代从事带薪工作的比例与全国水平（24%上下）相当，她们参与带薪工作的比例在战后时期要远低于全国水平——在婚后女性中这种差异尤为明显。这种在匹兹堡和全国其他地区之间的落差，作为产业劳动工会化、组织化的后果之一，在已婚的非裔女性身上体现得最为明显（见表2.1）。这种更大的落差来自由制造业引起的劳动力市场反常；虽然一般而言，这种反常会导致单工资就业家庭在工人阶级中占有比以往更高的比例，但对非裔美国人而言，造成的差异效应更明显，因为从全国范围看，他们获得此类工作的机会更小。[6]

表2.1 分种族的已婚女性劳动力市场参与率，1960年

	匹兹堡的受雇百分比	全国的受雇百分比
已婚白人女性	19.5	29.7
已婚非裔美国女性	26	40.7

Data Source: Pittsburgh Regional Planning Association, *Region in Transition* (Pittsburgh: University of Pittsburgh Press, 1963), 34.

同样新颖的是，工人阶级家庭被设想从单工资就业中获得享受和舒适，尤其是对女性而言。早在1942年，社会学家塔尔科特·帕森斯就写道，家庭主妇的工作"在重要性上已经衰落了，以至于很难达到能够占据一个精力充沛的人全职时间的水平"。在官方劳工运动眼中，单工资家庭是一个伟大的胜利。"美国式的生活标准奠基于主要养家者的工资之上，"美国钢铁工人联合会1945年宣布，"它反对其他家庭成员为了家庭生计而出去工作。"劳工运动中的女性主义

者也赞成保护工人阶级女性的家庭生活。[7]

确实，从大众消费和家庭财富的角度，战后工人阶级与中产阶级之间的区分某种意义上变模糊了。20世纪五六十年代工人的生活水平上升得如此之快，以至于他们作为一个阶级在整体上消失了。历史学家丽莎贝丝·科恩调查了这种话语："劳工部说：'工资劳动者（wage-earner）的生活方式几乎与他们领薪资的白领同胞（salaried co-citizens）的无法区分'……《商业周刊》的一篇文章的标题是'工人失去了阶级认同'，而《财富》则吹嘘道，'工会差不多把工人变成了一个中产阶级社会中的中产阶级成员'。"[8]

尽管匹兹堡的城市发展史，让那种工人阶级从局促的公寓向宽敞的郊区移居的阳光故事显得有些粗糙，但更清晰地与这种叙述形成反差的，是用时间的媒介对家庭生活重新加以考察。在战后工资已经增长了15年的20世纪60年代早期，钢铁工人的平均时薪为3.4美元——相当于2020年的28.5美元。但工作的稳定性不足以使他们维持劳工统计局（BLS）1959年所确定的四口之家"小康"（modest but adequate）标准之上的生活水平。[9]

这个在匹兹堡地区算起来应为6199美元的年度预算额，相应假定的是一个由男人挣钱养家，另有一个全职主妇和两个孩子的核心家庭，这个家庭没有其他负担，住在一套有四卧室外加洗浴间和厨房的房子内，房子的年租金是1012美元（匹兹堡的房租是相对便宜的）。"妻子在没有小时工帮助的情形下，从事所有的烹饪、清洁和浆洗工作，家中装备了从事家务所必要的家具和机械化设备,如燃气灶或电炉,电冰箱和洗衣机。"关于食物——这方面匹兹堡的价格在所有大城市中是最高的,劳工统计局给出的年度预算是1889美元,其中包括了对战后时期最重要的涨价物品之一、价格基本上翻番了的肉类的每周预算。这个家庭每15年可以买一台电视机;每年给儿子买3件衬衫和两条裤子;给女儿买两件衬衫,一条裙子,3.5件连衣裙和1.5件毛衣。他们开一辆每3到4年更换一次的二手车。如果钢铁工人拥有稳定的就业,他们就能在20世纪60年代早期刚好高于这个标准。但如果把工作的中断也算在内,他们平均而言就落在标准下面。[10]

工人阶级家庭并非处在一个稳定的经济状态中。尽管他们在两次大战之间的时期取得了较高的住房所有率,但他们是将房子作为覆盖扩展家庭、应对偶尔的不利状况的私人团体保险——结成复杂的家庭构型通常与核心家庭的规范价值相抵触。例如,如果食物昂贵而房子便宜,把亲属拢在一起住在相对宽敞的房子里就是划算的,因为这样就可以在食物购买和准备方面利用规模经济效应。"那时候啊,并没有很多黑人有自己的房子",乔伊斯·亨德森回忆起她的钢铁工人叔叔,当年她和她爸爸在需要新住所的时候去叔叔家住过,"但他就有自己的房子,他和我婶婶的",而且他们还有一个花园。[11]

一组专业社会学家1959年写了一本书,叫《工人的妻子》,希望能够帮助商业界抵达看似不成熟但却令人垂涎的市场。"在她成为一个妻子和母亲之前,"他们解释说,"她觉得自己已经为社会和自然所赋予的角色做好了准备;而当她的孩子长大之后,工人阶级女性就倾向于感到她的生命已经'完结'了。""工人的妻子"显然是通过婚姻、母职和消费才上升到自主个体的层次。"她严重依赖外部世界,外界期待她做什么,她就做什么。换言之,她倾向于成为一个心理上被动的人——脑力活动对她而言是困难的。"正如白宫有效利用女性力量委员会在1955年所言:"大多数女性生活的结构和内容根本上是由她们作为妻子、母亲和主妇的功能决定的。"[12]

然而,并非仅靠消费主义的被动姿态就可以构建和维持战后的家计,其主导地位也不仅是非受雇女性偏好的结果。对于这个在匹兹堡数量庞大的群体而言,家务工作的时长在20世纪五六十年代并未随着家务的机械化而减少,每周工时仍在50小时以上徘徊。这些女性并不仅仅是战后丰裕生活的享受者,也是其共同生产者,她们创造出稳定的劳动力供给,并调节着消费需求的阀门。[13]

工人阶级家庭是战后社会中一个关键的社会单元,是大众生产工厂的孪生姐妹。女性的劳动不仅生产和维持了活劳动(living labor),而且通过家庭这台社会机器及其产品——社会性整合了的个体——持续地调节工作和日常生活之间的冲突性压力。帕森斯抓住了这个事实,他在1956年(与罗伯特·贝拉一起)写道:"正是因为人的人格不是'生出来的',而必须通过社会化过程被'造出来',家庭才变得如此必要。它们是生产出人格的'工厂'。"[14]

像工厂一样，家庭里也持续发生着碰撞。一边是支持家庭父权制结构和家庭成员性别规范的各种社会力量：男性获得工作并控制收入；国家对由男性领头的单一工资模型的支持；有组织的宗教；关于家务工作的社会规范越来越强大；认为女性具有依赖性的刻板印象，朋友、家庭、邻居和媒体非正式地强化了这种刻板印象，而丈夫和国家则直接——有时是通过暴力——强化了这种印象。而在另一边，与所有这些力量相对的只是这样一个事实：尽管很多女性认真地试图遵从这些角色规范，她们常常无法成功地做到，或者并不想做到。[15]

进入婚姻

匹兹堡的工人阶级女性通常是在 20 岁左右结婚。在人生的这个阶段，想建立一个单人赚钱养家的核心家庭是很不容易的。这个目标的达成可能需要很长时间——也可能总是无法完全达成。她们的个人叙述普遍谈到了进入多代家庭单元带来的挑战，不过这种多代家庭未必生活在一个屋檐下。钢铁城镇的人口中，55 岁以上的人群所占比例过大。同样，在工作年龄人群中，也出现了越来越大的性别落差；在此一现象已经肉眼可见的霍姆斯特德，由于经济迁出移民数量的增加，25—54 岁区间的人口中，男性只占 45%。年轻的工人阶级女性在这个环境里要扮演关键性的角色，她们既要照顾婴儿潮一代刚生下来的儿童，也需要照顾人口规模较大的老年一代。在她们的生活背景结构下，只得将孩子与老人和丈夫与父亲们的收入和需要捆绑在一起。在家庭单元的层面上，高程度的性别遵从被证明具有重要的经济功能，而且由于已经融入了天主教的家庭价值与移民的子辈和孙辈的族群规范中，这种遵从在习俗上几乎是强制性的。[16]

例如，C 太太出生于 1926 年。她是霍姆斯特德一个波兰家庭里 11 个孩子——尽管没有夭折的只有 8 个——中最小的一个。她的父亲是一个残废的工厂工人；她的母亲在一个餐馆当厨师，还打一些零工。C 太太年轻时想当一名护士，但她父亲不允许她从事这样的职业。"他去过医院，觉得护士的工作太辛苦了。他说：'不，你不能去当护士。'于是我就没当。"1943 年，她父亲去世了，她的哥哥们也从部队复员了。"他们服役后回来，我在家照顾他们。我想……我妈妈厌倦了家务。（由我）熨烫所有的衬衫。"C 太太 1949 年嫁给了她在一家啤酒经销公司工作的男朋友。小两口就住在霍姆斯特德工厂旁边的山上她曾于此长大的房子里，跟她母亲和两个叔叔*住在一起。他们在那儿住了 18 年。在这期间，她的丈夫在工厂里谋了一份工作，后来升迁为起重机操作员，所以她也一直没有出来工作。[17]

他们生于 1956 年的女儿记得自己成长于一个三代共居、没有核心的家庭里："我要听命的老板太多了。我的舅舅上

---

* 原文如此，根据下文，此处疑为 C 太太的两个兄弟。

夜班，白天要睡觉，所以我小时候是非常安静的。但我觉得最难受的是我的父母，因为他们一旦想争论一下或怎样，却做不到，我外婆会说他们。他们不想在所有人面前弄得大惊小怪。"在50年代后期，她直系家庭中的3个成员睡一间卧室，她舅舅和外婆睡另一间。后来，家里在原来的房子上加盖了一层。到这时，她父亲已经厌倦了跟大家庭合住，搬到外面自己住去了，不过他婚姻的其他方面未受影响。[18]

P太太在匹兹堡的波兰裔希尔区附近的一个三代同居的家庭中长大，她也有一个类似的故事。她上到十年级就辍学了，在匹兹堡的市中心做邮差。她18岁时遇到了后来成为她丈夫的男人，那时正值二战结束，他们谈了好多年的恋爱："我们在一起后也谈婚论嫁，但我们没有足够的钱，因为他一直把所有的钱都给他母亲。"他们俩最后结婚了，带着婆婆同住，"这样她就不会觉得孤单了"。P太太仍从事她在市中心的邮差工作，她的丈夫在厂里上班，而"婆婆自然把做饭包了。到周末我会做所有的熨烫工作，而婆婆负责洗衣服；我们分工打扫卫生，她打扫厨房和她的卧室，我打扫我们的卧室和客厅"。这种安排持续了好几年，直到P太太有了自己的孩子。这时候，P家就搬了出去，婆婆也搬进了她自己的小公寓。开始他们"跟房东老太太一起住在一间公寓里……后来我们又搬回希尔，在我爷爷的房子里住了几个月，再搬进我母亲家的3楼，我们在那里住到第3个孩子将要出生，然后我们搬进了街对面一间较大的公寓"。[19]

我们可以通过将这个漫长的过程与一个向上流动的女性

饭,妈妈会帮我换衣服,我走进厨房里就有晚餐。当我结了婚,就需要自己做这些,摆好桌子做晚饭。我还不适应,这是一个很大的调整。"[22]

跟工业经济中哪怕最好的工资劳动一样,家内工作也可能产生异化,即使生活水平在提高。"早上起来照顾宝宝,给她穿好衣服,然后去妈妈那儿,度过一上午,并在那儿吃午饭。下午回到家开始做晚饭。当我走下地下室去洗衣服时,一般是妈妈帮着看孩子。这是一个完整的循环:洗衣服、熨衣服、做饭和打扫卫生",I太太如是说。她是一名工厂工人的女儿,在19岁生日那天嫁给了曾是她高中同学的男朋友。"当你嫁了人之后,他们就知道已经得到你了。你就动不了了。"这个"完整的循环"作为一种让人受冲击的纪律,使她从外部的视角想象她自己的生活:"你可以想象把它拍成电影,一个人一周的真实生活。我是说一个人特别是在婚后第一年这个调整时期出现的问题。那是一段糟糕的时间。你了解了对方需要你做的事情,你想'哦,天哪,我要是知道怎么做就好了'。"S太太婚后很快跟她丈夫的姐姐和姐夫住在了一起:"我们周一洗衣服,周二熨衣服……她(S太太)一辈子都是这样。她是一个非常非常好的持家主妇。"或者像海伦·哈夫里利亚所说的:"我必须做出他在父母家中时吃过的所有食物。我还要做出同样的面条!都是面条!"[23]

工人阶级家庭中妇女和女孩劳动的目的在于同时对生活和劳动力进行生产,尽管这二者——分别对应正规经济和家庭成员的生活——之间存在冲突。由于时代对工人阶级丰裕生活的期待越来越高,这些对应不仅要求女性满足家庭的物质需要——整洁、营养、健康,还要满足对家庭意义的想象。例如,K太太的丈夫,大萧条期间在一个斯洛伐克家庭中长大,就经历了截然不同的性别分工:"他小时候会帮妈妈洗衣服,做所有的事,因为她要出去挣钱。"他长大后在琼斯与洛林钢铁公司上班。"所以我们结婚后,所有的事都是我来做,他什么也不干。"[24]

女性在家中的工作有自己的常规化方式。在典型的一天里,C太太作为一个钢铁工人的妻子和5个孩子的母亲,挨个儿叫醒所有人,做好早餐,提醒那些往往习惯性忘却自己要做什么的人。"然后我每隔一天搞一次轻度的除尘、整理房屋和洗衣服,因为衣服太多了,同时还要熨衣服。然后要去采买。我还要参加家长教师协会的会议,我是协会的委员。"所有这些都是工作日和上学日的常规内容,此外还有晚上的工作,以及围绕生老病死等事件的临时工作。E太太的丈夫在两家工厂打两份工,工作日晚上10点半才回家,她报告说:"我总是提前为他准备好晚餐。我总是想把周末的时间留给我丈夫,因为他整个工作日都没有任何时间……一周剩下的时间就是洗、熨、做饭和打扫。"[25]

由于女性工作的常规化中并没有时间明确的转换点,而是延伸到全天,且一周之中只有若干片段比较紧张,还包括了像去教堂做礼拜这种半自愿的活动,所以,这种常规化往往被忽略了。"尽管绝大多数家庭主妇很少从她们的丈夫那儿获得帮助,"20世纪中期一位社会学家米拉·科马洛夫斯基在她的《蓝领婚姻》一书中写道,"她们看起来并不着忙。"尽管科马洛夫斯基承认"一整天的工作"和"总是有要干的活儿",她认为家庭主妇们的工作是"轻松的",不需要"总是看时钟"。历史学家 E. p. 汤普森评论说:"除了放学时间和看电视的时间,女性在家的工作节奏并非完全根据钟表的时间调节。幼儿母亲的时间感并不完善,她们会关注其他人类的作息节奏*。她们还没有完全脱离'前工业'社会的惯例。"[26]

但是,工人阶级家庭并不是前工业时代的遗留物,而是一个被结构性地整合进工业经济的活生生的、竞争性的社会进程——尽管带着某种虚构成分。工人阶级女性的时间意识跟工厂工人不完全相同,但她们也被卷入了与分钟、小时、天,以及月和年的无尽斗争中。工人阶级主妇需要在她们自己的工作常规之上保持对丈夫的工业劳动常规的意识;她们既要根据工厂钟点,又要根据"其他人类的作息节奏"组织自己的劳动。S 太太,一位钢铁工人的遗孀,在解释她为何没有再婚时提供了某种线索:"我想经过了这么些年,我已经太过独立了。我有我的工作。我回到自己的家,想做饭的时候才做饭,想洗衣服才洗衣服,我也可以明天再洗。"[27]拿走她的钢铁工人丈夫这个因素,那个工作常规以及它体现

---

* 原文为"other human tides",应该主要是指婴幼儿的睡眠、哺乳、排泄等与已经工作了的成人不同的时间节奏。

的权力关系就解体了。

维持与组建家庭的严格要求，常常在感情和愉悦的伪装之下运行。尤其是对非裔美国女性来说，家庭通常与外面的世界形成鲜明对比——部分地因为对她们而言，从事带薪工作的可能性相比白人女性更大，而且这种工作往往是在别人的家里。在这种条件下，家政工作的矛盾在于，它是明显服从于时间纪律的，它在这方面不像一个妻子的工作，但又发生在家内这种非正式的空间。"你为他们干的活儿总是干不完，"为一个匹兹堡家庭服务的奎恩·赖特回忆道，"他们希望你从一早开始干活，还会把给你看的时钟调慢，如果你自己没有计时，你会一直干到6点，而以为只是4点。"对赖特来说，为了获得对工作的某种控制，拥有自己的手表是很关键的。这种工作是剥削性的和无尊严的：黑人女性从事家内劳动的平均工资在1969年是1322美元，相当于2020年的9235美元。[28]

经过20世纪60年代，家政工作的劳动力市场衰落了，从非裔美国女性就业的32%滑落到12%。这种衰落的部分原因在于家用电器的普及使家政工成为战后被自动化替代的最重要和最早的职业群体。随着这方面岗位的枯竭，工人阶级黑人女性也成为大量进入制度化的"服务岗位"的第一个群体，1969年，这类岗位已占到她们就业的33%。在这个部门中，医疗照护、餐饮服务和清洁服务是最重要的增长领域，单单医疗照护的份额就已经与家政服务持平。所有这些工作的工资水平都轻松超过了家政工作，例如，黑人女性从事健康护理的年均工资为3559美元（相当于2020年的24863美元）。随着福利国家膨胀并消耗掉越来越多的此类服务，医疗照护的工资水平和雇佣规模同步提高——并未因此消除贫困，但足够将工人拉出家庭，同时开始将此前属于家庭的功能越来越多地变成公共事务。这种带薪工作非常具体地、实际地与女性在她们自己家中所做的工作相似：做饭、清洁，各种形式的照护工作。例如，卡罗尔·卡特在阿勒格尼综合医院的病房干了一年多，辞职照护病母，几个月后又回到劳动力市场。[29]

谁有责任维持家庭再生产的问题，随着工业劳动者养家糊口的模式面临危机而变得越来越严重。黑人女性最先感受到这个问题，也最先不得不解决它。显然，这意味着再生产性劳动（reproductive labor）越来越快地正式化和量化，逐渐把维持生活的责任放到集体层面上去。集体生活总是由时间纪律及其产生的斗争构成——不管是在一个亲缘关系单元中，还是在雇佣关系中；可能是未衡量的，也可能是被错误衡量的或者被正式化了的；可能是在自己家里这种假设的亲密关系中，也可能是在别人家里那种悖谬的公共‑私人（public privacy）空间里，也可能是在旅馆、餐馆或医院那种矛盾的亲密‑公共（intimate public）空间中。

尽管黑人和白人女性在家庭生活中的必需任务和乐趣有重要差异，她们的生活与工作都沿着这条剥削性光谱行进，规范性的性别角色从照护工作中展现出来，并被训练成为常规。露西尔·史密斯解释说："如果你是一名女性，你要掌握一些技能——如何去照顾好一个家庭。"卡罗尔·亨利跟史密斯一样都是黑人钢铁工人的女儿,回忆起艰难时期中她的母亲:"我妈说,'他是这个家的男人,而我是这个家内的女人。我要把家中的事事都安排好'。"C太太的母亲,M太太,作为一名白人女性,展示了她自己的向外扩展的常规与她丈夫的离散而又比较"宅"的常规之间的区别。他的常规中有交友、宴饮和休闲,她这边呢,每天早上去做弥撒,"然后做通常的家务工作,去采购。所有的事情都是我一个人做。我丈夫确实有……他和他的兄弟们确实在里面,他们有一个水族馆。这不是一个赚钱的生意……他就是那样消磨时间的。我做饭、打扫卫生,自己去采购。如果任何人需要任何东西,我就赶紧跑过去。我一天天就是这么过的"。问她丈夫在家都做什么,她回答"坐着,坐着"。他"不会,永远不会,参与我们的工作"。她自己觉得这个常规是一种乐趣——让她感到自己的重要性。[30]

由于母职和配偶工作具有主体化的力量——工作既具有压迫性,又让工人阶级女性感受到自身的重要——女性自身常常从必要的工作中创造出乐趣。然而,常规化中隐含的纪律仍不可忽略。"你每天24小时待命,"作为钢铁工人妻子和女儿的帕特·西伯特回忆道,"你永远得不到休息。孩子们从学校回家,你要一个人整晚照顾他们。然后你丈夫半夜回来了,你不到凌晨2点都不可能睡下。早晨六七点你又该跟孩子们一起起床了。你比他更累。"另一位回忆道:"我去上班了。下班后回到家,帮母亲做饭然后吃饭。如果我们想出门,就去拜访某人;这取决于(我父亲)何时上班。他轮不同的班,如果是下午 4 点到半夜 12 点的班,那我回到家时他就不在家,如果他上半夜 12 点到早 8 点的班,那就意味着晚饭后他要躺一会儿,我们就不能做太多别的事。"[31]

这个常规的一部分是物质性的生产——做饭、打扫卫生、浆洗衣物,而另一部分需要更多直接人际的、抚育性的照护,由情感的和身体的照顾构成。20 世纪 50 年代,V 太太的丈夫在去世前的 13 个月都在卧床。"所以我只能照顾他,因为我没有别的办法……因为没人来照顾他,他也不想要我之外的任何人来照顾他。"在 C 太太的祖母临去世前,"我会帮助她洗澡。她那时已经卧床不起了。我要确保她有东西可吃。我喜欢跟她一起做的另一件事是,她那时喜欢听收音机里的歌剧,我们就一起听。我喜欢这种感觉。我总是喜欢在歌剧里出现家庭危机时,把自己代入进去"。这种喜好正是性别社会化努力塑造的一种倾向,它是女性之为女性的一个组成部分。C 太太学到的另一个东西是治疗孩子疾病的一些"土方子"。"我忘记了我自己,"她反思道,"我照顾家中生病的每一个人,(我)喜欢照顾,真的。"[32]

有些任务,像做饭、打扫卫生和照顾孩子,一般要在白天完成,但这些也随着钢铁制造的排班变动而不得不灵活机动。L 太太可能在 5 点钟做晚饭,如果她丈夫在 4 点后下班回来的话。或者她也可能做两次饭——一次为孩子做早晚饭,一次在丈夫下晚班后。海伦·哈夫里利亚回忆道:"做饭和打扫卫生是我能做的一切。不管斯蒂夫的排班表是怎样的，我必须围着它转。这项工作从来没因为总是一成不变而变得轻松。"（另一方面，斯蒂夫认为"轮班对她不会有任何影响"）他们结婚后，他获得了一份在钢铁厂的工作，她离开了在仁爱医院的岗位。"放弃工作对我来说很艰难。但你一旦结婚，人们就期待你这样做。"他们跟她的父母住在一起。海伦和她母亲在同一间厨房里分别为自己的丈夫准备不同的晚餐，因为他俩在厂里轮不同的班。"我父亲轮不同的班，所以我们很难一起坐到桌前来。"另一位钢铁工人的女儿回忆，"我们或多或少地整天在厨房进进出出。"[33]

所以有些工作需要女性在夜里做。如果说做饭和照顾孩子是与一天中的特定时间相联系的，那么打扫卫生、浆洗和熨烫衣物这些就是相对安静且不会被丈夫和孩子的需要所催促的工作。贝丝·诺瓦克——琳达的母亲每天在安排自己的详细计划之前，先用只有她自己才能懂的时间表单，记录下她的丈夫丹在美国钢铁公司欧文工厂的上班时间。"晚上，我擦完了我的橱柜，"她在工作账本中写道，"擦了一部分厨灶，洗了3桶衣服。"[34] 在1958年另一个有代表性的条目里，她写道："（我）整天洗衣服。（丹）第一次上下午4点到晚上12点的班，这个班次他会上很久。我整理加熨烫衣服直到1点20分，然后我们1点30分一起上床睡觉。今晚真挺累的。""我通常白天一直睡觉，因为要整晚洗孩子们的衣服，"罗斯·博兰回忆道，"当他走进家门时，我总是把饭做好了等他。"[35]

最后，在生命历程的某些集中性的片段，女性仍然要付出努力。怀孕和生育是其中最为突出的，尽管生物学意义上的生产是劳动在母爱中消失得最绝对的地方。B太太的丈夫，只会在她不在的时候给孩子换尿布或者喂奶，并没有达到"我希望他（在照顾孩子方面）做到的那些。实际上这是我们之间争吵不休的问题所在。我最近告诉他，要在周末凌晨4点给孩子喂一次奶……有时似乎照顾孩子全是我的负担。不过我想他所做的已经比很多丈夫要多了。"[36]

女性之间通过小的合作共同体来度过这样的高强度时期。当受过护士训练的M太太有了孩子之后，她的劳动不是由她的丈夫分担，而是由"我在仁爱医院的一个同学，一个娇小的意大利女孩"来分担，"在我分娩期间，她跟我在一起，帮了我很多"。后来她没有把婴儿带回她自己家，而是带去了她母亲家。"我们没有纸尿布之类的，所以要靠妈妈做的尿布。"[37]

生命历程中的其他关口也是按照类似的方式处理的。"我长大些之后，"C太太回忆道，"我奶奶病得挺重，属于疾病的晚期，我确实帮着（我爷爷）照顾了她。我常去照顾她。奶奶去世后，我常去给爷爷做家务，花时间陪他说说话。后来他确实搬来跟我们一起住。我常坐在他身边，倾听他，陪他说话。"P太太也做了同样的事："很多年后，我外婆去世了，没人照顾我外公，他搬来跟我妈妈住。后来妈妈也去世了，他就和我们一起住。"[38]

在钢铁工人家庭中，家务工作的常规是在与工厂的对话中形成的。一般而言，这种对话效应是间接的：工厂的影响通过丈夫的作息、账单和心情进入家中，或者更间接地通过怀孕、分娩、受伤、生病、失业、退休和死亡进入家中，因为在钢铁制造的世界中，这些日常信息和生命历程性事件都被打上了特殊的烙印。但在有些工作领域，女性会直接对工厂做出反应。洗衣服是最明显的。史蒂夫·哈夫里拉从工厂回到家中，海伦不仅要喂饱他，还要用猪油擦拭他的工作服，以去除工业油脂的涂层。每次乔伊斯·亨德森给她的钢铁工人丈夫洗衣服的时候，都不得不清理洗衣机的底部，以去除堆积的灰尘和淤泥。她每次洗衣服都需要计算衡量一下，是用洗衣机洗还是直接手洗，因为用洗衣机的话会快速缩短机器的使用寿命。工厂小镇的女性都学会了辨别不同警笛和哨音的含义，以便准备好冲到晾衣绳边。霍姆斯特德的另一位居民塔卡太太回忆道："我们习惯了当看到工厂冒出大量烟雾时，跑到晾衣绳边快速把衣服薅下来的那种动作！"让·尼克森沮丧地把自己形容为"一个无偿的工业清洁女工"。[39]

由于当时的居住隔离模式，这种由生态问题造成的家务负担对非裔美国女性来说更为沉重。黑人家庭更可能住在山谷的底部，在那里，空气污染围绕着大烟囱聚集起来。亨德森家住在卡利高炉和埃德加·汤姆森工厂旁边，他回忆道，钢铁厂释放出"巨大的黑色烟雾云，把周围全都笼罩住。那些晾晒了衣服的女人会冲出来，把她们的衣服收起来，因为煤烟和煤渣以及各种脏东西会落下来并弄脏她们刚洗的衣服"。在埃德加·汤姆森工厂附近长大的雷·亨德森回忆："人们仍然努力保留某种尊严。女人们通常早上起来清扫大街，将垃圾捡起来丢在路边……人们定期清洗窗户，因为工厂冒出的煤烟会弄脏它们。"[40]

钢铁厂释放的烟气也危及一座整洁房子的外观，以及与此相联系的善、值得尊敬等道德象征。当乔伊斯·亨德森的姑妈擦洗完地板之后，"我们要在地板上铺上报纸，这样人们就不会把外面煤烟和腌臜环境中的煤灰和脏东西带进来"。门廊要每天或每周打扫，以清除煤灰。一位霍姆斯特德的住户说："我奶奶每天打扫3次前廊。我的意思是前廊的煤灰多得令人难以置信，我们永远是脏兮兮的。"[41]

一所房子构成了工人阶级生活持续性的物理外壳。1960年，像在布拉多克、杜肯、霍姆斯特德和麦基斯波特这样的钢铁城镇中的人口，居住在老房子中的比例要显著高于国家标准——成本低廉的住宅通常在家族中保存了几十年之久。事实上，这些城镇中大约五分之一的人口仍然住在战前的旧房子里，而在像罗斯和黎巴嫩山这样的中产阶级城郊居住区，住在战前老房子中的人口比例只有十分之一。[42]

对一群节俭的体力劳动者而言，房子代表着对一种长期持续生活方式进行选择的赌注。正如对待任何一种长时期的存货，保存它既假定了条件的稳定，又是对这种稳定的努力维持。工人阶级家庭中的拥挤、肮脏、对正常日夜节律的打乱，使得它只能部分地发挥稳定机器的作用——即便是对那些可以选择住处的人而言也是如此。家庭在时间上组织人口的生活雪上加霜。"太糟糕了,我们只能等到我丈夫下班回来给我们做一顿热饭。"孩子中的两个生了病,"我不知道该怎么办"。亨利不知所措,也由此耽误了自己去医院做检查。[45]

拮据的支出

我们一般假定,消费为一些小的不便和工人阶级常规的单调乏味提供了解救之道。孩子们经常被弄得挺脏,但妈妈们可以买个洗衣机;他们很吵闹,但是有电视。对付灰尘有吸尘器。冰箱和洗碗机减轻了做多顿饭的负担。这类消费除了带来效率,也带来乐趣——对欲望的满足。从这种观点看,分期付款计划的消费主义放松了旧工作伦理的限制。《工人的妻子》一书的作者们描述了蓝领女性试图避免信用消费时的失败——"当看到一朵'可爱的小花'时的当下购买冲动,挫败了节制消费的意志力"。[46]

不能把消费等同于愉悦。它需要努力和才能,并且总是包含了家务权力关系的谈判,当然其媒介是稀缺。"直到今天,就账单而言,一直是我在管钱。"一位钢铁工人的妻子回忆道。"他把钱给我,然后说,钱在这里,省着点花。"另外一位钢铁工人的妻子解释说。K太太在洗衣店工作,她坚持在那儿工作,以便可以攒钱为她的新家买家具。"直到现在,有时候我用信用卡买的所有东西,全部都由我来付账……我们已经买了所有该买的东西,即便是在由于他们的一场罢工而让我们经历的那些艰难时期,我们也没有错失一样该买的东西。"分期付款表达的不是先买后付的物质贪欲,而是一种金融上的精明。K太太从二手市场弄了一套旧桌椅放在饭厅里,自己剥去旧漆然后重新上漆。"你不可能一次搞定所有的东西。"在交接工资时,可能有一种仪式上的庄严感,因为这是钱从生产领域转入家庭领域的过程。"他永远不会问我,我是怎么花这些钱的,"F太太回忆道,"但当然,他知道我在省着花。"[47]

节俭的策略比战后消费主义所想象的要普遍得多。"那是艰难的岁月。我们不得不把硬纸板塞进鞋子里,"乔伊斯·亨德森回忆道,"我有3套衣服,几条裙子和几条衬衫,每天轮换着穿。"她每天都在洗衣板上洗内衣;她家有一台洗衣机,但他们得省电。L太太每周都会烤面包,把他们家没吃完的面包卖给邻居们。C太太自己装罐头,自己做香肠。"我想这样就会便宜点,于是我就做了。我母亲从来没这么做过。"I太太,另一位意裔美国人,也这么做了。"我不会去吃买的东西,买的面包。我想我一生中从没吃过切片面包。我自己做番茄酱。我在院子里种番茄,然后做成酱。"这些策略在各种背景的工人阶级女性中都是常见的。艾尔莱茵·库本,一个在钢铁工人家庭中长大的非裔美国女性,记得她的祖母会去乡间购买便宜的农产品,这样就可以做成蔬菜罐头以度过艰难时期。"我奶奶会去一个农场之类的地方,然后带着各种蔬菜和水果回来,把它们做成罐头。她把绿菜、青豆做成罐头,她做汤,然后装进罐头。她制作果酱,制作各种罐头,所以当遭遇失业或罢工时,他们只需要操心肉类从哪里来。"[48]

无法预料的艰难时刻总会发生,女性需要准备好应对之策。一位陷入困境的工厂维修工的遗孀,发现大型号、相对高价格的消费品有意料之外的使用价值。在等待她的社会保障金开始支付的空档期,她不得不为她自己和孩子们寻求社会救助。到家中察访的社工告诉她,她的好莱坞大床和大电视属于超规格的消费品。她被激怒了,解释说使用这种电视和床是一种省钱的策略:她跟女儿一起睡一张大床,要比买两张床便宜;她用电视机把孩子们哄睡,取代了其他的娱乐方式。"不然我怎么养活他们两个?"[49]

也就是说,消费行为在财务预算之外,也常常包含了情感方面的微妙计算。例如,贝丝·诺瓦克的丈夫在1951年夏天因伤失去了在欧文工厂的薪水。在丈夫住院期间,她需要收入的支持。两年内她第二次去申请社会救助(她的家庭在1959年大罢工快结束时申请了一次社会救助)。"多萝西·墨菲太太带我去区政府大楼领取免费食物,领到5磅黄油、4磅花生酱、6磅猪油、2箱肉,还有奶粉、鸡蛋、面粉。"在第二天去医院探望她丈夫之前,她先去把头发洗烫了。尽管她没在日记里揭示自己的内心感受,我们可以猜想,领取免费食物可能对她的自尊造成了伤害,或者损害了她想呈现给世人、给她伤病中的丈夫或者给她自己的形象。做头发可能只是一个工具。[50]

男人的工资买的是用来制造家庭的无生命的物品,而一般正是女性安排了这些物品并赋予其生命；把这种活动仅仅看作消费是错误的。换言之，消费要被生产出来。如果说，这种现实与关于战后消费主义家庭美好想象的意识形态，二者之间并未形成尖锐对立的话，部分原因在于，参与这个无休止的维护循环的人们自身，似乎也希望赋予那种美好想象以实际内容。[51]

1959年，尼克松在莫斯科向赫鲁晓夫吹嘘美国的模范厨房，说美国的钢铁工人，虽然当时在罢工，但一般每小时挣3美元，这"（让）我们家庭主妇们的日子比较好过"。但对工人们而言，大众消费的奖励是不确定的，而且想赢得它并不容易。例如，R太太描述了自己在远观并崇拜一个大一些的女孩中长大的经历："她看起来总是那么干净，穿着一件好看的大衣或者一条漂亮的裤子，而且她的头发也总是很好看。我想，我崇拜她是因为当我长大工作后，那就是我想要的样子。好看的衣服，总是收拾得很好看的外表。我买了这些，为它们付了钱，它们是我的了。"以消费的形式表现出来的欲望，常常有规训的力量，而不是解放的力量。"我有喝香槟的品位，但却只有喝啤酒的钱包。高中毕业大概两周后，我就去上班了。我每天想不通的事情，就是你总是听到所有的女孩高中毕业后，都找了份工作，然后买下她们看到的每一件东西，我不知道她们是怎么做到的，这不可能，你不可能做到的。"[52]

钢铁工人的工资不足以支持尼克松所吹嘘的那种家庭和生活标准。一次罢工或者经济衰退可以轻松地带来灾难，像布朗家在1960—1961年遭遇的那样，经济衰退使他们拖欠房租，被赶出房子。这个家庭有13口人；他们在一个以意大利裔和波兰裔工人阶级为主的社区的一套5居室公寓里住了5年，在那里像他们这样的非裔美国人还是很少见的。1960年，布朗先是在琼斯与洛林钢铁公司被换成兼职性工作，后来干脆被裁员。没过多久，布朗一家被要求搬出公寓。在这种处境与尼克松所描绘的处境之间，有非常大的心理落差；跨过这条鸿沟需要在身体上和情绪上付出巨大努力。做到这一点是一项成就，那些完成了这种努力的人也感到这是一项成就。正如卡罗尔·亨利对艰难时光的回忆："我妈妈可以把一块面包、一些面粉和水混在一起（做成食物）。她有6个孩子，她不得不做她必须做的。"[53]

婚姻遭遇

工人阶级家庭不是一个物，而是一个过程——不间断地谈判，以不平均的方式进行分配。南希·科特引用了20世纪中叶的法律理论家卡尔·卢埃林在婚姻制度中观察到的一个悖论："制度都有一个有趣的特点，对社会整体而言它们是静态性因素，但对个体而言，它们首先是动态的。它们维护社会的稳定，是社会的组织和功能被接受的模式。而个体则是动态地被它们塑造，并被塑造成它们的构成颗粒。"卢埃林写道，婚姻是"一种用来创造婚姻的持续运行的工具"。[54]

社会的运行持续地需要工人阶级的人们组成家庭,但他们无法完全无缝隙地做到这一点。在工人阶级家庭进程的很多片段中,这个矛盾都会出现,但没有什么摩擦比夫妻之间持续的冲突更为激烈。工人阶级家庭并不都一样;婚姻关系有很多种形式,正如在其他阶级、其他时代和地方的情况一样。不过,系统性力量也在夫妻关系层面上显现出来。

尤其是,很明显,工人阶级家庭主妇既感到了一种抵抗的冲动,又努力去控制住这种冲动。L太太是一个意大利移民,她承认"有时"憎恨她的丈夫,因为他可以为所欲为,而她不行。如果他要求她做某些菜,她会"疯掉,真疯掉"——"但我还是做了"。她下决心从不表明她的愤怒,因为有时"我说一句他不喜欢的话,他就说'闭嘴'"。所以她学会了:"我什么也不说。"如果她喋喋不休,"对我来说更糟",而"如果我闭嘴,事情就会过去"。她并未告诉自己她的愤怒是非法的,但她在实践着沉默。[55]

在一生中曾嫁过两个钢铁工人的V太太,同样采取一种实际的观点。一个妻子,她想,"应该跟她丈夫站在一起。丈夫不一定总是对的,但你必须两个人一起去纠正这一点"。她认为这是一种务实的方式:"要以他想要的任何方式去取悦他,要去做任何他想让你做的事情,不要做任何违拗他的话的事情。因为一旦你越位,丈夫说东而妻子说西……那只会带来麻烦。"这是一个很平常的算计。"我让他当老板。这让我们都很愉快。"K太太说。[56]

这些策略之中贯穿着一条恐惧之线。当被问到在琼斯与洛林钢铁公司上班的丈夫最重要的地方是什么的时候，另一位 K 太太说他"很少会发脾气"。M 太太回忆起她丈夫关于孩子们行为的威胁："如果他们做错任何事，他就会宰了我。他就是这么说的。他说，'如果他们做了任何越轨的事，你将会被谋杀掉'。"当米克洛太太在 1959 年的漫长罢工快结束时给她丈夫的老板写信，请求一笔贷款时，她加了一句话："他并不知道这（封信），否则会把我打翻在地。"[57]

女性对于纪律的经验通常缺乏像工厂工人群体那样的集体性环境。"他（从战场）回来后确实找到了一份工作，不过又开始轮换不同的班次了。这就让情况有点艰难。无论我做什么，都主要是和孩子们一起做的。我总是只能依靠自己。"另一位 C 太太回忆起她丈夫把她困在家里让她照顾孩子的情形，因为他拒绝雇一个保姆。此外，他还会贬低她的想法，说"哦，她是从一本书里得到那个想法的"，或者"她从一本杂志里看到那个想法"。甚至 C 太太的母亲也会告诉她"他总是对的，我是错的，所以我就按他的意思办"。E 太太的丈夫是名机械师，他"期待一个好好持家的人，一个照顾好他们的孩子的人——并不期望一个整天想出去逛的人"。最后，她开始后悔打架，"接受了现实就是如此的事实"。她没有向任何人说起过此事。"我感到我将会背叛他——不是背叛他——这是一个不好的词。我只是不喜欢到外面去谈论自己的丈夫。我只是觉得谈论自己丈夫的女人，她们让我感到困扰。"她"在很多很多年里"保持了缄默。[58]

杰克·梅茨加在他的回忆录里描述了他父母——钢铁工

人乔尼和主妇艾琳之间的不平等关系,这关系中交织着爱、恐惧和怨恨。"我父亲统治着我们家。他留意我们每个人,而且他比我们每个人都更明白什么对我们有好处,但他总是做对他自己有利的事。"他母亲的态度是"完全顺从的",梅茨加写道。她"几乎没有自尊"。她"自视很软弱",正是这种品质吸引了乔尼。"她因为成为他的妻子和我们的母亲而非常激动。在我们小时候,她几乎总是在微笑,眼睛闪闪发光,嘴唇紧紧地闭着,仿佛在抑制着一阵欢乐的笑声。说她爱她的孩子们太苍白了,她以我们为荣。"但是,模范家庭的完美表象其实是欺骗性的。"几乎家里的每个人都痛苦地记得,他'滥用了妈妈的好品性'。并没有什么特别激烈的东西——没有殴打,甚至也没有很多喝骂,只是那种日常的冷漠与从琐碎的支配中获得的愉悦,如果你不得不每天生活在其中,那是屈辱而可怕的。"

梅茨加回忆他父亲如何从对艾琳的身体性支配中取乐。在一个很好的气氛中,他喜欢开车带全家出门,然后把手伸到乘客座位,在艾琳的胸部轻拍。她会拍开他的手,一开始是玩笑性的:"现在,别这样了,乔尼·梅茨加。"他会坚持,然后发火。"他过得很艰难。不像她,他得在工厂里上班。她为什么总是破坏他的幽默呢?她为什么就不能理解他?为何没有人欣赏他和他为家庭所做的牺牲?"

但艾琳没有一直当乔尼兴味的玩偶。特别是,她女儿马里恩的团结改变了家中的权力平衡。当乔尼向艾琳下指令时,马里恩会问:"你为什么不做?妈妈累了。"艾琳开始站出来面对乔尼，以取代马里恩的叛逆，试图将他的怒火从女儿身上吸引到自己身上。20世纪50年代后期，有一次，马里恩在一次玩笑性的摔跤中咬了乔尼，因为他把她摔得太重了，而且他忽视了马里恩的抗议。他宣布把马里恩关两个星期，然后他去参加了一个钓鱼旅行。"他离开那天，妈妈把我们召集在一起，宣布她不会执行爸爸的惩罚……妈妈的脸上有一种我们此前从未见过的表情，平静但决然，这表情在说，如果我们团结一致，我们就会没事。"在乔尼不在家的日子里，艾琳报名成为杰克初中的代课老师。她开了自己的银行账户，开始穿跟以往不同的衣服。她很少直接违拗他，她只是开始过一种独立的生活。他渐渐学会了自己做自己的事，她也因为有自己的银行账户而可以做自己的事。在她去世后，乔尼的生活变得支离破碎。[59]

工业上的中断可能通过给配偶双方的角色扮演施加压力，从而催生家中的冲突。谢里·彼得森的父母很穷，他们共用一张双人床，用一个板条箱作饭桌。"我父亲最终在杜肯工厂找到一份工作，"彼得森回忆道，"随着时间流逝，我母亲已经生了两个男孩。我父亲挣的钱刚刚够喂养他们3个。我母亲提议出去做家政，但父亲拒绝了。他是丈夫，是负责养家糊口的人，他的妻子不可以出去工作来分担这个角色。"无论他们通过这种方式获得了什么样的稳定，都在那个罢工年被打碎了。"艰难时势已至谷底。我家此时已有5张口要养活，漫长的钢铁业罢工正在持续。我母亲告诉我，在9个月时间里，他们得靠每两周88美元活下来。夏天里，他们靠邻居不要的蔬菜活了下来。我父亲从来没有开口向他的家庭或者朋友要过什么东西。"[60]

换言之,当工业雇佣收入被证明不够时,女性不得不背着污名去寻求其他的供应来源。玛丽·沙普在 1961 年写信给杜肯工厂的一个经理,向他说明经济衰退如何破坏了她家中自然秩序的稳定。由于她丈夫被裁员,沙普一家被赶出了他们在德拉沃斯堡的房子,住在她母亲家的两个房间里。

> 自从(我丈夫)1955 年退伍回到工厂,他的工作一直都不稳定,我想他一年最多也就上班 6 个月。
>
> 所以他 1958 年 11 月在一段长时间的停工后最后一次回到工作岗位,第二年 5 月又停工了,我只是从容应对,以为他最多 6 个月内就会回到工作岗位。我从没想到会是这样!6 个月过去了,然后 7、8、9 个月,直到现在快 15 个月了。这给我们,尤其是我带来的压力,差不多导致神经崩溃或者更坏的情况。
>
> 我一直努力不去悲伤,尽我所能照顾好我的小家庭,但如今我似乎再也无法应付这种境况了。我们现在不仅无法偿还各种贷款,无法不拖欠房租,甚至也无力购买任何生活必需品。
>
> 我自己迫切需要就医,更不用提需要精神治疗。我甚至都买不起一双鞋,更不用说其他东西。
>
> 在他上一次长期停工期间,我们失去了所有的家具,我生活在挥之不去的担忧之中,害怕这种情况会再

来一次，因为我们没钱购买新家具。

现在我最大的儿子下个月要上学了，我真的很忧心。我怎样才能在没钱的情况下给他弄来需要的衣服和用品呢？

艰难时世让女人陷入了困境。如果她们试图向外求助，她们可能冒着让丈夫受辱的风险。[61]

阻断钢铁工人获得稳定工作的途径，有时可以反过来切断家庭中的父权权威。M 太太记得她父亲最初在钢铁厂上班，直到在 20 世纪 50 年代的一次萧条中被停工，他的资历不够，重返工作岗位的希望很小。最后他放弃了等待，重新找了一个当门房的工作。当时 M 太太还是一个小女孩；此后他的性格变成"自由主义的"——"我们有什么问题都可以跟他聊"。P 太太家也出现了类似的情况。"他在对孩子的抚养中起到了较大的作用，原因很简单，他上的是下午班，在上班路上他会把孩子们带到操场上去玩。"在婚后的不少时间里，她仍在上班，因为丈夫在工厂里经常停工，他"会带着他们在街上逛，哪怕他们还是婴儿车里的婴儿。他们小的时候，他给他们读故事和书，给他们播唱片。我有事要出门，他就照看他们。他确实发挥了很大作用"。[62]

这里再一次地，如果确实存在向上流动的机会，这些力量就会被导引向另一个方向。出生在钢铁工人家庭的学院院长 M 博士，也嫁给了一名钢铁工人。不过，正如她观察到的，她选择配偶的方式与她周围的女性似乎不同：她丈夫这能谈论,甚至不能在私人日记里跟自己谈论。"安静,安静,一切都要安静,"女儿琳达回忆说,"为什么?"[64]

这种沉默存在于家庭生活的很多方面,但最多存在于关于性的方面。"相比她们的中产阶级姐妹,工人阶级妻子对谈论她们的婚内性生活表现出多得多的不安。"莉莲·鲁宾在她的经典研究《痛苦的世界》中写道。很多女性在青少年时期就被完全禁止谈论性这个话题,而且根据她们的说法,常常直到结婚时,性都是很神秘的事情。"我从来不知道这件事,真的,甚至当我结婚时我也不知道……因为直到结婚两年后,我才怀上一个男孩。在家里我们根本不谈那方面。我们从未讨论过那方面的情况。我也总是跟好女孩在一起,她们从不谈这方面……女孩从来不谈论这方面。"另一位女性说:"我父母从没有告诉过我任何这方面的事……他们不知道从何说起。"1906年出生于捷克斯洛伐克的L太太告诉一位访谈者:"女孩跟男孩在一起,跟着男孩出去,那样好吗?不,那样不好。不体面也不好。因为她想也许他会娶她,但女孩疯了才会听他的花言巧语,不是吗?因为不要信任任何人。只要我是个女孩,我就有羞耻感。"V太太谈论如何生养她自己的孩子们:"我什么也没告诉他们。我感到太羞耻……现在仍然感到羞耻。"这些家庭大部分是天主教家庭,有大量的孩子,节育措施也不可靠。"我们所有的孩子都是'节奏宝宝'*"，S太太说。[65]

喝酒在引起沉默的怒气和羞耻感方面仅次于性。"（他喝酒这件事）非常困扰我，"T太太说，她嫁给了工厂的一名辅助工，"我从没有把这事告诉任何人……我都是独自承担。"玛莎·斯隆的母亲告诉她如何用斯洛伐克语说"把你的钱给我"，这样玛莎就可以跑去酒馆，用她母亲的口气跟她父亲说话。"不然，钱就被花在酒馆里，我们就没钱付给杂货商。"安妮·波林斯基的丈夫约翰是琼斯与洛林钢铁公司的一名钢坯烧剥工，他会在每天下班后走进工厂旁边的酒馆。然后他会骑着小推车往家走，在家边的小酒馆停下。"所以他要花很多时间才能安顿下来，吃饭、争论，然后上床睡觉，睡一整个下午。"带着某种理解，安妮解释说，"我不否认他的工作既危险又劳累。但他总是在桌上放一瓶私酿酒，先要去掉杂质，然后喝一顿。'这是我应得的。'他们总会这么说。"[66]

不过，有时紧张气氛也会爆发。当访谈者问一位女性，她觉得女性是应该待在家里，还是有自己的职业生涯比较好，她简洁地回答说："职业生涯。因为有时候男人会毒打老婆。"尽管证据很有限，家暴看起来并不少见。"我看到在有些婚姻中，男人可以说是残暴的——有些男人真的会打老婆……我记得特别清楚，有个男人半夜打老婆，打得老婆绕

---

* 原文"rhythm babies"，与黑人歌手Ronnie Rathers在2011年发布的一首单曲同名。含义应该指的是并非父母有意生育的孩子。

着房子跑，我们被女人的号叫吵醒了，然后开始议论这个男人太残暴了……很多我曾经以为很好的人，其实并不是那样的。"[67]

女性战斗起来也很暴烈。一位女性回忆起她丈夫从厂里下夜班，早上喝得醉醺醺地回来："我正在给他煎培根和鸡蛋，气得把整个煎锅扔在墙上。"玛莎·斯隆的母亲有一次把煎锅挥在喝醉的丈夫的脸上，把他的鼻子打断了。他们达成一致，假装鼻子是摔断的。[68] 很多家庭可能是疯狂甚至危险的，但又不得不被制造出来并维系下去。没有它们，工人阶级的人们就是这个世界上的无根浮萍。缄默是一种不可缺少的工具。

孩子养育与意识形态生产

抚养孩子当然主要是一些具体工作：抚养孩子是工人阶级女性家务的一部分，而孩子们自己也可以参与家务工作。但抚养孩子同时也是一项意识形态上的事业。孩子要被正确地抚养，内化那些曾让父母和祖父母得以立身处世的纪律和习惯。为了让这种努力取得成功，对于成年人，尤其是妻子来说，他们自己的挣扎努力——为了和睦相处，为了过体面生活——不仅要对外界隐藏，也要对他们的孩子们隐藏。而且正如女性的家务工作没有被量化，而是融入了爱的领域一样，孩子们的工作看起来也是他们成长的一部分，而不被当作一种经济性的贡献——只要家庭仍处在经济安全的范围之内。如果它们跌出了这个范围,这些规则就不再起作用。

工人阶级家庭抚养孩子的中心矛盾,在于一方面有生养孩子、用工业相关的常规训练孩子的义务,另一方面又有保护他们免受这种常规影响的冲动。母亲的职责是对家庭形式不仅从物质上,而且从意识形态上进行再生产:向孩子传授他们家庭的总体福祉,以及在这个由父权制核心家庭构成的社会秩序中的位置等观念,但同时执行孩子必须要学习的纪律。在这里工人阶级跟中产阶级的对比是最鲜明的。

历史学家保拉·法斯观察到20世纪50年代的美国家庭开始对产业工作岗位的收缩进行反应,推动孩子们更努力地学习,以在阶级结构中向上攀爬。"整个50年代,有一种挥之不去的感觉,那就是美国的孩子和青年们要准备好迎接与成年人不同的经历。"法斯写道,"如果说不是每个上学的孩子都准备成为一名专业人士*,更多孩子都在接受公司总部办公室而非车间才是他们的职业目标。"但自我再生产的条件仍然十分艰难,即便在那些在种族上和经济上相对享有特权的工人阶级家庭中也是如此,那些条件还没有被这种构造上的变化所改变。工人阶级青少年的生活仍被族群传统、宗教信仰所包裹,更经受着持续的物质匮乏,所以仍然主要是在复制而不是超越父母一辈的生命历程。[69]

蒙谷的钢铁城镇(以及更广泛而言的匹兹堡地区)战后

---

* 指像教授、医生、律师、社会工作者这样需要长时间专业教育、工作稳定且较受尊敬的职业群体。

的生育率大致与全国水平相当——每个已婚女性生 2.5 个左右的孩子。但是，年轻人的实际人口比重从未达到战前的水平。1960 年，任何一个钢铁城镇 14 岁以下人口的比例都不超过四分之一，远低于 1920 年这个年龄段人口的占比水平，当时各钢铁城镇的比例处在三分之一到 40% 之间。[70]

在数量上远远被他们的长辈超过的年轻人，被训练融入这个世界；但这种训练由于主要是他们父母的工作，一般看起来是性别分工的自然效应。"我并没有被强加什么东西，但很自然地，我们在房子周围闲逛，"S 太太回忆道，"我弟弟天生就喜欢做男人应该做的事情，这对我而言很有意思，因为像很多关于妇女解放的说法那样，'为什么女人不能修汽车或者干类似的事情？'对我而言，想修汽车绝对不是什么自然的倾向，我对此从来没有兴趣，但他似乎很感兴趣。"跟许多母亲一样，C 太太把她孩子们的工作看作一种学习。"她们所有的东西都是我教的，"她这样解释女儿们的工作，"她们干得很棒。直到今天，她们起床后还去帮奶奶做家务。"当然，家务要有人做，她的女儿们以这种方式也做出了物质贡献。但 C 太太并不将此看作干活，而是看作在培养合格的女性，正如她自己的母亲培养她那样。[71]

在这些特定任务之外，孩子们还要学会适应工业的需求。例如，要保持家里的安静和黑暗，以便上夜班的爸爸们白天可以睡觉。阿黛尔·瓦莫斯记得夜里躺在自己的床上，"听着河上的雾笛和工厂里的叮当声"，想她在工厂里的爸爸。她只有在爸爸"上 8 点到下午 4 点的白班的那一周才能见到他。其他时间只能保持真正的安静,因为他在睡觉。保持安静,哦,那可真难。但男人们太劳累了。他们从未能根据排班表就培养出好的睡眠之道"。对邦妮·哈维而言,她的钢铁工人祖父在家中一出现,就意味着她妈妈会训诫:"我们不能在门廊上弹球,因为爷爷今晚要上班。"[72]

正如哈维的故事所表明的,管教的任务通常落到母亲头上。回想一下 M 太太的话——"如果他们做了任何越轨的事,他会宰了我"。一位访谈者问谁来实施管教,C 太太回答说:"我。我的男孩们如果做了我不喜欢的事,我会让我丈夫跟他们谈谈,他会去谈。但我要说,我在家的时间比我的丈夫要长。"对于同样的问题,另一位钢铁工人的妻子解释道:"我。是的,他从来不会碰他们。"另一位说:"嗯,我猜他们已经习惯了我(的管教)。而我的丈夫,他是老板。"[73]

有时候,这种劳动分工是丈夫与妻子之间的明确安排。有时候,丈夫则只是处在善意忽视的状态。"有时我不得不管教他们。他很少会管教他们。他们从爸爸那里逃脱惩罚的次数要比从我这里逃脱的多得多……(我)偶尔会用尺子惩戒他们,特别是对儿子。"如此,家庭内的权力关系就维持了这样一种意识形态模式:英雄式的养家糊口者,他们在家中的某种缺席又被决定日常常规的妻子们所弥补。简·麦克索利记得她妈妈黑兹尔会为从工厂下夜班的爸爸做带洋葱的烤奶酪三明治:"当我闻到洋葱和奶酪的香味,我就知道爸爸回来了,一切都很好。"换言之,当弗兰克很晚回到家而黑兹尔给他做了晚饭,简的反应是将他偶像化:黑兹尔的努力消失在他英雄般归来的背景之中。[74] 成功地为孩子们未来的人生提供纪律，首先意味着教给他们常识性的意识形态和规范性实践：家庭的性质意味着，在其中孩子们的义务预示着对父母关系的复制。这种对于连续性而非流动性的预期，是工人阶级与中产阶级之间一个根本性的分野，这种预期有力地表现在父母与孩子之间的联系上。

跟中产阶级家庭放在一起，对比就会更清楚。那位学院院长M博士说，她的孩子们被"完全按照斯波克博士的方式*来养育，我完全服膺这种理论"。在她看来，她的儿子要比女儿更脆弱、更敏感；她反对那种认为孩子"是我的延伸"的观念，坚持他们的个体独立性，认为那种强调子女与父母之连续性的养育方式是压迫性的。所以，她拒绝"把他们变成小机器人"——这跟工人阶级世界中管教孩子的方式形成了鲜明对比，而她正是好不容易才从这个世界中逃脱的。情况类似的还有住在郊区的代课教师M太太，她嫁给了钢铁厂的一名管理人员。在她看来，他们的家庭的独特之处在于"我的孩子们拥有爸爸的爱，有爸爸的陪伴。我丈夫5点就回到家中，我们一起吃晚饭。吃饭的时间我们讨论各种事情。我认为这才是对我们的孩子最重要的事情，父亲的在场"。除了将爱等同于稳定的日程表这样的阶级特权式说法

---

* 指本杰明·麦克林·斯波克（Benjamin Mclane Spock，1903—1998），美国儿科医师，于1946年出版《斯波克育儿经》，影响了几代父母。他主张父母在对于婴幼儿的教育中应该运用理解和灵活的方式，而不是肉体惩罚。

图2.1 《在厨房的罗克纳一家》,1950年。Sol Libsohn, American, 1914-2001, gelatin silver print, H: 14 in×W: 11 in. (35.56 cm×27.94 cm). Carnegie Museum of Art, Pittsburgh. Gift of the Carnegie Library of Pittsburgh, 86.16.134.

之外，很清楚，区别在于一个可接触到的父亲和有工作的母亲——母亲参加工作是出于兴趣而非必要。

尽管强烈希望她的女儿们能嫁给信天主教的男人，但她也承认，"不是每个人都适合婚姻，我想（一个女人）要自己弄清楚这个问题，首先要弄清楚什么才是幸福，以及她怎么才能实现她的目标"。尽管工人阶级女性通常也会支持她们的女儿们在家庭团结之外有职业追求，但其出发点是个人自主（回想一下，认为女性应该有"职业生涯……因为有时候男人会毒打老婆"），而中产阶级的 S 太太赞同这一点的出发点则是自我发展。她鼓励她受过大学教育的女儿们："了解你自己，明确你要去哪儿，你的目标是什么。"她的一个女儿记得，即便做家务也要模仿学校里的竞争模式：家务做得好，赢得的星星多，才有资格得到更好的圣诞礼物。所以并不奇怪，这个女儿通过努力学习，自己也成为了一名老师。[75]

K 太太一生中从工人阶级向工人阶级与中产阶级之间分界线的移动，很好地说明了两类家庭在子女教养上的区别。她的父亲在铁路公司上班，家里强调的是工作纪律而不是学业。"每个人都要工作。"她父亲会这么说，"每个人都有一份工作。我洗餐盘，其他的男孩……一个负责打扫门廊，一个打扫人行道。每个人都有工作要做。直到所有事情都做完，每个人都不能闲荡。"相反，学习和进取心则没那么重要。"我从没提到（我妈妈）表达过她对我们有什么职业期待。她一直在说的，就是她希望我们成为好孩子。"小的时候，K太太就希望成为一名教师，但她父母没给她什么鼓励（或反对），随着时间的推移，她忘掉了这份事业心。倒是她嫁的男人，一位肚子里有点墨水的熟练蓝领工人，为她提供了某种向上流动的机会：他俩合力营造了一种不同于他们自身经验的养育氛围。"你知道，将来你们需要更多的教育。未来会比现在更艰难。"她反思道。她的两个孩子都上了大学——儿子成为一名助理工程师，女儿成为一名教师。[76]

尽管有时候似乎相互矛盾，向上流动和获得保障的可能性大体上都是白人及其对就业和住房的支出的附属品。在20世纪60年代，产业工作岗位的丧失对非裔美国人经济安全的侵蚀要比对白人工人的侵蚀迅速得多。尽管白人母亲们努力向孩子们掩盖工人阶级世界那些尚可掌控的不稳定性——因而努力在孩子们身上再生产那种白人工人阶级的意识形态——非裔美国母亲们则不得不更经常地明确传授小心谨慎和委曲求全的生存艺术。"我们像大多数青少年那样行事，"艾尔莱茵·库本回忆道，"不，我要说的不是这些。我妈妈是一个严格的人。我们只能在某些时间去某些地方。大部分小孩都是想去哪儿就去哪儿，我们不被允许这么做。我们可以出去，但如果出门，我和我的两个姐姐必须一起出门，然后一起回来。"[77]

雷·亨德森在他的回忆录里记录了他的母亲，一个由工厂事故造就的寡妇家政工，如何需要儿子们的帮助才能辛苦度日。"如果错过了晚6点到北布拉多克的最后一班公共汽车，她就得步行翻过那座山。我记得她不得不翻过那座山，因为她从来没能及时完成她的工作。她白天在松鼠山那边上工，每次都错过公共汽车。我哥哥常常跑过那座山去接她，因为爬上山的路挺陡的，她还背着好几个包。"亨德森和他的兄弟姐妹们要从每天驶过的火车上偷早餐——这差不多跟简·麦克索利闻到她妈妈煎洋葱的香味时产生的那种安全感恰恰相反。在白人家庭中，工资劳动一般都被隐藏到别处，作为孩子们遥远的英雄崇拜的对象。相反地，在像亨德森这样的黑人家庭中，孩子们更经常地直接卷入谋生行为。当十几岁的雷获得了一份扫地和送餐的工作时，他在回忆录里写道："不管我挣了多少，我都向她上交一半。"[78]

令人惊讶的是，很少有从钢铁业讨生活的家庭享受过稳定和舒适的完整体验，而他们在家务和劳动力市场上分化的性别和种族地位，造成了各种形式的生活动荡。

对于男性而言，现实与规范之间的落差，在工厂工作纪律与家庭供给者地位受到的威胁中体现出来；对于在家庭中处于结构性的从属地位的女性而言，这种落差则体现为试图掌控那种危机的努力——尽管经济基础并不稳固，她们仍勉力维持家庭的连续性，并训练孩子们为复制这种家庭模式做好准备。如果一个家庭确实成功地维持了始终处在工人阶级顶层的地位，那么养家糊口者和家庭主妇之间的关系会呈现稍微不同的形态，相应地，子女养育的策略也会改变：与保拉·法斯对战后年代的分析相匹配，机会可能取代稳定而成为家庭的首要目标。另外，如果一个家庭经历了太多的经济扰动——尤其是像发生在非裔美国人家庭中的那样——这种念也嵌入了日常生活的物质结构。即便对那些地位更脆弱的女性——不管是出于系统性的种族原因还是仅仅因为运气不好——这种意识形态都是强有力的。约瑟夫·普莱斯太太告诉《匹兹堡信使》，在1959年钢铁工人罢工那漫长的艰难时光中，她活下去的唯一动力在于"对她丈夫和孩子们的爱"；换言之，她对抗种族化经济侵扰的心理铠甲，正是家庭规范。[80]

工人阶级女性勉力为她们的家庭带来社会所承诺的保障，并由此使他们与那个时代的共识神话保持一致。在战后几乎被普遍描绘的美好世界——安全、稳定、幸福、平等——与她们实际经历的世界之间，这些女性感到了一种基本上未被言明的鸿沟。女性主义者很早就观察到压迫与意义和愉悦是纠缠在一起的。正如劳伦·贝兰特所言："每个人都知道女性在抱怨什么——女人为爱而活，而爱是不断被索取的礼物。"[81]

这正是这些女性自身的"无从命名的问题"。其最终起源不在任何个人决定之中。谁有权受照顾，谁有义务提供照顾，这是一个政治问题，是在社会层面被决定的。但这个问题在个体生命中以私人化的方式体现出来。事实上，我们可以说，战后家庭是一个将此社会问题私人化的工具，以便使工人阶级中相对更安全的一小部分人的经济和社会的福祉，越来越去政治化，越来越脱离公共生活。

第三章

"只有当你无依无靠的时候,你才是穷人"

种族、地理与合作

自从1957年12月从美国钢铁公司克莱顿工厂被裁员后,普伦蒂斯·帕里什和他的大家庭就开始拖欠他们在下希尔区(the Lower Hill)附近的公寓的房租。在1958年的大部分时间里,他们从他嫂子和两个邻居那里借钱支付55美元一个月的房租。但这个资金来源很快干涸了,帕里什一家成为债务拖欠人。6月,市政府公告帕里什一家住的公寓不适合居住,需要整修。这是一套有5个房间的地下室,没有水,也没有淋浴设施,破旧的管道散发着恶臭。鉴于他们糟糕的经济状况,他们获得了两次延期搬离的许可。但如果他们努力凑租金,就无力凑足新租处的押金。有些房源只提供给白人;有位房东嫌他们家孩子太多了。最后,女房东不仅没有修缮房子,还在9月把他们赶了出去。[1]

在一个仍被单一支柱产业支配的城市里,尽管非裔美国男性在这个产业中拥有真实的立足之地,但这个立足之地十分脆弱,他们在经济安全与灾难之间只有一步之遥。每一个工人阶级家庭都不难想象那个深渊和可能把人推下那个深渊的一系列事件：裁员、罢工、工伤、疾病、死亡。每个人都认识一些遭遇过这一切的人，匹兹堡黑人工人阶级知道得更多。当开始滑向深渊时，像帕里什一家那样的人，只能互相依靠、互相帮助。

在整个战后时期，匹兹堡工人阶级的经济安全状况是逐步且间歇性地恶化的，背后是工业就业的长期衰落和阶段性繁荣的叠加，这个地区的钢铁工人人口在两次世界大战之间就已经开始减少，这个趋势甚至在战后繁荣时期也未曾被扭转。这种衰落影响的不仅仅是钢铁工人：他们的泛亲属网络与社区也通过日常谋生联系而被卷入进来，也依赖于钢铁劳动来获得社会公民权。工人阶级家庭围绕着钢铁工人这一节点，被编织成更广泛的相互依赖的社会模式。工业就业的衰落引起这些网络的震荡，激发了集体努力，这种努力试图减轻这些日益严重的破坏。

失业通常被认为是一种社会溶剂，但早年中失业产生的效应其实不是这样的。因为战后福利国家通过产业工人向工人阶级分派经济保障，去工业化是大家集体经历的。它不只发生在个体身上，也发生在社群身上，他们的应对也是集体性的。事实上，对经济保障的逐步侵蚀是在构建工人阶级社群，因为社群是有生命的活动体，在受到威胁时反而更有活力。正如当代一位社会科学家在考察失业时期的社会纽带时所说："支持缓冲了生活压力的影响。"[2]

求生的集体努力对亲属和社群纽带的激活效应，存在特殊的空间特性。漂浮无根的生存状态，会使居住在一起或相邻的人们相互帮助、齐心协力。看护孩子、交换零工与必需品，以及维持像教会和兄弟会这样的机构——这样的活动把一群群工人阶级的人们锚定在一定的空间中。[3]

不管是会撕扯还是会强化工人阶级社群的地方性纽带，衰落的工业就业都会在地方层面强化这些社群的种族分隔。去工业化加上它所引起的集体反应，正是种族形成的一个环节。家族的和集体的实践每天都在重建黑人-白人之间的不平等区分，其方式是将工人阶级的人们丢回不得不依赖亲密伙伴获取资源的境地，并强化习俗和制度化的隔离在工人阶级生活中所建立起来的社交模式。正如莎伦·帕特丽夏·霍兰德所言，种族"凝聚在家庭归属的日常实践中"。[4]在发展各种实践以处理自由主义秩序中的社会经济问题的过程中，工人阶级的人们同时也再生产了种族。

在20世纪六七十年代，产业工人阶级开始崩溃和重组。这个过程不是一次性发生的。相反，社群的和互助的集体实践发挥了像过滤器一样的作用，容纳不均匀溶解的人口，让它向下流动，进入低工资的劳动力市场——让最容易清算的人最先离开。但匹兹堡工人阶级的社会地理在强化了白人家庭的社群实践的同时，却使黑人家庭的社群实践变得不稳定，迫使他们更早地去寻找替代性的生存资源，最终使黑人沉积在新出现的后工业工人阶级的底部。这些并不是城市危机的起源，而是它的后果。

小规模分隔

匹兹堡工人阶级在社会地理上是种族分隔的,但分隔的模式像清晰的马赛克,一块接着一块拼在一起。通常,黑人工人的家与白人工人的家之间只有一箭之遥。格温多林·米切尔回忆起霍姆斯特德镇她从中长大的非裔美国人区域:"周围地区全是白人区……从我家走过去大概是3分钟。你穿越这条线,你知道它又陷入了隔离状态。"[5]

这个区域的小山地形塑造了这种模式,在这里垂直的距离取代了水平的隔离。非裔美国人艾尔莱茵·库本回忆道:"我们所住的地方是个混合区域。我记得街上有些人我不认识,我记得他们操着一种不同的语言(东欧语言)。"陡峭的地貌不允许应用像底特律、芝加哥或者洛杉矶城区的土地建筑规划,在那些地方,建成区可以向外扩展,以吸引逃离的白人。[6]

此外,匹兹堡经济的停滞不前也无法与那些大都市经济的强劲动力和多样性相媲美。在匹兹堡及其周边聚集的工业城镇,战后年代里新建的房屋要少得多。很少有新的地方可以搬进去,而且白人钢铁工人的住房自战前时期就享受了较高的自有率,也成为快速搬离的羁绊。因此,在很大程度上,匹兹堡白人工人阶级留在了战前的蓝领社区和城镇,直至这个产业的最后阶段——在1970年之前,他们只是以涓涓细流而不是洪水的方式流向郊区。[7]

与此同时，匹兹堡的黑人工人阶级被组织成两种类型的社群。一种在被称为"贫民区"的区域——位于北部、山区*和霍姆伍德-布鲁斯顿的大规模、集中隔离的黑人家庭聚落。这些居住区经由两组描绘匹兹堡黑人的最伟大的虚构作品而得到了戏剧化——奥古斯特·威尔逊的戏剧和约翰·埃德加·魏德曼的小说。1960年，这座城市一半以上的黑人——101700人中的54302人——生活在非裔美国人聚集区，他们在这些社区中占多数。这些社区，以及城北符合一般类型的其他社区，获得了大量学术性关注。[8]

匹兹堡黑人人口的另外一半，还有居住在阿勒格尼县但处在匹兹堡市界外的3.51万名非裔美国人，居住在成百上千的小聚落中。这些聚落分散在都市区，尤其是在蒙谷靠近钢铁厂的低等区域——点缀在白人蓝领居住区的边缘。这些区域合在一起所承载的非裔美国人口，要多于县里的主要黑人居住区。但是，正如乔·特罗特和杰瑞德·戴所指出的，对北方工业地区的此类社区的历史研究还非常少见。[9]

1960年，一个人离开钢铁厂，从蒙谷的地面向山上走，将在5—10分钟内进出黑人钢铁工人区。再走20分钟，就会进出白人钢铁工人区，这里也会展示白人内部的某种族群等级：斯洛伐克人和波兰人在山这边，意大利人在山那边，爱尔兰人住得稍高一点，而经理们住在山脊上。随着钢铁业

---

* 一般音译为"希尔堡"，这里为了保留其对地形特点的强调而译为"山区"。

间歇性地衰落,很多工人阶级的安全保障恶化了,但非裔美国人保障的恶化尤其严重。裁员的浪潮,由于是根据在钢铁厂中的年资、种族和技能的等级高低而逐步向前的,会像涨起的潮水一样慢慢沿着山坡往上爬。

去工业化起始

20世纪50年代,对钢铁行业就业的远期警示就出现了,但这种警示没有严重的迹象。这个10年结束的时候,匹兹堡地区金属工业就业只是比1950年略低,还没有剧烈下降。"在裁员成为潮流之前,爸爸率先被裁。"爱德华·斯坦科夫斯基回忆道。当时这个地区仍有16%的巨大就业量存在于几个主要的金属工业中,而在该地区工业部门总体的就业中,钢铁业占据了压倒性的多数。[10]

20世纪60年代工业就业开始加速下滑。在1960—1970年间,金属制造业的就业人数从162514下降到128142。蓝领岗位在劳动力市场中的比例在这个10年中从47%下降到30%。这种衰落在结构上是不平均的:几乎全是上层白人蓝领工人的工匠和工头,数量从1950年的138300仅下降到1970年的134845。操作工——他们构成了蓝领工人的主体——的数量在20年中从173428下降到111059,尽管大部分减少发生在50年代,且主要是在钢铁业之外的其他行业。所谓的非熟练工数量减少了近一半,从88953下降到47325。1962年,宾州劳工部的一名地方官员注意到,蒙谷的失业率已经到了20%，他将其归咎于制造业中的自动化。[11]

在20世纪50年代后期和60年代早期，匹兹堡的失业率在9%—12%之间，稳定居于全国水平的两倍。尽管由肯尼迪政府减税和越战造成的钢铁订单爆发带来了60年代中期劳动力市场的回暖，匹兹堡1967年的失业率仍有5%，在60年代中期的经济繁荣中，处于全国主要都市中的第三高位。即使是在这个失业暂缓期，黑人失业率仍高达16%；1968年，匹兹堡的黑人失业率超过了所有其他的主要城市，包括纽瓦克、底特律和圣路易斯。此外，这个地区的劳动参与率为54%，为全国水平最低的地区之一。这个数字是女性的低外出工作率、黑人从制造业工作中逐渐被赶出、劳动力的总体老龄化，以及年轻人的离开等因素共同作用的结果——所有这些都与钢铁业的长期繁荣与缓慢衰落有关。[12]

工作丧失之所以被种族化，是因为它沿袭了制造业工作场所内的劳动力市场等级制。工厂中的资历是在工人所在部门中而不是在全厂范围内积累的，这意味着把非裔美国人局限在较差的部门，就是将最后雇用谁、最先开掉谁以及谁去从事最危险最艰苦的工作这些选择的模式制度化了。平等工作机会委员会1968年的一份调查发现，黑人工人"在最低等级中所占比例超过黑人占工人总比例的两倍，而在最熟练蓝领工人中的占比低于总比例的二分之一"。正如历史学家约翰·辛肖注意到的，麦基斯波特的国家管道工厂1967年裁员11.5%，而"其黑人工人的38%被裁员。对很多白人工人而言，成为一名劳工是艰难时期的最后选择，而对黑人而言,这常常是他们可能拥有的唯一工作"。[13]

奥古斯特·威尔逊1969年的戏剧《两列火车奔驰》,抓住了黑人雇佣中的这个矛盾:"上那边的钢铁厂区吧。像你这样的大块头……如果你不害怕干活……他们在那儿找到活儿干了",餐馆老板孟菲斯·李向刚从监狱里出来的斯特林建议。斯特林说:"我去过琼斯与洛林钢铁公司那边了,他们告诉我在参加工作之前要先加入工会。我又去工会那边,他们告诉我加入工会之前要先参加工作。他们让我回钢铁厂,他们会把我列入等候名单。我回去问我的房东太太,我能不能把她列在一张等候名单上。"[14]

在工人阶级社区中,这种劳动力市场的衰落非常严重。地方城市规划人员对贫困的一项研究发现,该地区16.1万个贫困家庭分布"在匹兹堡城区以及主要河流走廊,这些正是该地区工业城镇分布的地带。在宾州西南的这些河谷中,居住着该地区三分之二的穷人"。[15]

很多在这个时期被裁员的黑人工人已经掌握了广泛的技能,但在低等级的钢铁制造岗位上却无从运用这些技能。例如,埃文斯·斯马利是一名训练有素的焊接工,但5年来却只能在一家为钢铁厂生产焦炉的工厂里当辅助工,直到他被裁员。同样,丹尼尔·马什受过机械训练,但不得不在霍姆斯特德工厂当一个门房,直到被解雇。随着这个行业裁撤的辅助工数量越来越多,黑人工人因此为其工厂的歧视性工作结构再次承受了惩罚。[16] 他们在社区层面所形成的社会世界,此时就减轻了这种损害。

城市中心区的住房与邻里

在战后的大部分时间里,不少工人家庭仍然居住在破败和拥挤的建筑环境之中。对于黑人社区来说,情况尤其如此,那些地方存在严重的投资不足与居住剥削。1930—1955年间,该市的黑人人口增加了44970人——扩张尤其集中在战后数年——而其白人人口同时以相同的数量萎缩了。然而住房容量并没有相应调整或扩张,以适应这种人口结构的变化。[17]

很少有居住区向黑人家庭开放。常见的居住排斥障碍——限制性契约、封锁和直接恐吓等——在当时的种族隔离社区中普遍存在。一个地方教士团体向参议院银行委员会做证:"人们付出了很大的努力阻止黑人进入白人社区。如果黑人家庭试图住在非黑人社区,他们就会受到房地产公司、房屋建筑商和抵押贷款人的广泛歧视。白人居民对于黑人家庭迁入白人社区也有很强的抵制情绪。"私人部门的建筑产能也无法满足黑人的需求。20世纪50年代的一项研究发现,3年中实际没有一个住宅单元是面向"黑人市场"而建造的。1951年,一项针对住房情况的调研发现:"住房空置率达14.7%的地区,黑人比例为0,空置率达13.0%的地区,黑人比例为0.2%;反过来,黑人比例最高达到95.2%的地区,空置率为1.1%,黑人比例为87.4%的地区空置率为0.9%,以此类推。"一份1952年的报告发现,作为匹兹堡黑人生活文化中心的希尔区(the Hill District),居住着2.1

万人,"挤在224英亩*面积之内",使其成为城市中最为拥挤的社区。[18]

例如,以中心大道、贝德福德大道和德维利尔街为界的下希尔区——一个还不到0.1平方英里**的人口普查区(地图3.1),就像一个从匹兹堡市中心向东北升起的斜坡。这片土地位于希尔区的西南边缘附近,离市中心最近。1960年,84个白人和4033个黑人住在这个人口普查区。29.4%的男性劳动力和27.5%的女性劳动力失业。在1098个就业人口中,有196人从事金属工业,比从事任何其他行业的人都多。有163人在人力资源、家政或者零售服务业工作。

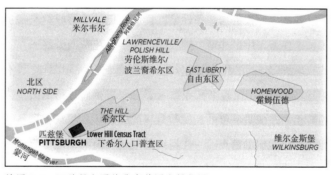

地图3.1 匹兹堡主要的非裔美国人居住区

在20世纪60年代中期,一项调查发现,希尔区大部分

---

* 1英亩约为4000平方米,224英亩约为1平方公里。
** 1平方英里约为2.6平方公里,即260万平方米,0.1平方英里约为26万平方米。结合地图形状,此区域应为长600—700米,宽300—400米的长方形区域。

项计划的目标是市中心的美化、控制烟尘排放、抵御洪水以及清除贫民窟。在爱尔兰天主教民主党领袖、市长且最终成为州长的大卫·劳伦斯与该市异常统一的工商阶级共和党企业高管的两党联盟中，这种将城市变成增长机器的计划得以成形。该计划采取了阿勒格尼社区发展会议（ACCD）的组织形式。在阿勒格尼会议的指导下，该市成立了城市重建局（URA），以广泛使用征地权。到20世纪50年代末，该计划已经拆除和重建了266英亩的住房——占该市可建设面积的1%——耗资近2亿美元。[22]

许多社区反对这个计划。从1949年开始，以白人为主的社区——高地公园（Highland Park）——的居民抵制了在他们的区域建造表演艺术中心的企图。在数百人加入抗议之后，两名市议员与"劳伦斯机器"决裂，转而支持抗议者。"每个人都知道，"议员爱德华·伦纳德说，"两个党都被阿勒格尼社区发展会议控制了。"到1949年仲夏，由于受到诉讼威胁，即使在通常顺从的市议会内部，高地公园计划也已成为一个主要的冲突爆发点，劳伦斯因而放弃了它。1949年，为了让琼斯与洛林钢铁公司能够获得联邦对战时产能增长的补贴而搬离原先社区的计划，进行得更加顺利了，因为美国钢铁工人联合会说服他们的成员，额外的工作机会值得他们放弃现有的家园。但是，当这座城市在1950年要在斯普林希尔和圣克莱尔（主要是南北两侧的白人社区，由工人阶级中的上层居住）建造数百套公共住房时，它遇到了另一波阻力。"抗议者主要是工人阶级中的民主党人，如果该市不放弃其计划，他们也威胁大规模退出民主党。"由于这一回的计划不需要市议会的拨款（无论如何，这对抗议者不会那么有利），这些居民的表现不如他们的高地公园邻居。在1954年对抗议做出最后一次司法裁决后，施工就开始了。[23]

最有名的是，市建局部分拆除了下希尔，直至前面提到的人口普查区的边缘区域。匹兹堡这一时期最杰出的黑人政治家荷马·布朗在州议会中代表该地区。他领导"劳伦斯机器"的非裔美国人部分，并且没有兴趣反对该项目。一旦被清空，这一匹兹堡黑人区域的历史中心就将被市民竞技场所取代，但是该场地被高地公园拒绝了，高地公园的规模和周围的停车场将这个区的剩余居住区与市中心隔开了。[24]

总而言之，到1966年，城市更新至少使5400户家庭失去了住房，而只有1719座新住宅已经建成或正在建造。该计划成功地将非裔美国人从市中心驱赶到更远的地方，进一步将他们圈在狭小的空间里。在希尔区之外，霍姆伍德-布鲁斯顿接收了最多的城市更新所制造的难民，这一地区随后出现了大量的白人逃离现象。霍姆伍德的黑人人口比例从1940年的13%上升到1960年的70%，到1968年上升到了86%。霍姆伍德和希尔是1968年小马丁·路德·金遇刺后爆发骚乱的街区。它们是最先发生资本逃离、最艰难的地方，但它们并不是最后一个忍受资本逃离的地方。[25]

钢谷中的种族与阶级

拥挤最初发生在希尔的黑人集中区，然后在霍姆伍德-

布鲁斯顿区发展为一种危机，导致人口涌入各个钢铁厂居住区中现有的黑人立足点。蒙谷的这些地区显得更宽敞些，因为它们每平方英里的住房单元数量较少。但这些房屋本身已经挤满了人，这是将钢铁厂所提供的保障延伸到更大群体中的一种策略。当流离失所的非裔美国人需要去某个地方时，他们可能会搬到已经建立了这样一个立足点的亲戚那里。艾尔莱茵·库本和她的母亲搬进了位于兰金的祖父母家，他们分别是钢铁工人和家庭主妇。"是我自己，我的两个姐妹，还有我的姑姑住在那里，她有两个孩子住在那里，我的祖母也照看另一个堂兄。所以我们都住在同一个房子里，我们长大后更像是兄弟姐妹，而不是堂亲或表亲。"[26]

这些社区中的一部分位于匹兹堡的边界内，其他社区则位于城外，沿着莫农加希拉河排列。它们的建筑环境可以追溯到几十年前钢铁工业的繁荣时期，当时从欧洲移民来的钢铁工人和他们在美国出生的孩子建造或购买了这些紧贴山坡的房子。[27] 除了少数例外，当地人口数量在两次世界大战期间随着钢铁工业的成熟而达到顶峰，但又随着钢铁业的停滞在20世纪余下的时间里持续下降。[28]

尽管许多这样的社区位于匹兹堡的城市范围之外，但将它们视为郊区是错误的。它们的人口在战后几十年中减少；它们既有的住房老小甚至破旧；它们经受着超地方层次的种族隔离。匹兹堡城市规划部在1968年进行的一项比较城区和"郊区"的研究报告指出："贫穷、属于弱势群体的中心城区与没有问题、舒适的郊区的经典二分法，无法通过这些数据显示出来。"[29]

在战后时期,非裔美国人占这些工人阶级地区人口的百分比有所增加。在一些社区,例如杜肯和霍姆斯特德,黑人居民离开的人数少于他们的白人邻居。在黑泽尔伍德等其他地方,新的黑人居民搬进来,扩大了黑人原本较小的立足点。这些社区的人口减少在某种程度上显然是由于白人的逃离。然而,半一体化的濒河钢铁城镇与更为经典的中产阶级郊区之间仍然存在显著差异,后者位于山脊线之上,实施彻底的种族排斥。[30]

随着黑人迁移到工业城镇或相比白人更多地留在了那里,战后黑白二分的种族与旧的等级化历史模式之间出现了矛盾,这种等级模式将非裔美国人置于错综复杂的白人种族秩序的底层。"对于这里的斯洛伐克人和匈牙利人,你真的可以通过俱乐部来判断。那里有一家斯洛伐克俱乐部,在第5大街或第6大街。然后匈牙利俱乐部就在这里。"在杜肯长大的萨拉·安德兹回忆道。"山顶上有一家爱尔兰俱乐部。你知道那些爱尔兰人,他们认为自己更优越。"卡罗尔·亨利是一位在杜肯长大的非裔美国女性,她清楚地看到了种族和民族是如何分离与合并工人阶级社区的。"山上是意大利人和斯洛伐克人。"她回忆道,"我记得花园,苹果树。很多时候,我们会因为偷苹果而惹上麻烦,他们会告诉我们的妈妈。然后很多时候,意大利人会下来,他们会给我们东西。反过来,我爸爸和妈妈在菜园种菜,他们会给意大利人西红柿。"[31] 这种古老的族群模式已经在持久的建筑环境形式中得到巩固，不仅是家庭，还有教堂、学校和公共场所——产生了非正式的跨种族社交和习俗化而非制度性的种族隔离惯例。

这种种族感情和实践的矛盾混合是该地区持久的阶级结构的结果，在这种结构中，社区邻里是工人阶级的安全来源。当黑人家庭在 20 世纪五六十年代寻找去处时，他们在这些工人阶级社区中寻找空间，因为他们在那里已经有了朋友和家人。他们能找到空间，是因为等级化的战前种族秩序仍然存在，并凝结在了城市空间之中。

然而，在战后年代里，在这种已经具体化为持久的物理结构，已经马赛克化的社会地理之上，又叠加了战后的种族二元性。"我住在樱桃路，他们并没有完全接受我们，因为那不是我们在其中受欢迎的城镇，"雷·亨德森谈到在布拉多克长大的非裔美国人时写道，"他们称我们为'底层老鼠'，人们对我们不太尊重，因为我们很穷……这些小镇有一个习惯，就是想办法让黑人和白人即使都很穷，也不会相互交往。"[32] 这种自相矛盾的观察——事实上，他的家人确实住在一个他们在其中不受欢迎的地方——描述了分散的隔离模式在记忆中的印记。

与在商业交往上或在公共空间中的行为相比，邻里通常在居住上更显一体化。匹兹堡黑人在该地区居民区的限制性公共场所开展了抵制种族隔离的运动。这些公共场所包括保龄球馆、酒吧、夜总会、溜冰场、游泳池、自助洗衣店和肯尼伍德游乐园。[33]

黑泽尔伍德社区展示了这种居住模式（地图3.2）。黑泽尔伍德本质上是一个恰好位于匹兹堡的市政边界内的工业城镇。[34] 其住宅区位于河岸工业巨头琼斯与洛林钢铁公司旁边的山坡上。

黑泽尔伍德的北半部形成了一个人口普查区，以黑泽尔伍德大道、毕格罗街和钢铁厂为界——一个不到1平方英里的区域，从河岸工厂迅速抬升。

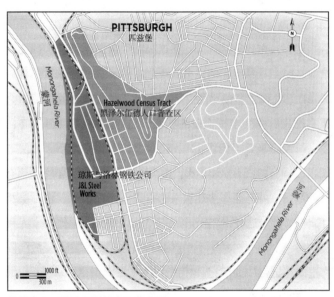

地图3.2 黑泽尔伍德人口普查区

这片区域居住着大约3000人。1950年，这个地区有成规模的黑人少数族群。然后是20世纪50年代的快速改组，在一个总人口数保持不变的社区内，非裔美国人的数量增加了一倍以上（见表3.1）。在20世纪60年代，该社区人口数量稳定了下来；10年后，人口减少了，但它的种族分裂状况保持不变。[35]

表3.1 黑泽尔伍德人口普查区的种族与人口

	1950年时的比例（%）	1960年时的比例（%）
非裔美国人人口	17	37
白人人口	83	63

Data Source: Census of Population, 1950, table 1—Characteristics of the Population, by Census Tracts, p.14; Census of Population and Housing, 1960, vol. IX, table P-1—Occupancy and Structural Characteristics of Housing Units, by Census Tract, p.24; Census of Population and Housing, 1960, vol. IX, table P-4—Characteristics of the Nonwhite Population, for Census Tracts with 400 or More Such Persons, p.226.

1960年，该区域的一般失业率为9.3%，黑人居民的失业率为12.6%——这个比例很高，表明该地区对持续下降的工业就业率的依赖，但还没有达到希尔区的毁灭性水平。总体而言，黑泽尔伍德的就业人口比例在1960年为三分之一。

这一区域中四分之一的非裔美国人参与了就业（见表3.2）。其余的人是失业者、儿童、退休人员，或者不在劳动力队伍中，不得不靠政府支持和从事挣钱养家的那四分之一的人的工资生活——这与希尔区的情况相似。相比之下，白人居民中工资劳动者比例为36%，这使得挣钱养家变得相对容易些。

表 3.2　黑泽尔伍德人口普查区的种族与劳动力市场，1960 年

总就业人口	927
金属工业就业	238
非裔美国男性就业	192
非裔美国男性在金属工业就业	122
非裔美国女性就业	94
非裔美国女性服务岗位就业	64
全体家庭收入中位数	5261 美元
非裔美国家庭收入中位数	3183 美元

Data Source: Census of Population and Housing, 1960, vol. IX, table P-3—Occupancy and Structural Characteristics of Housing Units, by Census Tract, p. 178; Census of Population and Housing, 1960, vol. IX, table P-4—Characteristics of the Nonwhite Population, for Census Tracts with 400 or More Such Persons, p. 226; Census of Population and Housing, 1960, vol. IX, table P-1—Occupancy and Structural Characteristics of Housing Units, by Census Tract, p. 24.

　　该区域的建筑环境反映了这种劳动力市场状况。该区域的 2787 人有 750 套住房（因此，平均每个家庭有 3.7 人和 1.2 个工作）。虽然住房主要由小型独立屋或排屋组成，并且不像希尔区那样密集，但在 1960 年，黑泽尔伍德的单位人口比希尔多；每个家庭的人口密度更高。在这 750 个住房单元中，63% 为业主自住，其余为出租。一小部分非裔美国家庭是租房者，而四分之三的白人家庭是房主。房子大都很老旧：1960 年，82% 的房屋是战前的。只有 56% 被认为结构合理，所有管道设施都完好；44% 的房屋正在老化、已经破旧或缺乏热水与其他管道。10% 的人没有自己的室内浴室，

只能使用外屋或共享设施,条件一般。[36]

一方面是黑人迁入与白人逃离带来的缓慢人口流动,另一方面是间歇性和趋势性的经济衰退,二者之间相互作用,共同塑造了所有钢铁社区的种族地理和经济地理。它们的人口变化与黑泽尔伍德的变化相似。在霍姆斯特德——一个不到半平方英里的人口普查区,位于市中心上方一个街区,距离霍姆斯特德工厂3个街区——1950年的居住人口为1661人,其中13%是黑人(地图3.3)。10年后,人口为1425人,非裔美国人占比达到20%。到1970年,人口又减少了几百人,而非裔美国人的人口比例上升到了31.2%。[37]

这里考察的黑泽尔伍德和霍姆斯特德地区,呈现了白人逃离和贫民窟化的经典现象。但这些地方性历史也显示了其他一些东西:人口平衡点缓慢移动,一头是大致保持到20世纪70年代的白人族群人口,另一头是逐渐上升的黑人人口。这些社区是普遍不安全的工人阶级社区,已经以不同的程度种族化了。[38]

匹兹堡也跟其他城市一样经历了种族化过程,但它的特点是种族隔离在小规模社区基础上缓慢发展,这导致了白人对黑人邻居的敌意和暴力。与"保卫"芝加哥或底特律北郊发生的壮观爆炸和纵火不同,在这里是白人想要垄断事实上已经融合了的公共空间和资源,由此产生了冲突。近距离是这些冲突的特征。"种族主义和排斥政策可能会将两个社群彼此分开,即使它们是同一个社群。"雷·亨德森谈到他的家乡布拉多克时说。正如黑泽尔伍德的白人孩子警告一位新来的黑人年轻人的那样:"滚回你原来的地方去,只有白人可以住在伊丽莎白街的这半边。"在黑泽尔伍德的格伦-哈泽尔住宅项目中,《匹兹堡信使》称"麻烦不断,时而紧张,时而平静"。"据报道,这两个群体的丑恶态度、污言秽语和种族绰号为当前的困难埋下了伏笔。"

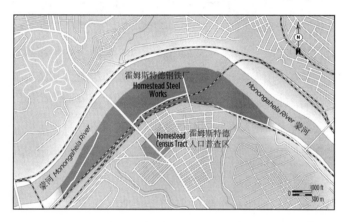

地图3.3 霍姆斯特德人口普查区

当被一位社会学家问到住在这个建筑群里的感觉如何时,一位被称作K太太的白人女性回答说,由于"危险的有色人种",她根本不喜欢住在格伦-哈泽尔,这个项目让她感到困扰,并且这里还有一股"工厂味"。[39]

在战后的几年里,黑人在钢铁城镇各社区的立足点慢慢扩大。白人邻居通常憎恨他们的黑人邻居,但无法驱逐他们,而且在许多情况下,他们自己也不愿意离开。结果是在共存——甚至有时是日常合作——与恶性种族主义的爆发之间摇摆不定。格伦-哈泽尔建筑群的白人居民报告说,他们的无力感远远超过他们的黑人邻居。社会学家理查德·赫斯勒(Richard Hessler)这样描述一个典型的白人居民的境况,"他的资源已经用尽了"。在黑泽尔伍德表示不喜欢这个社区的调查受访者中,74%的人的理由是"黑人太多";而黑人受访者明显更加乐观。[40]

在被日益衰落的白人工人阶级的绝望包围的空间中,非裔美国居民挣扎谋生。黑人居民在那里寻求集体的安全和乐趣——这种探索必然涉及公共空间。然而,对公共空间的占用可能导致白人的报复。1967年发生在钢铁小镇麦基斯波特的事件说明了这种情势:年轻的非裔美国人在婚礼后搞庆祝活动,在午夜过后从一家餐馆涌上街头。警察出现并命令他们散去。当人群开始散开时,两名仍然穿着"时尚昂贵"的婚纱的女性动作不够快;警察拦住她们,将催泪瓦斯喷到她们的眼睛里。数以百计的聚会者开始抗议,邻近城镇的警察迅速来到麦基斯波特巡逻,并对"还敢出现在街上的任何黑人"施放催泪瓦斯。黑人对工业城镇集体生活中的普通仪式——婚礼——的参与,都遭到了强烈的镇压,而这种仪式是与社会稳定、文化连续性和经济安全息息相关的。[41]

社区自我再生产的能力慢慢出现了危机,为了争夺这种再生产得以进行的公共空间,白人与黑人之间又产生了社会冲突。像上面的婚礼这样的故事,在20世纪60年代末和70年代初很常见。1971年,在钢铁小镇阿里基帕,一名非裔美国青年在人行道上与一名白人警察擦肩而过,遭到白人人群死了一名学生，引发了大规模的学生抗议。在克莱顿，在经历了数周的校内斗殴、警察带着狗占领学校，以及白人邻居的袭击后，黑人学生会提出了16项要求，其中包括辞退某些行政人员、使用新课程及雇用黑人员工。组织起来的白人家长试图关闭学校以做反击，但没有成功。[44]

社区劳动与集体生存

整个社区都陷入了钢铁工业的周期性和持续衰退中。人们不得不共同从工业工作中尽力获取安全感。工人阶级继续依靠彼此——那些在地理上接近或情感上接近的人——来获得团结的力量。最常见的是，这些群体涉及亲属，但他们也可能涉及同族群和同宗教信仰的人、邻居，以及通过各种形式的假想亲属关系联系起来的其他人。C女士的叔叔在工作中失去了一条腿，她说："当时我的部分责任是帮助照顾他的家人，因为他的妻子经常在医院陪他。他非常灰心丧气，那段时间对他们来说真的很糟糕。我放学回家后，会立即去他们家，照顾孩子，打扫卫生。"[45]

这些联系在威胁之下变得特别清晰。对该地区营养不良情况的研究发现，在希尔区和北区的贫民区以及霍姆斯特德、布拉多克、兰金和麦基斯波特等工厂小镇，营养不良现象最为严重。在所有这些社区中，40%至50%的被调查者报告说"最近"没钱买食物。反过来，51.4%的缺钱买食物的人表示，他们主要依靠家人、朋友或邻居。[46]

维护这些纽带需要劳动。人们直接或通过共同的机构来维持彼此的关系。工人阶级妇女维持着这些网络以及宗教、邻里、种族和亲属关系等更广泛的社会生态。志愿服务是非常普遍的,特别是在对社区再生产具有意识形态意义的机构:医院、学校和教会都很突出。虽然这些社区社会支持系统在很大程度上是自发组织的,而不是由国家正式组织的,但它们的凝聚力仍然归功于分化的社会公民权制度,该制度构成了邻里之间的经济和种族基础,并将个人和家庭置于依赖关系——有时反而是敌对关系中。然而,在功能上是社会支持系统的东西,却在主观上具有意义,其表现形式是族群传统、宗教实践、团结或爱。

毫无疑问,教会发挥了关键作用。一般来说,妇女是主要的教会信徒,除了做礼拜之外,她们还积极参与维护教会、管理机构和照顾牧师。这种模式代表了家庭女性角色超出了家庭的范围。M太太清楚地说明了在社区生产中的这种性别分工与家庭生产中的性别分工是如何对应的:"如果附近有什么事,我们要开会,我总是会去……必须有人为孩子们而战。"这位M太太还定期打扫教堂,并为牧师洗衣服。另一位太太告诉访谈者:"我先去理发店,然后星期五去教堂工作。星期六我打扫房间。星期日,(我)去教堂,然后看足球比赛。肯定是那个足球比赛。还有,星期日晚上为宾果游戏工作。这是我一直以来的生活模式。一直如此。"K太太估计她"每周有四五天在教堂。或者如果牧师需要什么,他会打电话给我们,我们就去。我们把事情做了"。星期五,她和她的婆婆为教堂做饺子和面条。星期日,K太太负责管理宾果游戏桌;她解释说,这种游戏是这个小教区幸存下来的唯一途径。她还打扫教堂:"我几乎一直都在那里。""不过,这对我们来说是一种荣誉。"另一个每周打扫一次教堂的人说。[47]

虽然社区劳动并不局限于教堂,但它确实趋向于发生在有类似社群主义倾向的地方。打扫圣阿德尔伯特教堂的K太太保持着一个惊人地错综复杂的精力奉献时间表,与她的家务劳动交织在一起。星期一,她洗衣服,铺床,为民族会堂的宾果游戏烘烤食物,为孩子们做点心,做晚饭,去参加宾果游戏,回来后洗碗。星期二,她整理床铺,去镇上(星期二公交车票价打折),为她自己、她的朋友和她的公公购物,做晚饭,然后去儿童体育课——"照顾好所有的孩子,确保他们听话,不打架"。每第三个星期三,她在圣迈克尔学校的午餐室度过一天;每第三个星期四,她在圣约瑟夫学校做同样的事情。她每第一个星期五都在圣托马斯学校的食堂度过。每第一个星期一,"我去参加坦布里赞的会议。当他们在坦比厅做馅饼时,我会在那里帮忙,有时我们从上午10点到下午4点都在那里"。她帮忙为婚礼准备食物,为学校筹集资金,为教会活动做饭。"我们做卷心菜、土豆沙拉,这都是在厨房里工作。我们上个月有一个坚信礼,所以这意味着为家长们举行了额外的会议。"[48] K太太奉献时间的程度可能超出了常规,但它表明了参与生产和维护社区的活动的范围,这些活动给予了白人工人阶级安全感和身份认同——作为波兰人、意大利人、匈牙利人或斯洛伐克人,以及作为女人或男人。

女性社区劳动的其他主要场合,也属于母性文化的其他延伸方式。M太太的母亲参与了一系列志愿劳动,这些劳动也同样地参与产生了种族、邻里和性别。像许多女性一样,特别是像很多东欧移民的后代参与民族-宗教组织——宾夕法尼亚州斯洛伐克妇女联合会、波兰猎鹰队、基督教母亲会、联谊会———一样,她的母亲"从我记事起就积极参与她的兄弟会组织。现在,她是一名最高官员"。她在教会很活跃,为红十字会做志愿者,尤其是"让自己非常、非常忙碌,在退伍军人医院做志愿工作"。[49]

这些网络和它们凝结成的机构在需要的时候出现,并有助于儿童的社会化和正确地培养他们。"我们住在第13号街,"K太太回忆说,"那是一个非常好的社区。每个人都相互认识,房子是派对的墙,每个人都坐在人行道上……当你有一个约会时,这有点尴尬,因为你在街上经过其他人,每个人都知道你是什么时候去的……我还记得,我爸爸说,'永远不要让我看到你牵着任何人的手在那儿逛'。"[50]

然而,这些关系将家庭更深地嵌入到阶级化的,尤其是种族的网络中,战后的消费文化要求这些家庭摆脱这些标记,变成无差别的富裕白人。如果出现工资枯竭,同样的习惯和关系会照顾家庭,会适当地抚养孩子,会给他们的劳作岁月带来意义,但也有可能阻碍孩子们进入受人尊敬的中产阶级。R太太是西西里移民的女儿,她从小就羡慕对面的卡拉布里亚家庭，她认为卡拉布里亚人*更加同化于中产阶级文化。与她家不同的是，卡拉布里亚的邻居们不用橄榄油做饭。"当我从卡拉布里亚人家回家时，母亲会给我洗头，因为她说（我的）头发太难闻了。"她在父母位于匹兹堡北区的杂货店里长大，对自己的族群感到羞耻，认为它是对自己的社会接受和潜在流动能力的一种抑制。她回忆说："我从未听说过 dago 或 wop** 这种词……直到我上了高中。"

> 当我们去购物时，我母亲要求买东西，而店员听不懂她的话，我就有点尴尬。你可以说，在我成长的过程中，由于语言障碍，我为我的母亲感到羞愧。那个时候我还对她忙于工作，而我不能把别的孩子带进家里的事实感到不满，即便那时我还太小，不能工作。因为我们会弄脏房子，而母亲因为在商店工作而没有时间打扫。所以，我一直对此感觉很不好。

杂货店代表了移民聚居区。"我想找一份工作，绝不是一辈子都在商店里的那种工作。（我）只是想做一个像其他人一样有房子的女人，有一个我们可以坐在上面的门廊，而不是前面的商店……我最不喜欢的就是这种尴尬，我的朋友

---

* 也是意大利的一个地区，位于意大利半岛的"脚尖"位置，以吃通心粉著称。
** dago 意指意大利人或西班牙人，wop 指南欧人尤其是意大利人，都是美国人对意大利移民的贬称。

们知道我必须工作,而她们却不用工作。"[51]

尽管有这样的耻辱感,她还是需要她的家庭。战后不久就结婚了的她,很难找到一个住处。所以她和她的丈夫"搬进了我父亲拥有的一套公寓,又是在一家商店上面"。她一直想要一个白领丈夫,但却嫁给了一个钢铁工人。然而,这桩婚姻被证明是可以接受的,因为他小心翼翼地把体力劳动的身体印记挡在房子外面。"当他下班回家时,他总是马上洗澡,并清洁他的指甲和刮胡子。我没有感到他是一个工厂工人或什么。"一种形式的安全感,即多年来在艰苦环境中养成的阶级和民族习惯与传统,因此抑制了另一种安全感,这是白人中产阶级那种关乎进取心和规范的安全感——这种紧张关系也表现为许多白人对依赖公共援助产生敌意和感到羞耻:在一项关于食品券使用的研究中,大多数白人受访者表示,当他们在市场上使用食品券时,人们似乎在监视他们。[52]

黑人工人阶级家庭没有同样的资源可供利用。非裔美国人通常更强烈地依赖社区支持,但奉献者既没有那么多,也没有那么制度化。匹兹堡的黑人在地理上是分散的,聚集在小群体中,而且在更频繁地移动。雷·亨德森写道,他曾住在布拉多克的公共住宅区:"在20世纪50年代末,城市更新摧毁了希尔区的住房,来自匹兹堡的新人们失去了他们的社区,搬到了塔尔博特大厦。他们从所习惯的一切中被连根拔起,成为新社区中的陌生人。他们的社区意识被破坏了。人们不再互相认识"。[53]因此,白人工人阶级的大部分相互支持是通过长期建立的社区机构——教会、学校、医院、族群俱乐部——来实现的,而在匹兹堡黑人中,这种支持更直接地从人与人之间、家庭与家庭之间体现出来。

例如,本章开头提到的帕里什夫妇,在养家糊口的普伦蒂斯被解雇后,由于他的嫂子和两个邻居的帮助,他们继续支付了几个月的房租。同样,萨迪-亚当斯在面临被逐出租住的房子的情况时,通过汇集她的大家庭的钱来支付首付买下了房子。她哥哥的名字和她的名字一起出现在房产证上。[54]

民族志研究表明,这种网络很常见。民族志学者梅尔文·威廉姆斯在20世纪70年代研究一个地区时写道:"在贝尔马,人们可以毫无歉意地借用衣服、纸尿布、香烟和食物。"威廉姆斯注意到建立和维持这种互惠文化的仪式形式,指出通过触摸、大笑、集体羞辱和身体表达构建的可见的社会团结。[55] 不过,在像帕里什夫妇所经历的那些困境中,这种互助的社会再生产系统才更容易在历史记录中显现出来。在20世纪50年代末,这种威胁已经存在,在接下来的10年里,其严重程度迅速增加。

例如,佩蒂·约恩一家已经未雨绸缪。他们将养家糊口的威利在克莱顿工厂的工资投入到多诺拉的一小块土地上,并在上面盖了一座简陋的房子。虽然他间歇性地被解雇,但他们自己种植了一些食物,头上也有一个屋檐。因此,耗尽储蓄并不一定会带来危机——直到一场严重的风暴摧毁了他们的家。之后,威利睡在他的卡车里,他的妻子埃拉和最小的女儿罗斯玛丽去了邻居家,他们的其他3个孩子则与埃拉的母亲住在附近的工厂小镇莫农加希拉。[56]

匹兹堡黑人居住的社会地理环境往往使社区过于分散,经济上处于边缘地位,无法将其社区安全网制度化。即使是宗教团体,也可能规模太小了。例如,1973年9月,多尔西娅·瓦纳和她的5个儿子被赶出了奥克兰社区的一个公有排屋。瓦纳夫妇在那里住了6年,但多尔西娅最近伤了脚,停止了工作,只能靠公共援助来支付租金。她的儿子们没有一个能找到稳定的工作,房管局把他们赶到了街上。当他们睡在老房子的门廊上时,他们的邻居范尼·罗伊斯特花了数百美元帮助他们解决吃饭问题。当罗伊斯特发现周围的慈善组织没有一个愿意或能够提供帮助时,她便介入了。"我不明白的是,教堂是黑人们一砖一瓦建设起来的,但当一个人生病时,教会却什么都不做。你就是被关在门外了。"[57]

换句话说,存在的社会组织往往是默契地,而不是正式地,在需要的时候变得活跃而有凝聚力。梅尔文·威廉姆斯描述了在出现死亡事件时,不在直系亲属中的老年妇女如何介入计划膳食、葬礼和庆祝活动,为丧亲者提供食物,以及为来访的亲人提供住房。他观察到人们"立即打电话,通常是打到底特律、芝加哥、纽约、亚特兰大、里士满或蒙哥马利,以通知整个亲属网络,并沟通所需捐款的金额。这种钱财捐助本身就是家族在危机中团结的体现,而大多数亲属网络都愿意相信自己有这样的潜力"。[58]

在隔离程度更高、居住也更集中的黑人社区,社区支持的结构更加牢固。卢·贝里回忆起在布拉多克的塔尔博特大厦项目中的成长经历："这是一个有5座高大公寓楼的两街区。在两个街区内有210个单元，210个家庭。每个人都是你的母亲，每个人都是你的父亲。"埃迪·萨维奥尔和菲尔·萨维奥尔是霍姆伍德的一对老夫妻，他们失业了，而且因为身体不好而无法行动；一个邻居网络为他们跑腿、做家务、购物。梅尔文·威廉姆斯观察到"互惠是如何发生的，因为当这些礼物的接受者获得他们自己的福利收入、就业收入或彩票收入时，他们也会向以前给予他们帮助的人提供资源"。芭芭拉·西娅拉回忆起在圣克莱尔住房项目中的成长经历："那时的气氛完全不同，邻居们相互照顾——我的妈妈，如果有必要，她单方面允许他们对我进行管教。"当西娅拉十几岁时有了孩子后，她的母亲和阿姨们就负责抚养孩子。在山区长大的爱德华·帕克同样描述了他所居住的住房项目中的"村庄氛围"。他回忆说："每个人都认识所有人。事实上，如果一个人付不起房租，他们就会举办房租派对，这样其他邻居就会来帮助他付房租。"安娜·科尔曼在整个战后时期都住在阿灵顿高地项目中，她回忆起社区活动时说："我们得到了很多人的帮助。大概有40到50个人为我们成功度过那些日子做出了贡献。"科尔曼离过婚，在同样住在阿灵顿高地的母亲和努力维系社区的邻居们的帮助下，她在阿灵顿高地养育了6个孩子。"我觉得这里有很多人都应该得到赞扬，"她说，"海伦·利特尔约翰、艾米·科姆勒特、布兰奇·斯科特、艾达·沃林、伊迪丝·布什、罗塞塔·摩西、西尔维娅·斯卡因、芭芭拉·琼斯和杰基·杜伦。"[59]

为工作而战

对于该地区的下层工人阶级来说，20世纪60年代是一个几十年都不会趋于平稳的螺旋式下降的开始。在无情的经济混乱下，为吸收裁员和衰退的缓慢损害而构建的网络步履维艰。在战后建立了互助网络的匹兹堡黑人们，越来越多地开始要求社会和政治变革。

黑人草根组织的背景是民权斗争和当地就业危机的相互交织。在这种背景下，黑人联合抗议委员会（UNPC）应运而生，它是全国有色人种促进会（NAACP）地方分会的"行动机构"。虽然黑人联合抗议委员会为更好的住房、卫生设施、保健服务和法律保护而开展运动，但该组织的核心重点是就业。到20世纪60年代中期，罢工和抵制运动使许多雇主坐到了谈判桌前，为黑人工人赢得了雇用方面的让步。[60]

然而，该运动在制造业和建筑业中遇到了最大的困难。尽管匹兹堡蓝领职业中的黑人就业可以追溯到几十年前，但它一直是有限的和歧视性的，只包括相对较少的黑人工人和最差的工作。工会化的蓝领劳动力市场被资历和关系所支配，白人父亲为他们的儿子找到工作。因此，制造业和建筑业对进一步融合的抵制*是非常强烈的，即使这些行业是最明显的目标。黛安·佩里在《新匹兹堡信使》上说："黑人不能再等5年，才能实现体面工资的承诺。"[61]

在传统的理解中，建筑业的高工资、高技能、工会化了的工作岗位，代表着从最后被雇用却第一个被解雇的肮脏工作世界中解脱出来的一个飞跃，这个肮脏世界甚至框定了许多黑人所能从事的工作。此外，该行业的记录也是站不住脚的。据历史学家马克·林德的说法，在20世纪60年代中期的匹兹堡，"石棉工人、锅炉工、水管工、招牌油漆工、蒸汽装配工、石材和大理石泥工、瓷砖安装工、电梯安装工、水磨石帮工、大理石抛光工和小工等工种的工会都没有报告有非白人会员"。建筑行业工会长期以来的不妥协态度，也使它们在政治上比在名义上平等的钢铁工人工会更容易受到攻击。[62]

来自多个组织的活动家，最重要的是来自黑人联合抗议委员会的，聚集在黑人建筑联盟（BCC）中，力图让黑人进入建筑行业工会。1969年夏末秋初，有一系列的示威活动针对匹兹堡市中心的主要建筑工地，包括新的三河体育场，新的美国钢铁大厦，以及杜肯大学、西部精神病研究所和WQED电视台大楼的项目。在8月试图关闭这些工地的行动中，游行者无视将罢工限制在20人以内的禁令。警察用棍

---

* 进一步融合应该是指工会对当前尚未纳入工会管理的黑人工人的吸纳，而抵制融合的则应该是白人工人阶级。

兹堡计划专注于质量而不是数量"。[65] 20世纪60年代末和70年代初的斗争为一些人打开了就业机会,但还不足以改变劳动力市场的整体态势。

相比之下,钢铁业的抗议不是来自彻底的排斥,而是来自边缘化。黑人已经在钢铁厂工作,但由于工作场所的资历原则是在部门一级而不是在整个工厂运行,所以他们被困在不受欢迎和容易受裁员威胁的部门。在这种情况下,有色人种促进会和有组织的黑人钢铁工人团体强化了反对管理层和工会歧视的运动。这一行动促成了1974年的联邦同意令,要求在全厂范围内采取平权雇用并整合资历线。该行动一般被视为民权斗争在工作场所的溢出部分,甚至是自由派官僚自上而下发起的一项计划。当然,它需要新的运动背景和20世纪60年代的国家能力才得以达成。但是,争取钢铁业平等就业的运动也是一种草根行动,在20世纪60年代黑人钢铁工人的经济运势迅速下滑的背景下,可以更好地理解这一点。[66]

直到该10年的后半段,在黑人钢铁业就业人数急剧下降的情况下,该运动才有所起色,它采取的形式是由特别委员会(the Ad Hoc Committee)中的黑人工人组成全国性组织,该委员会在匹兹堡地区的工厂中大量参与活动并发挥领导作用。作为这场运动的一部分,美国钢铁工人联合会1397地方分会的民权委员会指责美国钢铁公司霍姆斯特德工厂的管理层,说他们没有对根据"核心失业人员"计划雇用的黑人工人进行培训,而是让他们"整天扫地"——不仅剥夺了他们的晋升机会，而且还使这些工人容易再次被解雇。各家工厂的情况都很类似。正如琼斯与洛林钢铁公司的黑泽尔伍德工厂的一位抗议领袖所解释的那样，管理层向他非正式地承认，公司和工会之间存在着一项"不成文的协议"，即首先将白人工人从辅助工池（the labor pool）转移到稳定的工作中。黑人钢铁工人身陷辅助工岗位，这容易造成身体上的被摧残和人格上的被羞辱，但在某种程度上说，经济上还是可以维持生活的；不过这种维持生存的能力随着行业对辅助工岗位的淘汰而降低了。与建筑业一样，钢铁业中黑人工人的胜利姗姗来迟，实施起来也是断断续续，而且恰逢该行业的衰落。从联邦同意令颁布的1974年到1978年，宾州西部钢铁业的黑人就业人数仅从5129人上升到5586人。[67]

尽管在法律和政治上取得了进展，但建筑业和制造业的雇主要么没有开辟足够宽广的进入途径，要么本身就在经历经济衰退和撤资，或者两者兼而有之。融合主义的组织者和抗议参与者面临着激烈的反对。他们坚持不懈地进行斗争，但他们是在为融入战后自由主义秩序结构而斗争——寻求让黑人男性获得蓝领养家者的地位，而这种地位本身已经陷入了危机。因此，黑人工人的运动受到了与自由主义国家本身相同的物质限制，需要一个健康的工业经济来产生工作机会，然后再去解决工作机会的分配问题。

为生存而动员

当匹兹堡的反贫困斗争于1965年打响时，它是一个自上而下的事情。在联邦立法通过前几个月，市长办公室就开始准备该计划。随着人们对城市更新计划的高压手段越来越不满，联邦资金的涌入似乎是一个重新平衡的机会，可以通过纳入社区一级的领导来维护城市的民主机制。[68]

管理人员选择了一组目标社区——其中一些主要是黑人社区，如希尔和霍姆伍德，另一些则是种族融合程度较高的社区，如黑泽尔伍德，并开始实施其多样化的议程：就业培训、日间护理、家庭援助，等等。到1966年3月1日，该计划已经让3262名匹兹堡的年轻人通过就业团或社区青年团获得工作；另有429人在其他贫困计划中担任教师助理、健康助理和其他非专业角色；还有590人被安排在贫困计划之外工作。[69]

当反贫困斗争来到匹兹堡时，它激活了一个由志愿组织组成的庞大生态系统，这个系统深入该市的各个社区。宗教组织、医院、志愿协会和社区组织纷纷站出来，吸收联邦资金，并将其转化为项目。尽管匹兹堡的反贫困计划因其包容性而受到称赞，但当它们中的中产阶级邻居垄断了决策权时，穷人活动家们很快就感到了不满。穷人参与者的抗议撼动了社区行动机构的市级委员会，使其在成员中为8个社区的每一个新增加了一名代表。8名新代表中有7名是妇女。

董事会还通过了一项规则，即社区公民委员会的成员中至少有40%是穷人。"我们现在知道，"匹兹堡项目的主任大卫·希尔写道，"如果该项目要正确地适应需求并采取可行的方法，那么穷人自己可以而且必须在政策制定中发挥更大的作用。"[70]

黑人居民还在地方上建立了新形式的政治组织，以扩大社区对项目资源的控制。由查尔斯·格林利博士和前钢铁工人民族主义者布伊·哈登领导的霍姆伍德-布鲁斯顿联盟，动员了附近更多的激进青年，特别是年轻男性，挑战中产阶级在反贫困计划中的权威。反对贫民窟住房公民组织（CASH）的形成引发了整座城市的租户组织化浪潮。而成立于1966年的"反对资源不足公民组织"则领导了争取更高水平的公共援助和更受尊重的援助发放方式的斗争。这后两种形式的组织活动——争取体面的住房和公共援助的活动——都是由黑人女性领导的。[71]

就业整合运动试图将民权运动的能量引入劳动力市场，而黑人女性组织则试图将自上而下发起的反贫困斗争，转变为她们可以用来确保自己生存的工具。黑人女性在艰难时期构建和照料的社区空间孕育了一种抵抗形式，这种抵抗形式完全违背了那种自由主义性质的假设——发明出一种将生存与生育相分离的女权主义分析。[72]

1968年，一群女性成立了阿勒格尼县福利权利组织（WROAC，以下简作"阿县福利权利组织"）。她们的领导人弗兰克·梅·杰特曾是医院的洗衣工。她怀孕8个月时去申请福利救助:"那个男人问我为什么不出去找工作,我就哭了。当我怀孕8个月时,我到底要找什么工作?"那之后她就发起成立了这个组织。[73]

阿县福利权利组织试图通过抗议和直接行动,获得新政福利国家提供的经济保障,这种保障是通过以就业为中心的公共部门与私营部门的结合实现的。1970年,阿县福利权利组织成员向州立法机构做证说,她们无法负担"1. 教育储蓄;2. 去购物、去教堂的交通费……;3. 电话费;4. 购买家具或修理家具的费用;5. 家用电器、杂货、洗衣机、炊具、肥皂粉、卫生纸等;6. 报纸、杂志或书籍;7. 电影、音乐会、球赛或任何形式的娱乐活动;8. 礼品、教会募捐、感恩节或圣诞节花费"。在这一年里,该县的健康和福利协会,一个社会服务提供者的联合体,认为"所有接触到公共援助的人几乎一致同意,现在它还没有充分履行其职能"。这种认识和发声,反映了阿县福利权利组织不断增长的力量。该协会呼吁"所有接受联邦资金的福利计划都按照公共福利作为一项权利的原则进行管理"。[74]

为了实现这一承诺,阿县福利权利组织动员其2000名成员开展了一系列针对公共援助部、住房管理局和州立法机构的活动——包括写信、当面对质和请愿。活动分子们成功地直接向福利办公室施加压力,要求他们不再保留安保人员或造成服务延迟。该组织在1969年赢得了一场诉讼,为非亲属监护人提供全部福利——这是黑人社区劳动和互助制度的重要胜利,该制度往往涉及假想的亲属关系。1970年,在针对公共住房中的蟑螂和从福利支票中扣押逾期租金进行抗议的活动中，阿县福利权利组织把住房管理局负责人赶下了台。事实上，阿县福利权利组织的活动分子甚至激怒了联邦机会平等办公室的负责人唐纳德·拉姆斯菲尔德，他发表了一份谴责他们行动策略的声明。[75]

虽然阿县福利权利组织的重点是确保黑人家庭的社会再生产条件，但它也为争取生殖自主权进行了一场非常引人注目的运动。1969年，一个由白人天主教神职人员和黑人民族主义者组成的联盟，操纵匹兹堡成为全国唯一一个拒绝联邦资助计划生育的主要城市，他们指责计划生育是种族灭绝。有色人种促进会医疗委员会主席格林利博士说："白人权力结构不会花一毛钱来杀死吞噬你婴儿的老鼠，但他们会花成千上万的钱来确保你不能有任何婴儿。"联合进步运动和霍姆伍德-布鲁斯顿联盟的民族主义领袖哈登警告说："我将走上街头，与那些对生命不那么热爱的年轻人交谈，他们不那么怕死……我知道他们会用炸弹袭击那个中心……我的目的就是要煽动他们。"[76]

虽然哈登不是20世纪60年代就业融合运动的主要人物，但他的民族主义肯定与自由融合主义者有共同的野心，即恢复作为黑人经济安全基础的父权。[77] 当哈登、格林利和他们的盟友成功地削减了计划生育的资金时，他们在这种父权观念和福利权利运动中新兴的黑人女权主义之间挑起了性别冲突。

阿县福利权利组织动员数百名女性在贫困项目会议上为

计划生育辩护。"我们不能不注意到,大多数反生育控制的压力来自男性,"该组织的主席哈丽特·菲尔兹说,"那些不必生孩子的男人。而我们是在为女性说话。"她们在这些论坛和媒体上强调的是,节育不是白人机构强加给她们的,而是她们自己需要的工具。"有些事情必须由女性自己决定,"一位妇女说,"比如你认为你能养活多少个孩子,让他们有衣服穿、有学上。"经过两年的此类活动,该组织赢得了节育项目资助的恢复。[78]

对福利权利运动构成限制的是白人邻居的反对,他们联合成越来越强大的政治势力来限制反贫困斗争。国家政治的右转代表了这个过程的顶点,但不是全部。匹兹堡黑人的生存动员代表了自由主义秩序的危机和超越它的可能性。而匹兹堡的白人仍然穿着种族主义自由主义国家的盔甲,抵制这种可能性。

白人政治学

只要白人工人阶级仍然是一个独特的社会阶层,未被庞大的郊区白人中产阶级所消化,他们在战后社会中的地位的安全性,就仍然是一个悬而未决的问题——至少在他们自身的理解中是如此。虽然享受着生为白人所拥有的多种社会优势,但基于阶级的不安全经历,他们产生了一种关于剥夺和排斥的主观叙事——这种视角让他们得以从自我差异化的立场,来阐述自己白人身份中的矛盾。像许多白人钢铁工人一样，在20世纪60年代，爱德华·斯坦科夫斯基去他住处旁边的一个叫Hunky Hollow的族群教堂做礼拜（"Hunky"可能是"匈牙利人"的缩写，也是"honky"的祖先，在战后从一个令人反感的种族污名转变为一个被重新利用的、半亲切的贬义词）。在圣马太教堂的门口，他的波兰和斯洛伐克社区的礼拜场所，写着这样一句话："凡劳苦的人，都到我这里来。"*[79] 在Hunky Hollow，礼拜者不仅以种族、国籍和宗教信仰来界定他们的集体，也以劳动来界定。

当然，在20世纪中叶，这些工人阶级"族群"在最重要的方面是白人：他们有机会进入信贷和住房市场，在就业方面有优先权，等等。但是，白人的种族身份也反过来引发了患得患失的焦虑：白人身份所包含的特权能否被长期拥有，会不会因经济上或社区族群上的变化而改变。这种对白人种族身份能否得到保证的敏感，刺激了他们对这种地位的表达方式。

P太太清楚地表明了这一点。她是退伍军人协会的志愿者，在当地医院洗衣服，属于玫瑰协会，并曾担任家长教师协会的主席。"我只是喜欢帮助别人。我丈夫说：'你总是在帮助别人，什么时候才会有人帮助你呢？'就像我父亲总是说：'你会得到你的回报，即使它不在这里，也会在某个别的地方。'"她的女儿追随她的脚步，去了杜肯大学的护理

---

* 这是《新约·马太福音》中的一句话，全文是"凡劳苦担重担的人，可以到我这里来，我就使你们得安息"（和合本《圣经·马太福音》11：28）。

学校，这是当地的一个天主教机构。但是，对 P 太太来说，战后向上流动的梦想——在社会阶梯上适度攀升，进入利他主义和规范的适合女性的工作——似乎已经因为社会的种族化而遭遇挫败。"现在他们把一切都给了黑人，这真是胡闹……就像我女儿上大学的时候，当她转学到杜肯大学时，我们没有得到足够的亲友援助，我们寻求政府帮助……我被直截了当地告知，我们不能得到帮助，因为我们不是黑人。"显然，想当护士的黑人有"大量的奖学金"。另外，像她这样的波兰人，"因为都是通过煤矿和艰苦的劳动工作艰难地走过来的……所以总比其他民族的人对自己的孩子有更多的要求"。[80]

这种意识形态在 20 世纪 60 年代后期开始采取政治形式。例如，1966 年，第九区的意大利和波兰居民投票将自己从社区反贫困计划——劳伦斯维尔经济行动计划（LEAP）——中剔除。一位发言人、住房承包商伦纳德·博达克解释说："该区有很好的娱乐和教育设施，其住房中的75%是业主自有的，与任何郊区社区相比都要好。"事实上，博达克所在的地区只有一半的房屋是自住的；然而，他坚持说该社区与"任何郊区社区"比较都更优越，这表明了城市白人居民对他们居住的密集社区的焦虑（这种焦虑由房地产行业来发声，这也不是巧合）。该区的另一位居民抱怨说："我们憎恨那种认为我们生活在贫民窟的想法。我们不是穷人，我们不需要那个计划。"类似的基层动员发生在黑泽尔伍德、南区、奥克兰和加菲尔德——这些区域经济窘迫、族群混杂，但白人居民却试图关闭反贫困项目。[81]

R 太太，这位从小就为父母和他们的杂货店感到尴尬的意大利女性，更明确地提出了关于种族和阶级的类似观点。当她家住在工业城市比弗·福尔斯时，她的儿子在学校里对民权运动感到兴奋，想参与有色人种促进会。她吓坏了："绝对不行，只要你和我住在一起，你就不能这样做。我不会让我的房子被炸。"为了说服他，她提醒他另一件事，当时他的一群同龄人，包括一个黑人女孩，到他们家来排练学校的戏剧。R 太太接到一个邻居的电话，他问："上周六在你家发生了什么事……有那么多黑人！" R 太太回答说："有一个黑人女孩，她在排戏，她的男朋友来接她，他是最好的男孩。"尽管为吉米的同学和她的男友辩护，但 R 太太仍然生活在恐惧之中："我不希望吉米参与任何让人们不喜欢他或看不起他的事情，或任何可能涉及暴力的事情。"

即使后来吉米长大成人，与一个叫辛迪的女人结婚，并有了一个女儿梅丽娜，R 太太同样的焦虑继续存在，她重新关注着下一代。"他们住在劳伦斯维尔，那是内城区，我一直告诉他们，我希望他们有一个院子。他们只有后面的一个砖砌的小院子。我认为梅丽娜应该有草地，但辛迪说她每天都带她去公园。他们去劳伦斯维尔的游泳池游泳，那是一个城市游泳池，我担心她会染上疾病或其他什么，但我想它们和其他游泳池一样干净。"对 R 太太来说，社会流动和地位焦虑被空间化到独立的房子上。邻居们会怎么想？游泳池有多干净？她对儿子和孙女的担心，对邻居会怎么想的担心，似乎与她自己曾经的渴望——"做一个像其他人一样有房子的女人,有一个我们可以坐在上面的门廊,而不是前面的商店"——有关。在这些背后,我们可能会发现她的那些记忆——她的母亲擦洗她的头发以去除橄榄油味儿,以及她期望她的钢铁工人丈夫在进入房间之前先洗澡并清洁他的指甲。这就是白种人的焦虑表现。[82]

这种焦虑聚集成了冲突。1968年和1969年,围绕着模范城市计划爆发了一场斗争,这是一项通过住房和城市发展部(HUD)实施的反贫困计划,目的是将联邦重建资金引入指定的城市核心区。在匹兹堡,"犬牙相入"式的种族隔离模式使该计划沿着种族差异出现裂痕。毗邻非裔希尔区的波兰裔希尔区的白人于1968年7月投票决定退出模范城市计划。波兰裔希尔区公民协会的一位领导人解释说:"(如果加入该计划)我们将被黑人的力量和黑人的好斗精神所征服。"波林·格罗德基是另一个推动退出行动的当地人,她抱怨说:"没有一个来自市中心的人费心到居民家里来询问他们的想法。"第二年,波兰裔希尔区公民协会组织居民敦促住房和城市发展部完全中断对匹兹堡模范城市计划的资助,以反击一项使用联邦资金在波兰裔希尔区建造10所住宅的提议。抗议者尤金·鲁德斯基(Eugene Rudski)在给住房和城乡建设部部长乔治·罗姆尼(George Romney)的信中写道:"在波兰裔希尔区,包括利安德、阿贾克斯、里奇韦、俾斯麦和祝福街等街区的绝大多数居民,都强烈反对被纳入这个计划。"[83]

匹兹堡大学的社会学家奥托·冯·梅林将波兰裔希尔区

不均匀的网络

随着匹兹堡地区制造业的萎缩,战后工人阶级生活的基础慢慢瓦解了。人们不得不适应,但也是零散地通过对危机做出反应来适应——疾病、死亡、驱逐和裁员。他们不得不使用手头已有的工具对此进行应对,并一次接一次地应对灾难。为了做到这一点,人们相互依赖。工人阶级的生存往往是在公共空间中通过社交性的协商达成的。

独特的社交场所——街道、学校、医院、教堂和社区——因此形成了工人阶级社会凝聚力的关节点。在功能层面上,社区是人们需要的东西,也是他们创造的东西。但是,意识形态——宗教的、种族的、民族主义、自由主义、女权主义和父权主义意识形态的不同配置——使这个社区有了意义,而不仅仅是工具性的。人们不仅通过社会联系的用途,也通过社会联系带来的快乐和恐惧而改变社区。匹兹堡白人工人阶级形成的持续过程,不可避免地受到种族化焦虑的影响;因为将白人的钢铁工人、建筑工人、护士和家庭主妇与他们的黑人邻居隔开的是一种网眼状、可渗透的边界地带;白人居民永远无法封住这个边界,他们以不稳定的、非系统性的残酷方式维持秩序,因为他们也需要与非裔美国人共存。对于匹兹堡的黑人来说,这种模式也催生了融合主义、民族主义、父权主义和女权主义的思想潮流。

由于经济扰乱使非裔美国人更早、更严重地成为受害者，他们应对经济扰乱的集体资源更快地被耗尽。他们的社区规模较小，而且往往较新。而他们的生存对集体生活的依赖并没有减少，甚至可以说变得更多了。然而，这一集体享有较少的机构，通过这些机构它本可以形成稳定的问题解决方式，并在其中发展和稳定下来。因此，白人可以团结起来，捍卫已经存在的社区机构和社会组织形式，以确保他们的生存。非裔美国人则必须在一个敌对的政治环境中为创造新的机构而斗争。

工人阶级围绕工业经济编织了一张集体社会生活的网络，当他们失去经济保障时，可以抓住他们的同志。从20世纪50年代末到80年代中期，几乎所有的工业工人阶级成员都承受了这种跌落。但他们并不是一起倒下的，社会支持的网络也不是均匀地编织的。非裔美国工人倒下得更早、更严重，而且相对人数更多。由于地理上的分散和经济上的无保障，他们更直接地依靠彼此，而不是依靠制度化的互助形式。他们所分享的社会网更薄，而且消退得更快——即便他们为了应对日益恶化的经济中断付出了更多的集体努力。

因此，去工业化在匹兹堡的社会地理中不平衡地运作，产生了一个阶段性的历史过渡，即从安全的社会公民权和工业就业进入下一个阶段。这些阶段是按种族分化划分的：工业衰退将工人阶级回收再利用成一个新的形式，这一过程首先从黑人工人开始。人们经历这一转变的过程反过来又确立了他们在后工业经济中的地位。在山谷的底部，黑人工人在20世纪60年代普遍失去了他们在社会公民权中的最小立足点，已经生活在我们后来称之为新自由主义（neoliberalism）的条件下，并开始寻找新的生存策略；而他们在山上的白人邻居仍然居住在自由主义国家（the liberal state）的安全网之中。* 因此，非裔美国人同时被证明更容易被经济征用，更容易被剥削，也更愿意因此而战斗。

---

* 本句出现了两种与自由主义相关的概念，含义很不相同，中文读者需要注意辨析。战后自由主义国家指的是"新政自由主义"，即继承新政精神，在实行市场经济的同时注重社会平等和大众民主的政体，参见本书"导论"中的相关讨论；而自由放任和新自由主义指的是完全相信自由市场、放任侵害劳工权益和经济两极分化的政策。

第四章

医生新政

社会权利与医疗照护市场的形成

T太太喜欢医院:"它们把你照顾得很好。它们帮助你解决一切问题。"T太太时年78岁,20世纪70年代住在匹兹堡的黑泽尔伍德区。她于1898年出生在波西米亚,1926年移民到匹兹堡,在那里她嫁给了一个钢铁工人,然后活得比丈夫更久。医院象征着她融入了社会契约。去医院看病的权利,支付很少的费用或不支付费用,并有熟练的专业人员为她提供服务,这意味着一些重要的事情。正如与她在同一条街上的邻居C太太所说,医生是"家庭的一部分"。[1]

并非所有人都有这样的感觉。1970年3月,匹兹堡警方逮捕了两名妇女,因为她们在雇主长老会大学医院组织罢工活动。海伦·莱尔斯和亨丽埃塔·戈雷都是非裔美国人,她们被指控试图强行阻止同事们去工作。[2] 莱尔斯和戈雷所组织的罢工活动是当地1199工会发起的全市性医院工会组织活动的一部分,该工会较为激进,于20世纪30年代在纽约成立,20世纪60年代末在全国范围内兴起。虽然医院工人被排除在《国家劳动关系法》之外,但1199地方工会旨在调动黑人工人已在不断提高的战斗力和斗争意识,以压倒雇主的抵制,从而在法律之外赢得承认。

当1969年年末这家工会到达匹兹堡时,它撞上了神圣的、准家庭式的医疗照护服务理想——其在文化层面上表达了医院在劳动法中不受监管的地位。在仁爱医院,50名示威者向医院管理者费迪南修女的办公室行进。当发现门被封住并有警察把守时,游行者就在外面静坐。虽然匹兹堡教区的文森特·伦纳德主教在理论上赞同工人的组织权,但他坚持认为"压倒一切"的是天主教医院的社区服务"义务"。医院管理者一再警告说,工人的自我主张对他们的利他主义使命构成了威胁。在一封公开信中,西宾州医院理事会宣称,它有两个关注点:患者福祉和雇员的薪酬不足。虽然这两个问题都"非常重要",但理事会承认,"为了公共利益,不能允许后者危害到前者"。正如匹兹堡大学校长韦斯利·波斯瓦尔所说,"(工人)的劳动,实际上已经成为医院慈善服务的一部分"。[3]

那么,医院就出现了一个悖论。它是"家庭的一部分",它"帮助解决一切问题";然而,这一原则的反面是,该机构反映并扩展了家庭劳动的种族和性别模式,其雇员被锁在社会公民权之外,而正是这种权利为其病人提供了保障。这一悖论塑造了医院行业在战后的快速增长,医院在1950年至1965年间快速发展,然后在1965年至1983年间进一步加速发展。在此期间,医院护理是一项劳动密集型的工作。医疗保健费用所购买的东西，更多的是医院工作人员长时间关注的东西。一份1967年提交给总统的关于医疗费用的报告指出："工资占医院总费用的三分之二，它是最重要的因素。与其他经济部门工作人员的工资相比，医院雇员的工资仍处于较低水平，但比其他工资增长更快。工资的增长并没有被医院雇员'生产力'的任何可衡量的增长所抵消。单位患者对应的雇员数量在上升，而不是下降。"[4]

医疗行业增长的背后有独特的机制，即通过私营部门的集体谈判来管理经济安全，但这种增长机制也带来了独特的社会不平等。在联邦政府的监管和鼓励下，健康保险通过工会化的工业就业方式变得广泛覆盖。随着保险变得越来越普遍和全面，市场也在增长，医疗供应的数量和质量也在同步上升：设施被扩建、翻新和升级。在很短的时间内，医院从一个穷人去等死的地方变成了一个科学和护理的场所。随着就医机会和期望值的提高，医疗服务的价格也随之提高。战后医疗系统提供医疗服务的方式可以概括为，对碎片化的和私有化了的系统中的医疗需求进行公共支持。这种方式必然为通货膨胀提供动力。[5]

这种通过联邦对私营部门就业的监管而生成的动力，随后塑造了所有其他人群的保险和就医经验。对于那些没有受到集体谈判保护的人来说，围绕私人保险缴费、工会集团的集体购买力而构建的医疗护理，以及根据这种安排而产生的费用上涨，使得医疗服务越来越高不可攀。仅仅在集体谈判医疗保险的10年之后——20世纪50年代——特别是老年人——由于就业和社会保障中的资历原则,他们已经象征性地享有了社会公民权——现在开始亲身体会到这个新系统是如何排斥他们的。还有被剥夺了工业就业机会的城市贫民,他们也被排斥在外。[6]

因此,1965年出现了对市场的直接公共干预,当时国会建立了医疗保险(Medicare)和医疗补助(Medicaid),以完善这个公共-私人组合系统。这些项目延续了20世纪四五十年代建立的基本模式:它们在需求方面部署了集体经济力量来购买医疗服务,而不是提供医疗服务。一旦公共医疗保险和医疗补助上线,需求和价格增长都会进一步加快。这种模式也有明显的例外:联邦政府负责为退伍军人提供医疗服务;州和县为匹兹堡地区的精神病院和养老院的数千名残疾人和老年患者提供医疗服务。*[7]

医院系统的发展是一个冲突性的和政治化的过程。尽管一再努力主张公共部门或社会对供应的控制,但分裂现象仍然存在,并使多个利益团体能够得到它们想要的东西。公私部门分离与补贴消费两者结合所产生的质量上的无序,虽然在经济上和组织上不正常,但在政治上却是适应各方需要的:它使系统能够同时满足多种相互冲突的需求。有组织的工人、退休人员、医院、保险公司、医生都受益颇多。即使私人雇主和公共部门为不断膨胀的账务买单,公司经理和政

---

* 作者说政府对退伍军人、残疾人提供医疗服务是例外,意思是这些服务是政府直接提供的,而不是向私营医疗机构购买的。关于美国医疗保险体系的基本架构,参见本书"导论"部分第17页译注。

府官员在有机会替代这一制度时,最终还是选择了维持这一制度;事实证明,满足根深蒂固的、碎片化的现有利益,比转向替代方案要容易。[8]

起初是产业工人的那些有组织的需求引发了这一妥协,而当产业工人面临经济衰退时,他们转而向这一制度寻求援助,这是他们最大的制度遗产。他们赢得的保险,以及为满足他们的集体需求而建立的供应系统,在他们自己经历的产业衰退中反而得以延续下来,并在一定程度上减缓了这种冲击。在这个意义上,因其经济上的非理性而臭名昭著的医疗保健系统的扩张,却发挥了合理的政治功能,即使这种功能不是由任何单一行为者倡导或阐明的。医疗保健系统形成了一个持续可行的妥协场所,是一个将收入引入大都市经济的机制,填补了处于有利地位的企业的资金库,巩固了地方官员的职位,并对衰败中的工业化的匹兹堡的社会安排进行了再生产。医院系统不仅维持着个人的生命,它也制造了社会的连续性。[9]

然而这种普遍舒适的安排并不包括所有人。匹兹堡的黑人工人阶级在20世纪六七十年代,越来越远离稳定的工业就业,无法自由参与医院的繁荣。许多非裔美国人缺乏他们的白人邻居所享有的医疗保障,而且经常遭受医院的歧视和忽视。黑人居民也构成了医院所依赖的低工资劳动力的很大部分,对他们的剥削构成了其他人获得财富的基础。从1947年起,医院工人被排除在劳动法的保护之外。即使国会在1974年修正了法律,将这些工人纳入其中,但纳入后的变化也是有限的：他们就工资和工作条件进行谈判的能力遭到了严重的限制，这是由20世纪40年代以来构建的行业本身的体制结构所决定的。

钢铁工人的福利国家，1949—1959年

战后的福利国家及构成其政治基础的产业工人，为匹兹堡的医疗照护系统的建设提供了持续的动力。20世纪30年代，工人们围绕着对安全的需求凝聚在一起，而获得医疗服务是其中的核心内容。逐渐地，他们积累了市场购买力量，并建立了制度基础设施，以确保医疗服务的持续获取。这些努力的制度成果，即他们所维持的医院系统，被证明是有组织的劳工对自己及其家庭最重要的成就之一。

新政政治力量最强大的那些工业飞地很早就建立了强大的医疗保险系统。例如，西部宾州的蓝十字会成立于1937年，正是在那一年，钢铁工人赢得了工会代表权。非营利性医疗保险和"志愿性"——即非营利性和私人拥有的——医院的规范，符合匹兹堡社会天主教的意识形态环境。倡导利他主义、慈善事业和互助义务的社群主义价值观盛行。私人的、利他主义的医疗服务反映了作为其主要支持者的工人们广泛持有的世界观，成为这一原则的具体体现。在医院里，团结和社会公民权采取了一种看得见摸得着的具体形式：工人阶级共同分享的情义和关怀都被放置在一栋大楼里；他们可以去那里。[10]

在20世纪40年代,联邦对医疗服务的干预得到了一波政治上的推进。1943年,国家战争劳工委员会在其反通胀计划中允许用福利替代工资,而监管机构对这种替代提供了税收补贴。1946年,最后一届新政国会在国家卫生研究院创建了院外研究计划,并通过了《希尔-伯顿法案》,这是一项联邦拨款计划,旨在支持新医院的建设,特别是在农村地区。在这个10年结束时,联邦司法机构也参与其中,在两个钢铁行业的案件中裁定,福利是联邦监督下的集体谈判的一个强制性议题。[11]

在这些年里,医疗保险社会化运动达到了一个高潮,然后又退了下去。战争结束后,来自雇主、医学界和政治保守派的抵制愈演愈烈。正如天主教医院协会警告的那样,社会化医疗将使患者成为"国家的监护对象,而不是社会的监护对象"。有组织的劳工发现,私营部门谈判为赢得自己成员的安全打开了另一扇大门,于是他们从争取公共医疗保险的斗争中撤出了。《瓦格纳-默里-丁格尔法案》是国民健康保险的主要提案,它失去了其主要的草根支持基础,在呜咽中死去。[12]

既然是新政国家率先创建了现代保险制度,新政发展的限度也就限制了其传播,决定了其结构。因此,医疗系统在新政的中心地带——匹兹堡等城市工业中心——以一种独特的模式发展。工会成员成为整个地区医疗照护市场的基石。在1949年的一次罢工中,钢铁工人赢得了他们的第一个全国性的健康保险计划,此后在公共力量和工人阶级力量的支持下，医疗系统开始了需求驱动的、螺旋式上升的发展。[13]

1949年钢铁业的集体谈判协议为整个行业的工人建立了一个单一的总体计划。全国所有的钢铁工人都被集中到西部宾州的蓝十字会。在这一点上，钢铁工人是一个相对年轻和健康的群体，他们帮助构成了一个有利的精算池——西部宾州被保险人中的大部分，蓝十字会在其中占据了主导地位，加上全国的钢铁业雇员。通过这种方式，工会旨在为钢铁业最重要据点的区域医疗照护系统提供补贴，从而稳定其非商品化状态。通过将全国范围内的会员纳入区域蓝十字会，工会保留了"共同定级"，即保险公司向所有用户收取相同的费率，无论其健康状况如何；该政策动员了一些健康状况良好的用户，让他们在平等的基础上帮助其他身体健康状况不佳的人支付护理费用。[14]

区域蓝十字会的大部分组织能力最初是为了应对钢铁工人带来的技术挑战而发展起来的。"几乎在一夜之间，数据处理人员发现自己不仅要处理130万西宾夕法尼亚人的理赔，还要处理全国各地数十万钢铁工人的理赔"，蓝十字会官员詹姆斯·李回忆说，"一箱箱橙色的理赔单涌入……其中有的医院和城镇的名字我从未听说过——这些人在明尼苏达州的梅萨比山脉工作或在五大湖的船上运输铁矿石。"到20世纪50年代末，全国范围内蓝十字会团体注册人数的5%—6%受到了钢铁行业合同谈判的影响。[15]

通过1949年、1952年和1956年的合同，工会赢得了慷慨的福利计划。蓝十字会承保最多120天的半私人病房住院一个非营利性机构。它以增加生命天数的形式支付红利；它的市场价值是承诺给今天出生的每个婴儿不断延长的寿命。社区中的每一个男人、女人和孩子都是股东"。虽然医院的运营方式没有社会化，但结果似乎是一个不错的近似状况。正如罗尔姆所说，"公众建，公众享，公众支持"。[18]

由此，工人阶级开始明白，他们对医疗照护系统有共同的要求。例如，在20世纪50年代，一位名叫罗纳德·布兰卡的钢铁工人发动了一场运动，希望为名为克莱顿的工厂小镇带来一家医院。布兰卡认为，离那里最近的医院在10英里以外，不能满足克莱顿的需要。作为该市意大利裔美国人中的一员，布兰卡在该镇密集的公民网络中工作，与"大约97个不同的组织"会面，并争取到知名商人的支持。他赢得了镇议会的支持，获得了镇有土地，从州政府拨款者那里赢得了联邦希尔-伯顿资金的优先使用权，对市民进行了调查，"发现他们对医院有着热烈的渴望"，并与一个天主教组织签订了合同，以经营这个假想的机构。最后，医院规划协会担心医院床位供应过剩，依靠其与工会的关系阻止了布兰卡的努力。[19]

随着医疗服务质量的显著提高，以及更多的人有了获取医疗服务的渠道和意愿，医疗服务的价格也随之上涨。价格上涨从多个方面压迫着这个分散的系统：对于那些在集体谈判建立的安全范围之外的人来说，日益增长的医疗费用变得更加繁重，而那些在安全范围内的人则不得不支付更多的费

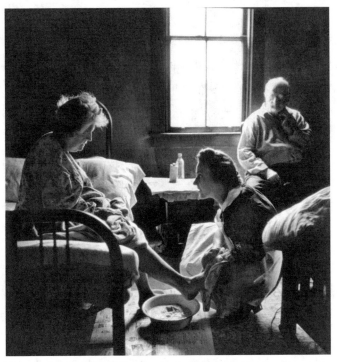

图4.1 《探访护士和病人》,约1950年。Sol Libsohn, American, 1914-2001, gelatin silver print, H: 10 11/16in × W: 10 7/16 in. (27.15cm×26.51cm). Carnegie Museum of Art, Pittsburgh. Gift of the Carnegie Library of Pittsburgh, 85.4.53.

用来维持整个系统。仅仅从1954年到1958年,美国钢铁公司员工每次住院的费用就从130美元攀升到了185美元。保险费也紧跟其后,在同一时期几乎翻了一番。1958年,美国钢铁工人联合会主席大卫·麦克唐纳警告说:"如果一个充分就业的钢铁工人尚不能担负持续的和贪得无厌的医疗费用,那么,请想象一下失去了三分之二以前收入的退休工人或者完全失业超过12个月的失业工人所面临的困境。"尽管医疗照护系统在很大程度上是由有组织的劳工及其国家盟友创造的,但麦克唐纳指出了问题的关键——它的公共性与私人性之间的分裂。"与对公共教育系统、公共健康和卫生系统、消防和警察部门的支持不同,社区生活所需的医院设施并不是由社区所有成员的公共税收来支持的。"1958年,美国钢铁工人联合会大会通过了一项决议,宣布工人对他们的医疗保险覆盖率不满意,并要求对此进行研究。[20]

为了研究这个问题,美国钢铁工人联合会聘请了流行病学家和社会保障设计师伊西多尔·福尔克。[21] 福尔克在20世纪50年代末开始了初步的研究,以确定眼前问题的性质,然后展开了一个更细致的研究,重新思考工会与医疗保障的整体关系。他发现了一个悖论,反映了有组织的工人阶级在战后消费社会中的地位这一更大的矛盾。钢铁工人和他们的家庭已经赢得了比一般人更多的医疗照护服务(见表4.1)。与此同时,钢铁工人家庭和其他所有人之间的差距,使得即使是保险充足的人也要付出令人不满的高昂成本。

改革的可能性,1959—1964年

除了对自己的成就感到自豪外,钢铁工人对20世纪50年代末高昂的保费和保险覆盖面的不足"表达了相当的不满"。广泛的服务不在计划之内,包括许多医生的费用、处方和设备,以及非医院形式的护理。所有这些费用加起来等

于是从口袋里掏出一大笔钱。平均来说，集体谈判的保险覆盖了私人医疗费用总额的40%左右；其余的60%由其他保险支付，或者更常见的是由私人自掏腰包。[22]

表4.1 每千人的年使用率，1957—1958年

	钢铁业投保人	65岁以下普通人群
入院人数	135	97
护理的天数	1032	764
非产科住院病人手术	70	40

Data Source: I. S. Falk and Joseph J. Senturia, "The Steelworkers Survey Their Health Services: A Preliminary Report," October 21, 1959, box 115, folder 1388, ISFP.

基于这些事实，工会探索了两种不同的策略。首先是利用正在进行的1959年罢工作为一个机会，从管理层那里获得让步。美国钢铁工人联合会的谈判人员将福尔克的报告转化为修改蓝十字会协议的一系列要求。"（1）将劳资双方各分摊50%的缴费方式改为工人完全不缴费的方式；（2）将福利扩大到下岗、残疾和退休雇员及其家属；（3）立即提高福利，取消120天和类似的住院治疗的最高限额，将门诊理疗和实验室福利、住院医疗护理和病理诊断包括在内。"[23]

第二种方法是对医疗服务的供给进行控制，办法是通过一个全面的钢铁工人团体计划，用"预付费"代替服务费。保险购买者（雇主、雇员或两者一起）将向一个基金支付费用，用于运营一个专门为投保人群服务的医院和诊所系统。如果一个地区有足够的用户，这样的系统就可以在私营的、

小规模的基础上复制社会化医疗的一些优势,就像一些行业工会所做的那样。在谈判中,工会要求管理层对这些可能性进行联合研究,并制定条款,允许工人在可行的情况下选择这样的计划。[24]

由于罢工,管理层做了很多让步。钢铁公司同意承担以前与员工分摊的全部保费成本。雇主承诺为工龄至少连续两年的下岗工人维持6个月的保险。他们还建立了一个机制,让退休人员继续投保,尽管要从退休金中扣除全部保费。[25]

然而,钢铁企业的雇主们在团体计划上的让步意愿微乎其微。他们主张采用"大病医疗"计划,通过将成本转嫁给患者,来抑制对保险的过度使用。美国钢铁公司的执行官奥尔布赖特说:"如果在你的计划设计中包括大病保险,那么雇员也必须通过共同保险的方式分担一部分大病保险费用,以阻止不必要地使用医疗服务。"奥尔布赖特对美国钢铁工人联合会抵制这一企图的能力感到愤怒,联合会实际上将"一个完全不缴费的计划强加给了基础钢铁工业"。[26]

钢铁公司抱怨说,他们正在通过支付因医疗浪费而不断上涨的保费来补贴医院和医生。随着工会从管理层那里争取到更好的福利,钢铁工人及其家人对医疗服务的使用急剧增加,像匹兹堡这样的钢铁工人密集区的保险费用也相应上涨。在1959年罢工爆发之前,钢铁工人联合会的保险主管约翰·托梅科曾指出:"我们的蓝十字-蓝盾和商业保险计划的本质……实际上鼓励了对金钱的浪费。"[27]

因此,关于改革的分歧被归结为谁来承担提高经济效益的代价。管理层认为,大型医疗机构可以通过迫使钢铁工人自己承担更多的费用来控制成本,阻止轻率地使用医疗服务。劳方认为,预付费的团体医疗可以做到这一点,即在不抑制病人寻求医疗服务的情况下,取消按次收费带来的不正当激励。

人们普遍认为,团体实践是由于医疗服务提供者——医院和医生的反对而被打败的,他们更喜欢慷慨的按次收费,而不是预付费用。正如《纽约时报》所报道的那样,"如果美国钢铁工人联合会决定建立自己的医院,用受薪医生组成的'封闭小组'来运行完整的医疗护理项目,就像陷入困境的联合矿工福利基金所做的那样,有组织的医学界不会感到高兴,这不是什么秘密"。但到了20世纪60年代,有组织的医学界不再有能力维持对一个像匹兹堡钢铁工人的建议那样有吸引力的建议的全面封锁了。在美国钢铁工人联合会的工会-管理层联合医疗委员会与美国医学协会、美国医院协会领导人的会议上,医疗照护行业的官员公开承认其内部存在分歧。钢铁工人在匹兹堡地区的市场中占有如此大的比重,如果能获得关于他们的更多的业务量,就能使低价医疗的做法在经济上可行。到20世纪60年代中期,工会官员认为医学界的反对力量正在消解。准备工作进行得很顺利,美国钢铁工人联合会从其养老基金中拨出16亿美元,用于团体执业设施的重大资本投资。[28]

阻碍钢铁行业团体实践的不是供应商的反对,而是雇主的顽固敌意。相关讨论在20世纪60年代初搁浅了,到1964

年夏天陷入僵局。雇主拒绝同意可能吸引医疗机构的条件。为了击退工会的改革建议，管理层甚至声称，在目前的计划下，"医疗费用被合理地使用"——从集体谈判的福利正在推动医疗通货膨胀的立场上突然退缩。[29] 钢铁工人下定决心"不退步"。如果他们不能拥有团体医疗，他们就不会接受大病医疗所代表的削减。公司的提议是为了"将医疗费用从保险公司转移出去"，"工会成员认为这在原则上是根本不可行的"。因此，结构性的僵局导致了医保覆盖质量和使用数量的进一步提升。尽管美国钢铁工人联合会在20世纪60年代中期提出了一系列对工人保险的改革，但唯一重要的结果是蓝十字会承保的住院天数增加了两倍。[30]

福利国家的崛起，1965—1971年

在自由主义国家的支持下，有组织的劳工巩固了福利并构建了其私人福利体系，此时，提供者就能够提供更高标准的护理。他们扩大了设施，升级了设备，并将更多的尖端科学纳入他们提供的护理中。医疗护理的价格也相应上涨。对于那些与处于工作年龄段的钢铁工人不同、没有享受到慷慨的医疗保险的人来说，不断增长的费用是一个直接的问题。正如威尔伯·科恩——一位重要的自由主义政策思想家，后来成为卫生、教育和福利部的助理部长，医疗保险的设计师——在1961年的一次演讲中解释的："65岁以上的人的医疗费用是年轻人的两倍；而他们必须从每年的收入中支付这

些费用,平均来说,只有年轻人收入的一半。"[31]

虽然65岁以下人口的70%有某种住院保险,65岁以上的人只有46%有。这些保险计划中的很多并不那么慷慨,就像钢铁工人中的退休人员一样——他们此时从退休金中支付全部的保险费——投保者往往要自掏腰包。在1962年的钢铁合同谈判中,匹兹堡郊外欧文工厂的美国钢铁工人联合会2227分会主席唐纳德·拉里克(他也是20世纪50年代中期被击败的会费抗议运动的前领导人)呼吁为退休人员提供全面的住院治疗,"因为这些人最没有能力承担住院治疗的高昂费用"。正如1959年参议院老龄化小组委员会的一名工作人员所报告的那样:"我们所到之处,老人们都排起了长队,有十几个人。他们并没有谈论住房、娱乐中心或兼职工作。他们谈论的是医疗护理。"[32]

国会在20世纪50年代末和60年代初转向医疗保险,这不仅是自由主义者和有组织的劳工直接游说的产物,也是有组织的劳工在整个医疗照护市场上的经济实力的间接后果。虽然一方面,有组织的劳工通过劳资关系的私人谈判加强了对健康保障的承诺,这确实起到了使工会非政治化的作用;但另一方面,劳工得到的好处仍然对公共服务的增长产生了巨大的尽管是不经意的连锁反应,因为它推高了价格,并使那些可能因此被挤出医疗服务市场的人政治化了,其中的老年人享有重要的道德地位。在人们对获得服务的期望不断提高的情况下,他们却被排除在外,这构成了一个严重的政治问题。因此,在20世纪50年代末形成了一个粗略的共识,即某种形式的联邦干预是必要的，即使实际的立法发展争议不断。[33]

在工会势力集中的工业城市，期望值的上升是最明显的。同时，早期阶段的工业失业也开始出现，并被认为是一种新的贫困形式，这在1957—1958年和1960—1961年的经济衰退中尤其明显。保障扩大和贫困加剧同时出现的现象，为20世纪60年代自由主义政治那些最重要的阶段提供了背景——"向华盛顿进军""向贫困宣战"，以及"伟大的社会"。* 医疗保险和医疗补助从这一系列运动中脱颖而出，成为自由主义国家与其基础民众之间契约的核心项目，完善了公私联合福利国家的制度体系。正如副总统休伯特·汉弗莱在麦基斯波特的国家钢管厂的一次演讲中所说："在这个政府赋予人民的所有的祝福中，为我们的老年公民提供……医疗护理和养老院护理的医疗保险计划，是世界上最好的此类计划之一。"[34]

公私联合的福利国家与普遍的工业衰退，一方面制造了社会公民权孤岛，另一方面也在孤岛周围制造了无保障感，由此刺激了对联邦卫生立法的需求。而一旦立法获得通过，新政策就对医疗行业形成反馈。收入流加速了已经开始的行业增长。

---

* "向华盛顿进军"发生在1963年8月，25万人从全美各地向华盛顿聚集，这也被认为是美国民权运动史上规模最大的一次集会。正是在这次集会上，民权运动领袖马丁·路德·金发表了著名的题为《我有一个梦想》的演讲。有关"向贫困宣战""伟大的社会"，见边页码16。

例如，霍姆斯特德医院是一个人口急剧下降社区的医疗服务的主要提供者。霍姆斯特德镇在1940年至1960年间失去了一半以上的人口，在一个正在进行大规模资本扩张的区域市场上，这是一个严重的问题。在美国钢铁工人联合会和蓝十字会推动的医院扩张浪潮中，该医院的规模与地区竞争对手保持同步增长，于1959年建成了一个新的有29张床位的产科病房和一栋有117张床位的大楼。于是出现了产能过剩的问题。[35]

随着该镇人口的减少，剩余的人口中，保险不足的老年人所占比例越来越大。因此，退休人员的社会保险改变了医院的状况。"医疗保险改善了我们的财务状况，因为现在医院得到的费用补偿，是根据为几乎所有65岁以上的老人提供合理的服务的标准来支付的，"医院官员在实施该计划的第一年写道，"过去，为我们的老年公民和医疗贫困者提供的医疗服务资金严重不足，因此，全额支付的病人不得不分担那些无力支付的病人的费用。医疗保险使这个问题几乎不存在了。"对医院而言，虽然随着老年患者人数的增加，每个患者每日的平均费用增加，但在医疗保险成本加利润的报销方式下，每个患者每日的收入增加得更多。[36]

医疗保险改变了谁使用设施和使用多长时间的模式。现在老年患者平均住院20天，而所有其他患者平均住院9天。退休人员虽然只占医院病人的五分之一，但却占了三分之一以上的病人住院天数。因此，由失业和白人逃离导致的人口减少并没有像人们所预期的那样侵蚀医院的市场。医疗保险反而将那些留下来的人变成了主要的收入来源。在这种环境下，医院聘请的顾问建议对医院进行大幅扩张：更大的服务区域；更多的设施；新的冠心病重症监护室；安置在新的社区精神健康中心的更多的精神科服务；以及扩大门诊、长期护理和家庭护理服务。[37]

然而，有一个领域，霍姆斯特德医院管理层想要缩减而不是扩大：产科。该医院在20世纪50年代末建立了产科，但因生育率下降而陷入困境。1961—1962年，霍姆斯特德医院有983名新生儿，产科床位的使用率为64%。这一比率稳步下降，在1967—1968年仅为41%，并造成了设施使用的不平衡、不合理的模式。"我们的产房需要2200平方英尺的宝贵空间，但它们在24小时内平均使用不到两次。"与此同时，"外科手术床位的压力继续增加。外科手术床位的使用率一直保持在105%。数据显示，拥挤程度很高，每天都可能有10到16个病人被安排在大厅里"。因此，管理人员决定完全关闭产科。[38]

此举激起了人们的愤怒。在国会中代表霍姆斯特德的前钢铁工人约瑟夫·盖多斯宣称："我们不应该践踏那些已被确认是这个社区重要组成部分的东西。我相信医院规划协会在做出这一决定时可能会被冷酷的经济事实所说服，但我同样相信它将听取钢谷成千上万人的呼吁。"医院很快就面临了来自一个名为霍姆斯特德医院婴儿床俱乐部的组织的诉讼，该组织由工人阶级妇女组成，其志愿者为医院筹集资金并为在那里出生的婴儿拍照。与婴儿床俱乐部一起提起诉讼探访护士协会的负责人预见到了医疗保险的通过，他在1961年曾警告说，在此基础上，护理需求将出现"爆炸"。[42] 现在"爆炸"已经到来。

然而，由于政治行动点燃并引导了需求的爆发，医疗照护市场的参与者并不能自由地以他们认为合适的方式进行投资。他们有机会发展，但必须把他们的努力融入有组织的消费者需求的制度和期望中。匹兹堡的工人阶级对医疗照护系统的期望越来越高，并拥有执行它们的政治力量。事实上，1965年弗拉杰罗案裁决的做出者正是迈克尔·穆斯曼诺法官，他是一位意大利裔美国人，曾经是煤矿工人，后来成为律师，是阿勒格尼县的一名新经销商，之后被任命为宾州最高法院大法官。[43]

这种力量也体现在工业领域中。在1968年的合同中，钢铁工人赢得了一项重要的医疗计划，以补充现有的福利，而不是像雇主几年前提议的那样取代它们。这项新计划于1970年被分阶段实施，将支付"没有以其他方式提供承保的医疗费用的80%"，但有一个免赔额——一个人50美元，整个家庭100美元。新合同还为退休人员补充了医疗保险。对于退休人员的住院治疗，雇主现在支付全部的医疗保险免赔额（1969年为44美元），而医疗保险支付住院治疗的其余费用，最多为60天。60天后，医疗保险通常会开始收取每天11美元的共同保险费，但新的合同也涵盖了这笔费用。如果退休人员仍有需要，仅该计划就可以支付超过医疗保险限额的30天的半私人护理费用。退休人员计划为各种专业服务提供20%的费用,而医疗保险支付80%。根据美国钢铁公司的计算,到合同的第三年,这些新增的服务将增加每个工人每天84.8美分的花费;将此与1967年该公司每天花在工人保险上的1.83美元相比,收益的程度就很明显了。补充福利在一年内转化为数千万美元的额外资金,在合同的有效期内转化为数亿美元。该协议在其深度和广度上代表了前所未有的保障,使受益人有权获得大量的护理。[44]

强制与叛乱

医疗照护是一个劳动密集型的行业。战后的扩张周期迅速创造了就业机会,到20世纪60年代后期的几年,医疗照护就业的年增长率约为5%。从1950年到1970年,匹兹堡地区的医疗照护劳动力几乎翻了一番,从近3万人增至5.4万人。虽然这种扩张将在随后几十年的进一步加速中黯然失色,但医疗照护行业的工作环境在20世纪60年代后期已经发生了变化。[45]

短暂的、典型的、微小的工人运动高潮并不罕见,往往是利用了该地区普遍存在的常识性工会主义。例如,1967年,5名X射线技术员袭击了新堡的圣弗朗西斯医院,要求加薪、建立申诉程序并恢复一名被解雇的怀孕同事的职务。"他们告诉我们,作为医院的工作人员,我们应该考虑到奉献精神。可你不能用奉献精神来支付账单。当我们去超市的时候，我们支付的价格和银行家一样。"罢工者简·科贝尔如是说。寻求代表工人的美国技术雇员联合会的一名代表告诫医院："我知道这个社区的工会对圣弗朗西斯修女会非常慷慨。"[46]

然而，到20世纪60年代末，医疗照护行业的扩张与非裔美国人在其他地方就业率的下降交织在一起，使医院服务工作成为黑人工人最重要的劳动力市场机会之一。即使在20世纪70年代就业率螺旋式下降之前，非裔美国人的地区失业率也达到了8%。在丢失工作的黑人中，黑人男性绝大多数都是失去了工厂工人的职位。失业的黑人妇女一般失去的是家政服务工作，这是一个正在萎缩的工作类别。[47]

随着新收入的增加，不断扩大的医院和养老院（nursing home）雇用了越来越多的非裔美国人，特别是女性，进入它们的低级岗位。1970年，该地区所有就业的非裔美国人中，有10%在医院工作。当艾琳·科本高中毕业并想找份工作时，她向她的母亲寻求帮助，她的母亲已经从家政工作者转为执业护士，她的新丈夫在西宾州医院工作，1969年她在布拉多克医院找到了一份工作。"我只是出去找工作，然后去了布拉多克医院。因为他们当时正在招聘所谓的'护士助理'，"她回忆说，"他们有课程，他们培训你。6周或者8周之类的培训。"市长办公室的一份报告发现，虽然只有23%的医院员工是黑人，但70%的医疗服务人员是黑人。科伯恩回忆说，在种族分层的医院工作队伍中，经常出现种族歧视的情况。黑人医疗工作者的工资也接近联邦最低标准——医院直至最近才被此类法律所覆盖。因为还和家人住在一起,科本尚可依靠工资勉强度日。[48]

这些情况在20世纪60年代末引发了全国范围的黑人医疗工作者的暴动。在总部设在纽约的充满活力的1199工会的领导下,这场运动于1969年11月抵达匹兹堡,当时他们刚刚经历了在查尔斯顿的戏剧性对抗和在巴尔的摩的胜利。工会很快就把重点放在了犹太教养老院和医院、仁爱医院、西部精神病院和长老会大学医院上。这些机构总共雇用了近2000名服务人员。1199工会的目标是在组织等级中处于低端的工人——护工、护士助理,以及烹饪、维修、家政和洗衣工人,并要求最低周工资为100美元,比原来增加30美元。[49]

与其他地区一样,地方性1199工会出现在匹兹堡,是黑人自由运动在工作场所斗争中的一个产物。该运动由亨利·尼古拉斯领导,他出身于密西西比州的佃农家庭。它的象征性人物是科蕾塔·斯科特·金*,她在查尔斯顿罢工中发挥了关键作用并与工会建立了密切的联系。在当地,1199工会招募了有色人种促进会当地医疗分会的负责人查尔斯·格林利博士,与匹兹堡大学的劳工历史学家大卫·蒙哥马利一起担任为医院工人争取正义委员会的联合主席。[50]

在"工会的力量,灵魂的力量"的口号下组织起来的工会,让匹兹堡白人感到惊奇。《匹兹堡邮报》称它是一个"色彩斑斓的、非正统的"组织,"将种族和社会紧张局势

---

* 马丁·路德·金的妻子。

与老式的工会主义混合在一起"。基于其"色彩斑斓"的方式，该运动很快就迫使犹太之家举行了一场选举，并使其在选举中赢得了胜利。犹太之家作为一个大型养老院，其劳动力更多集中在低工资、不受尊重的层次，而且可能比医院劳动力更一致地为非裔美国人；作为一个犹太机构，它对一群异常自由的社区领袖负责。[51]

为开采医院这座更大的矿山，1199工会吸引了几百名工人参加集会，而且，尼古拉斯声称，他们在几个月之内就与目标机构中的大多数工人签约了。但是，该工会一头撞上了美国劳资关系的歧视性结构。当时没有任何程序可以迫使管理人员接受集体谈判。工会副主席艾利奥特·戈多夫在一份备忘录中说："匹兹堡长老会大学医院的理事会拒绝了我们代表选举的请求，而是单方面宣布给工人增加每小时20美分的工资。宾州医院协会和梅隆公司的利益集团决定剥夺长老会大学医院、仁爱医院和匹兹堡其他6家医院的工人的工会组织权。一个或多个医院的罢工迫在眉睫。"[52]

这些医院声称一般性地支持集体谈判，但对1199工会保持特别的敌意。正如莫里·肯普顿在《纽约书评》中所观察到的，匹兹堡的医院理事会中充满了工业公司的高管。"然而，尽管工会的健康和福利基金为这些机构提供了最大的单一收入来源，但他们却无法提供一个单独的受托人。匹兹堡社会财产的管理与以往一样，完全掌握在其社会财产的所有者手中。"[53] 福利国家在需求方而非供给方提供医疗保障的做法，在这里显示了它的后果。*

长老会大学理事会主席詹姆斯·贝尔坚持认为他的机构"相信集体谈判"。事实上，管理者邀请竞争对手工会来分化组织活动，这在受劳动法保护的工作场所是非法的。"停止后门交易！"工人们在一份小册子中呼吁，指责雇主"与国际服务人员工会第29分部勾结，违背我们的意愿强迫我们加入该工会"。贝尔以另一种方式代表了这种策略。他警告说，1199工会带来的是"公共骚乱"，他解释说："医院已经同意让每个雇员加入他所选择的工会，并让该工会在申诉程序中代表他。目前有四五个工会在寻求组织我们的雇员，他可以从中选择。"与贝尔所说的更负责任的组织相比，1199工会"从经济问题中找出种族和社会原因"，从事"骚乱和欺凌"。医院的律师在给历史学家和工会盟友蒙哥马利的信中写道，1199工会有"动乱和暴力的悲惨历史"，并试图"强迫我们的少数雇员由非他们所选择的人代表"。[54]

在缺乏符合程序的途径的情况下，1199工会试图采取直接行动。成员们戴着写有"1199——把你该死的手拿开"的纽扣来上班。他们进行静坐，要求投票；医院用警察和逮捕来对付他们。正如医院执行主任爱德华·诺罗安所警告的那样，工会发出了"可耻的种族呼吁"。他补充说："员工只

---

* 作者的意思是，美国的医疗保障体制只是对医疗的需求进行法律规制、允许工会集体谈判，但却让医疗的提供保持私有化状态，导致工会虽然代表工人提供了医疗的主要资金，却在医疗服务提供、医院管理方面没有决定权，这其实不符合资本主义"资本决定权力"的基本逻辑。

有在多次被警告扰乱医院提供患者护理的职责后,才会被停职。"[55]

当这个策略没有成功时,工会要求在1970年年初举行罢工。"结束长老会的独裁统治!"一份小册子要求道,"这不是你们的种植园!我们既不是你们的奴隶,也不是你们的孩子!"但管理者用强有力的武器对不受保护的工人进行了反击。长老会大学医院获得了抗议的禁令,这里和仁爱医院的共30名雇员因罢工行动被停职,理由是他们打扰了病人。除了停职之外,警方还逮捕了一名工人和一名罢工支持者,同时政府还承诺加薪——如果这个领域适用劳动法的话,这将是又一次的违法。3月,工会再次试图在这3家医院发动罢工,但很快就将重点缩小到长老会大学医院。尽管在科蕾塔·斯科特·金的领导下举行了一次2000人的集会,但这次行动在更多的报复下失败了。到4月底,只有几十名工人仍在罢工。法院对91名抗议者——大多数是罢工支持者而不是罢工者——进行了罚款,并威胁要判处监禁。一小部分工人被"立即解雇"。[56]

在一个层面上,雇主的胜利是一种法律效应:医院在1947年被排除在劳动法之外,这解放了管理层的手脚。在另一个层面上,这一结果体现的是种族和性别效应。对医院的豁免将现有的劳动力市场的种族和性别制度编码到法律的中性文本中。黑人女工被排除在完整的社会公民权之外,当她们采取行动时,就成了与其社会地位格格不入的事情——对病人的"干扰"和对消费者而言额外的成本。医院管理者努力以这种方式分化他们自己的劳动力,将工会领导层视为犹太裔的外部煽动者,通过"在任何种族问题上对黑人大喊大叫"来挑起麻烦,制造种族对立以维持他们的领导地位。正如一位管理者在给员工的信中所说:"瞧瞧这个纽约工会的外部组织者是否是你们希望领导你们的那种人。"与纽约、费城或巴尔的摩的医院相比,白人工人在匹兹堡的医院中所占的比例更大,他们可能会被这种压力所分裂。[57]

虽然医院工人没有享受到产业工人所享有的任何保护,但1969—1970年的行动还是在一定程度上改变了他们的经济和法律状况。首先,他们帮助挫败了蓝十字会和医院行政人员一起在工人身上压缩成本的企图。取而代之的是,他们赢得了加薪。[58]

他们还带来了立法上的变化。1968年,匹兹堡教师的非法罢工导致州长雷蒙德·沙弗召集了一个关于公共雇员劳动关系的委员会。该委员会提出了建立规范的公共部门集体谈判的立法,然后由来自匹兹堡希尔区的民主党人雷罗伊·欧维斯议长在宾州议会中提出法案。在医院罢工时,该法案已在议会通过,但尚未在州参议院通过。*[59]

1970年1月,当州参议院对该法案进行审议时,50名医院罢工者在欧维斯的支持下,前往哈里斯堡,在宾州议会大厦举行示威。7月,由6位州参议员组成的联盟(5位民

---

* 宾州议会共有253名成员,其中众议院成员203名,参议院成员50名。

主党人和一位共和党人）提出了一项修正案，将该法案的适用范围扩大到接受州政府资助的私营非营利医院。来自工业化的利哈伊谷的民主党人珍妮特·莱布曼代表该联盟发言。"我们公民不能再接受这样的观念，即医院工人和其他这类工人应该通过少挣钱来补贴非营利机构的运作。"该修正案在几乎没有辩论的情况下以27票对19票通过，并得到了大多数参议院民主党人和少数共和党人的支持，随后由于担心进一步的教师罢工，整个法案顺利成为法律。这项措施在宾州西部更多的农村地区带来了一波成功的医院组织浪潮。在这些地方，还没出现劳动力市场的种族分层，因此雇主无法像在城里那样按种族划分工作场所。[60]

然而，在匹兹堡及其周边地区，医院工人从未从1970年的失败中完全恢复过来。它锁定了一种机制，即通过低工资向医院的大部分雇员转嫁成本，实现向工人阶级中已得到医疗险保障的部分工人大量提供护理服务。在去工业化的城市地区，黑人劳动力被动员起来，以满足日益增长的老弱病残人口的需求，工会权利不能改变公私分治和需求方补贴所造成的压倒性压力。

1974年，当国会最终修订《国家劳动关系法》以涵盖医院时，类似的动力机制在更高的层面发挥作用。为了应对由当地1199工会领导的不断升级的工作场所骚动，国会民主党人已经着手将医院全部纳入《国家劳动关系法》，并于1972年在众议院通过了这项措施。在美国医院协会的协调下，共和党参议员小罗伯特·塔夫特抵制并搁置了该法案，这得益于有组织的劳工对开放劳动法修正的紧张情绪。[61]

在之后的一届国会，塔夫特控制了这一进程。与他那著名的父亲相比，小塔夫特更加温和，他开始关注行业中断带来的破坏，并希望规范和安抚医院行业的劳资关系，而不是将其与制造业等同对待。他说："我真诚地相信，这个国家的公民应该在不受劳资纠纷干扰的情况下接受医疗照护服务。代表此类机构雇员的劳工组织有道德义务确保公众获得此类服务。重要的是要记住，医院不是工厂或零售店，病人不是原材料或商品。"[62]

在与尼克松政府以及服务雇员国际工会和北美劳工国际联盟协商后，塔夫特制定了一个妥协方案，在扩大《国家劳动关系法》覆盖面的同时，对组织工作施加了挑战性的限制。在其最终形式中，该法案指示国家劳资关系委员会限制医院中可能的谈判单位的数量——这对工会来说是不利的，因为工会更愿意在医院内为不同的职业群体划分出较小的专门单位。新法律还严格规定了谈判和罢工，要求工会在罢工前10天发出通知，以便雇主能够找到替代人员，并强制工会参与调解。塔夫特在一份说明中指出："基本的冲突是公共利益与个人能够进行集体谈判的利益之间的冲突。"[63] 护理消费是一个公共问题，尽管它的提供仍然是一项私人事务。

集体谈判标志着社会公民权的边界。现在，劳动法对医院的覆盖被作为一种针对医院工人的事后补救，他们早已经被征召为私营主体服务，以实现公共利益——为社会公民权服务。结果是模糊的。在 1975 年美国医院协会关于这个问题的会议上,来自劳工、医院和政府的与会者都承认这个问题。一位管理者解释说,集体谈判是"为公众上演的一场游戏,而州长和市长们则是游戏制作人"。劳工界也意识到他们没有什么活动空间。"与管理层谈判时,意识到他们提供给你的东西取决于另一个来源的资金,无论是立法机构还是第三方,这可能是非常令人沮丧的。这对管理层来说是一条出路。事实上,当我们谈判合同时,管理层说,'我们想把它给你,但这取决于立法机构'。"[64] 权利在形式上的扩展并没有改变这种关系的制度结构,正如塔夫特所坚持的那样,它也不应该改变。

护理消费的模式

福利国家对病人需求的管理维护了医院作为一个非政治化和非商品化空间的神圣性,同时也远程影响了医院的内部关系。这种安排在保险良好的匹兹堡产生了一种特殊的医疗消费模式。这种特殊性在于,许多病人不必为他们所消费的商品支付太多费用。事实上,他们根本不把医疗照护当作商品,也不认为"消费"医疗照护是一种市场交易。对于有保障的工人阶级来说,医疗照护在经济之外,处于一个非商品化的区域,其逻辑更接近于家庭而不是市场。因此,这一人群在 20 世纪 70 年代对医院的依赖程度越来越高,因为医院提供的服务是这些工人和他们的家属不必购买的,而且他们钢铁工人在政治上和财政上支持蓝十字会，作为回报，他们得到了一个符合他们标准的医院系统；医院给蓝十字会这个医院服务的主要购买者提供了14%的折扣，作为回报，他们得到了来自蓝十字会用户群的巨量业务；蓝十字会占据了区域保险市场的巨大份额——该地区62%的承保病人天数都在其计划内，以至于商业保险公司——旅行者公司在1971年提起了反托拉斯诉讼，但未获成功。法院在驳回该诉讼时认为："蓝十字会合同中，旅行者认为令人反感的内容，是由保险部门的指导方针所规定的，旨在鼓励以合理的费用提供高质量的护理。"垄断在法律上是可以接受的，因为它满足了提供广泛和密集护理的政治需求。[68]

为什么钢铁工人会消费如此多的医院护理？唯一明显的生物学解释是环境（空气）污染，它起了一些作用。该地区的平均空气污染水平是联邦建议水平的两倍，对个人健康造成严重影响。例如，1970年，在当地教学医院的重症监护室里，10%的病人患有慢性肺病。这些数字代表了整个地区的情况，掩盖了工业谷地的低洼地区更糟糕的空气质量。[69]

但是，对医疗系统的高度使用遍及每一个医疗专业，而不是集中在呼吸道护理领域。这一事实似乎指向了一个更广泛的社会原因。虽然钢铁工人保险计划的改进使医院利用率上升，但良好的保险是这种密集消费的必要但不充分解释。这也不能仅仅归因于医生：这样做会忽视病人在其中扮演的角色。我们必须探讨这个问题，以了解为什么钢铁工人的行为与其他同样通过蓝十字会购买保险的人有如此明显的不同。护理对这群人意味着什么？他们为什么想要护理？他们用它做什么？[70]

在整个地区，保险覆盖面的扩大与人口结构的转变相结合，推动了医疗服务使用率的扩大。1977年，宾州西南部12.3%的居民超过65岁，而全美居民的一般比例为10.9%。这种老龄化现象在钢铁地区一如既往地非常明显。1970年，阿勒格尼县21.5%的居民超过55岁；霍姆斯特德41%的居民超过55岁；布拉多克30%的居民超过55岁；南区31%的居民超过55岁；麦基斯波特32%的居民超过55岁。把握人口结构变化极端性的另一种方式是世代之间的人口比例变化。虽然老年人总体上消费了更多的医疗服务，但快速变化的人口平衡进一步加剧了这一影响，因为它压倒了家庭中非正式护理的能力，而传统上家庭是大多数老年人被护理的场所。在1950年，65岁至84岁的人群就已经超过了他们的子女人群（45岁至49岁），每一个孩子有1.3个老人。但是到了1979年，这两个人群之间的比例变成了二比一。[71]

人口变化和高水平的保险相互作用，刺激了医疗照护的需求，它们成为钢铁业衰退和医疗照护业增长之间的中介因素。随着钢铁业衰退对钢铁工人经济地位的削弱，作为满足有组织劳工安全需求的最重要的外部机构，医疗照护供应系统获得了发展。他们的需求导致公共和私人收入流入该系统。

在整个20世纪70年代，宾州西南部的医院利用率超过了全国平均水平。到1978年，该地区每千人产生1366个住院病人日，而全国的平均数为 1192。这一较大的数字是由较高的入院率（每千人 171.6 天，而全国为 161.1 天）和较长的平均住院时间（8 天，而全国为 7.4 天）带来的。钢铁公司用户支付的住院费用远远多于医生费用或药品费用。[72]

这种现象定量地出现在使用数据中，但它也有个人维度。对于一个保险充足的工人阶级来说，接受医院护理有其特殊性。任何寻求医疗照顾的人都会感到忧虑。但在医院里，陌生人会分担并试图消除他们的忧虑。例如，C 女士回忆，她的父母如何"为几乎所有的事情立即寻求医疗照顾"。P 女士认为她与医院的接触是"非常好的经历。我在医院从来没有过不好的经历。我们所去的医院总是提供很好的治疗。护士们总是很好，医生们总是在那里处理任何问题。我没有任何抱怨，无论如何，我没有任何抱怨"。当她分娩时，"我们在医院时熟悉的一个护士当时就在产科楼层，全程陪着我"。[73]

护理不仅仅是简单的治疗。E 女士谈到她在医院的日子时说："当你有我这样的感觉时，每个人似乎都很好。因为你并不悲惨，所以他们对你很好。所以我在医院里一直过得很好。每个人都在抱怨食物，我却很享受。躺在床上，有人为你端水端饭，还要怎样呢？"当 C 女士对她的丈夫为他的亲戚做得太多而对她的照顾不够感到愤怒时，她去找她的全科医生谈这个问题。"医生告诉他，他的第一责任是他自己的家庭，他的直系亲属，然后是他的兄弟姐妹或其他什么人，他们是第二位的。"K 女士与她的医生有类似的关系。

"我觉得，在我和他交谈之后，他为我卸下了重担。"她的女儿形容她是"一个很适合去医院看望大家的人。她大概每周去3到4次"。这种动力大概就是1978年一项针对宾州麦基斯波特工人的研究的基础，该研究显示，一群"中型重工业工厂的雇员"及其家人，在得到门诊的心理健康护理后，对其他健康服务的使用明显减少。[74]

对医疗照护系统的整体利用显然与心理健康护理有一定的关系。结合各专科利用率都偏高的经验性证据、对非正式护理产生重大影响的巨大的代际比例失衡，以及对这些高使用率的工人阶级病人而言医疗照护意味着什么的定性证据，可以得出一个结论：随着整个地区经济状况的恶化，随着那些仍在保险范围内的人的保障水平得到提高，医院和医生在人们日常生活中的印迹也越来越多。它在物质上和情感上都取代了家庭式的支持和照顾。

家庭护理项目的发展也向那些有机会接触到这种护理的人传递了护理人员对他们的福祉的情感投入，以至于到了近似家庭之爱的程度。《匹兹堡新闻报》报道说："她们的工作体贴之至。为病人洗澡，安慰他们，给他们喂食，做基本的家务工作，提高他们的精气神和福祉。"这篇文章描述了"一位独居的、领取养老金且髋部骨折的钢铁工人。他需要有人帮助他进食，需要轻微的护理，需要物理治疗和有人帮助他学习拄着拐杖走路"。几年后的另一篇文章介绍了一位同时失去腿和妻子的老人。"残疾的、在很大程度上无助的、孤独的、独自承受悲痛的他离开了医院，陷入了深深的抑郁。他的求生意志几乎被扼杀了。"用新闻界的话说,这位上门的"家庭主妇"*"恢复了他的生活意志"。一位退休的钢铁工人大卫·林德伯格在他写的一首诗中颂扬了探访护士的"耐心"和"无限的恩惠",他感叹道:"她们表现出的善行很少被人提及。"[75]

在这种可及性增长的顶峰时期,医疗照护成为许多工人阶级的权力和社会支持的来源。白人——他们的经济安全和种族特权保护他们免受医疗歧视——尤其有这种感觉;但保留集体谈判福利的那部分黑人工人阶级也有同样的感觉。卡罗尔·亨利回忆起她成长过程中为她的家庭提供保险的钢铁工人计划时说:"他们不会预测你(在医院)待多长时间。医生决定你待的时间。保险公司做他们该做的事,医生做医生该做的事,反正费用有人出。"[76]

医疗服务提供者几乎都是自愿的、非营利的机构,而且往往是宗教机构。乔治娜·斯卡皮诺这样描述战后的天主教医疗服务:"使命胜过利润。"乔治安·科勒回忆起圣弗朗西斯医院的天主教工作文化,她在那里担任精神病学助理员。"我们喜欢为穷人工作,很纯粹的喜欢。如果你是穷人,你可能得不到医院里最好的床位,但你会得到最好的照顾。而且可能会因为同情得到额外的照顾。"为了抑制市场逻辑的渗透,州政府对那些将医疗补助患者丢在低级别的设施上的医院进行了处罚。[77]

---

* 指上门的护理人员。

但是，这种包容不仅建立在剥夺护理人员的权利之上，而且也伴随着对工人阶级中日益缺乏安全感的黑人的排斥。白人工人阶级常觉得由关心他们的陌生人照顾他们是一种安慰和快乐。黑人工人阶级和穷人对跟他们的身体有制度性权力关系的陌生人的感觉则往往并不是这样。一些人享受着在白人中更普遍的经济安全，但这些机构不是为这座城市中的黑人而是为白人、不是为新教徒而是为天主教徒建立的。在1967年的一封信中，一位自由派牧师对匹兹堡白人的不同机构与非裔社区的关系进行了分类。他写道："私人机构比城市的掌权者们做得更多……警察犯了错误，但他们并不粗暴。就业情况很糟糕。也就是说，对黑人来说很糟糕。"[78] 不过，他在信的结尾处提出了明确的谴责。"医疗机构是可悲的，不知悔改的。"这种形式的种族主义是非正式的，但却很普遍，处于联邦法律中的正式反歧视条款的管辖范围之内，而这部分联邦法律正是"伟大的社会"的一部分。

历史学家乔·特罗特和杰瑞德·戴写道，医疗实践中的隔离和歧视很普遍，比如医院倾向于询问白人病人"是否反对'与黑人'共用一个房间"。半私人病房的尊严是美国钢铁工人联合会集体谈判的蓝十字会计划的首要成就之一。为此目的而翻修的医院把黑人患者看作他们卖给白人患者的产品的一个瑕疵——这种产品不仅是技术上的疾病治疗，而且是长期接受关怀的理想体验。由于医院的黑人邻居的抱怨，仁爱医院甚至在申请政府拨款的过程中失利。"我们被告知，我们在这些人心目中的形象很差，他们声称我们在业务的各个方面都歧视他们。他们说：'你们在慈悲地对待我们，但你们从来没有接纳过我们。'"[79]

黑人活动家对许多机构的这一做法提出质疑，但在霍姆伍德最为突出。那里只有一家综合医院，即由慈善修女会经营的匹兹堡医院。对该机构的不满不一而足，涉及病人治疗、社区关系和就业等方方面面。根据1966年8月11日上午的病人普查，病人人数与附近的种族构成几乎完全成反比。在医院的102名有权接收病人的医务人员中，只有1人在霍姆伍德有办公室。更重要的是，为数不多的黑人病人中有近三分之二住在普通病房，而不是私人或半私人病房。[80]

黑人批评者不接受医院的解释，即排斥黑人病人是出于"无法定义"的原因。1966年，该医院没有一个黑人实习生或住院医生。有色人种促进会的查尔斯·格林利医生在该地区行医，他说："该地区几乎没有一个家庭在这里没有过糟糕的经历。"领导霍姆伍德教会的勒罗伊·帕特里克牧师描述了他儿子被狗咬伤手腕时等待治疗的情形："隔壁房间里有一个修女、两个护士和两个医生。我最后听到了那里爆发的笑声：'难道没有人负责急救吗？'这听起来多么冷酷无情。"作为回应，医院领导保持了一种居高临下的姿态，在会议上把黑人活动家称为"你们这些人"，并把批评斥为"说服力不足"。[81]

反贫困斗争提供了一个潜在的解决方案，即为霍姆伍德的新医疗中心提供联邦资金。1967年3月，匹兹堡医院在霍姆伍德-布鲁斯顿公民重建委员会的支持下签署了运营该中心的协议,该委员会是向匹兹堡医院施压的主要团体。但更多激进的活动家利用资金流作为杠杆来控制医院在其本部中的行为。在1967年和1968年初,由于霍姆伍德的激进领导人认为新医疗中心的拟议董事会成员是不可接受的,争端扩大了。布伊·哈登是一名黑人钢铁工人,也是激进的霍姆伍德组织"联合进步运动"的领导人,他称拟议的董事会是"一群汤姆大叔"。他支持建立一个新的医疗中心——"但不是在这种情况下"。最后,在市长和县政府官员的干预下,才保证了这笔交易:匹兹堡医院被要求在任命哈登或格林利为新中心的理事会成员之间做出选择,并在截止日期前两天选择了专业的格林利而不是蓝领的哈登。到20世纪70年代初,该地区的居民赢得了选举霍姆伍德-布鲁斯顿医疗中心理事会成员的权利,实现了黑人活动家最初的大部分设想。然而,由于所依赖的资金来源在政治上易变,所以卫生政策很不稳定。在该中心成立后的10年里,它得到的支持慢慢减少,这导致了对其控制权的恶性争夺。医疗中心代表了为适应被排斥的少数群体而在系统边缘做出的调整,它对个人有意义,但不足以实现结构性变化。[82]

匹兹堡的另一个主要黑人区域,希尔区,也出现了类似的边缘性调整。其中一项努力是纠正无法提供救护车服务的问题,这与霍姆伍德的运动如出一辙。此前,希尔区没有得到充足服务的居民不得不依靠警察提供紧急医疗运输;71%的人通过这种方式获得了不适当的紧急护理。社区活动家获得了反贫困斗争和基金会的资金,启动了一个新项目——自由之家救护车服务。自由之家培训当地的"铁杆"失业者,使他们成为我们现在所知的紧急医疗技术员———一种为该项目发明的工作。自由之家于1968年7月开始运作,第一年就运送了4267名病人。这项服务一直持续到20世纪70年代中期,后来市政府终止了合同并建立了自己的服务力量。[83]

希尔区与霍姆伍德不同,完全没有医院,因此对救护车服务的需求十分迫切。在1969年和1970年间,一群医生与大都会人寿保险公司合作,提出了一个解决方案:在希尔区建立一个拥有自己医院的团体健康计划。他们成立的"中央医疗卫生服务机构"将是匹兹堡的第一个健康维护组织(HMO)———一种预付费的综合团体护理系统。这个健康维护组织将在营利的基础上进行运作。在论证他们的新设施,即中央医疗馆(CMP)时,支持者强调了附近地区的需求:"社会的所有问题,包括医疗照护,在穷人身上都被放大了。"他们指出,对穷人的护理往往质量较差。穷人害怕医院,但也依赖医院提供的社会服务,而这些服务可以通过其他方式更便宜地提供。营利性的健康维护组织可以通过市场激励带来的效率纠正这个问题,将节省下来的资金用于支付对最需要医疗照护的人的护理。[84]

这个拟议的价值2000万美元的新设施,"美国自由企业医疗保健的典范",并不是在没有反对意见的情况下获得通过的。一些官员赞成该计划,包括模范城市委员会,该委员会负责为城市指定区域的开发分配资金和许可;作为回报,该委员会赢得了一项协议,即两名希尔区居民将进入董事会，以及关于不歧视和本地雇佣的模糊承诺。但其他人则表示反对，他们认为中央医疗馆在照顾穷人方面只提供了表面上的改善，同时却会剥削最有利可图的病人。州保险专员赫伯特·登伯格对该计划表示反对，他写道："在一个必须进行公共支持的医疗服务系统中，不存在'私人资金'这种东西。"[85]

在谈判后，医院规划者以区域容量过剩为由，将该提案中的病床数从300张降至244张，并允许其继续推进。到1974年年底，该设施已经遇到了严重的财务问题。到1977年，中央医疗馆已经拖欠了500多万美元的抵押贷款，法官正在考虑将其纳入破产管理。在匹兹堡的社区主义、团结主义的医疗照护经济中，没有营利性医院的位置。[86]

在政治光谱的另一端，20世纪70年代的匹兹堡也出现了少有的完全社会化的医疗机构——退伍军人管理局（VA）——的危机，它在奥克兰、阿斯平沃尔和利奇农场有3套设施。退伍军人管理局的病人抱怨等待时间长、设施质量差、官僚机构不友好。例如，乔治·赫罗米作为第一次世界大战的老兵，也是麦基斯波特的一名退休钢铁工人，"他总是告诉他的妻子，如果情况变得更糟，退伍军人管理局会带着他度过晚年"。1974年5月丧偶后，80岁的赫罗米——被描述为"一个孤独、糊涂的老人"——无法再照顾自己。赫罗米没有自己的房子，所以他没有花钱自己租房，而是搬进了医院，然后又搬进了私人养老院，费用来自他的退休工人福利。但他在两个月后耗尽了自己的资源，于1974年7

月去世。他是阿斯平沃尔退伍军人管理局等候名单上的第46位，而他绝望的子女则试图让他进入臭名昭著的县属凯恩医院。赫罗米的钢铁工业退休人员身份为他争取到了相对有尊严的两个月——比其他人在类似情况下享受到的要多，但退伍军人管理局除了给他一点经济补贴外，对他没有什么用处。[87]

矛盾的是，这些失败的直接原因是1973年联邦立法将福利扩大到更大的退伍军人群体。该法案是越战给军队带来的压力的政治结果，军队需要在义务兵征兵结束后管控士兵的不满情绪并吸引志愿兵新兵；该法案构成了历史学家珍妮弗·米特尔施塔特所说的"军事福利国家"建设的一个关键部分。最重要的是，该立法增加了福利覆盖范围，将和平时期的退伍军人和"完全残疾"的退伍军人的家属纳入保障。如此一来，病人的需求超过了服务供给能力。与产业工人可以平稳使用的私有化系统不同，公共系统长期以来资金不足，缺乏将成本转嫁给保险公司和公众的同等能力。虽然联邦法律要求退伍军人管理局的管理人员保持足够的设施和人员配置，但政府并未为此提供资金——反而让该机构被私人主体排挤。阿斯平沃尔退伍军人管理局——赫罗米曾在那里排第46位——的管理人员哀叹说，他们有一栋空楼，经过翻新，可以容纳100张床。"我多年来一直在提这个建议，"一个人说，"但没人听。"[88]

带来的融资成本。"然而，从医院管理层的角度来看，增加运营成本是可取的，因为这个行业是靠运营成本的加成性报销来运行的。在对地区医院进行调查后，该报告预计这一趋势将继续下去，从1978年到1983年，预计将有5.78亿美元的新资本项目投入使用。匹兹堡的医院在为这种增长提供债务融资方面超过了全国的趋势。1962年，全国范围内12%的新医院大楼是由债务融资建设的；到1974年，全国范围内的这个比例上升到三分之二，而匹兹堡的比例则飙升到75%。[91]

医院规模越大，它们吸收的报销就越多——而用于发展的信贷也很便宜。由于税收补贴和医疗保障所代表的"作为债务担保的收入的实质性保证"，医院债券的利率比类似的债务低1.5到2.5个百分点。最重要的是，医院可以将融资直接转嫁给医疗保险。[92] 匹兹堡的医院由此成为一种转化机器，将医疗保险和蓝十字会的支付，转化为对私人债券持有人的偿债，这种转化的基础是工人阶级对广泛和深入护理的期望，而其方式则是采取市场形式。

在整个美国，从1970年到1979年，医院的流动资产负债比持续下降。尽管医院仍然可以不大困难地偿还债务，但它们的长期债务翻了一倍，从总资产净值的13.5%上升到25.3%。医院有很强的动机来承担长期债务：20世纪70年代，住院病人总数以每年约2%的速度增长，住院天数以每年1.2%的速度增长，而接受医疗保险的人数却每年增长5.7%，这对人口老龄化服务领域的服务提供者来说是另一个福音。[93]

医院借贷将社会和政治问题变成了商业命题。不断恶化的工业经济使制造业中心的人们失去了工作,并切断了他们与其他安全来源的联系。工业衰退使家庭支持系统退化。它吞噬了税收,同时也给公共服务带来了财政压力,因为工业衰退造成的社会不稳定使更多人寻求国家支持。[94]

二战后达成的协议平衡了公共权力和私人管理。1965年后,更多的公共资金的涌入考验了这种平衡,但任何一方的政治力量都没有强大到足以彻底打破这一协议。只要这种态势没有发展成彻底的社会化医疗,为应对工业的长期衰退而出现的福利供应的机械性增长,就会吸引对医疗照护市场的投资,而不是排斥资本。这个不断扩张的产业吸收了来自其他经济部门的社会问题,而那些部门缺乏这种公共支持。越来越多的老龄化和失业人口可以越来越多地依赖医疗照护系统,其看似无穷无尽的需求吸引了债权人,并导致产能扩大,从而使通胀增长周期进一步升级。

债务、通货膨胀和公共补贴共同作用,虽然使管控医院经济的政治平衡承受了压力,但从根本上维护了医院经济——从而扩大了医疗服务在社会中的总体分量。宾州医院院长罗伯特·卡斯卡特写道:"医院管理者、受托人和医务人员实际上是在对社会的需求做出反应,以提供当前可能的最佳医疗服务。他们不是在创造需求,而是在对其做出反应。如果不做出反应,就会造成危机,引起许多其他问题。"卡斯卡特解释说,问题的核心是"消费者已经被他的雇主、工会或政府承诺提供医疗服务。他会希望他们兑现这些承诺,并以这种方式继续刺激需求"。如果为医院找到足够的信贷,"目前的医疗照护系统将继续存在下去。否则必然产生重大的重组,这可能会对系统和那些为系统内设施提供资金的人造成最严重的伤害"。[95]

虽然解决了一些问题,但医院的发展还是带来了一系列新的挑战。正如匹兹堡大学校长韦斯利·波斯瓦尔所说:"我们正处在一个期望值不断提高的时期;人们拥有购买凯迪拉克的品位,而国家却没有能力为他们买单。我们面临着每年为这个国家的医疗照护再花费500亿或1000亿美元的可能性。"[96]虽然波斯瓦尔的说法将数量上的需求上升替换为质量上的奢侈欲望,但他抓住了问题的政治本质。为医院争取可靠的、可负担的、可持续的信贷是非常重要的,因为这样做推迟了对一个高度分裂的政治问题的回答。成本将由公共和私人保险公司承担,它们将把这些成本分配给私营部门的保费支付者(主要是雇主)和纳税人。这似乎是最坏的选择。

因此,在短期内,医疗照护系统内的张力——来自它调和对立选民的方式——导致了它的发展。建造新的医疗大楼或购买一套昂贵的设备使债券持有者高兴。这样做也让病人满意,他们可以获得想要的服务,却不用为此付出代价。唯一被迫直接承担讨价还价成本的群体是卫生保健人员,如果要控制成本,他们的工资增长必须得到控制。[97]

扩　　张

甚至在医院获得必要的资金之前，他们就已经看到了扩张的可能性，并开始为此进行规划。学术医疗中心由于其研究和培训项目所产生的市场声望和联邦资金而享有优势。在匹兹堡大学的大学健康中心（UHC），官员们预见到了中心基于这一优势的显著发展，更不用说它们可以通过共享服务为其附属医院带来规模经济效益。"我们将面临不断增长的服务需求。计划的范围将扩大"，管理者阿瑟·亨宁斯写道。他预测，在未来10年里，大学健康中心将增加5000名学生和工作人员，中心最终将需要"可能是目前两倍的空间"。这种增长意味着更多的床位，但也意味着新的设备、扩大的停车位和大量的其他附加设施。[98]

20世纪70年代，一旦资本市场满足了预期的需求，健康中心设施的扩张就开始了。例如，从1973年到1977年，健康中心的附属医院花费了4900万美元用于投资建设，其中近90%为债务融资。1974年，该大学聘请了一位商人——霍尔-马克卡公司的高管内森·斯塔克——来管理这个中心。这引发了一场争论，医学院院长也辞职了。1976年和1977年，斯塔克成功地通过谈判达成了新的协议，推进了健康中心5家医院的合并，开始了新的联合规划进程，协调医院的活动，从共享停车场和血库到主张大学对医院负责人的任命进行控制。[99]

斯塔克的任命标志着医院系统的另一个社会转型：行政人员的崛起。几十年来，医院行政管理的工作并不特别有声望，医生比行政人员拥有更多的地位和权力。但医院的社会范围和经济规模的扩大需要新的行政能力。从20世纪50年代末到60年代中期，行政管理培训课程的内容发生了重大变化，更加关注社会医学的形式，如老年学和流行病学。西宾州医院委员会执行主任罗伯特·西格蒙德在1966年写道："明天的医院管理者必须专注于确定社区需求，识别并熟悉社区和消费者利益的代言人。"[100] 更明显的是，管理者的目的演变为落实债券持有人和消费者之间默契的约定。

在整个20世纪70年代，行政人员参与了当地社区、债券持有人和削减成本的监管者之间的几乎不断的复杂谈判。前两者都希望扩张医院，在地方层面上代表了所有有利于消费增长和系统增长的结构性力量。1973年，霍姆斯特德医院的一位管理者为一项拟议的资本计划辩护道："投资银行家们愿意购买价值2750万美元的债券。这对我来说已经很好了。"[101]

另一方面，卫生规划技术专家们越来越担忧产能过剩和价格上涨的问题，引起了医院规划者越来越多的监管敌意。这种监管冲动首先在西宾州医院委员会中采取了纯粹的自愿形式，该委员会最初可以游说立法机构让医疗系统进行自我控制，但没有采取相关行动。然而，该委员会在20世纪60年代和70年代逐渐获得了更多的正式权力。从1966年的立法开始，该组织被赋予了一个得到公开认可的顾问角色，尽管没有什么实际权力。随着70年代初对通货膨胀的普遍焦虑，国会重新审视了《社会保障法》，创设了几项重要的新权利，如医疗保险肾脏护理覆盖和补充保障收入，并将生活成本的调整纳入社保支付。所有这些都代表了民主党立法者和尼克松总统在通货膨胀政治问题上的一个愉快的交汇点，尼克松总统为了连任正在向左转：他在1972年10月底签署了该法案。[102]

一方面，立法者扩大了这些项目的财政覆盖面，另一方面，立法者又试图通过允许各州选择退出医疗补助计划，并赋予区域卫生规划机构审查重大资本支出的权力来控制它们。由于这一制度仍未能控制成本，国会再次采取行动加强区域规划委员会的权力。1974年的立法将其改称为"卫生系统局"（HSA），赋予它们权力，可以取消对不遵守机构资本项目审查的机构的联邦报销。[103]

在20世纪70年代末和80年代初的快速增长期，每一次重大的扩张努力现在都必须与宾州西南部的卫生系统局周旋，该机构是由联邦政府授权的，由卫生政策专家、供应商和消费者组成的有组织的监管声音，其功能是对医院资本施加限制和进行合理化。当消费者加入该理事会时，他们收到了一本手册，旨在使他们转而支持对医院资本的控制。成员们被警告说，"床位的过度供应带来的运营压力，导致不必要的入院和住院时间延长。你、我以及其他的纳税人"要为这些过剩的床位买单。卫生系统局理事会在总体上赞同这一分析，建议在1978年至1985年间将该地区的总床位数从

13600张减少到11800张。然而，在审查具体建议时，理事会成员必须签署限制他们自己社区的特定医院的方案，而这一决心是很难下的。[104]

1977年，南区医院对这一决心提供了一个测试。与霍姆斯特德医院一样，南区医院长期以来与附近的钢铁厂，即琼斯与洛林钢铁公司的匹兹堡工厂保持着密切的联系，而钢铁业就业率下降所造成的社会背景是实施价值2950万美元现代化项目的关键。"医院的服务区是由老龄化人口组成的。老年群体的住院率较高，据估计是普通人群的四倍。"虽然通过债务融资的项目总成本的行业标准是80%，但南区提议93%的债务融资。[105]

卫生系统局的审查委员会两次以地区能力过剩为由拒绝了该项目，当时引发的愤怒情绪越来越强。1978年，医院理事会成员安妮·珍妮芙警告她的社区说："蒙谷南边整个地区的居民必须光顾他们当地的医院——在那里他们可以选择医生——而且必须坚持在他们社区的医院接受服务，那里的便利和温柔的照顾是不可替代的。使用它，否则我们将失去它！"[106]

随着对该机构争议的升级，当地社区成员动员了起来。《匹兹堡邮报》收到了几十封支持该项目的信件，宣称有权获得一个最新的医院。卡罗尔·康博伊写道："南部希尔区有许多辛勤工作的纳税人，他们需要一种社区医院能够而且确实提供了的良好医疗服务。我是南区医院的一名员工，希望在未来的许多年里在那里工作。"支持者普遍提到了医院

第四章 医生新政　235

对社区的经济重要性。众议员盖多斯和其他民选官员一样，再次加入了捍卫钢铁城医院的行列。[107]

正如在这些情况下通常发生的那样，当地官员是该项目一致的支持者。阿勒格尼县专员托马斯·福斯特和罗伯特·皮尔斯，以及匹兹堡市议员罗伯特·拉德·斯通和詹姆斯·拉利，在各自的立法机构中提出了支持该项目的决议案。皮尔斯说，医院"与社区教堂、警察和消防一样重要"。医院通常会有当地权力经纪人和官员的积极支持，他们经常在理事会任职。当州卫生部长戈登·麦克劳德最终解决了僵局——审查委员会两次投票反对扩建计划，理事会全体成员投票赞成——并批准了该项目时，他受到了州参议员詹姆斯·罗曼尼利的鼓掌欢迎，罗曼尼利本人就是医院理事会成员。[108]

当麦克劳德介入，否决卫生系统局审查委员会的意见并让该项目通过时，他引用了当地倡导者的意见。地方政治家可以影响医院资本的分配，只要非选举产生的官僚关心这些政治家及其选民的想法。但民选官员没有正式的程序性权力，而是象征和执行其选区的社区团结。他们的影响力体现在民众对医院护理的期望中。如果卫生系统局享有更多的民主合法性，那么合理规划医院投资的努力遇到的民众阻力可能会更小——麦克劳德自己意识到了这一点，他在1979年向立法机构提议将卫生系统局理事会成员改为由民主选举产生，但没有成功。[109] 在没有民主参与的情况下，民众自然希望服务提供能够最大化，而这通常又与医院行政人员利用免费资金的野心不谋而合。

卫生系统局的程序确实阻止了一些提案。1977年,该机构挫败了圣约翰医院价值2620万美元的现代化项目——驳回了该地区几乎所有官员的反对意见,包括直言不讳的匹兹堡市市长皮特·弗莱厄蒂和地区检察官鲍勃·科尔维尔的意见。阿勒格尼县专员托马斯·福斯特愤怒地提出:"圣约翰医院是唯一一家我从未收到过关于其投诉的医院。"而州代表罗伯特·拉文斯塔尔则认为,医院的改造是为了服务于其存在大量的贫困人口、非裔美国人和老年人的地区。事实上,处于守势的卫生系统局不得不否认它有"反城市"的偏见,指出该机构已经批准了所有的城市项目,同时接受了圣约翰医院的妥协建议,进行规模小得多的改造。阿勒格尼县专员皮尔斯为了报复卫生系统局的敌意和秘密行为,向联邦卫生、教育和福利部投诉该机构的做法,并试图削减其资金,但未能成功。[110]

那一年,卫生系统局审议了54个项目;圣约翰医院的项目是仅有的3个被拒绝的项目之一。投资规模第二大的项目,即阿里基帕医院约1100万美元的翻新工程,也被撤回;第3个是匹兹堡大学医疗中心的81.53万美元的CT扫描仪采购项目,最终通过上诉获得了批准。在圣约翰医院项目和阿里基帕医院项目之间,监管机构还拒绝了3710万美元的拟议开发,同时批准了金额总计8760万美元的数十个项目。[111]

到20世纪70年代末,宾夕法尼亚州西南部每千人有

5.06张病床,而全国每千人有4.47张病床。因此,卫生系统局警告说有1500张病床过剩——相当于5家中型医院的病床数量。这些相互交织的动力——经济和人口变化、第三方和公共报销带来的需求提振,以及债务融资刺激的供应扩张——所带来的结果,意味着尽管监管者不时进行抵制,但价格这个卫生政策的魔鬼还是在稳步增长。[112]

医院的扩张使债券持有人和管理者受益,但其基本动力是,它承诺用别人的钱来解决社会问题。当县政府面临机构性长期护理的危机时,也许是这种政治必要性的最鲜明的说明。20世纪70年代,随着工厂就业机会的减少,地方税收减少,老年人口增加,基于家庭的非正式护理系统退化。因此,由于越来越多的老年人口被抛向由公共部门支持的长期护理,特别是医疗补助,机构性的老年护理因此逆周期地扩张了。阿勒格尼县的老年人口数量高于正常水平,该县以更高的比例将老年人送入公共护理机构,即使财政短缺的情况恶化。[113]

这种人口和财政危机的结合,对该地区最重要的老年护理机构——巨大的县属养老院,约翰·凯恩医院——的状况造成了影响。尽管在1966年发生了一次短暂的静坐罢工,凯恩医院工作人员的工资却非常低,而且随着预算压力的增加,他们单个人要照顾的老人越来越多,工作强度越来越大。这些工作条件与过度拥挤相互作用,造成了病人被忽视和虐待的灾难。工作人员因为无法管理病人的需求而对他们进行物理和化学固定,导致病人失禁、感染、生褥疮以及精神和肌肉退化。有时，表现出更强烈需求或抱怨护理情况的病人会受到惩罚，例如，一名助手在给一名黑人病人洗澡时，用冷水喷洒他的生殖器，以回应他的失禁，并警告他说："你最好学会永远不要再拉屎，黑鬼。"一位名叫多西的女性是她所在楼层最需要帮助的病人，她同时患有帕金森症和糖尿病，除了嘴巴和眼皮之外，她身体的任何部分都不能动。当她要求得到她所需要的护理时，"她被工作人员吼、打耳光，并被多次警告'闭嘴'"，工作人员来回摇晃她的床，并将她的头歪到身体以下——这些做法就像酷刑一样。

凯恩医院的条件代表了20世纪70年代一个更广泛的现象的极端情况。正如犹他州民主党议员弗兰克·莫斯领导的美国参议院听证会所揭示的那样，那10年间发生了一系列机构虐待老人的事件，主要集中在不久后被称为"铁锈地带"的各州：虐待其实是工业衰退的结构模式的某种后果。但凯恩的被曝光要归功于3位无畏的活动家：玛丽·莱温、艾米丽·埃克尔和约瑟夫·纳吉。莱温作为一名社会工作者已经在凯恩工作，她对自己在那里看到的情况感到不安，于是召集了她的朋友埃克尔和纳吉加入，从内部揭露这个机构。3人共同撰写了一份报告《凯恩医院：蹈死之地》，并在"灰豹"（老年人权利组织）的帮助下，将这份报告提交给了莫斯的参议院小组委员会。[114]

1975年，凯恩内部状况的曝光引发了长达5年的政治斗争。该机构的管理部门否认了这些指控，县政府最初也是如此。但官方调查和工作人员的证词都证实了这些指控。该县持中受益。在受到这一运动影响的卫生系统局拒绝了私有化计划后,县政府改变了方向。县官员承认,该州为公共机构提供的优惠医疗补助报销率排除了出售凯恩的逻辑。对地方政府来说,履行其对该县老人的义务的最简单的途径是翻新该机构——将其拆成4个较小的"迷你凯恩"——但要将其保留在公家手中。

在匹兹堡蔓延的社会问题是无情的,卫生政策无法控制它们,也无法消除它们所造成的民众压力。但如果可以安排机构从保险公司那里获得尽可能多的资金,那么卫生政策就可以提供一种管控这些问题的工具。正如1976年医学研究所的一份报告所承认的那样,"强大的社区利益集团通常支持新建医院或扩建现有的医院,反对削减服务"。[117] 这种政治逻辑并不决定每一次冲突的结果,也不总是直接发挥作用,但这种趋势是无法阻挡的。

企业福利,社会福利

从二战结束到20世纪80年代,医疗照护市场不间断的成本增长和资本扩张过程是政治性的。它以战后福利国家的建立和制度化的集体生活形式为基础,首先采用社会保险池的形式,然后是产生一系列供应方以响应社会保险池带来的需求。医疗照护行业的价格上涨比经济中的大部分其他部门要更快,从而推动了供应的扩张。在价格迅速上涨和供应相应扩张的背后,是由福利国家直接或间接补贴的第三方医疗护理支付。[118] 再进一步言之，在这种扩张的背后，是工人阶级社区对安全的需求，他们把获得高质量的护理作为社会包容和福祉的一个重要因素。这种意识形态反映了随着社区的老龄化，由于失去了钢铁业就业的工资和非正式护理系统，他们大量使用该系统来满足越来越多的需求。

因此，工人阶级的力量召唤着公司的力量和私人资本进入美国医疗行业，因为所有这些人都从这个系统的增长中受益。20世纪70年代，有组织的工人阶级的安全感被削弱，这为市场中私人的、有利可图的经济活动开辟了空间，而市场的结构和参数已经被有组织的工人的力量所设定。然而，私人资本未能完全接管该行业，这正是工人阶级的社群主义强规范持续存在的一个标志。事实上，资本积累之所以首先通过金融市场找到进入系统的途径，正是因为它以此提供了持续满足工人阶级安全需求的方式。

虽然毫无疑问，公司性质的规范和做法在医疗服务的提供中得到广泛应用，但它们是在非营利机构的外壳中进行的，在许多方面，非营利机构通过公众的购买力和公众代表制定的政策，对民主制下公众的要求进行回应。就像战后福利国家的其他部分一样，这种包容性反过来又建立在对非裔美国人的排斥和对主要是黑人的服务劳动力的剥削之上。在此基础上，医院继续满足医院所服务的选民的期望，并坚持医院所代表的社会交易。

第五章

持久的灾难

工人阶级的回收

长大后,艾琳·贝里和卢·贝里认为他们知道这个世界是如何运作的。他们住在宾州的布拉多克,就小卢——姐弟中的弟弟——所知,那里正在蓬勃发展:"在这个1平方英里的小地方,我们有3个电影院,四五个汽车经销商。这是一个钢铁小镇。"20世纪60年代末,他们一家在塔尔博特大厦定居,这是一个公共住房小区,离美国钢铁公司的埃德加·汤姆森工厂只有几步之遥。在邻居们的集体帮助下,孩子们在那里长大成人。

对于20世纪60年代后期在布拉多克长大的非裔美国儿童来说,未来似乎取决于一个简单的问题:他们是否能够依附于钢铁业,通过就业或婚姻跃入经济保障的龙门?艾琳和卢的母亲没有这样做。相反,她未婚,做家政,然后成为一名执业护士,在社会公民权的边缘苦苦挣扎,并在需要时依靠她的钢铁工人大家庭。艾琳跟随她的母亲进入医院工作,直到艾琳的高中恋人科本——即将成为她的丈夫——从军队服役回来，在埃德加·汤姆森工厂找到一份工作，她才离开劳动力市场。小卢期待着轮到自己，期待着有一天他能走下山，到埃德加·汤姆森工厂的就业办公室，加入钢铁工人的行列。"我只知道我长大了，有一天会在工厂里工作。这就是我们想要的一切。"

但20世纪70年代使艾琳和卢离开了他们所想象的道路。在那些年突如其来的经济压力下，艾琳重新进入劳动力市场，先是找了一份日间护理的工作，然后从事零售工作，最终又回到了医疗照护领域。小卢发现自己被拒之于钢铁工作之外，他曾认为这是自己与生俱来的权利。他在一家电器厂工作了一段时间，然后被解雇了。多年来，他一直在经济边缘徘徊，做一些小生意，弹吉他赚一些钱。若干年后，他发现自己也在一家医院工作。[1]

卢·贝里和艾琳·科本这一对姐弟，都经历了20世纪70年代和80年代初的经济冲击。但他们的经历是不同的。贝里和许多非裔美国人一样，在1975年至1985年的10年间，被一波波的裁员和工厂倒闭所逼迫，走到了劳动力市场的边缘；据估计，在此期间，该地区失去了15万个制造业岗位。另一方面，科本*的生活说明了一个不太受关注的现象，尽管它的意义并不小：导致蓝领工人，尤其是非裔美国人越来越不安全的力量，同时也为女性进入劳动力市场创造了机会和动力。工人阶级分解的过程，同时也是工人阶级重

---

* 美国女性婚后随夫姓，因此姐弟俩现在一个称贝里，一个称科本。

新组合的过程。[2]

最重要的是,这两个过程之间的划分是性别化的。男性劳动力市场急剧收缩,而女性劳动力市场则在扩大。这些动态变化也是种族化的。与白人相比,工业雇主倾向于更快、更长时间地解雇黑人。由于这个原因,黑人妇女长期以来一直比白人妇女更多地参与到有薪工作中。在此期间,劳动力增长最多的是黑人妇女多年来一直参与其中的那些底层劳动领域:洗衣服、做饭和供应食物、换床单和清洁身体。

虽然观察家们普遍注意到高薪的工业工作被低薪的服务工作所取代,但很少有人认为这些过程之间有任何联系。兰德公司的一项研究指出:"制造业就业的减少伴随着服务业就业的稳步增长。对许多人来说,制造业工作的丧失伴随着失业或在新的职业中做获得低薪的工作。"在这个典型的分析中,这两个过程之间的关系似乎只是巧合。[3]

20 世纪 70 年代末,最大的"新经济"部门——医疗照护部门的快速增长,是现有的福利国家机构与工业衰退的广泛影响之间相互作用的结果。随着越来越多的人脱离了工业就业和围绕工业就业的社会制度所提供的经济安全网,人们转向医疗保障来满足他们不断变化的社会需求。管理新出现的不安全人口,成为福利国家剩余的健康保障机构的任务,这项任务赋予这些机构以新的目的和新的生命。

去工业化把工人阶级人口扔回了福利国家以求生存,使其组成机构接受考验,无论这些机构是公共的还是私人的、是规训式的还是解放性的:家庭单位、工会和集体谈判、治安和惩罚、社会保险和收入支持系统。虽然许多社会机构都在这种压力下颤抖,但医疗照护系统却没有。由于其将公共补贴和监管与私人管理相结合的特殊组织结构,医疗照护行业反而繁荣起来:它抓住了由公共买单的社会服务需求的增长,即使工业经济和福利国家的其他领域崩溃了。后工业的就业增长取决于对经济的社会干预的继续:维持受困人口的生存,需要大规模的反周期公共开支,这反过来又创造了新的投资和新的劳动力市场。

深化的危机,1965—1977 年

匹兹堡的蓝领阶层已经习惯了失业。在 1959 年的长期罢工之后,钢铁消费企业已经开始囤积或在海外寻找货源,以防国内钢铁供应中断。尽管 1965 年没有发生罢工,但这种模式导致了钢铁供应过剩、市场疲软和裁员,特别是黑人钢铁工人因内部隔离造成的资历不足而不受欢迎,同时这种局势也侵蚀了整体的就业机会。因此,美国钢铁公司开始游说工会达成交易,用保证年度工资增长来换取工会不为新合同罢工的承诺——所谓的实验性谈判协议(ENA)。[4]

然而,事实证明,就业保障是虚幻的。匹兹堡地区劳动力市场的总体就业率在 1967 年达到了顶峰,当时美国钢铁公司首次提出了实验性谈判协议的概念。在暂时的反弹之下,技术升级和全球竞争正从内部和外部侵蚀着钢铁业的就业。例如,在 1965 年,美国钢铁公司终于赶上了竞争对手,

在杜肯工厂安装了氧气顶吹转炉，从过时的平炉中解雇了几十个工人。按照典型的种族化模式，这些被裁员的工人中只有少数人是在全白人的技术工种中工作，而有几十个人是普通辅助工（laborers）和第二、第三助手（helper）——大概率是由非裔美国人担任的岗位。总的来说，劳动力数量从平炉的 671 个小时工下降到新的氧气顶吹转炉的 304 个小时工。[5]

到 20 世纪 60 年代后半期，越来越多的不稳定感在钢铁业中蔓延，加剧了其中的日常化不满，尤其是对黑人工人而言。1968 年，匹兹堡的非裔美国人失业率高于全国任何其他大城市，让圣路易斯、底特律和纽瓦克等城市瞠乎其后。但与此同时，许多人很难想到的是，失业率所反映的情况比普通的裁员、返聘、受伤和罢工周期更糟糕。[6]

尽管管理层早在 20 世纪 60 年代就开始否认工厂关闭的可能性，但工人的洗牌和裁员却发出了明确的信号。"我们被告知，你们中的许多人听说了一个谣言，说琼斯与洛林钢铁公司的管理层已经决定逐步关闭或放弃匹兹堡工厂。这个传言不属实。"1969 年，琼斯与洛林钢铁公司的总裁向员工解释说。管理层在 20 世纪 60 年代投资了 1 亿美元用于工厂的升级改造："如果我们打算放弃匹兹堡工厂，我们会这样做吗？"但是，公司在该厂的运营正在亏损。"让我们面对生活的现实。无论管理层的意图如何，无论此处的相关事实如何，我们的客户可以通过把他们的钢铁订单交给我们的竞争对手来淘汰匹兹堡工厂，如果我们的质量和服务继续走下坡路,他们就会这么干。"[7]

这种混乱、动荡的模式是20世纪70年代初裁员加速时令人费解的形势。在经济衰退的1971年,几乎在新的全行业合同的墨迹未干时,钢铁行业管理层就宣布了大规模裁员。在宾州西部,8月有4.7万名钢铁工人失业。一名工会代表轻描淡写地将这种情况描述为额外的假期——"第二笔奖金"。在接下来的几年里,该行业似乎有所恢复,只是在1974—1975年再次沉沦。摆脱衰退后,该地区的失业率飙升至近9%,并保持了数年。即使在那时,一个州劳工行政官员评论说:"钢铁业正处于暂时的衰退期。一旦钢铁业复苏,这里的失业率就会下降。"钢铁工人可以将大约一半的不景气解释为普通的繁荣和衰退周期。[8]

其他时候,更糟糕的事情似乎正在发生。特别是对黑人工人来说,情况越来越可怕。1972年,美国钢铁公司对民权抗议和诉讼做出回应,对其位于麦基斯波特的国家钢管厂的就业种族模式进行审计,发现其中几乎没有黑人工人。由于需求疲软,高炉被关闭,这意味着大多数非裔美国人都暂时下岗了。黑人工人的资历被限制在最热、最脏的部门,这导致了一系列的诉讼,并在1974年的联邦同意令中得到解决。根据这项解决方案,钢厂和工会开始采取平权措施雇用女性和非裔美国人,并转向全厂而不是部门的资历制度。从理论上讲,这使黑人工人有机会从焦炉、高炉和平炉的岗位上晋升。[9]

回过头来看,同意令似乎更像是对该行业歧视性做法的诊断，而不是纠正它们的处方。同意令产生于20世纪60年代逐渐恶化的由不平等就业所引发的抗议；它在正好赶上整个行业开始走下坡路的时候确认并试图纠正此类做法。此外，许多短暂获得新工作的人每天都面临骚扰。例如，1974年受雇于霍姆斯特德工厂的拉胡安娜·迪恩达，有一次不得不给试图摸她的工头一拳："你必须在他们开始之前阻止他们。"许多从事类似工作的人在"试用期"内花了几周时间，然后在体能测试中被淘汰，以表明她们不能从事已经在做的工作。受雇于杜肯工厂的女性抗议说："我们得到了工头和其他工人的特别'照顾'，我们必须忍受超级测试和超级骚扰，以证明我们不能做这项工作。"[10]

就在车间里的气氛越来越紧张的同时，公司说服工会同意了实验性谈判协议。通过用罢工权换取工资增长的保证，工会剥夺了会员抵抗日益恶化的经济形势的最有力的工具。匹兹堡地区的3个大型工会组织，即阿里基帕、埃德加·汤姆森和克莱顿，很快投票谴责了该协议。[11]

在这些困境中，美国钢铁工人联合会中的基层叛乱再次沸腾起来。1976年9月，芝加哥的区工会主任小爱德华·萨德洛夫斯基宣布，他打算挑战工会界年轻一代中最受欢迎的劳埃德·麦克布赖德的国际工会主席职位。"我们的工资已经远远落后。失业使我们成千上万的工会兄弟姐妹流落街头，"一份支持萨德洛夫斯基的小册子指出，"每5个钢铁工人中就有一个没有工作。在过去20年里，我们失去了10万个工作岗位。"[12]

萨德洛夫斯基的竞选口号是"反击",针对的是工会官僚机构认为工作失控的看法。申诉需要几个月的时间来解决,工作变得不安全,一个不民主的工会已经放弃了罢工的权利。"我们知道在价格不断上涨的情况下购买杂货和努力平衡家庭预算是什么感觉。我们知道被解雇或试图靠短期工作周生存是什么样子。我们已经看到了太多的邻居和工友在失业的情况下,如何努力让他们的孩子上学,在没有固定收入的情况下如何勉力维持一家人的温饱,"萨德洛夫斯基的宣传板指出,"虽然这些问题不是新的,但它们正在变得越来越糟糕。"[13]

考虑到工业工作未来的不确定性越来越高,萨德洛夫斯基接受了《阁楼》杂志的采访,奇怪的是,他似乎支持裁员:"我们已经从我们的大脑在技术上产生的东西中受益了。我们已经把(基础钢铁业)的劳动力数量从15年前的52万减少到40万。让我们把它们减少到10万。"这位左翼挑战者对当时的后工业话语进行了无产阶级的改造:"现在有的工人满腹诗书,有的医生在操作吊车。"他认为,一名医生"比一个有能力成为医生,但却在吊车上耗费一生的人更有用"。[14]

萨德洛夫斯基正确地认识到,劳动力正在被强大的力量在各部门之间重新分配——尽管他还没有完全掌握这一过程在教育、种族和性别方面的维度,但他仍然看得很远。他承认,没有人喜欢在钢铁厂工作。也许经济结构的变化可以带来更大的人类自由——这是劳工运动的真正目的。萨德洛夫斯基对劳工的生产力主义进行了批判，他提出："有组织的劳工的最终目标是，没有人必须下到地底去挖煤，没有人必须在高炉边受苦。我们已经从我们的大脑在技术上产生的东西中受益了。我们应该让钢铁工业凭借它所能生产的东西来补贴教育。"他认为，那些从钢铁业工作中离职的人可以"在其他地方找到工作"——"社会会吸收它（剩余劳动力）"。这被证明是一个困难的处境，因为这种残酷的工作现在似乎很珍贵和稀缺。萨德洛夫斯基的反对者对他的言论大加渲染，特别是在即将离任的主席 I. W. 阿贝尔在工会大会上提出了一个"终身工作保障"计划，以削弱萨德洛夫斯基的影响力之后。[15]

尽管发生了争吵，挑战者萨德洛夫斯基还是在基础钢铁业中赢得了大多数选票——在匹兹堡、扬斯敦和芝加哥等地的大型综合工厂。至少，他自己对该行业未来的矛盾心理似乎与最大的工人群体的相一致。例如，在宣布萨德洛夫斯基在克莱顿工厂获胜的同一期当地激进分子的通讯中，还报道了该厂几个焦炉设备的关闭。"许多人问，这些关闭动向是否预示着克莱顿焦化厂的未来？工厂周围谣言四起。"尽管萨德洛夫斯基有能力挖掘利用这种焦虑，并在行业的核心领域获得选票优势，但他还是以微弱的劣势输掉了整个竞选——因为许多人质疑其公平性，导致他在基础钢铁业以外的广大小企业中遭遇了压倒性失败。[16]

萨德洛夫斯基的候选资格反映了蓝领阶层日益紧张的情绪。他看到并承认行业正在发生什么。尽管有些矛盾，但他和管材公司关闭，5000名工人遭解雇——这是基础钢铁行业第一次关闭大型工厂。当保罗·沃尔克任主席的美联储在1979年开始收缩银根时，房地产和汽车等对信贷敏感的行业吸收了直接的冲击，并将这种冲击传递到了钢铁供应链上。这一年，收购了琼斯与洛林钢铁公司的LTV钢铁公司关闭了位于匹兹堡市中心的巨大高炉——伊丽莎炉。到了1980年，美国钢铁业的产能开工率仅剩50%。[18]

在70年代结束的严重衰退终结了被称为"滞胀"的经济周期。在全球制造业竞争重新抬头和投入成本膨胀的推动下，制造商感受到了盈利能力下降带来的刺痛，他们通过同意提高工资并将成本以涨价的方式转嫁给客户，推迟了与劳工的重大冲突。失业和通胀-滞胀同时发生了，尽管这两种现象被认为是相互矛盾的。这种情况正是新任美联储主席保罗·沃尔克想要解决的问题，他提出，对一些美国人来说，生活水平将不得不降低。而钢铁工人正是他心目中的那类美国人。[19]

在宏观经济治理层面，通常被称为新自由主义的现象正是对滞胀的结构性危机的直接反应。它最引人注目的表现是美联储在1979年收缩货币供应的行动——即所谓的"沃尔克冲击"。由于老工业中心处于滞胀局面的核心——在普遍盈利能力下降的情况下通过涨价给自己续命——它们受到了美联储行动最严厉的打击。随之而来的经济衰退对蓝领工人来说最为严重。在匹兹堡地区，大多数大工厂都进入了其停产周期的最后阶段，在几年内将就业率降至零。1980年6

月，美联储公开市场委员会的一名成员警告沃尔克："钢铁行业正处于非常恐慌的状态。"[20] 在匹兹堡，经济衰退是毁灭性的。

因此，在20世纪70年代末，宾州西南部的工人阶级社群从周期性的、逐渐恶化的困境中转入普遍的社会危机。一组学者在调查炼钢地区的情况时指出，在1979—1980年经济衰退之前，该地区的失业率比阿勒格尼县的平均水平高出16%至25%。一旦1979年年中经济开始衰退，该地区的劳动力市场失去了一半以上的钢铁行业工作，一些工厂城镇的失业率几乎比整个县的失业率又高出一半。学者写道："直到1980年，工厂城镇的衰落一直是一个渐进的过程，其特点是钢铁工人不断外迁到工人郊区、工厂的就业量不断萎缩。目前的经济衰退已经严重破坏了本已衰弱的钢铁工业，并加速了工厂城镇的衰败。这一现象使城镇和地区付出了巨大的人力和经济代价，并引起了人们的严重担忧，他们担心现有的发展和振兴战略将无法扭转这一趋势。"该地区的社会和种族隔离已经有了一个长期、缓慢的强化过程：随着1979年的冲击，它突然成为焦点。就整个地区而言，到1981年7月，失业率达到9.7%，而全美的失业率为7.8%。[21]

那些仍然希望在过时的钢厂重新获得投资和就业的人很快就失望了。1982年，美国钢铁公司大举举债，以66亿美元收购了马拉松石油公司。尽管否认，这个钢铁巨头正在逐步缩减其庞大的工厂体系——甚至将其名称改为"USX"。其首席执行官大卫·罗德里克对抱怨一笑置之，解释说该公司"从事的不是钢铁业务,它从事的是赚钱"。* 收购后不久,USX 取消了在其埃德加·汤姆森工厂建造连铸机的计划。通过叫停对综合炼钢业最重要的新技术的投资,这个行业最大的参与者发出信号,它开始从匹兹堡地区的生产中解脱出来。到 1983 年年底,美国钢铁公司关闭了匹兹堡地区 7 个工厂的部分设备。与此同时,沃特公司(LTV)** 开始慢慢关闭位于匹兹堡和阿里基帕的老琼斯与洛林钢铁公司的残余工厂。1983 年,钢铁工人爱德华·斯坦科夫斯基在沃特公司的工作场所之间进行了一系列转移后被永久解雇:"我很生气。我为自己 25 年的生活除了一辆破旧的雪佛兰外一无所有而生气;为别人,匿名的和遥远的人,夺走我的工作、与生俱来的权利和遗产而生气;也为自己相信这一切,相信从事钢铁业是我与生俱来的权利和遗产而生气。"这一年,匹兹堡的失业率达到 17.1%,而全国水平是 10.8%。[22]

1984 年,第一个彻底关闭的工厂是来自 USX 的杜肯工厂,作为蒙河上的巨型设施之一,该工厂在其鼎盛时期曾雇用多达 6000 名工人。罗德里克评论说:"我们在蒙谷没有赚到钱,所以蒙谷没有得到任何现金用于其资本项目。"庞大的霍姆斯特德工厂,按就业人数计算几乎是杜肯公司的两

---

* 美国钢铁公司原先的简称是"USS",其中最后一个"S"代表的就是钢铁。改成"USX",最后一个字母"X"代表的是"未知数",意思是美国钢铁公司将放弃钢铁主业,开展多元化经营,什么赚钱做什么。

** 沃特公司(Ling-Temco-Vought Steel)始建于 1947 年,主要从事零部件生产和制造,是一家通过持续并购建立的综合性公司集团。截至 1969 年,该公司已通过并购成为美国 40 家规模最大的工业集团之一。

第五章 持久的灾难 *255*

倍，在1986年结束了漫长的逐步关闭过程。在麦基斯波特港的河对岸，美国钢铁公司的国家钢管厂在经历了10年前的6000名员工后，于1987年倒闭。最后离开的工人之一查尔斯·泰斯（Charles Tice）告诉《匹兹堡邮报》，将他们的工龄加起来，他的家族成员已经在该厂工作了1000年。一个具有如此大的历史分量和范围的行业的崩溃，破坏了围绕着它的整个社会结构。[23] 现有的社会再生产和社区形成的模式成为过去，被抛弃的人口需要找到新的生存模式。

贫困的倍增

从20世纪70年代末到80年代中期，匹兹堡劳动力市场的失业率稳步上升，失业者和无保障者的人数不断增加，而不是像普通周期那样反复上升和下降。1980年的失业人数是1970年的两倍，而1970年是一个经济衰退年。到1983年，失业的人数又是1980年的两倍。正如城市研究所的研究报告所说："阿勒格尼县的经济在全国经济衰退开始之前就处于衰退状态，在全国经济衰退结束后仍然处于衰退状态。"1976年，匹兹堡地区的贫困率为6.7%；到1983年，贫困率增加了一倍多，达到13.8%。1983年，当匹兹堡大都会区的失业率在总体上达到了17%的峰值时，黑人工人的失业率达到了大萧条时期的25.6%。男性失业率为18%，女性为11%。这些数字只包括正在寻找工作的人。然而，匹兹堡的劳动参与率也远远低于全国水平，这意味着匹兹堡的平衡相对来说是从工作一边，向工人阶级生存的集体依赖形式一边倾斜——家庭的和国家的支持或非法和非正式的生存手段。即使是那些到1983年还在剩下的钢铁厂工作的数千名幸运儿，在1982年年底拒绝了一项优惠协议之后，也发现他们要被迫接受新合同中直接的工资削减。在钢铁小镇阿里基帕，社会工作者观察到，从1981—1982年到1983—1984年，工人的劳动收入下降了55%。"如此大规模的收入下降不可避免地引发了个人的和集体的生存斗争。"[24] 由于战后福利国家利用工业就业来向远远超出工人本身的人口提供保障，工业就业危机演变成了再生产危机：人们失去了保障其生存所需的照顾和支持的大部分手段。

被解雇的钢铁工人可以保留几个月或长达两年的福利，这取决于资历，但如果他们没有过渡到退休者身份，这种福利最终就会被取消。尽管大多数钢铁工人家庭靠向家人和朋友借钱并打零工来维持生计，但在1983年，宾州的失业基金承担着比其他任何州都多的债务——紧随其后的是锈带巨头伊利诺伊州、俄亥俄州和密歇根州。[25]

许多地方政府多达一半的税收来自工业地产，所以工厂的闲置是一场财政灾难，导致几乎所有的公共服务都被大幅削减。与此同时，上级政府的财政紧缩在20世纪80年代初变得更加严重。匹兹堡地区的一项研究发现，1981年的联邦预算将《社会保障法》的第二十章转变为整笔拨款计划，使社会服务的资金减少了25%。为了弥补财政上的缺口，匹兹堡市甚至在1981年通过了有史以来最大的加税计划，随后在1982年又通过了更大的加税计划，而匹兹堡市比周边的工厂城镇享有更多样化的税基。[26]

在20世纪80年代初，社会需求和财政紧缩之间形成了一种恶性互动。疲软的经济一方面推动了对保障支持的更大需求，另一方面，在州和国家层面的政治保守主义上升的背景下，又导致了更小的预算。例如，在1982年，有358147人接受了阿勒格尼县的某种社会服务，花费为7180万美元。第二年，451103人——占全县人口的三分之一——接受了县社会服务，花费为7030万美元。换句话说，该县在相同的预算下为额外的近10万人提供服务。恰恰是在需求增长的时候，社会服务收缩了。"我们有大约750人被解雇了。这些人已经被解雇了很长时间。他们中的大多数人已经被解雇了一年半到两年"，曾在美国钢铁公司欧文工厂工作的巴尼·奥斯勒说。奥斯勒已经开始参与组织救济工作。"我们已经走访了大部分的社会机构和所有类型的社会团体，它们都在那里帮助人们。几年前我们发现，真正能够应对这种灾难的组织并不多，因为成千上万的人没有收入。"[27]

面对公众对失业产业工人支持的不足，一种新的激进主义在钢铁谷成长起来。一个由社区组织者和一些激进的工业城镇神职人员组成的团体——教派战略，与匹兹堡的精英们进行了激烈的对抗——将死鱼塞进银行的保险箱，并中断精英教会的服务。另一个组织，三州制造业会议，从激进的律师斯托顿·林德在俄亥俄州扬斯敦的努力中得到启发，试图取得对闲置的钢铁厂的公共所有权。第三个组织，蒙谷失业委员会，直接支持失业者，还以参与抗议和游说的方式支持他们。还有一些人聚集在霍姆斯特德工厂的美国钢铁工人联合会 1397 分会的激进领导层周围，在 1984 年为杰西·杰克逊竞选总统进行宣传，并参与了反对美国钢铁公司管理层的直接行动。所有的人都定期聚集在一起，比如在罗纳德·里根 1983 年访问匹兹堡时。安布里奇的美国钢铁工人联合会 1270 分会主席安德鲁·索普科说："我是来抗议里根的。这是我 40 年来所见过的最糟糕的情况。现在，我们有 15 人在工厂工作，而在 1947 年，我们有 4000 人。"抗议者要求停止对社会服务的削减，指责里根的"背弃"行为。[28]

成千上万的人被扔给公共援助，在一个惩罚性越来越强的社会政策环境中游走，尽管他们感受到的惩罚性因各自不同的权利资格而有差异。其中，失业保险比其他收入支持更慷慨，一直领先于通货膨胀。但是，失业补偿对个人受益者有时间限制。宾州 1983 年将失业保险的最长福利期限从 30 周降至 26 周，尽管失业通常持续的时间更长。与此同时，补充保障收入也保持稳定，尽管资格有所收紧。联邦政府在 1981 年削减了对有受抚养子女家庭的援助（AFDC）：宾夕法尼亚州 10% 的受助人失去了资格；另外 7% 的人发现补助金缩水了。唐娜·冈萨雷斯是匹兹堡南区一位带着年幼孩子的单身母亲，她在一家家庭护理公司做兼职，每月收入为 498 美元，而新政策将一个两口之家的援助门槛降低到 393 美元，导致她失去了受助资格。"他们（政府）希望你变得更好，"她说，"但他们却当着你的面关上大门。"与抚养家庭援助类似，获得粮食援助的资格和援助的数额都在收缩。[29]

该州在1982年年初采取了进一步的"福利改革"。在共和党州长理查德·索恩堡的领导下，一项名为"第75号法案"的法案在1982年建立了一个"工作福利"计划，旨在将一般援助的接受者——"符合收入准则的完整就业家庭、临时无劳动能力的工人和单身失业者"——重新纳入劳动力市场。到1983年，这项改革已经使匹兹堡地区的1万至3万人从援助名单上消失，占当地受益人的三分之一。[30] 同时，为最绝望的人提供的服务，如庇护所护理，则更加糟糕。例如，在1981年，1.7万名县内居民争夺1.1万个庇护所的位置，而1979年的情况是7000名居民争夺8000个位置。这说明，自1979年以来需求急剧增加，但供应却没有相应比例地增加。1983年的一项县级研究预测，1983—1984年冬季有1500人可能流落街头，但第二年的一项后续研究警告说："目前的估计是，这个数字要高得多，超过4000人。由于工厂工业的萧条和福利项目的严格削减，这个问题可能会持续下去，而且可能会升级。"庇护所受到的压力严重过度：有些是由经济灾难直接造成的；有些是由于财政紧缩加剧了这种灾难；有些是由经济衰退造成的精神健康后果；有些是由精神病患者脱离机构化护理造成的。这些力量相互放大了。[31]

对于政策制定者来说，通过重新培训工人来减少这种苦难的想法，是很有吸引力的。在1983年对该市的访问中，里根参观了当地的一个培训中心，将其描述为"一个包含希望、努力和自助的典范"。总统认为,与货币政策的"短平快"相比,培训为解决经济上的人力资源错置(displacement)问题提供了一个长久的解决方案。多年来,匹兹堡的企业和政策官员一直认为,高科技和受过教育的劳动力是解决该市就业问题的答案。"我们地区的研究和开发活动将继续雇用数以万计的匹兹堡人,并将以各种形式带来经济增长。而且,其潜力不止于此",阿勒格尼社区发展会议在1984年的一份报告中写道。为了实现这一目标,该会议呼吁"培养创业环境"。[32]

然而,钢铁工人的技能仍然顽固地扎根于旧经济中。例如,霍姆斯特德的彩虹厨房食物银行的志愿者从求职者那里收集信息,他们发现了几十年蓝领生活所积累的大量技能,这些技能突然间变得不值一提。吉姆·诺瓦克在他的工作证上写着"木匠(非常好!)"。迈克·沃兹尼亚克在霍姆斯特德工厂做了29年的装配工,他在工作证上写着"烧制—处理重型机械和设备—起重机维修—高空作业—拆卸"。对于工作,他正在寻找"与上述有关的任何活计"。几乎无一例外的是,这些人拥有需求量较低的手工劳动技能,其中,修水管、刷漆、木工、电工、盖屋顶、机器操作和汽车修理都很常见。非裔美国钢铁工人往往有这些相同的技能,但进入这些隔离的劳动力市场的机会更少。许多人已经默认了低薪工作。汉克·布朗把他的技能列为"看门""做厨房助手""庭院工作";卡莉-戴维斯写道"保安、儿童护理"。考虑到许多工人的高龄,要重新培训这些劳动力并为他们找到最低工资以外的工作,就需要大量的社会投资。[33]

在这方面,20世纪80年代初的紧缩政策也限制了可能性。1982年,《职业培训与伙伴关系法》取代了旧的《综合就业和培训法》(CETA),联邦政府对就业培训的拨款减少了一半。从1982年到1983年,该地区接受公共培训和就业咨询计划服务的人数从24453人下降到了7346人。现为当地失业者的组织者的奥斯勒观察到:"现在没有任何钱给你培训,一旦你的福利用完,就没有办法支持自己去接受培训。"[34]

失业者很少抱有幻想。例如,蒙特·莱斯特于1982年从一家钢铁厂下岗,他非常清楚计算机应该是未来的趋势。但他也知道自己负担不起再培训的费用,所以他排队申请失业,尽管他讨厌这种"我再也不能照顾自己"的感觉。琳达·甘扎克对他的说法表示赞同,她提到她的下岗丈夫:"没人愿意雇用一个50岁的人。"一项对杜肯市因失业而受影响的家庭的调查发现,只有5%的人寻求再培训。"一种可能的解释是自尊心和自力更生的传统,"这项研究背后的社会工作者认为,"另一种可能是,失业的家庭成员对再培训帮助他们找到工作没有信心。"[35]

即使是专门为失业的产业工人提供的计划——根据1975年《贸易再调整法》(TRA)提供的福利——也被证明资金严重不足。该计划旨在支付再培训的费用,为在培训期间的失业者提供基本的生活支持,并在之后帮助他们找到工作。1983年,宾夕法尼亚州西部有17000人有资格获得失业再培训福利；97%是被解雇的钢铁工人。但是，据匹兹堡新闻社报道："负责提供联邦失业再培训资金的州劳动和工业部今年只得到330万美元——只够为576名申请人提供培训。"当蒙谷失业委员会在那一年调查下岗工人时，委员会问工人们是否计划重返学校。"失业再培训—不回复"是一个常见的回答。几十个人的回答记录为"失业再培训—有希望"或"失业再培训—等待"。"我已经有7个星期没有拿到我的失业再培训钱了，"从杜肯工程公司被解雇的威廉·格里菲斯说，"这使事情变得非常棘手。不过我很幸运，我可以从亲戚那里得到帮助。"[36]

以不同的方式，所有针对失业者的计划都包含了不适合当前情况的假设。失业补偿是为周期性衰退而设计的，而不是为一个具有百年历史的劳动力市场主导部门的永久崩溃而设计的。直接援助——一般性援助和对有受抚养子女家庭的援助——太过微薄，无法起到多大作用。而培训计划，除了资金不足外，还面对着一个永远不会为被淘汰的钢铁工人保留一席之地的劳动力市场。

在这一时期，针对穷人的一项"社会服务"蓬勃发展。随着工业衰退使数以万计的人沦为劳动力市场的过剩者，以及保守派政府对福利国家的削弱，刑罚成为一种有吸引力的贫困管理策略。虽然大规模监禁的根源很深，也很复杂，但在劳动力市场崩溃的背景下，它的发展速度加快了。1981

危机的人口学

在一个由单一行业主导的城市里，人口本身的形态是围绕着钢铁业的就业模式而塑造的，人们的生命历程也是由这种就业模式决定的，年龄结构和家庭构成模式也是在与该行业的互动中发展起来的。这个行业的崩溃在这一底层逻辑上重塑了社会生活的格局。

鉴于钢铁业以资历为基础的安全结构，经济衰退对年轻人进行了严厉的惩罚，其中许多人不得不下定决心背井离乡。莎朗·布朗宁在麦基斯波特的一个钢铁工人家庭长大，看着她的同龄人在年轻时离开，前往南方和西南方："我们这一代人已经走了一半，特别是男生。"经验研究证明了布朗宁的观察。"我们注意到从这个地区向南部和西部的大规模宏观迁移（佛罗里达、得克萨斯、亚利桑那和加利福尼亚等州是主要目的地，通常是单向流动）"，为匹兹堡市规划部门提供的一份报告如此显示。[38]

1980年至1990年间，都市人口减少了176725，损失了6.7%。经济学家克里斯托弗·布里姆指出，底特律——第二大国内移民来源地——在同一时期失去了一半的人口，而其总人口本来比匹兹堡多70%。这主要是一个年轻人的现象：从1980年到1985年，超过70%的净移民是29岁以下的人。这也是一种男人不恋故土的现象，或者说是一种男人变得不恋故土的方式。1984年普林斯顿大学的一项研究发现，匹兹堡20岁至59岁的单身男性比例在全国排倒数第二,每100名单身女性只对应52名单身男性。[39]

虽然人们普遍担心工人阶级的家庭在20世纪80年代初会分崩离析,但匹兹堡仍然是全国已婚人数较多、离婚人数最少的城市之一。1982年,一位化名为安·亨特的妇女在丈夫失业并开始酗酒后离开了他,她的处境正是人们对单身母亲和社会福利的政治焦虑所担心的:有7个孩子,靠公共支持生活。事实上,离婚在经济上是有风险的。社会工作者发现,现在的生存需要在可能的情况下有两份收入,这迫使女性进入婚姻接受束缚,导致"女性的照顾者角色扩大化"。一项研究报告说:"按年龄划分的分组差异显示,年轻女性花更多的时间在家庭中,试图拉近成员之间的距离,避免或抚平内部纷争。"相比之下,年长女性努力确认团结,并保持家庭生活中已经建立的亲密关系,即使她们的家庭经历了相当大的变化。黑人家庭尤其经受了强大的风暴,但通过对家庭时间的投入,女性与孩子们有了新的亲密感。当然,亲密并不排除冲突。"有的时候,我无法忍受每个人都站在旁边看着我做任何事情",一位嫁给下岗钢铁工人的妇女报告说。然而,正如另一位处于类似情况的女性所解释的那样,尽管与丈夫关系紧张,"我还是要尽可能地保持平常"。[40]

将无力迁徙的家庭的年龄分布、在1940年至1955年的军事采购钢铁热潮中进入劳动力市场的一大批人(通常偏早地)进入退休年龄,以及年轻人的外迁等因素综合到一起,我们看到人口的整体老龄化速度非常快。1970年,匹兹堡地区11%的人口超过65岁。到1980年，匹兹堡的老年人口数量在绝对值和相对值上都快速增长，已达到该地区人口的13.8%。而在1990年，老年人占人口的17%以上（见表5.1）。65岁以上人群的扩张速度是整个国家的两倍。在全国100万以上人口的县中，阿勒格尼县在1990年的老年人口相对规模中排名第二；只稍低于佛罗里达州的布劳沃德县。[41] 从1970年到1990年，该地区超过85岁的高龄老人的绝对数量几乎翻了一番。这部分人的护理需求最为强烈，成千上万的人需要有人协助完成基本活动，如吃饭、穿衣、洗澡和走路。而且，这部分人口的增长在钢铁制造地区也是非常明显的。[42]

表5.1 65岁以上人口的百分比

	1970	1980
匹兹堡地区	11	13.80
全美	9.90	11.30

Data Source: Regional age structure data are from "A Time for Concern: The Status of Elderly and Handicapped in Western Pennsylvania," box 1, Reports on Allegheny County, Archives & Special Collections, University Library System, University of Pittsburgh, Pittsburgh, PA. National comparison comes from Beaufort B. Longest, "The Pattern of Utilization of Inpatient Hospital Services in Southwestern Pennsylvania: Report of a Study", Health Policy Institute, Policy Series no. 1, November 1980, box 136, folder 8, RHWPA; "Background Information, Long Term Care", box 88, folder 2, RHWPA; Census of Population, 1990, table 12, table 14.

人口老龄化给老年人护理系统带来了巨大的压力，特别是当地方政府的财政状况恶化时。老年人越来越多，而支持老年人的年轻人却越来越少——这种支持既可能作为无报酬的家庭劳动力而直接体现,也可能以机构护理的经济份额而间接地体现。正如1981年的一份卫生政策文件所说:"传统上,妇女是残疾的老年父母的照顾者。但是,通货膨胀迫使许多妇女返回工作岗位,留给照顾的时间越来越少。"长期以来帮助家庭调控照料责任的扩展家庭群也收缩了:1970年,该地区有10.1万人生活在5人以上的家庭;1980年,这一数字急剧下降到6.3万。此外,那些有养老金和储蓄的老人发现他们的失业家庭成员向他们求助。"当他们开始没钱的时候,他们就去找他们的父母,"工厂维修工人和工会官员鲍勃·梅西说,"他们的父母当然也是在那里工作的。他们存了钱,准备退休了。看吧,这就出现了,所以它的影响并不只在雇员层面,它进入了家庭。甚至那些已经有储蓄并准备好退休的人,现在也在帮助他们的孩子。现在每个人都没钱了。"引人注目的是,对市中心一家男子收容所的研究发现,其中65岁以上的寄宿者的数量是1955年的两倍。[43]

在1978年的一份报告中,宾夕法尼亚州西南部的卫生系统机构警告说,匹兹堡地区缺少5000多张长期护理床位。社会工作者报告说,在1977年的任何一周,许多需要安置在长期护理床位的病人都在等待床位;许多人在等待时占用了医院的床位,而其他人则坐在家里,占用那些本来可能在工作的家庭成员的精力。1979年,阿勒格尼县委员会发布了关于当地养老需求和能力的报告。该委员会发现整个县都存在巨大的需求缺口（见表5.2）。就在这些行政机构受到财政危机的冲击，满足老年人需求的能力急剧下降时，更多的老人被扔给了地方和州政府。[44]

匹兹堡地区的经济衰退，不仅是老年人护理面临的一个严重问题，也使得所有形式的社会性依赖关系陷入了两难困境。儿童虽然数量减少，但也未能幸免。从1960年到1980年，阿勒格尼县5岁以下儿童的数量减少了一半，从172477人减少到79326人。然而，这种下降并没有直接导致儿童照料压力的减轻，因为在职母亲的数量急剧上升。1970年，在有6岁以下孩子的妇女中，只有七分之一的人在家庭以外工作。到1980年，这个数字上升到三分之一。在这里，大家庭网络的减少也对非正式的照料系统造成了影响。[45]

表5.2　1978年和1985年阿勒格尼县60岁以上的人的需求，目前和预测的情况

服务种类	1978年满足的服务	1978年需要的服务	1985年需要的服务
集体用餐	13000	30000	35000
托养服务	25000	60000	75000
协助出屋活动	4000	25000	30000
家庭清洁	4600	25000	30000
洗衣/沐浴	1000	5000	8000
家庭维修、繁重家务	1100	35000	40000
交通出行	12600	55000	65000
补贴性住房	4000	45000	75000
看守住宅	3500	7500	10000

续表

服务种类	1978年满足的服务	1978年需要的服务	1985年需要的服务
紧急护理	2000	10000	15000
熟练的护理服务	3500	7500	10000
亚急性疾病护理	500	2500	3500

Data Source: Planning Committee on Long Term Care for the Elderly, Final Report, June 1979; box 26, item 2, PELR.

自1972年理查德·尼克松总统否决了一项建立国家日托计划的法案以来，儿童保育就一直是一项只针对处于经济边缘的人的公共事务。正如匹兹堡的露易丝儿童保育中心在1976年的报告中所说："我们所服务的儿童是谁？他们是来自单亲家庭的儿童。他们来自那些因慢性病而导致日间照料存在问题的家庭。他们是在职父母的孩子。他们的父母正在参加培训或学习以改善他们的生活状况，以便从公共援助中独立出来。"然而，随着工业经济的崩溃，经济边缘和主流之间的界限模糊了。一方面，妇女的无薪育儿劳动正在减少；但另一方面，财政紧缩却限制了人们对儿童保育的选择。在联邦预算削减的压力下，在倾向保守的州政府的管理下，宾州福利部门在1981年将其与托儿所的合同减少了10%；同时，该州收紧了资格要求并取消了免费护理。匹兹堡地区的一项研究发现："供应商报告说，取消免费日托后，由于父母无力支付每周的费用，低收入家庭儿童服务解约的情况显著增加。"[46]

市级和县级的"启智计划"也同样捉襟见肘。它们的预算规模保持不变,而经济压力导致符合条件的儿童人数激增。"目标人群数量的增长归因于更高的失业率产生了更多符合条件的低收入家庭。各项目都报告说等待名单比一年前更长了。"虽然项目没有被直接削减预算,但管理人员也感受到了需求增长带来的相对削减和相关项目——如儿童营养项目——预算减少带来的连锁反应。同时,在遭到破坏的工业城镇,学校系统预算被大幅削减,削减了课外活动等可自由支配的学校活动的预算。[47]

恰恰是在经济和社会变革开始迫使新的家庭经济出现的时候,公共政策合谋阻碍了这种变革。其结果与其说是对旧式家庭结构的保护,不如说是加剧了向双职工家庭过渡的困难。对工人阶级女性时间和精力的矛盾性需要越来越尖锐,她们不得不利用更少的资源来处理这些矛盾。[48]

在这种环境下长大的年轻人,尤其是年轻的非裔美国人,进入了一个残酷的劳动力市场。例如,兰德公司对匹兹堡的教育系统和劳动力市场的研究,曾预期初级工作工资的上升,因为潜在的年轻雇员越来越少本应推动这个年龄组的劳动力价格上升。但是,劳动力市场中的较高层次面临的下沉压力却连带着湮没了入门级的劳动力市场。分析人士指出,雇主在吸引这些工人方面没有困难,"因为他们可以利用 10 年前从制造业向服务业大规模转移过程中被淘汰的就业不足的工人群体"。[49]

疾病与健康

这样的灾难势必会在受害者身上留下痕迹。"关于经济衰退对医疗照护系统的影响的研究,"当时匹兹堡的一群学者警告说,"表明失业与健康状况不佳和长期的死亡率增加有关"。在资本主义社会中,生存与市场性就业相联系,失业对工人阶级的身体和精神健康造成破坏——这种影响足够强大,以至于社会科学家和流行病学家在不同的历史时期,以这样或那样的形式在广泛而不同的资本主义社会中对其进行了测量。这种效应在匹兹堡明显出现了。例如,经济学家丹尼尔·沙利文和蒂尔·瓦赫特在他们 2009 年的研究中发现,1980 年至 1986 年间,宾夕法尼亚州被解雇的工人最初的死亡率大幅上升:"我们的估计表明,在失去工作后的几年里,死亡风险增加了 50% 至 100%。估计失业对年死亡率的影响随着时间的推移而大幅下降,但风险率似乎会上升 10%—15%。"[50]

虽然不可能将这一事件的历史流行病学数据完全重建为科学标准,但没有理由相信这不是一种共同的模式——特别是考虑到这是处于这一危机中的人们亲眼所见。"卡利高炉公司倒闭的第一年,我大概有 14 次心脏病发作",下岗的锅炉工皮威·维里回忆说。米歇尔·麦克米尔斯在 1974 年的联邦同意令之后被雇用从事锻造维修工作,她描述说,看到"很多真正的身体疾病,三十多岁的人因压力而死于癌症,还有很多人自杀。和我一起工作的很多人都是自杀的。很多人过早地心脏病发作"。事实上，美国钢铁工人联合会主席劳埃德·麦克布赖德本人在20世纪80年代初死于心脏病——记者约翰·霍尔将其死亡归因于试图为经历危机的会员服务所带来的压力。非裔美国人新生儿的低出生体重率在20世纪80年代初稳步上升，在1983年劳动力市场的低谷期达到了顶点。马吉妇幼医院的急性婴儿护理专家伊恩·霍兹曼博士说："我们现在看到的患病婴儿比以往任何时候都多。我感到不安的是，当失业率上升时，婴儿死亡率也会上升。"[51]

公共卫生影响的一个主要部分是情绪方面的。正如公共卫生学者哈维·布伦纳在给国会的一份报告中所警告的那样，大规模的失业将促使精神分裂症、酒精中毒和抑郁症的发病率上升。1982年，阿勒格尼县精神健康/智力迟钝项目的主任报告说，等待进入酒精中毒治疗名单的人数大幅上升。1984年的一项研究证实了这一警告，其发现工厂关闭后与酒精有关的犯罪和家庭暴力事件增加。一项研究发现，蒙谷82%的失业者患有抑郁症；1984年，一组被抽取调查的河谷城镇的自杀率为0.275‰，是全国自杀率的两倍多。由于统计数据的限制，只有在整个阿勒格尼县的水平上才有可能对自杀率进行更长期的比较，因此，在钢铁城镇看到的这一比率的急性飙升在某种程度上被冲淡了。尽管如此，阿勒格尼县的自杀率从1979年与全国的自杀率持平——约为0.12‰，上升到1983年的0.134‰，而全国的自杀率保持不变。[52]

罗恩·麦克蒙是霍姆斯特德的一名钢铁工人，1983年被解雇。"我在工厂工作了这么多年，现在什么都没有了。我觉得自己被束缚住了。我觉得我已经被捆绑了这么久了，"他感叹道，"我失去了我的妻子和家庭。我曾经变得非常愤怒。一直以来，我都被仇恨填满了。"1985年5月17日，工厂工人哈里·罗兹在同意提前退休的一周后上吊自杀了。他在遗书中写道："我不工作就活不下去。"圣弗朗西斯医院的精神病学助理乔治安·科勒记得："我想说，有更多的人在考虑自杀。所以你花了很多时间确保他们知道有人爱他们，无论他们是否工作。"[53]

20世纪80年代初，因遭受家庭暴力而寻求庇护的妇女和儿童的数量迅速增加。1983年，大匹兹堡妇女中心和庇护所的主任报告说，过去两年的需求激增。她说："我们看到越来越多的妇女报告说，失业的压力导致了她们的问题。"她还指出，经济衰退使离开男性伴侣的前景更令人生畏。此后问题似乎又进一步地严重了：从1983年到1985年，"接受服务的受害者"增加了37%。"在大多数情况下，离开家庭不被认为是一种选择，因为妇女认为，当她们的丈夫就业前景暗淡，经济问题严重时，她们无法拆散家庭。"阿里基帕妇女中心和庇护所的谢尔·奎伊说。[54]

因此，制造业的就业危机重塑了人口。身体更老，更破旧，承受的伤害更多，需要的帮助也更多。在圣弗朗西斯医院举行的题为"失业——无人治疗的流行病"的会议上，社会学家安·穆尼警告说，心血管疾病"通常在经济衰退后的

3年内开始增多"。肝硬化、自杀、凶杀、进入精神病院和婴儿死亡率的提高都是可预见的后果。穆尼警告说:"'困难时期'使动脉和肝脏变硬。"1982年,圣弗朗西斯医院提议投资8300万美元提高其精神科的护理能力。当地监管机构在权衡该提案时,从马萨诸塞州聘请了顾问来为他们提供咨询。一位名叫伯特伦·布朗的顾问最初指出:"没有好的方法来确定一个地区需要多少张精神病床。"然而,"当顾问们提到宾夕法尼亚州西南部的工厂关闭和高失业率时,布朗说对精神科服务的需求可能会增加。他说,在失业率上升和精神疾病之间已经建立了紧密的联系"。[55]

医学减震器

健康危机并非不治而愈。投资减少和财政紧缩使人们生病,但这一事实是增加而不是减少了通过医疗系统流动的护理量。正如卫生政策学者巴兹·库珀在一项关于密尔沃基的研究中所言:"高利用率是……种族隔离和经济隔离的长期进程的表现;是丧失工业实力和许多大型企业所提供的低技能工作的痛苦后果。"[56]

当时,许多人认为,由于保险与就业紧密相连,大量的工业岗位流失将不可避免地意味着医疗服务的同等流失。当然,裁员确实造成了这种结果,而且往往是对个人生活的破坏。[57] 然而总体效果并不那么直接,因为在这些年的投资减少和财政紧缩政策中,医疗照护系统在所有社会服务中受院利用自己在一个资本匮乏的社区中相对稳定的财务状况，创造出只能在医院偿还的信贷。在钢铁重镇沙伦，综合医院与沙伦钢铁公司协商，每月支付一笔款项，这样医院就可以为下岗工人提供免费的"紧急医疗"计划。在全国范围内，医院普遍在受灾最严重的地区扩大了免费医疗服务，尽管还不足以跟上需求。[59]

与联邦政府签订的合同要求许多医院提供所谓"无偿服务"。1982年至1985年间，该地区的医院提供的无偿护理量（以美元成本计算）增加了一倍多。1983年财年过半时，宾州西部的医院报告说，他们已经提供了无偿护理年度配额的三分之二，并准备动用下一年的资金。此外，蓝十字会和该地区的医院共同补贴了一项紧急保险计划，以低于成本40%的费率向宾夕法尼亚州西部的失业者提供一年的保险。"很多人不可能回去工作，"蓝十字会的主席说，"你必须承认这不是一个正常的时代。"[60]

尽管如此，该地区的医院在20世纪80年代初仍然保持着基本的财务稳定。他们可以向私人支付者加价，也可以通过压低工资和缩减人员编制从雇员那里收回成本。当面临医疗补助报销的限制时，医院明确表示他们会在其他地方补足成本。[61]

毕竟，医疗补助计划的覆盖面正在扩大，因为它是反周期的，它的注册人数随着失业率的增加而增加，这对医院来说是个好消息，否则医院可能会以更少的钱来照顾这些病人。西宾州医院委员会负责财务的副总裁评论说："现在我们觉得医院有能力也有机会提供更多的这种护理。"虽然他没有盼着未来好,但这种预期与该行业希望从国家获得更多资金的野心是一致的。精神病学助理科勒回忆说:"我们开始接收越来越多的人,他们从中产阶级变成了贫困工人。但在那个时候,每个人都有权利获得一张病床。"[62]

尽管宾州在1982年削减了州福利计划,但对刚失业的许多人来说,公共医疗服务的覆盖仍然是完全的。虽然在对有受抚养子女家庭的援助计划名册上的人有资格获得医疗救助,但那些被遗漏但仍接受一般援助的人也有机会获得医疗救助。这种双轨制将"过渡性贫困"与"长期性贫困"区分开来,后者有资格获得无限期的医疗福利。要成为长期贫困者并有资格获得无限期福利,一个人必须建立最近的稳定就业史,年满45岁,有残疾状况,或寻求戒毒治疗。通过满足这些标准之一以及经济状况调查,一个人可以获得长期而完整的医疗援助覆盖。这样一来,虽然改革是顺周期的,为饱受衰退打击的经济带来了紧缩,但它也为被淘汰的产业工人提供了适度的庇护。45岁是拥有20年工龄的钢铁工人在雇主不能提供工作时有资格提前退休的年龄。许多钢铁工人可能能够证明自己有残疾,或可能寻求戒毒治疗。然而,即使是那些不符合这些条件的人,也能保持有限的医疗援助覆盖。总的来说,在20世纪80年代初的某一年,阿勒格尼县有近30万人使用某种公共卫生援助(不包括老年人使用的普通医疗保险);因此,这一数字占整个65岁以下人口的四分之一。[63] 显然,庞大的65岁以上人口使用了更多的公共卫生援助,即医疗保险。

反过来,这种覆盖范围扩展也成就了服务提供者的市场。例如,为被破坏的钢铁社区服务的机构布拉多克综合医院,成为该县最大的戒毒中心。[64] 在全州范围内,医疗补助在20世纪80年代初增长了三分之一(见表5.3)。因削减开支而受到削弱的福利国家,因此证明在医疗照护方面比其他服务更为慷慨。

医疗照护也仍然是一个有组织的劳工继续发挥一定力量的领域。联邦参议院的共和党人在1984年否决了众议院的法案,不同意向各州提供额外资金以维持失业者健康保险,这表明劳工在全国范围内的地位正在下降,但劳工的许多成果仍以重要的剩余形式存在着。即使工会在工资问题上做出了让步,美国钢铁工人联合会在1983年的合同谈判中仍对医疗和退休人员的福利持坚决态度。劳工记者约翰·霍尔观察到,在1986年USX*的惨痛罢工中,参与罢工的工人的

表5.3 宾夕法尼亚州医疗补助支出(州和联邦)

年份	支出(美元)
1979—1980	121
1980—1981	134
1981—1982	144
1982—1983	162

Data Source: Lawrence J. Haas, "Medicaid Cut May Save State $110 Million" *PPG*, February 19, 1983.

---

* 即美国钢铁公司(USS)转型后的多元化公司,参见本章第256页译注。

年龄构成意味着"钢铁工人实际上愿意牺牲任何东西,除了养老金和健康保险"。特别是,有许多45—65岁的钢铁业退休人员,如果他们的私人福利在获得医疗补助资格之前出现问题,就会处于弱势地位。[65]

然而,这种经济上的脆弱性仍然是政治力量的一个要点。工会在与USX的谈判中,并通过在该地区另一家主要钢铁公司——沃特公司事件上的政治影响力,成功抵制了对退休人员福利的削减。1986年7月宣布破产时,沃特公司单方面终止了退休人员的医疗保险覆盖,抱怨其保险计划让其每个在职工人负担了两个以上的退休人员。随即,锈带地区两党的政治代表开始行动起来。匹兹堡的参议员约翰·海因茨和俄亥俄州的参议员霍华德·梅岑鲍姆迅速在联邦参议院提出了一项恢复福利的法案,而仍在运营的沃特公司工厂的工人在刚刚签订了合同后就离开了。当退休人员抗议要求工会领导层采取进一步行动时,海因茨召开了参议院听证会,以一名工人在住院期间福利被削减的故事为开端。"当亨利得知他的保单被取消时,他告诉我,他想要从他病房的第5层的窗户跳下去。"管理层退缩了,将福利延长了6个月,第二年,联邦政府承担了沃特公司的责任。1988年,国会采取了进一步的行动,通过了《退休人员福利保护法》,为今后的这类债务增加了额外的保障。在沃特公司,退休人员设法坚持他们的保险,直到2002年,该公司被金融家威尔伯·罗斯收购并再次被推入破产。[66]

于是,对退休人员福利的威胁一再被击退,至少在短期内是这样，而这些形式的保障又为当地经济带来了可观的收益。1985年的一项研究发现，美国钢铁公司的退休人员福利计划当年为蒙谷的钢铁城镇注入了1.2亿美元。工会的地区主管莱福特·泡姆说："如果没有这些款项，蒙谷的困境会比现在严重得多。"[67] 这些福利与医疗保险和医疗补助加在一起，代表了一种主要的反周期收入流。

作为由受益人携带到服务点的社会项目，医疗福利与其他形式的社会福利不同，通常是把资金转给服务提供者，然后为固定配额的病人服务。* 权利模式保证了被保险人不被绝对排斥，尽管它既不能保证足够的或可负担的医疗服务，当然也不能提供产生良好公共卫生状况的最佳手段。不过，为被保险人提供的服务还是"将身体送上了床"，并使美元在当地经济中循环。这种情况在整个去工业化的美国都存在：1981年，在全国100个最大的城市中，匹兹堡的平均住院时间排第24位；排在它前面的是纽约、奥马哈、泽西市、克利夫兰、水牛城、费城、波士顿、巴尔的摩、扬克斯、底特律、芝加哥、印第安纳波利斯、雪城、堪萨斯城、韦恩堡、阿克伦、普罗维登斯、代顿、圣路易斯、伍斯特、罗切斯特、华盛顿特区和密尔沃基。其中，只有华盛顿特区不是工业失业的主要中心。[68]

因此，一个主要的医疗照顾市场即使在其原来的工业基

---

* 此即俗称的"按人头付费"方式，此外主要的医保支付方式还有按服务项目付费和按病种付费。

础被侵蚀后也能繁荣起来。特别是医疗保险，在这一时期被证明对财政紧缩政策具有免疫力。从1982年到1984年，匹兹堡地区医院的蓝十字会保险总覆盖率从37%下降到32%，而医疗保险覆盖率从31%上升到35%。根据对被破坏的工厂城镇杜肯的研究，"91%的求助者获得了处方药，93%获得了医院护理，88%获得了其他医疗服务"。[69]

虽然财政紧缩导致许多部门的服务萎缩，但它并没有对医疗照护行业产生同样的影响。正如城市研究所1985年的一份报告所说："在1982地方财政年度和1983地方财政年度之间，阿勒格尼县的联邦、州和地方政府支出在调整了通货膨胀之后，总共下降了4%。"这比当时大多数地方所经历的降幅大得多。然而，"如果不是因为联邦医疗保险计划支出的增长，阿勒格尼县政府支出的下降会更加剧烈。如果不包括医疗保险，阿勒格尼县在这些项目领域的政府支出下降了8%"。换句话说，仅医疗保险一项就将财政紧缩政策的影响减半。在20世纪80年代初的经济衰退过程中，公共保险项目收入首次占到匹兹堡地区医院收入的一半以上。从整体上看，从1979年到1982年，地区医院行业的收入大幅增加，利润也有所提高，而出现赤字的医院数量则有所下降。[70]

医疗照护在战后政治经济中的独特地位，使其超越了经济衰退和随之而来的财政紧缩的影响。尽管个人仍然经常为获得足够的护理而挣扎，但医疗照护在总体上几乎完全没有受到经济衰退的影响。事实上，在其他行业全面崩溃的投资，在医疗卫生部门却加速了。在20世纪70年代后半期，地区医院行业的资本投资每年徘徊在8500万美元左右。1979年，美联储收紧货币供应，扼杀了一般的借款和投资，而对匹兹堡医院的投资额却增加了两倍，达到2.3亿美元。1980—1981年，投资额又增长到2.8亿美元。1981年，州卫生部批准了一个耗资1.27亿美元的项目，在匹兹堡儿童医院建造一座13层的新大楼，州长理查德·索恩堡指出："该项目预计在施工和装修阶段提供200个工作岗位，最终将增加278个永久性医院工作人员的工作岗位。"新的建筑和工作岗位从钢铁的废墟中萌发出来。[71]

这一领域被屏蔽在更大的社会经济混乱之外，而且实际上因这种混乱而受益。随着利率的提高和医疗需求的飙升，免税的医院债券提供了一个安全的收益保证。对于医院来说，没有理由不借钱搞建设。它们可以将借贷的成本转嫁给保险公司，而在公私混合式福利国家的支持下，需求持续存在。一项卫生政策研究报告说："经济衰退加速了老牌制造业长期衰落的基本趋势，并至少暂时中止了批发和零售业的发展。在最近这个时期，匹兹堡经济最强劲的领域是卫生和其他服务。"从1979年到1982年，"社区性医院的利用率和服务强度急剧增加"。[72]

如此一来，人们大量地消费医疗护理服务。医院的使用率飙升。到1979年，匹兹堡地区每1000人中有1614个住院病人日，换句话说，平均每人住院1.6天。这一使用率超过了可比的工业城市，后者通常相当于或超过全国平均水平的每人1.2天。1979年,匹兹堡的人均住院率比全国高出23%。到1981年,这一数据比全国平均水平高出35%(见表5.4)。因此,20世纪80年代初,匹兹堡地区的人均医疗工作者比美国任何其他大都市地区都要多,该地区每1000人中就有17.3名全职的医院雇员,而全国平均水平为13.8人。[73]

匹兹堡也形成了非常高的医疗照护费用,尽管这种影响主要是由使用量而不是较高的价格造成的。从1976年到1981年,该地区的医院投入了7.63亿美元作为新的资本投资。这一时期,人均医疗照护费用迅速上升。1976年,这些费用已经达到全国平均水平的121%,到1981年达到139%。资本扩张加上更密集的使用,形成的费用由福利国家的相应部门承担,它吸收了经济衰退的一些冲击。医院可以将它们包括资本投资在内的成本转嫁给为其买单的第三方,其中以蓝十字会和联邦政府最为重要。更大、更先进的医院的存在,反过来鼓励了更多的使用。其结果是大量提供医院护理和不断攀升的成本。1980年,匹兹堡每千人中有5张病床,远远超过全国平均水平的4.5张。到1990年,经过15年的20亿美元的债务融资投资,匹兹堡每千人拥有7张病床。[74]

表 5.4 匹兹堡大都会区与全国的健康
利用统计数字比较, 1981 年

变量	相对全国平均水平的百分比
按人头计算的费用	139
每天的支出	101.6
单次住院费用	112.1
每千人的护理医生数量	109.7
每千人的住院人次	122.3
平均每次住院天数	109.2
每千人手术次数	138.1
每千人住院天数	135.2
每千人门诊量	167.3
每千人就诊天数	136.9

Data Source: Draft Application for a Stage One Planning Grant to the Robert Wood Johnson Foundation, June 17, 1982, p. 5, box 41, folder 4, AC-CDR.

新的劳动力市场

在经济低迷之前的几年里,匹兹堡的精英们一直在呼吁建立更加多样化的区域经济。工厂使这座城市的名声黯然失色,许多人认为,它们吓跑了投资。阿勒格尼社区发展会议在一份关于地区经济前景的报告中警告说:"我们被认为是一个工资成本高的地区。随着钢铁业的崩溃,转型终于实现了。"该报告宣布:"回想起来,虽然1982—1983年的经济衰退对本地区造成了严重影响,但它也迫使我们的经济和我们开展业务的方式发生了重要的变化。"创造性破坏已经完成了。[75]

钢铁业的衰落为"服务业"取代制造业腾出了空间。"最显著的发展发生在统计上被描述为'私人服务'的类别中,其中包括诸如医疗照护设施、商业支持服务……和教育机构等主要雇主,"会议报告赞叹道,"作为超过8.5万名雇员的雇主,医疗照护系统直接支撑了匹兹堡地区的经济福祉。同时,它也是社区生活质量的一个组成部分。"[76]

人们鼓吹的新经济是以卫生保健、教育和高科技等行业为核心的,它们能促进就业,且其中的每个人都是专业人士。与过去10年的乐观预测相呼应,阿勒格尼社区发展会议上的预测者称赞医疗照护行业有望"通过在医院、金融服务公司、大学和其他地方提供技术性岗位,从而创造中等收入的服务性就业"。正如一位分析师在1984年向国会做证时所说:"只有大约2%的服务性就业属于个人服务类别。绝大多数的服务性工作是白领工作,其中一半是在上层白领职业中,如具有专业性、技术性、行政性和销售职能的工作。"[77]

在20世纪80年代初的艰难时期,医疗照护业作为就业的一个来源,确实有显著的发展。后来的一份报告指出:"80年代,宾州西南部地区的医疗服务就业在两次普遍的经济衰退中持续保持强劲,其增长速度相当于或超过了其他服务型行业。"在1976年至1982年间,匹兹堡地区的医院就业人数从3.95万上升到5.17万——在如此激烈的经济收缩时期,医院就业人数急剧增加(见图5.1)。公共卫生学者注意到了这一反常的趋势——"20世纪80年代初,政府预算的限制往往会使医院的人员需求反而增加"。[78]

然而,这种增长几乎没有集中在高技能专业人员所构成的"中等收入"人群范围内。相反,护理经济的崛起极大地促成了劳动力市场的两极分化。在全国范围内,20世纪80年代工资结构中最底层的五分之一的新工作中,有一半以上是这样或那样的护理工作。[79]

整个20世纪80年代,卫生行业的就业量稳定增长,每年在3%到5%之间。到80年代末,该地区每9个工作岗位中就有1个是医疗照护岗位。然而,随着时间的推移,人们发现,拥有专业人才的城市梦想并没有实现。医院,特别是养老院的工作需要数以万计的新雇员,而这些职位的声望却不高。1990年,阿勒格尼县所有职业的平均年收入为2.6842万美元。一些接近专业阶层下限的人的收入超过了这个数字:例如,普通的注册护士,平均年收入为3.38万美元(见表5.5);一些类别的技术员平均收入为2.8万美元左右。但是,卫生行业中许多规模最大的类别的工作所获得的工资要少得多。例如,护士助理的年薪平均为1.55万美元;即使是有执照的实习护士收入也只有2.25万美元。考虑到通货膨胀,这些数字表明,自20世纪70年代中期以来,这个劳动力市场最底层的工资涨幅很小。[80]

表 5.5 1992 年匹兹堡大都会区按职业类别
划分的卫生服务就业分布情况

职位类别	人数	人数占比（%）	年均工资（美元）
诊 疗	9830	8.7	90000
管 理	7647	6.9	38000
注册护士	23012	20.5	33800
专业辅助人员与技师	17134	15.2	24000
职 员	22456	20	18400
护理及其他服务人员	20052	18	18000
保洁、洗衣、做饭、维修人员	12080	10.7	14000

Data Source: Ralph L. Bangs and Thomas Soltis, "The Job Growth Centers of Allegheny County, Interim Report for the Project: Linking the Unemployed to Growth Centers in Allegheny County," June 1989, p. 19, box 124, folder 3, RHWPA; Margaret A. Potter and Allison G. Leak, *Health Care System Change and Its Employment Impacts in Southwestern Pennsylvania* (Pittsburgh: Health Policy Institute, University of Pittsburgh, 1995), 24-25.

为了充分利用这种劳动力市场的过剩，雇主们试图压低工资和破坏工会。在 1983—1984 年的一次罢工中，一家大型餐厅的管理层，一个位于前火车站的旅游景点，重新雇用了永久性替代*人员，然后他们投票支持取消工会资格。1985 年，考夫曼百货公司的 3 家分店在一次痛苦的停工后取

---

* 永久性替代（permanent replacement），指雇主在出现罢工后用一批新工人永久性替代参加罢工的工人，而不是让工人在罢工结束后重返岗位。对于参加罢工的工人而言，这是非常残酷的，被称为劳资斗争中的"核武器"。美国在二战后很少使用这种武器，一般而言，雇主会允许大部分参加罢工的工人重返岗位。但自从 1981 年后，在奉行新经济政策的里根总统的支持下，资方采用永久性替代来惩罚工人变得越来越常见。

消了食品和商业工人联合会的认证。那一年,在整个郊区的学校罢工中,可能的替代者排着队穿过警戒线。"在失业率如此之高的情况下,如果罢工者认为人们不会越过警戒线,那他们就太疯狂了,"一位替代性工人说,"有这么多行业倒闭,人们需要工作。"1985年年底,匹兹堡办公大楼协会要求数百名参加了工会的保管人员削减15%的工资和福利,在他们组织罢工后,将他们拒之门外。[82]

在短期内,雇主的攻击表明,失业者可能进入的低工资工作场所的情况不会出现什么缓和。在建筑服务罢工中,工会设法避免了最坏的情况,在1月达成了一份合同,只是冻结而不是削减工资,同时每月增加46美元的工人保险费。从长远来看,这场对抗最终在全国性的"清洁工人的正义"运动的构想中发挥了关键作用,这是20世纪90年代罕见的劳工成功的例子。[83]一般而言,后工业工人阶级的斗争起源于这种防御性的事件,因为制造业崩溃带来的劳动力市场过剩加剧了工作竞争,压低了工资,并给雇主壮了胆。

这是工人个体必须跨越的经济雷区。1976年,玛丽·华盛顿从钢谷高中毕业。此后不久,她在美国钢铁公司找到了一份工作,负责把结构钢梁挂在起重机上——毫无疑问,这要归功于1974年的平权行动联邦同意令。但她在1982年失去了这份工作。在几年没找到工作后,她被聘为护士助理——接近于最低工资的工作。从她的工作经历中可以看出,她没有该领域的正式经验,但劳动力市场的种族和性别结构知道该把她放在哪儿。[84]

莎朗·布朗宁是白人女性,一名钢铁工人的女儿,她没有想到会过上挣工资的生活。布朗宁说:"我只想过我要结婚,要生孩子,要像我妈妈那样待在家里。"1975年高中毕业后,她获得了社区心理健康的副学士学位,并在这个领域工作了几年。她喜欢这份工作,但报酬很低。在她与一名钢铁工人结婚后,她就辞职了。但这些安排曾经带来的安全感已经找不到了:"那时钢铁行业已经开始走下坡路了",她的丈夫在裁员中轮流工作了好几年,"这在经济上是一个巨大的压力"。[85]

在此期间,1986年,布朗宁残疾的姐姐被诊断为癌症晚期。当家人在家里努力照顾即将去世的姐姐时,"我没有工作,我在帮助家人照顾她,我总是一个人去,好吧,告诉我该怎么做"。姐姐去世后,布朗宁意识到:"我的生活正在分崩离析。我需要以某种方式养家糊口,因为我们没有足够的钱来过日子,我想,我可以做到这一点,我可以成为一名护士。"她回到了社区大学。"我的配偶不是很支持我,但我还是做了。"她让母亲在她上课时照看她的孩子。"有很多女性和我一样。"[86]

进入医疗照护行业有两条路,而且是按种族划分的。多年来,医院和养老院的工作已经成为非裔美国人工作世界的一部分。当华盛顿去寻找这份工作时,她遵循的是一条在劳动力市场上的老路。这是艾琳·科本在20世纪60年代末的道路,当时她刚结婚,她的丈夫还没有去钢铁厂工作。而她也跟随她的母亲,做了一名护士助理。这也是乔伊斯·亨德森在20世纪70年代初的道路,当时她和她的丈夫雷发现自己靠钢铁工人的工资在挣扎,所以她在一家养老院然后是一家医院找到了一份工作。非裔美国妇女从事这些工作是因为她们需要工作,而且可以通过擦洗身体、测量生命体征、准备食物和更换床单来获得。西娅·杰克逊1972年高中毕业,但直到1985年才获得工作,当时她从阿勒格尼县社区学院获得了护理学副学士学位。1985年,在拿到学位后,她找到了自己的第一份工作——"几乎做任何事情都行"。卡罗尔·亨利的情况也大致如此,她的丈夫在工厂工作了5年。然后,随着世道越来越艰难,他们在20世纪80年代初离婚了。"我离婚了,有两个孩子,我当时想,我不会去领福利。最后我说好吧,我就去读护士学校。"[87]

另一方面,白人妇女通常都是因为宗教和性别意识形态的影响来从事医疗照护工作的——就像布朗宁意识到她的家庭护理工作可以延伸到成为一名护士。例如,K女士就是如此,她"对这位生病的女士提供了一点帮助,帮助她打理屋子,以这种方式帮她照看她的事情"。这种活动的天地是广阔的,从小家庭、邻里照顾工作到更正式的志愿服务。[88]

如果环境——经济衰退、离婚、裁员——将女性引向劳动力市场,那么医疗照护工作显然是要打开的门。

特里·查利奇是一名长期注册护士,她认为宾州西部是全国少数几个在20世纪80年代没有出现护士短缺的地区之一:"因为很多钢铁工人的妻子……由于钢铁厂裁员,都在做护士。"琳达·甘扎克就是这样一位女性。当她的丈夫从

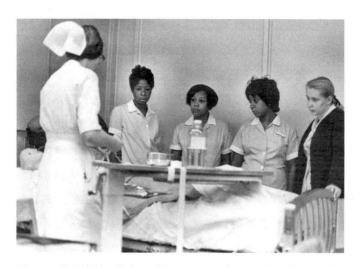

图 5.2 护士培训，约 1970 年。Photo by John L. Alexandrowicz. Allegheny Conference on Community Development Photographs, Detre Library & Archives, Heinz History Center.

工厂的起重机操作员工作中被解雇时，她在一家养老院找到了一份工作。"有一天，我走进辅导员的办公室，说：'我想去读护理学校'"，M 太太回忆说，直到那一刻之前，她从未想过这个问题。但在必须要想出一个计划的情况下，她脱口而出的是"护理"。另一位钢铁工人的女儿——也称"M 太太"——记得她的母亲如何"让自己非常、非常忙碌，在退伍军人医院做志愿工作"。孩子们每天早上都去教堂，一家人参加一系列的天主教的和斯洛伐克兄弟会组织的活动。"我们那时候总是谈论成为一名修女，"她回忆说，"我们当时属于青少年红十字会，还有克拉拉·巴顿（协会）。"对于她来说，最终在仁爱医院接受培训成为一名护士，这在某

第五章 持久的灾难　293

种程度上是早就注定了的。珍珠·达普拉也是如此,她"在十几岁的时候就以志愿者的身份在医院服务",然后在那里获得了一份执业护士的工作。[89]

因此,有两组强制力在医疗照护领域创造了新的工人阶级。第一,护理工作的性别化和女性作为护理主体的构成,在较长的时间线上运行,贯穿一生。工人阶级的女性在她们的学校、教会、社区,尤其是在她们的家庭中被培养成照护的主体。在单薪家庭的世界里,这种关怀与工业经济的节奏相关:女性为疲惫的钢铁工人做饭,管教孩子遵守工业常规,清理家里的烟尘,在裁员和罢工期间节衣缩食;当家人年老或生病时,女性负责照顾他们。然而,随着钢铁工业的衰落,护理工作的性别化与另一种同样强大的强制力交织在一起:经济需求。虽然几十年来,钢铁业就业率的长期缓慢下降已经对黑人工人阶级的家庭造成了持续不断的损害,并为黑人女性创造了一种成熟的劳动力参与模式,但情况已经变得足够糟糕,以至于在钢铁业的最后挣扎中,大量未就业的白人女性才开始工作。正如1986年一则关于招聘家庭健康助理的建议所说:"待业的家庭主妇是为家务料理者/家庭健康助理职位量身定做的,可以说多年来一直在为这个职位接受培训。许多老年女性已经离开劳动力市场10至25年了,或者从来没有进入过劳动力市场。她们抚养和照顾自己的孩子,还照顾年迈患病的父母,同时承担着管理家庭的众多职责。现在,由于摆脱了其中的一些职责,或者更有可能是出于经济上的需要,这些人正在加入劳动力大军。"[90]

"三难"抉择问题

在后工业社会,政策制定者只能从三个理想结果中选择两个,形成一个"三难困境":低失业率,工资上涨,财政平衡。这种抉择问题是由于服务性工作的低生产率和非贸易性特点产生的。为了实现低失业率,必须降低工资,让私营部门创造就业机会。或者,公共部门可以吸收服务经济,增加工资,但这会导致公共赤字膨胀。在美国的背景下,这个问题已经由公私联合的福利国家结构提前决定了。战后时代的社会团结制度成为一种惯性力量,在后来制造业崩溃的时候,为美国的后工业劳动力市场选择了低工资、低失业率、依靠私营部门的道路。[91]

匹兹堡的社会结构是围绕着钢铁工业编织而成的。出于这个原因,工业劳动力的崩溃并不只是与医疗照护劳动力的出现同时发生。事实上,前者的衰落加速了后者的发展。医疗照护工作出现的条件是嵌入到工业经济的瓦解之中的。这条件既包括其市场需求的来源,即这座城市的人口老龄化、工人的病痛与保险的充足;同时也包括其劳动力的来源,因为旧的护理提供形式失败了,旧的生存策略崩溃了,护理越来越成为一个需要机构化的问题。正如一个社会工作者小组在对工厂城镇阿里基帕和杜肯的研究中发现的那样:"与失业前的时期相比,在自己家门口照顾孩子、照顾老人和参加社区活动的女性比例都有所下降。终止或减少了这些户外活动的被调查女性解释说,她们根本没有时间。"[92]

换言之,早先受到社会政策以及社群主义价值观和实践调节的、非市场的社会再生产系统,在20世纪70年代末和80年代初的挣扎中,被纳入正式的护理机构。公私联合的福利国家启动了。随着一部分工人阶级的崩溃,福利国家体制将其冲击吸收入卫生系统的机制开始发挥作用,从而创造了一个新的产业,以及相伴而生的庞大的新劳动力队伍。

第六章

"生存的任务"

护理的商品化与劳动的转型

一名病人来到亨利·克莱·弗里克社区医院接受安装心脏起搏器的治疗。她被建议切除右手食指上的一个肿瘤。但手术伤口受到感染,一个月后,她又回到弗里克医院,接受了手指截肢手术。在她康复的过程中,一位名叫埃尔弗莱达·默里的长期护士助理告诫她,这些手术都不该做。病人问默里,她是否"认为医生在截肢前已经做了所有能做的事情"?默里没有回答这个问题,而是"看着她笑了笑"。病人随后向默里的主管寻求安慰。"她给予了适当的保证",而默里则因破坏了"病人对医院和医生的信心和信任"而受到惩罚。[1]

此前一年,国会进行了自1965年医疗保险计划创立以来最重大的改革。新的"预付费系统"(PPS)旨在通过调整该计划对医院的支付方式来控制成本。自1965年以来,医疗照护计划以"成本加成"的方式向医院报销:联邦政府偿还医院治疗医疗照护计划病人的全部费用,再加上一个额外的百分比。这一制度允许大量增加医疗服务的数量和成本，因为从医院的角度来看，成本就是收入。医院在20世纪70年代快速发展，因为更多的床位意味着更多的病人和更多的收入。价格飙升，医疗保险预算膨胀，这一过程导致了国会的关注和1983年的改革。[2]

新的支付系统对医疗保险计费实行集中控制。医院现在使用固定价格表，每个诊断都有一定的报销额度，而不考虑治疗费用（允许区域性的劳动成本差异）。在国家医保计划的引领下，私营保险公司也普遍转向预付费，但采用协商价格而非行政价格。由此，"预付费"的方式通过将医院服务捆绑成有价商品而带来了商品化。新的系统不鼓励长期住院，但无意中促进了更积极的医疗干预，从而获得更高的报销率。

从1965年到1983年，医院被奖励的是护理量，其中最大的组成部分是劳动力。1983年国会采取行动后，奖励结构转向鼓励干预的强度。换句话说，弗里克医院的医生们受到了新的激励，他们被鼓励告诉他们的病人应该切除那个肿瘤并截掉手指。护士助理默里习惯了以前那种缓慢产生工作效果的护理模式，所以对此表示怀疑。默里和她的主管之间的分歧，体现了战后匹兹堡盛行的非商品化的医疗服务，与压制并取代它的企业医疗服务之间的区别。

默里于1965年开始在弗里克医院工作。她是一位有经验的参与者，几十年来她一直都知道，这个医疗系统是一个提供医疗服务的场所，并且受到病人和社区的民主压力。从1984年的事件开始，她被卷入医院从劳动密集型、持续的护理模式向资本密集型、干预性的治疗模式的过渡中。这一转变引发了一场震荡，对整个医疗系统产生了深远的影响。较小和较穷的医院逐渐消失，而较大和较富的医院数量却在增加，导致了行业整合的过程。旧的社区医疗照护系统与其说是被解散，不如说是被该领域新兴的企业巨头所包围。

商品化、公司化和合并带来了新的不平等。其中之一是由不平衡的医疗经济造成的病人之间的不平等：著名的学术医疗中心出现了企业健康帝国。这些中心虽然在其经济外围地区继承了社区义务，但却减少了护理服务，同时在大都市的核心地区提供尖端的治疗程序。然而，同样重要的是这种重组带来的工作场所的不平等。在工业化时期，医院是工厂的一个附属机构，而在制造业消亡和法律保护延伸到医院工人之后，医疗工作者的边缘地位仍然存在。这种边缘化表现在工资和福利上，但也表现在不太明显的方面。公司化的医院系统不仅试图吸纳和调动旧有社区医院的资本，还试图吸纳和调动其感性的、社群主义的意识形态。

与此同时，对医疗服务的需求仍然无法被满足。医疗服务的财务和公司结构调整，导致谁提供和接受以及在什么条件下提供和接受医疗服务，这些都由成本和收益决定。虽然20世纪80年代的制度调整是为了减少消费，但基本的需求仍然存在：机构医疗照护对于人口的生存和社会再生产已经变得极端重要。生产医疗服务的劳动力整体上也被证明是不可或缺的——即使这个整体中存在内部分层，其构成个体也是不稳定的。

的工作态度归功于她的成长经历。"我们抬水,我们用手在搓衣板上搓洗衣服。没有什么比得上过去的美好时光。让我们面对它。我们没有说:'妈妈,有什么可做的?'我们知道该怎么做,我们也以同样的方式培养了我们的孩子。"X光技术员萨利·皮尔曼同样解释说:"我喜欢与人打交道,喜欢帮助人。同情,体贴,它有宗教的一面,这并不是老生常谈的东西。这是我的真实感受。"护士助理塞西莉亚·克拉维兹描述了一种纯粹的快乐:"我只是喜欢去工作,看到新的人,看到你能为他们做什么。我从为别人做事的满足感中得到了很大的乐趣。"雷吉娜·霍瓦特把这种感觉归结为她从小就知道自己"善于与人打交道",这是她从母亲那里学到的品质,也是她的护理工作的基础和延伸。[3]

这种感觉维持着剥削。例如,奥拉维兹是一名病房文员——一份文职工作。"但是,嘿,如果琼斯先生将要从床上摔下来,我不会让他摔下来。我会尽我所能来阻止它发生。我不会大喊:'嘿,护士,琼斯先生要从床上掉下来了。'我会去帮助他。你在那里是为了病人的利益,不管这是否是你的工作。"在蒙苏尔医疗中心的一场劳资纠纷中,一名护士"在工作了11年后做证说,直到最近她还不知道她已经超出了她的职责范围"。正如参议员理查德·施韦克所言,许多从事医疗工作的人"会自愿做我们无法要求他们做的事情"。[4]

通过削弱家庭和工作之间的界限,这种工作文化往往导致两个领域之间的日常关系紧张,并在女工的生活中产生混乱。例如，盖尔·里德努尔于1976年春天开始从事护士工作。虽然管理层最初认为她学得很慢，但到了仲夏时，她的表现已经有所改善。夏末时，一位主管写道："虽然盖尔对承担3-11的工作有些犹豫，但她做得很好，不需要依赖霍尔女士。"然后在初秋，她又遇到了麻烦。"自从上次会议以来，里德努尔女士已经病了两天——怀孕引起的疾病。里德努尔女士说，她的医生对她持续的疾病、食欲不振、体重下降感到担忧。她也无法服用维生素和铁剂等。我为里德努尔女士安排了每周3天的兼职工作，以纠正她的长期缺勤"，护理主管写道。10月，她的老板以她最初的工作技能不稳定为由，解雇了她。显然，不是里德努尔的技能水平，而是她的怀孕，导致她在6个月的工作中缺席20天。虽然家庭护理和工作场所护理之间的所谓同一性是新工人进入这些工作的关键，但按时按点的护理往往造成家庭生活的动荡。[5]

工人的家庭结构并没有像劳动力市场那样急剧调整。弗里克医院的一名工人说："只有大约10%的妇女的丈夫不属于工会。"因此，家庭责任的分配仍然类似于单薪家庭时代的情况。一组社会工作者观察到，在失业期间，"虽然男性描述自己做了更多的家务"，但"女性对孩子父亲参与这些家务的评估在这几年里变化不大"。一位医院工作人员说："男人们称我们是女性沙文主义者，是解放的妇女。他们说，'嘿，她们认为我们应该待在家中厨房里'。"另一位同意："很多女性的丈夫不喜欢她们在男人身边工作，或者在裸体的人身边工作。这让他们很困扰。这听起来很疯狂，但很多丈夫确实觉得受到了威胁。"[6]

在单薪家庭的衰退期,女性根据家庭预算的需要而转变为养家糊口的角色,但通常没有丈夫曾有的那种热情。"在医院里,你没有任何尊严,"一位工人解释说,"他们不尊重你,他们剥夺你的一切。你在那里所做的一切都会被贬低。当我进入护理行业时,我丈夫非常自豪。我没有让他知道在那里发生的一半事情。如果他知道,无论我们多么需要钱,他都会让我辞职。"桑德拉·比舍感叹道:"有一次我们有个医生讲到压力问题,他说:'如果你的身体很累,你就会生病。'我工作了7天,回到家还要打扫房子。我的身体已经疲惫不堪。我丈夫经常洗衣服,因为我有时太累了。他会关注家务并做一些事情,而很多人都不会。很多丈夫只会说,'这是你的工作'。"不过,比舍还是认为自己很幸运。"和我一起工作的很多女孩都离婚了,分居了,丧偶了。她们如何在那里工作8小时,然后回家打理家务?她们说我'有一个很好的丈夫',因为当他不工作的时候,我下班回家,晚餐就在桌子上。而她们回家必须去做这些家务。你花8个小时上班,然后回家在这里照顾一个女儿,在那里照顾一个儿子。你怎么能完成任何事情呢?"[7]

由于医疗照护行业已经从战后的家庭中吸收了照护功能和劳动力供应,护理工作与无薪的家务工作出现在一个连续统一体上。因此,医院的工作场所冲突往往以义务、责任和内疚为主题。例如,在弗里克医院,工人在1977年6月投票赞成成立工会。但政府拒绝就合同进行谈判,导致了第二年夏天的罢工。一位罢工者解释说："这很难。我们站在那里，想知道病人的情况如何了……有传言说他们得到了比罢工前更好的照护。他们表现得好像医院发生过的最好的事情就是我们的罢工。"罢工打断了护理工作的"真实"情感体验——它使工人们感到自己既具有破坏性，又可有可无。"他们表现得似乎并不真正需要我们。我知道他们没有得到良好的护理。只有护士和主管留在这里做工作，志愿者偶尔也会进去。"一名工人告诉记者，他回去工作是因为"他感到内疚"。夏琳·比勒记得这次罢工是"一场大闹剧。他们所做的只是把我们当傻子。有工会的女孩进去，躲在汽车的后备厢里。工会没有对她们做什么。她们没有因此被罚款或怎么样。她们进去工作了。还有那些志愿者。他们会把你打倒。他们更糟"。[8]

争夺医疗费的斗争

随着里根时代的到来，医疗照护系统仍然是福利国家的一个据点，特别是在匹兹堡这样的工业中心。在20世纪80年代初的经济衰退和财政紧缩中，它没有受到损害，甚至得到了发展，它的增长与经济其他领域的通货紧缩形成了鲜明的对比。理查德·施韦克从宾州参议员升任里根政府卫生与公共服务部（HHS）的负责人，他在1982年10月指出："我们刚刚看到医院的费用，其中许多是医疗保险支付的，在过去12个月里猛增了15.5%，是通货膨胀率的三倍，而在过去的一年半里通货膨胀率已经大大下降。"[9]

蓝十字会和医疗保险是匹兹堡最重要的医疗照护买家，医疗补助紧随其后。蓝十字会多年来以广大钢铁工人和家属的加入为基础，在私人健康保险市场上仍然拥有近乎垄断的特权。人口老龄化使医疗保险作为医疗服务的购买者的作用大大增强，而医疗补助也在钢铁业崩溃造成的经济破坏中反周期地增长。这3家保险机构，一家是与工业集体谈判挂钩的非营利性机构，两家是公共保险机构，它们总共覆盖了匹兹堡一般性医院86%的病人。"匹兹堡地区的医疗照护提供方式，是对工会要求的直接回应，它们要求雇主支付广泛的医疗保险福利，"一组卫生经济学家在卫生与公共服务部的研究中写道，"支付费用的保险公司、医院、雇主和工会之间的这种历史关系有助于解释……为什么非传统的医疗服务提供形式，尤其是HMO和PPO*，在匹兹堡扎根和发展缓慢。此类项目通常由商业保险公司赞助，在设计上限制了参保者选择医疗机构的自由。"在匹兹堡，由工会和福利国家所构建的病人群体仍然定义着市场。[10]

正如匹兹堡的例子所表明的那样——如同20世纪70年

---

* HMO——"健康维护组织"，管理式医疗最早也最常见的模式，其主要特点是保险公司、医院与医生形成封闭体系，保险采用按人头预付费模式，保险端与医生端形成"风险分担协议"，医生既不会从增加的医疗费用支出中获得奖励，也不会从节省的费用中得到奖励。PPO——"首选医疗服务提供机构"，另一种管理式医疗模式，也强调为被保险人提供医疗服务网络，但允许会员选择网络外的医疗服务，只不过自费部分费率有差别，以体现"首选"服务提供者的优势。

代的滞胀——作为一个国家经济问题的医疗通胀,在很大程度上受到了工业城市危机的影响。虽然整个国家都感受到了这种影响,但在医疗照护消费模式密集且相应资本提供充足的地方,这种影响尤其强大。1982年,匹兹堡大学的卫生政策研究所提出了一个激进的地方性解决方案:"每年在该地区减少45万天的住院治疗。"与此同时,新泽西州、纽约州、马里兰州、马萨诸塞州、康涅狄格州和华盛顿州都在成本控制方面做出了实验性努力。[11]

在去工业化的城市中,战后时期的阶级关系正经历着戏剧性的解体和重组,这一过程表现为社会对医疗照护系统的依赖性不断扩大。正如1983年一位专家证人在美国参议院老龄化委员会(由匹兹堡共和党人约翰·海因茨担任主席)所言,医疗通胀问题似乎与整个工业社会有关。"整个改革的关键,"一位为新泽西州的做法做证的政治学家解释说,"仍然是城市医院的问题。"城市中的护理是问题的核心,因为城市是工人阶级社会再生产危机最严重的地方——这就是所谓的城市危机。[12]

20世纪70年代末和80年代初,在联邦层面控制成本的努力已被证明在政治上是有害的,因为太多的选民仍然是医疗扩张的受益者。在地方一级,这种固守表现为社区对特定机构的大力维护。在联邦层面,卡特政府软弱无力的价格控制计划同时冒犯了左派、中间派和右派:该提案没有像卡特的左派挑战者特德·肯尼迪所要求的那样,对保险业施加强大的联邦权力;它没有满足来自铁锈地带的强大的国会民主党人（如芝加哥的丹·罗斯滕考斯基和圣路易斯的理查德·格法特），他们代表了庞大而脑满肠肥的医院行业的利益；对共和党人，它又显得太有侵略性和对劳工友好。宾州的施韦克在20世纪70年代末仍是一名参议员，他是医疗照护方面的一个主要的保守派声音。他厌恶价格控制机制，并观察到他认为的另一个致命的缺陷：该法案试图在不压制医院工资的情况下实施这种控制。"将医院预算中占其成本60%的项目排除在价格控制体系之外是根本不公平的。当工人们知道工资是医院预算中唯一不受控制的部分时，他们完全有动力提高他们的工资要求。"[13]

在各方的反对下，卡特的提案于1979年11月被民主党众议院以234∶166票否决。然后，在新的里根政府的领导下，1982年的《税收公平和财政责任法案》（TEFRA）又有了一个错误的开始，该法案授权对平均成本而不是个别病例的成本进行补偿。TEFRA* 在设计上是不可行的：医院警告说，哪怕短暂的实施都会带来毁灭性后果。但是，正如预期的那样，该法案迫使人们考虑进行第二次改革。只有在TEFRA被签署成为法律之后，国会和卫生与公共服务部才在1983年再次采取行动进行改革。[14]

最后，新泽西州系统的一个版本——预期支付系统——最终在20世纪80年代初被国会采纳。宾州的施韦克，即现

---

* 本译本一般不跟随原文使用英文首字母缩写作为简称，但这里"税收公平和财政责任法案"的字面意思与此处指称的实际内容相差较远，为避免引起阅读障碍，在此处使用首字母缩写作为简称，特此说明。

第六章 "生存的任务" 307

在的卫生与公共服务部部长,促成了这一制度。20世纪70年代,耶鲁大学开发了预付费系统的相关技术,作为医院的内部核算手段:每个病人都按"诊断相关组"(DRG)分类,使医院能够识别单一的"产品",而不是一揽子的离散服务。[15]

施韦克在卫生与公共服务部的员工综合了耶鲁大学和新泽西州的经验,并对其进行了调整以适应联邦改革的目标。卫生与公共服务部建议按"产品"(即按诊断)而不是按他们提供的所有服务的总成本向医院支付固定金额。联邦医疗保健融资管理局(HCFA)将持有一份包含467个"诊断相关组"的清单——在这些疾病类别中,病人表现出共同的症状,需要与之相称的治疗。[16]

在这个系统下,政府为"诊断相关组"设定了价格——医疗保险将支付给医院的金额,而不管它如何提供治疗。医院将被迫为自己的成本负责,从而将负担从公众转移到医院,并隐晦地转移到过度消费的病人身上。正如施韦克在1983年向参议院提出的那样,拟议的系统将"使联邦政府成为服务的审慎购买者",并为"医院管理的灵活性、创新、规划、控制和资源的有效利用提供激励"。[17]

事实证明,国会对施韦克和里根政府的议程很尊重,以超级多数票通过了改革方案,而且几乎没有辩论。极端的医疗通胀和整体急剧的通货紧缩之间的差距不断扩大,创造了一种财政紧急状态下的氛围,并(使议员们)就改革的必要性达成了共识,而前一年的TEFRA则设置了定时炸弹,迫使国会采取进一步的立法行动。医院现在知道改革是不可避免的，只想把改革引向对自己有利的方向。尤其是，教学医院采取了政策制定者眼中的"纯粹而简单的贿赂"：立法者建议提高它们的报销率，以补偿其教学成本。此外，该建议并没有威胁到资本成本的转嫁——根据该建议，医疗保险为医院的借款成本提供补偿——这使得医院可以大举扩张。[18]

我们早已看到，战后达成的社会妥协将病人、医院和医生的利益联系在一起，形成了一个通货膨胀的循环。尽管这次报销改革重新调整了这个妥协，但改革并没有招致坚定的反对。在它生效一年后，美国医学会发现，63%的会员认为医疗服务变得更糟。最强烈的抱怨来自匹兹堡。匹兹堡共和党参议员约翰·海因茨利用他作为参议院老年问题特别委员会主席的地位，发起了一项调查。海因茨警告说，许多病人，特别是体弱多病的老年人，有着复杂的病因，无法对其做出单一的诊断："问题是，当医院主动拒绝护理时，是否对病人有任何保护，以及在预付费制的激励下，你知道，如果你是一家医院，你以50%到60%的产能运营，那么能够从你得到的病人身上赚钱就更加重要了，这种激励可以变得相当强烈。"换句话说，医院可能会拒绝接收那些需要无偿护理的病人，并且在床位因此被清空的时候，还会试图增加他们确实拥有的病人的费用。[19]

海因茨在这里回应了反对按"诊断相关组"付费的最有影响力的健康政策学术研究，该研究由西宾州的蓝十字会进行。在这项工作中，研究人员发现匹兹堡地区医院的病人并不符合耶鲁大学最初制定的、最终被国会采纳的诊断类别。这些研究人员听起来像弗里克医院的护士助理埃尔弗莱达·默里——她因为建议病人不要接受过度干预而陷入困境——他们呼吁采用一种追踪患者个人路径而不是专注于诊断的方法。"在出院诊断方面相似甚至完全相同的病人可以有许多不同的住院原因。由于诊断和治疗是由病人入院时的情况和鉴别诊断决定的,医院资源的使用也会相应地有所不同。"[20]

但是,改革承诺进行的合理化和整合,有利于医院行业内的强大参与者。在新的配给工具下,医疗保险为任何特定的诊断支付一个固定价格。如果成本低于这个价格,医院保留差额;如果成本高于这个价格,医院承担超额部分。从概念上讲,医院将专注于它们所提供的最好的服务。匹兹堡卫生政策分析家写道:"因此,医院面临的激励是缩短病人的住院时间,通过精减人员配置以提高生产率来减少住院费用,并通过将小型外科手术和其他一些服务转移到门诊中来完全避免预付费的限制。"在原先产生社群团结的地方,预付费制度导致的却是严格执行市场纪律。[21]

改革改变了医院治疗的对象、方式和时间。住院时间缩短了,术前和康复天数减少了。注册护士玛丽安·约翰逊回忆说,改革前,"人们不会在一两天后就被送出医院",住院时间经常超过一周,即使是小手术。"护士们照顾你,为你做准备……那时我们不做门诊手术。"然而,在改革之后,医院里的病人平均而言都需要更多的急症护理。住院病人变得病更重，年龄也更老。这反过来又引发了对医院工作人员每天实际工作的调整。[22] 在预付费制生效后的一年里，医院开始撤除床位，缩短住院时间，并减缓价格上涨。通过"利用情况审查"，他们向医生施压以缩短住院时间。从1978年到1982年，医院的年平均膨胀率为15%，但从1984年年中开始，下降到2.4%，这是20年来的最低增长水平。匹兹堡地区的年人均住院天数在1979年达到了惊人的1.6天，到1985年下降到1.1天。[23] 因此，医疗保险改革代表了相当于沃尔克冲击*的卫生政策：正如医疗膨胀率的改变所表明的，新政策挤压了消费者的需求，惩罚了工业中心的医疗产能过剩。

总的来说，这项改革在财务上是一种惩罚。1984—1985年，匹兹堡地区医院的平均净营业利润率为5.1%，但在接下来的几年里下降了一半。1988年，匹兹堡大学卫生政策研究所所长普福·朗格斯特评论说："在一组环境条件下被建立的结构通常不能很好地适应一组截然不同的条件。医院系统根本不可能无限期地保持完好无损。"一些医院将不得不收缩、专门化，或者倒闭。[24]

然而，平均数是有欺骗性的。医院行业并没有整体失败，而是在经济上变得两极分化。1988年，朗格斯特观察到："本地区有16家医院的床位使用率为50%或更少，而其他11家医院的床位使用率超过80%。"都市区的8家教学医

---

* 关于"沃尔克冲击"，参见本书边页码186。

疗、患者教学，以及使用复杂的计算机技术进行更仔细的监督，"卫生政策研究所解释说，"更有效地利用专业人员需要更多的专业支持服务。"[26]

对于那些负担得起的机构来说，新制度提供了发展的机会，而不是使其被迫收缩。正如经济学家达伦·阿塞莫格鲁和艾米·芬可斯坦所观察到的，改革的效果是增加了医院劳动力相对于医院资本的成本，激励医院投资于更先进的技术——如果它们有足够资金实力的话。例如，匹兹堡大学附属的旗舰机构——长老会大学医院在20世纪80年代中期推动了一项2.11亿美元的扩建计划，包括两座用于医疗和研究的新大楼，"在其中心侧翼增加两座多层建筑"，以容纳一个集中的重症监护室，以及扩大心脏护理中心和癌症中心。例如，长老会大学医院预计，到1994年，其肿瘤中心的病例将从1987年的1100个增加到1759个。医院管理者在证明扩建计划的合理性时写道："虽然我们认识到本地区有1034张病床（1986年7月），已经偏多，但必须明白，长老会大学医院的作用范围远远超出本地区。我们的业务性质是为更多的急性病患者提供最先进的技术。"[27]

由此导致的医院行业内的不平衡意味着盈利的机构可以出售昂贵的服务——通常是在全国或全球市场上，而边缘机构只向其贫困的当地社区提供护理。卡罗尔·亨利是一名1981年开始工作的执照临床护士，她回忆说："在过去，我们没有移植患者。"随着她职业生涯的继续，她所工作的医院越来越边缘化，被长老会大学医院吸收，而移植患者的康复——高成本、资本密集型的干预，占据了她越来越多的工作时间。[28]

因此，医疗干预和护理提供变得越来越不同，一个是资本密集型工作，另一个是劳动密集型工作。一方面，对于那些有能力进行新投资的机构来说，存在着大量的机会。另一方面，边缘机构现在不得不为那些需要护理的人提供定量配给式的有限护理，并且只享有剩余的福利国家权益。

这种分离在大都市成为地理上的区分，即将城市核心区的医院与去工业化外围的医院区分开来。例如，在饱受摧残的河岸钢铁小镇阿里基帕，一家保险公司指控当地的社区医院在周五为病人办理住院手续，以便在周一开始检查。一位管理人员虽然否认了这一指控，但承认阿里基帕医院为保留其"家庭氛围"而感到自豪。[29] 这种"氛围"和它在物质上的含义——由处于财政紧缩政策下的剩余工人阶级所维持的医疗服务——成了医疗照护工作场所日常冲突的一个爆发点。

医院工作和压力的政治经济学

新的环境使为衰退的工人阶级地区服务的社区医院经济迅速瓦解。例如，在新制度实施几年后，服务于受影响最严重的钢铁城镇之一的布拉多克医院的管理部门报告了"财务恶化"。原因包括："钢铁工业衰退导致支付者组成结构不良"；"预付费制"；"技术成本增加"；"行业转向门诊服务";"传统医院市场的竞争";"入院病人转向对手机构"。医疗保险和医疗补助涵盖了该医院85%的病人量。从1984年到1988年,该机构平均每年的入院人数下降8%。到20世纪80年代末,布拉多克医院的每个病例的成本开始急剧下降,这表明昂贵的、有利可图的病例去到其他地方了。同时,享有医疗补助的病例——也就是利润最低的病例——从1983—1984年占医院总病人天数的11%上升到1991年的28%,并最终达到地区标准的3倍。[30]

医院系统这种不均衡性的加剧,反过来又重塑了医疗照护劳动力市场。总的来说,1983年改革后的10年里,区域中的医院劳动力不断增长——这是住院病人越来越重的病情和对更密集的医疗服务的相应需求的反常结果。但这种影响也是不平衡的,事实上是双重的。它在医疗机构内部是不平衡的,因为技术上更专业的工作类别扩大了,以适应病人群体的复杂性和对更密集的干预措施的财务偏好,这导致劳动力的技能分层更严重。不同机构的就业增长也不平衡。经济学家在评估预付费制的影响时指出:"大型的三级医疗机构财务状况良好,已经制定了最低限度的减员政策。这些医院都没有采取裁员或减薪的措施,但较小的初级保健机构却在裁员。"从1984年到1990年,地区医院的就业人数总体上增加了11.1%。但以布拉多克医院为例,在此期间,员工总数下降了14.6%。到20世纪80年代末,布拉多克医院每张床位只雇用了3名全职雇员,而阿勒格尼县的医院整体上是5.8名。[31]

在为不稳定的工业区服务的医院中,这种模式刺激了工人的工作场所斗争的新形式:关于人员配置水平、工作时间和日程安排的冲突成为焦点。例如,位于匹兹堡东南部衰落的煤矿地区的弗里克医院,工人们在20世纪70年代末组织起来罢工,主要是为了争取工资。这是一支主要由20世纪70年代医疗照护劳动力扩张而组成的劳动力队伍,补充损失的工业工资是许多人的目标。然后,财政紧缩政策在1983年到来。

在这一年的年底,作为对TEFRA的反应以及对预付费体系的影响的预期,弗里克医院宣布了大规模的裁员和从全职到兼职的削减。"一位服务了7年的注册护士被降为兼职,"一家当地报纸报道,"她已经怀孕五个半月了,她的丈夫是一个被解雇了两年的钢铁工人,正在商店里做一份拿最低工资的工作,给货架上货。"一位工会官员评论说:"身为一名注册护士,她竟然将在医疗救助下生下她的孩子。"当弗里克医院在剩余的员工中进行洗牌时,它制造了一种情绪上的冲击。"我从未见过这么多眼泪,"一名工人说,"我现在不会把我的狗带到那里去了。我们已经被改变了太多,我们不知道自己在做什么。"总体而言,兼职员工的数量翻了一番,而全职员工则减少了四分之一。[32]

工人们立即开始抗议。工会官员认为,此举违反了工会合同,而且他们的抗议导致医院不得不使用志愿劳工临时填补他们留下的空缺。53名工人参加了12月18日的组织委员会会议,计划采取措施。第二天,他们在医院门口冒着严寒举行了烛光守夜活动。一张传单上写道:"我们想工作!我们想为您服务,我们的患者!"[33]

从员工的角度来看,新制度加剧了时间上的不稳定性,在工作时间与员工、病人生活中的具体事件之间制造了不同步。虽然这种情况并不新鲜,但预付费制却加剧了这种情况。一方面,随着非全日制就业的突然的和大幅的增长,工作时间表本身变得更加不稳定。另一方面,病人的需求变得更加迫切。正如工会官员安妮·布鲁姆菲尔德向弗里克医院的一位管理人员指出的那样,沦为兼职的家政员工"被他们的主管和现在的部门负责人告知,他们必须每周7天随时在家等候电话通知来上班。据报道,这些家政服务人员还被告知,如果他们不能在家听电话,他们必须每天给医院打电话,看看是否需要他们来工作"。[34]

这样的条件可能与工人生活中的其他需要相冲突,特别是对于从事这些工作的妇女来说,她们继续承担着主要的家庭义务。正如乔安妮·沃里克因疑似在正常休息日停工而受到处罚后所抱怨的:"我因带女儿去儿童医院而请的病假和由此造成的缺勤是没有办法的。我一直有一个健康问题,希望在几周后通过手术得到治疗。有些时候,一个人不能不生病,即使是在休息日之前或之后。"[35]

弗里克医院的情况并不罕见。麦基斯波特医院,一个钢铁镇的医疗机构,也经历了同样的情况。"麦基斯波特医院的每张床位上有 5.0 个全职当量(FTE),这是一个我们无法维持的比例,"医院的执行董事给工会主席写信道,"来年,我们的统计数字和工作量预计会下降,收入减少,竞争加剧,为了麦基斯波特医院的成功,需要医院和工会之间采取合作的态度。"总病人天数从1972年的17.5287万人/日下降到1985年的10.5325万人/日。工作人员总数在1982年达到顶峰,为1851名全职雇员,到1987年下降到1326名,医院坚持认为需要进一步削减人数。[36]

随着医院转向更多的急症护理,经济上处于边缘地位的医疗机构在收入锐减的情况下勉力维持运转,它们将成本以不稳定的工作时间表的方式转嫁给工人,这表现为压力。根据1984年进行的"工作时段全国女性与压力调查","压力最大的行业是医疗照护行业。医疗照护工作者——护士、卫生保健工作者(专业和技术工人占绝大多数)和社会工作者——认为他们的工作比一般人压力更大"。这项调查发现,在认为其工作"压力非常大"的女性中,30%的人报告说"总是"或"经常"头痛,30%的人"有时"头痛。那些被描述为压力很大的人还报告说经常或总是感到"疲惫""愤怒""疼痛"和"神经紧张",其比例在50%左右或更多。[37]

这种压力的产生在历史上可以从日常生活中观察到,但往往只是间接地观察到。例如,1983年年底和1984年在弗里克医院发生的一系列违反停车政策的事件,就是某种小规模叛乱的痕迹。最严重的违规者,厨房工人菲利斯·弗洛克,在5天内两次违反规定。在第一次被训斥时,"她变得非常好斗",并嘲笑她的主管的权威。4天后,弗洛克再次将车停在禁停区。她的主管再次对她进行了训斥。"弗洛克变得非常好斗和吵闹,并说她认为她的班次应该允许她在后面的停车场停车。"当她的经理给她写信时,弗洛克"提高了声音,说她不打算签署任何东西,'我什么都不看,你可以把它塞进你的屁股里'"。[38]

显然,弗洛克认为她的主管的权力是不合法的。但是,专门为停车问题发生摩擦的原因是,她迟到了,想把车停在近处。我们只能猜测她为什么一再迟到:因为她累了或病了而睡懒觉;害怕去上班;洗澡或吃早餐的时间太长;或者,更可能的是,匆匆忙忙地把家人赶出家门或把孩子送到学校。迟到只不过意味着卖出了比自己所拥有的时间更多的时间。

养老院和家庭护理

在1965年至1983年间,医院充当了工人阶级生活周期所受破坏的减震器。特别是在老龄化的蓝领地区,医院在某种程度上扮演着类似于养老院的非正式角色,替代了无薪的家庭劳动。工业的衰退催生了失业的剩余人口。对剩余人口的照护是妇女的无偿家庭劳动和医疗照护劳动重叠最彻底的地方。

在1985年的一份报告中,区域健康和福利规划协会直言不讳地指出:"长期护理主要是家庭的责任。失能老人接受的所有护理中,有60%到80%是由家人和朋友提供的,他们没有得到补偿,也很少或没有得到其他支持服务。"但是对这种劳动的需求正在快速增长。正如一家家庭保健机构指出的，从1984年到1990年，对"家庭护理员/家庭保健助理服务"的需求预计将翻番："这些人从哪里来？"[39]

随着社区老龄化，加上由女性开始工作导致的无薪家庭护理越来越难以获得，积存下来的大量老年人口所造成的压力越来越大。当国会收紧了鼓励医院为这一目的服务的资金流的阀门时，压力流向了邻近的行业。这种护理工作——低于医院现在所要求的急症护理水平的日常生活支持——被转移到养老院或家庭护理机构。一大批机构——从非营利性的医院到营利性的连锁养老院和家庭护理机构——也随之而来。医疗补助是长期护理的唯一公共支持来源，它推动了这种转变。在宾州，医疗补助计划用于长期护理的支出从1981年的4.96亿美元上升到5年后的6.5亿美元。通过医疗补助，宾州在长期护理方面的支出超过了除纽约州以外的任何其他地方。[40]

由于医院被鼓励更早地让病人出院，家庭护理机构和养老院发现自己的患者人群比以往更大、病情更严重。"更多的病人有严重的褥疮，而且一般来说需要更多的急症护理。他们发现更多的外科手术后的病人需要每天探视两次，需要静脉注射抗生素、静脉注入营养液、鼻胃喂养、气管切开手术，或依赖呼吸机。"研究6个地区家庭护理机构的卫生经济学家评论说。同样的现象也出现在养老院中。1985年的一项研究发现，阿勒格尼县大约90%的长期护理床位已被占用，而对于不断增加的无力承担医疗费用的贫困老人来说，供应尤其稀缺。"我们有理由担心那些需要护理而又得不到护理的人正在遭遇什么。医疗补助的报销率太低（熟练护理每天50.14美元，中度护理每天44.11美元）无疑造成了医疗补助床位的短缺"。[41]

这些经济条件制造了限制，但也创造了机会。如果养老院能压低成本，就会有对更多床位的需求。保持低成本的养老院可以从资金拮据的州获得"效率激励"奖金。由于住院治疗在这个市场上不再可行，甚至一些医院也开始涉足护理和居家护理业务。麦基斯波特医院在医疗保险改革后陷入了财务困境，于1984年签署了一项协议，在其所在地区建造一套拥有120张床位的长期护理设施。在杜肯河对岸，曾经代表杜肯工厂数千名雇员的美国钢铁工人联合会1256地方工会的大厅作为个人护理寄宿之家重新开业——同一天，USX宣布永久关闭该地区的另外4家钢厂。[42]

更大的参与者也进入了这个市场。全国连锁的贝弗利创业（Beverly Enterprises）在宾州从4家养老院扩展到40多家，其中几家在匹兹堡附近。1984年，全国的养老院行业有45%的收入来自医疗补助和医疗保险；巨头贝弗利在全国各地经营着1025家养老院，拥有11.5万张床位，其65%的收入来自这些养老院。该连锁机构几乎全部的资本投资都是通过公共补贴的债务融资实现的。[43]

养老院的主要费用当然是劳动成本。正如家庭护理中也会发生的那样，护理人员花在病人身上的时间——以探访频率和住院时间来衡量——随着病人数量的增加而减少。这些生命维持型的护理形式——从病人的角度看进展缓慢——在数量上不断扩大,同时,对护理人员的要求也在不断加强。在工作量和工作强度增加的同时,由于预算的限制,护理人员削减了护理的实质性内容。服务雇员国际联盟(SEIU)的研究人员指出了一些例子,包括"忽略了叫回下班的员工来代替那些请病假的人,吝啬食物和床单,严格控制一次性医疗用品的使用"。尽管州政府会报销一名以上的社会工作者的费用,但"在1984年,宾夕法尼亚州的大多数贝弗利养老院只雇用了一名社会工作者"。[44]

养老院在老年护理市场上继承了衰落的医院,同样也系统地制造了不稳定。在福利部办公室对宾夕法尼亚州西部的5名贝弗利工人的案例研究中,其中一人每月工作103小时,每小时3.44美元,养活一家三口,包括一名失业男子;另一人在完全相同的条件下每月只工作85小时;第三人工作98小时,每小时3.96美元;第四人工作85小时,每小时3.44美元;第五人,94小时,每小时3.44美元。也就是说,没有一个人接近于全职工作。因此,养老院的人员流动非常大,每年超过100%的流动率并不罕见。[45]

跟医院一样,养老院的日常工作也会产生压力。一连串的事件可能会揭示出压力点,1986年秋天发生在贝弗利旗下的默里庄园疗养中心一名管家身上的情况就是很好的说明。虽然她没有在自己如何丢掉工作的叙述中写上自己的名字,但她确实一丝不苟地记录了这个故事:"11月16日那一周,我有很多家庭问题,我的家人都在医院。我的儿媳妇在匹兹堡做手术，我在医院也病了，我的侄子去世了——我精神崩溃了。"11月20日，她请假去看望她的儿媳妇，两天后的星期六回来。但在11月23日早上7点，她接到一个电话，说她的侄子死了，这是一个坏消息。"我当时就崩溃了，阿琳·舒尔茨给我们的主管埃尔诺拉·班科什打电话，告诉她这件事，并告诉她我要回家了，班科什说可以。"从她平常的一天休息到她拿着医生证明请假的两天假期，她在家里待了3天。"1986年11月27日，我仍然感觉不舒服，但我还是去上班了，因为他们只有两个管家（我们每个人负责30个房间，38个浴室，7个大厅，2个站，前厅站，以及所有其他的额外服务）。"

在她缺勤后返回工作的路上，她的轮胎爆了，她不得不走到她女婿家，用女婿的电话给默里庄园的洗衣店打电话，并告诉同事艾琳·泽利奇她会迟到。她请求泽利奇"如果有人问起，就说我7点45分到公司"。当她终于到达时，她"喝了一杯咖啡并去了餐厅（试图冷静下来）"。一位同事和她坐在一起，帮助她调整自己的情绪，直到一位名叫唐的经理过来。"我起床上班是5点到8点。但我太激动了，我签了700，而不是8。"同事泽利奇后来注意到考勤表上的错误，并提示这位不幸的女管家，她纠正了错误并告诉了她的主管。然而，在爆胎一周后，经理唐把她叫到办公室，告诉这位管家她被停职了，让她等待进一步的通知。"我说他说这些话是为了伪造记录。我说了之后，他说，'让她现在离开这个房间，护送她离开大楼'。"

第六章 "生存的任务" *323*

应,工人们在这两家养老院举行了罢工,进行了非暴力反抗,并就病人状况提交了投诉,认为这两家机构人员不足,管理疏忽。内格利之家的两名员工珀尔·托马斯和弗朗西斯·琼斯描述了裁员后护理质量的急剧恶化:"病人的腹股沟和臀部存在擦伤,且显得粗糙和生硬,粪便在病人的皮肤上结块和干燥,床铺在下午2点30分之前还没有整理好。"在沙迪赛德庄园,占员工大多数的非裔美国人声称,管理层对员工和病人都实行了系统的种族歧视。[48]

管理层认为病人的境况与因解雇工人而损失的熟练照护技能无关。管理人员认为,长期护理是没有技术含量的,很容易由可互换的人完成,并称对新员工进行3天指导,就足以替代被解雇工人的经验。正如另一家养老院的管理者所写的那样,当虐待或疏忽发生时,那"通常只是个人的孤立行为"。[49]

在这样的工作场所,女工的时间纪律性身体成了关爱主体的同义词。1986年夏天,在贝弗利旗下的默里庄园,管理层终止了厨师乔安·阿里奥多的工作,原因是她多次"表现不佳":具体而言,她没有足够频繁地拖地板。正如她的经理所说,她的工作表现"清楚地表明:(1)她不以自己或她的工作为荣;(2)她不以她所在的场所或她的部门为荣;(3)她不关心她的同事"。[50] "荣誉感"是对正确表现的"关怀"的情感奖励。

管理部门调动了女性在瓦解的工人阶级社会世界中的生活经验所产生的技能和情感,这些技能和情感表现为劳动,这些女性通过劳动将这个世界维系在一起。雇主对这种生活经验进行约束，并将其纳入一个有时限的制度中。工人们感到这种纪律化是一种冒犯，是压力和不尊重，而且往往是种族主义。雇主的反应是强调关爱伦理，动员性别化的社群意识形态，首先把她们培养成有资格从事这种工作的关爱主体。[51]

因此，时间表经常作为权力的工具和冲突的载体出现。这样的冲突发生在默里庄园的员工詹妮弗·利斯身上，她因为使用复印机复印下午3点到11点的时间表而受到了处罚。她的主管承认员工有权利获得时间表，但坚持认为他们只能用手抄。然而，工人们想要打印的副本，因为打印的副本更具约束力，有助于建立可预测性。利斯问道："你能保证这样一份手抄的时间表会被承认为有效吗？"

护理是不可能完全常规化的，这种性质也是其抵制自动化的原因。由于无法精确地编排工人的动作，管理层不得不在日程安排的层面上，以抽象的时间尺度来执行工作纪律。即使管理层为每项任务制定了具体的时间预算，人的主观能动性也常常改变计划的内容。常规得以运作，恰恰要依靠员工利用他们自己的技能和创造性对其进行调整；管理层需要他们这样做，但却对他们进行了惩罚。这代表了雇主对性别的调动。正如利斯不得不指出的，她不是一个家庭主妇。"我不是按照要求复制食谱，而是在获取相关信息，以帮助确保机构的人员配置顺利进行。"[52]

这种冲突是医疗照护工作中的普遍现象。在由仁爱医院控制的圣约瑟夫护理和保健中心，工人们在20世纪90年代初成立了一个工会。这些工人主要是中年黑人妇女，其中许多人是一家之主。她们的工资在每小时5美元到6美元之间，一个护士助理要负责"多达52名病人——这是不可能完成的任务"，1199地方工会的组织者解释说，这并不罕见。"人员短缺的结果是，养老院已成为我们社会中最危险的工作场所，雇员受伤的发生率高达40%。养老院工人遭受严重伤害的比例高于煤矿工人和建筑工人。"在圣约瑟夫护理和保健中心，工人们"打着石膏或拄着拐杖报到，因为管理层宁愿让他们从事轻度工作，也不让他们领取赔偿金"。管理人员的利润率需要降低劳动力成本，他们积极地抵制工会。膳食助理埃斯特·杰弗逊记录了一次非法讯问。"1992年9月30日，星期三，我去了饮食部主任特里·希贝尔的办公室，让他给我的工作表现做评估，我签了字。然后他告诉我，他担心养老院在有工会的情况下无法运作，并问我是否已经签了卡。然后他说，'我知道我不应该问你这个问题'。我说'是的，你确实不该问'。他说'养老院方很害怕，你其实可以救下大家的……'我就坐在那里，没接腔。"[53]

随着护理人员的等级划分不仅在机构内部而且在机构之间变得更明显，这种不稳定性也在增加。卡罗尔·亨利在开始实施预付费制度之后的那段时间被蒙特菲奥里医院解雇了，她找到了替代性工作，被临时安置在养老院和私人住宅中。她说，"很艰难"。她的前夫是一名下岗的钢铁工人，快要死了，她不得不照顾他并抚养他们的孩子，同时努力维持生计。"你需要在两周内工作80个小时,但机构并不保证给你这么多活儿。你可能每周工作两天,也可能工作3天。你会在不同的地方干活,它不保证你第二天在同一个地方。"她是一个单身母亲,但她自己的母亲能够在她工作时照看她的孩子。"我坐下来想,如果不是她,我不知道我是否能做到,"亨利说,"她必须帮助我,而她做到了。就我的工作方式而言,实际上是她在抚养他们。"在她所在的小镇的公共汽车服务被削减后,亨利生活的不稳定性变得更真实。在冬天,她用一个扁平的箱子从她家旁边的陡峭山坡上滑雪而下,以赶上公交车。她回忆说:"在我飞出公路之前,我会刹住自己。我这么干了好多年。"[54]

这种有风险的日常生活说明了女权主义批评家奈费尔蒂·塔迪尔提出的观点,即照护工作如何将妇女的劳动身体变成其他人谋生的"媒介"。塔迪尔指出,在服务行业工作的妇女,"作为时间的生产者,一直在工作"。[55] 种族和性别机制作用在这个行业的女性——卡罗尔·亨利,其次是她的母亲,圣约瑟夫养老院拄着拐杖的工人们,还有成千上万的其他女性——身上,动员她们为家庭、雇主、病人生产时间,创造利润,延长生物寿命。这些女性不断地生产时间,但当她们穿越这一连续性的商品化部分和非商品化部分之间的界线时,她们发现,正如亨利所说,"很艰难"。

自20世纪六七十年代工会运动兴起以来,许多医疗照护行业的工人组织,尤其是医院的工人组织,基本上都处于停滞状态。在整个20世纪80年代,医疗照护行业的工会主要处于守势。然而，在这个行业的较低层次中，不稳定就业的扩散范围是如此之大，以至于机构护理工作和它带来的问题仍然以意想不到的方式显现出来。在迈克尔·沃尔泽1983年的经典著作《正义的领域》关于"最艰苦的工作、最肮脏的工作、最亲密的服务"的不协调的思考中，护理人员闯入了政治哲学。"医生和护士为了捍卫他们在社会等级制度中的地位，将其工作转移到助手、护理员和服务员的肩上——他们日复一日地为陌生人做着我们只能想象在紧急情况下为我们所爱的人做的事情。"与此同时，女权主义思想家们更系统地探讨了关爱的问题：社会学家阿莉·霍赫希尔德在20世纪80年代初提出了"情感劳动"的概念；政治理论家琼·特朗托在1987年问道："关爱从何而来？它是在家庭中学来的吗？如果是的话，关爱的伦理是否预设了家庭的需要或家庭的性质？谁来决定谁能成为关爱社会的成员？市场在关爱社会中的作用是什么？"[56]

这些问题不仅是传闻逸事或抽象的。它们的物质层面，它们所隐含的日常冲突和痛苦，正在四处发展。例如，女权主义理论家唐娜·哈拉维在她1985年的经典作品《赛博格宣言》中指出："工作正在被重新定义为字面意义上女性的和女性化的，无论它是由男人还是女人来完成。被女性化意味着变得极其脆弱；能够被拆卸、重新组装，作为后备劳动力被剥削；与其说被视为工人，不如说被视为仆人；无论正常工作时间内外，都会受制于雇用方所做的时间安排，这是对有限工作日的嘲弄；成为一种总是近乎淫秽的、不合时宜的和可还原为性的存在。"哈拉维看到了工业结构调整与"福利国家的崩溃,以及随之而来的、对女性承担养家糊口职能之必要性的强化"之间的关系。同样,在1988年民主党全国代表大会的演讲中,杰西·杰克逊为他出人意料地盛大的总统竞选活动所试图代表的所谓无声的劳动者献上了赞歌:"不,不,她们并不懒惰!必须有人为她们辩护,因为这是最重要的。必须有人为她们辩护,因为这是对的,她们不能为自己说话。她们在医院工作。我知道她们会这样做。她们为那些发烧和忍受疼痛的病人擦拭身体,她们清空他们的便盆,她们清理他们的厕所,任何工作的条件都没有她们的恶劣,但当她们生病时,她们却不能躺在她们每天铺好的床上。"[57]

企业合并

医疗照护行业的经济两极分化不仅破坏了单个机构的就业,也破坏了整个行业的组织。一场不断加速的机构合并浪潮席卷了被削弱的社区医院,而著名的学术医院却在扩张。新秩序的中心是附属于匹兹堡大学的学术医院和诊所群。长老会大学医院是其中最大和最负盛名的,尽管其领导人员来自附属的西部精神病学研究所和诊所(WPIC)的管理部门——该机构在20世纪70年代从一个过时的精神分析场所转变为一个赚钱的精神病学医疗中心。由于这些机构的学术收入不断增长,价格和声望不断提高,在20世纪80年代中期，当较贫穷的机构陷入急剧衰退时，它们的管理层设法进行了扩张和投资。核心计划是建立一个多机构的大学癌症中心，作为汇集附属学术医院的收入和吸引额外联邦资金的机制，这种做法获得了丰厚的回报。[58]

现在，合并的通道已经开启。1985年和1986年，西部精神病学研究所的管理层通过组建匹兹堡大学的综合医疗和保健部门（MHCD），对专业的眼耳专科医院和更重要的长老会大学医院建立了更大的控制权。由于激光眼科手术的出现，眼耳科已逐渐被废弃。相比之下，长老会大学医院已经成为专业治疗尤其是移植方面的全球领导者。"当你说医学时，我想到了移植，"美国移植医生委员会的执行主任对《纽约时报》评论说，"当你说到移植，我就想到了匹兹堡。"全国一半的肝脏移植手术都发生在匹兹堡。《泰晤士报》报道说："医院的病人名单读起来就像一个国际名人录，其中包括沙特王室的几名成员和其他中东领导人。"西部精神病学研究所和大学管理人员在1986年能够控制长老会大学医院和眼耳专科医院后，这两家医院就被合并了，有偿移植工作被允许扩大到奄奄一息的机构中去。[59]

因此，综合医疗和保健部门巩固了对几个主要收入来源的控制。从1986年合并之日起，综合医疗和保健部门管理层就预计，长老会大学医院的收入基础将继续从旧的社会保险来源——医疗保险、医疗补助和蓝十字会——中转移出来。其他收入来源的比例将从80年代中期的23%上升到1994年的37%，从而首次成为长老会大学医院收入的最大来源。该机构可以利用这一预期的市场份额进行低利率贷款，以便投资和扩张。[60] 通过这种方式，匹兹堡大学的综合医疗和保健部门成为地区医院行业中心的医疗和经济重镇。

在长老会大学医院这样的高知名度机构蓬勃发展的同时，工人阶级的社区医院却濒临崩溃。随着需求的下降，社区医院的床位费下降到了需求量更大的知名机构的70%或80%，这是在高空置率和无力提供昂贵服务之外，这些机构面临的新的困难。正如《医疗保健》杂志在1989年的一篇文章《匹兹堡两家医院的故事》中所报道的那样，在报销和入住率下降、地区市场床位供过于求以及医疗成本普遍上升等因素的综合作用下，"许多医院在医疗照护在当地经济中的重要性不断上升之际，面临岌岌可危的财务状况"。文章将服务于北区工人阶级的"人口不断减少和老龄化"的圣约翰医院与位于富人区的沙迪赛德医院做了比较。"不仅我们的服务量增加了，而且我们的财政可行性也增大了，"沙迪赛德的一位管理人员评论说，"当震荡期结束时，我们将成为幸存者之一。"事实证明，这个预测只猜对了一半：圣约翰医院在两所医院中财务状况较差，正处于合并过程中。然而，几年后，甚至沙迪赛德也加入了匹兹堡大学的医院系统。[61]

整个行业的不平衡是如此之大，以至于在高端，非营利机构遇到了一个语义上和会计上的问题：它们正在攀升到高于其税收地位的可观的收入水平。"所以我问我的老板，这就是利润所在吗？"阿勒格尼综合医院的一名会计解释说，

"他说不,那不是利润,我们这里不谈利润。我说好吧,那是什么?他说'净营业收入减去支出'。"阿勒格尼综合医院是该地区最大的一家医院,在截至1988年6月的财政年度里,即使在投资了数百万美元的新设备之后,也有14.9%的正利润。其最大的竞争对手,长老会大学医院的利润率为9.6%,并且在20世纪80年代末开始收购其较弱的邻居蒙特菲奥里医院。[62]

与此同时,那些没有胜出的医院则采取了绝望的措施。在被收购之前,蒙特菲奥里医院曾向其医生借钱,以防止他们离开医院去其他机构。同样,1989年,饱受打击的布拉多克医院试图通过与医务人员成立合资企业将自己改造成一个营利性机构。替代方案是转为养老院或专业治疗中心,或将其出售给更大的竞争者。"即便是拥有充足资金支持的机构也有理由对未来保持警惕,"《匹兹堡邮报》发表评论说,"想象一下当前摆在布拉多克综合医院面前的生存任务,它为蒙谷的一个特别困难的地区提供服务。"[63]

这次探索失败了。布拉多克医院的病人中有86%是由医疗保险和医疗补助支付的。精神病患者和药物依赖者构成了患者群体的很大一部分,这是当地社会状况的一个反映。事实上,布拉多克是该县最大的戒毒服务提供者。这些病人被医疗补助所覆盖的比例过高,使得这个市场在撬动新投资方面毫无潜力,尤其是在医疗补助被加速削减的情况下。[64]

戒毒和精神病护理是钢铁城生命周期后期所需的长期和无偿照护的典型内容。在探索的3年内,布拉多克医院理事会承认,"布拉多克医疗中心所服务的病人中,有非常多的人参加了医疗保险和医疗补助计划。医疗保险和医疗补助的报销程序目前正在使获得医疗中心运营所需的资金变得越来越困难。从长远来看,财务状况大幅改善的预期很难实现"。1993年,理事们开始探讨作为关闭的唯一替代选择的兼并的可能性。尽管医院的经济状况不好,但他们并不想完全放弃它。毕竟,布拉多克有一批尽管无利可图但忠实的病人,他们对医院保持着一种旧有的感情。84岁的玛丽·亨特说:"每当我感觉不舒服时,我的家人都会把我带到布拉多克医院,他们会照顾我。那里的所有医生都知道我的名字。如果他们不在,我不知道该怎么办。"[65]

钢铁城镇生活的社会衰退是有利可图的,但只是在一定程度上如此。1983年联邦颁布了医疗财政紧缩政策,并通过在接下来的10年中削减医疗补助金而加强紧缩,这扭转了那种有利可图的态势,并逐渐使承担紧缩后果的独立社区医院即便想撤资也面临困难。去工业化的社会痛苦原本曾得到部分缓冲,现在被完全感受到了。到20世纪90年代中期,结果变得显而易见。宾州范波特市的多萝西和保罗·布鲁克斯曾享受过朴素但安全的蓝领生活。他曾是一名卡车司机,从工厂拉运钢铁;她曾做过兼职文员。保罗于1982年被解雇,此后12年的工作时有时无。20世纪90年代中期,运气不好的他喉部出现了一个肿块,而她的肩关节也出现了撕裂。他们得到了医疗补助的保障,直到州一级的新一轮削减打击了该计划。"这是安乐死的一种形式,"多萝西说,"如果我们失去了这项福利,而我丈夫的喉癌在未来两年内复发,我们将无法支付医疗费用。"[66]

使社区医院护理变得不经济的力量当然不只作用于布拉多克。到20世纪90年代初,曾经因医保资金大量流入而膨胀的医院正处于资金饥渴状态。将它们的运营成本和收入平均下来,该地区的医院于1995年首次陷入了财政赤字,这是多年来的第一次。"我们仍然会照顾穷人,"圣弗朗西斯健康中心的主席罗西塔·威灵格修女说,该中心在当年因报销率下降而输掉了一场联邦诉讼,"但我们的损失将是巨大的。我不知道我们将如何弥补它。"[67]

匹兹堡大学综合医疗和保健部门这个新的强力集团已经准备好介入并利用这一局势。精神病学家托马斯·德特雷(Thomas Detre)观察到,"我认为这些医院最终应该合并成一个单一的实体。我知道这将是一个漫长而艰苦的过程。所以我们一小块一小块地往下吞"。1990年,匹兹堡大学管理层采取了更加统一的控制,将该部门更名为匹兹堡大学医疗中心。该校校长韦斯利·波斯瓦尔解释说:"匹兹堡大学医疗中心正在蓬勃发展,而大学本身却面临着一个紧缩期。一些调整是必要和公平的。"[68]

大学有了更大的控制权,就能够将医疗中心的临床利润循环用于学术运营。这一资金流使该机构能够更有效地在学术劳动力市场上招聘员工,吸引那些能够将研究转化为更大的临床和科研收入的明星教师,这反过来又增强了该机构在国家和全球医疗市场上的竞争能力。作为一个直接的结果,党人理查德·索恩堡,后者是宾州前州长和现任美国检察总长。大家都认为,沃夫德的惊人实力来自他的竞选活动,他认识到医疗照护再次成为了主要问题。到1991年夏天,这个问题在焦点小组和民意调查中上升到了首位,沃夫德开始在竞选中要求制定国民健康保险计划。他在秋季的胜利奠定了新的共识:医疗照护是国家政治议程的首要问题。[71]

第二年,比尔·克林顿在沃夫德手下的工作人员保罗·贝加拉和詹姆斯·卡维尔的竞选运作下当选总统后,这一推动力灾难性地偏离了轨道。沃夫德本人在1993年和1994年都放弃了对联邦保险计划的明显支持,转而忙于加强对退休人员健康福利的法律保护,并最终支持克林顿提案中要求联邦政府消化提前退休人员80%的保险费用的部分——这是对产业雇主及其工会的安慰。这个提案在夏季面对财政问题时的失败,成为克林顿计划的势头开始停滞的几个环节之一:劳工无法更新其对医疗保险的固有看法,他们认为医保必然是以雇主为基础的,而工业雇主现在又太弱,无法与保险机构抗衡。[72]

与此同时,保险机构坚定地反对整个方案*。不仅商业保险公司进行了激烈的抵抗运动,而且传统的非营利组织,如西宾州的蓝十字会,也加入了它们的抵抗,它们警告沃夫德,克林顿计划对"高成本计划"以及像它们这样的"高

---

* 克林顿医保计划的核心是试图建立一个普惠的全民医疗保险制度。改革方案试图通过覆盖全民的医疗保险,来获得与医疗界讨论服务价格时更多的优势,同时确保全民的医疗福祉增加。

风险加入者"有害。* 正如西达·斯考切波所强调的那样，在全国范围内，改革将危及医疗保险本身的想法成为反对派的核心特征。换言之，对现有的社会保险形式的保护使整个医疗改革的努力陷入瘫痪。抽象的制度重塑论调是人们欢迎的，而改革一旦形成具体的形式，就会遭遇医疗照护行业多年来在福利国家的帮助下在社会各个部门形成的盘根错节的利益牵扯，从而引来阵阵反对声。可以肯定的是，一场恶毒的宣传运动破坏了该提案，而其倡导者却犹豫不决。不过，该提案的失败在现有紧密交织、互相强化的医疗保障体制结构中有着真实的物质基础。作为失败的象征，1994年，沃夫德本人败给了来自匹兹堡郊区的国会议员里克·桑托勒姆，尽管他持有右翼政治立场，但他反对北美自由贸易协定，投票禁止永久替换罢工者，并抨击沃夫德投票赞成减少医疗保险报销额的行为。[73]

如果没有国家的干预来限制成本，保险公司将试图自己来限制——这是匹兹堡大学医疗中心的德特雷和罗莫夫在1988年的一份行动计划书中预测的结果。他们写道："基本前提是，最好和最火爆的医院将占上风。"正如医疗中心的一位副总裁后来指出的那样，"1993年至1995年，人们非常

---

* 克林顿政府的全民医保计划相对此前针对特定人群且有常规医保资金来源的医疗保险而言，其保障程度、报销比例必然有所降低，所以像蓝十字会这样的老牌社会医保机构会觉得一旦加入，自己原先的投保人（主要是年老伤残多病的退休工人及其家属）的待遇会变差，所以称为"高成本计划"。

害怕"。他用市场控制的简单术语来诊断这种情况:"我们必须凝聚力量。对付谁?对付那些保险机构。我们这所大学需要有朋友,这一点至关重要。"[74] 凝聚力量首先意味着合并。

一场军备竞赛现在开始了。保险公司试图通过招募医院和医生加入它们自己的网络,将病人引向自己的服务供应者以换取优惠的价格,从而控制价格。西宾州的蓝十字会仍然是该地区市场的主导者,并迅速朝这个方向发展。医疗服务提供者随后受到了巨大的削减成本的压力。医院要顶住费率的压力,唯一的希望就是通过积累市场份额来获得更高的与保险公司谈判的地位。匹兹堡西南郊区一家小医院的管理者说:"今天医院管理者面临的最大挑战是生存,我说的是字面意思。"[75]

匹兹堡大学医疗中心在20世纪80年代末的整合中脱颖而出,因此算是为这场斗争做好了准备。该大学没有直接与蓝十字会对抗,而是与保险公司达成了临时谅解,使蓝十字会成为大学雇员的独家承保人。作为回报,蓝十字会同意对医疗中心的一些学术活动进行补贴。这一安排为医疗中心赢得了时间,它利用这一时间进行了进一步的收购。在1996年的一次医院首席执行官会议上,这家巨头警告其较小的竞争对手:"机会之窗正在迅速关闭。"这个著名的医疗中心承诺,任何加入它的机构都可以节省大量的行政开支,获得可观的市场优势,同时暗示,那些拒绝加入的机构则会走向破产。[76]

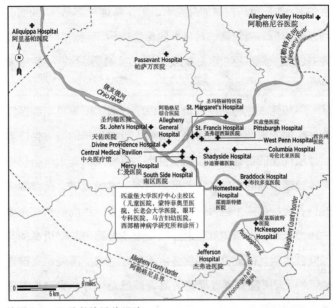

地图 6.1 匹兹堡地区的医院

1996 年 9 月，匹兹堡大学医疗中心在布拉多克医院衰落 12 年后收购了该医院，并承诺将该地区的服务维持到 1999 年。这一名义上的让步承认了布拉多克社区对这个《费城论坛报》所称的"为数不多的尚在运营的机构"仍然抱有深厚的感情。布拉多克医院派医生和护士免费为老年人治疗，让匿名酗酒者协会使用其会议室，它还为吸毒成瘾的母亲和孩子花钱翻修了街对面的一所老房子。

一个名为"母亲社区希望之箱"的团体在布拉多克医院工作，该团体免费发放儿童服装和婴儿车。"我无法想象这个地方没有医院"，在那里做了 9 年志愿者的 71 岁的阿尔比娜·辛扎说。匹兹堡大学医疗中心的试探性承诺——承诺经营3年，再加上少量的装修投资——代表了社群主义意识形态的力量正在减弱，但并未消失。匹兹堡大学医疗中心承担了布拉多克医院1290万美元的负债和2670万美元的资产，并获得了其市场份额。[77]

过了一个月，匹兹堡大学医疗中心又收购了麦基斯波特医院——对该机构来说，收购的时间还不算太早。一年前，穆迪公司曾威胁要降低该医院的债务评级。此外，该机构与其护士工会的纠纷不断升级，工会已经在没有合同的情况下工作了两年。工会主席在1995年的一次集会上说："管理层希望护士们承担'当日医疗'的所有不确定性。如果他们没有为某个班次安排足够的护士，他们可以不顾个人情况，强迫护士们加倍工作；如果他们安排了太多的护士，他们可以在轮班前一个半小时把护士叫起来，取消当天的工资。护理工作的压力已经够大了，现在还要再加上家庭预算不稳定和孩子可能无人照管的压力。"经过两年的拖延，麦基斯波特医院在宣布合并计划的一个月后与护士工会签署了合约。[78]

在其奥克兰总部以外的第一波收购中，医疗中心不仅收购了麦基斯波特医院和布拉多克医院，而且还收购了南区医院、阿里基帕医院和圣玛格丽特医院。这5家医院都为以前的钢铁城镇或蓝领社区服务。事实上，除圣玛格丽特医院外，其他医院都与某个钢铁厂有直接的历史联系。这些社区都有共同的记忆，即从钢铁厂的工资包中扣除工资来为医院建设做出贡献。钢铁城镇的几代家庭，都在这些医院用高质量的蓝十字保险来生孩子和赡养老人。现在，在这些机构中建立和体现的资产可以被收购方有意地贬值，债务被注销，市场份额被侵占——它们绵长的社群历史由此被吞噬和代谢掉。同一时期，匹兹堡大学医疗中心收购了沙迪赛德医院——这是一个重要的斩获。[79]

随着行业中一个部门的合并，其他部门也被迫跟进。1995年，西宾州的蓝十字会开始了与蓝盾公司的合并进程，蓝盾公司承保医疗（而不是医院）账单。1996年，两家宣布合并成一个新的公司，即海马克公司（Highmark）。医生们在对这一合并进行法律上的抵抗后，很快就被这两个有组织的庞大参与者压倒了。现在，面对合并后的保险公司，医院巨头匹兹堡大学医疗中心反过来入侵保险市场，推出自己的保险公司子公司，与海马克竞争。[80]

海马克与匹兹堡大学医疗中心之间的市场力量军备竞赛使其他独立机构感到紧张，促使那些能够模仿这两家巨头的机构跟进。在匹兹堡的北区，阿勒格尼综合医院是匹兹堡大学医疗中心在医院市场上的主要竞争者，自20世纪80年代初以来也一直在蓬勃发展。然而，该机构警惕地看到，作为其竞争对手的、地位更高的大学附属医院在急剧扩张，而较大的保险公司则在进行合并。为了提高其地位并弥补其学术收入和声誉的不足，阿勒格尼综合医院成立了一个更大的母公司——阿勒格尼健康教育与研究基金会（AHERF，以下简作"阿县健康基金会"）。从1988年到1996年，阿县健康基金会疯狂收购了全州的医院和医学院。为了获得市场份额，阿县健康基金会灾难性地过度扩张，特别是潜入竞争激烈的费城市场。十多年间，阿县健康基金会的员工数从3610名增长到29500名，资产从3.29亿美元增长到26亿美元。然后，由于过度杠杆化，它于1998年在历史上最大的非营利性医疗保健体破产案中倒闭。[81]

最终，保险巨头海马克（原蓝十字会）收购了阿县健康基金会在匹兹堡的残余部分。这家保险公司收购了阿县健康基金会的医院，以便在医院市场上与匹兹堡大学医疗中心竞争，正如医疗中心成立了一家保险子公司，在保险业务上与海马克竞争。匹兹堡的医疗保健行业因此被整合为两家相互对攻的垂直整合公司，一家是拥有保险子公司的医院公司，另一家是拥有医院子公司的保险公司，双方都在寻求对抗对方的筹码。竞争和市场革命的时期最终被证明是短暂的。在联邦立法将市场纪律引入医疗保健领域后不到20年，匹兹堡大学医疗中心控制了阿勒格尼县42%的医院床位，而且其增长还远未完成。通过扩张，匹兹堡大学医疗中心在20世纪90年代末成为该地区最大的雇主，在这10年中，其员工人数从1.19万增加到2.3万。[82]

医疗照护领域的寡头垄断市场结构出现在20世纪90年代，其独特的背景是非商品化医疗体系的解体，该体系由社区医院、公共的和非营利性的保险以及它们所促成的大规模医疗服务供应所组成。正是由于这些机构的弱化，匹兹堡大学医疗中心才得以出现，并在其控制下兼并市场，迫使竞争对手加入同样的角逐。社区医院通过劳动人民数十年来用自己的身体、自掏腰包以及经由第三方而贡献的金钱和照护劳动逐步积累起来的资产，最终成为新兴企业帝国的砖瓦。

医疗照护曾经是一种人为构建出来的公地（commons）——一个由集体义务带来的非商品化的社会关系网络。这些关系虽然是团结的，但并不平等。女性，尤其是黑人女性，自费维持这些关系，而黑人患者只能从中获得部分的且越来越少的服务。事实上，这一系统的基本原则是一种性别伦理，其中社会再生产的运转发生在商业范围之外，也发生在种族隔离的区域之内。

为了成为区域劳动力和医疗保健市场的主导者，匹兹堡大学医疗中心关闭了这一公地。医疗照护被商品化并被纳入经济之中，然后通过企业兼并而迅速被整合成一种非竞争性的分配形式。然而，尽管匹兹堡大学医疗中心需要非商品化的医疗照护的剩余资产——包括物质上的和意识形态上的——但公司管理者并没有长期保持对他们所剥夺机构之规范的对等承诺。2008年，匹兹堡大学医疗中心关闭了阿里基帕医院，2009年将南区医院降级为门诊部，2010年，尽管面临当地的强烈抗议，它还是关闭了布拉多克医院——这3家对匹兹堡大学医疗中心的发展至关重要的钢铁城镇医院最终也难逃被关闭的命运。[83]

在新健康帝国工作

20世纪80年代到90年代，医疗照护行业的商品化、兼并和等级分化，打破了医疗照护劳动的传统组织方式，并以新的形式对医疗照护工作进行了重组。随着医疗照护的全面发展，这种转变反过来成为区域劳动力市场的核心。1980年，匹兹堡地区有8.7%的劳动力从事医疗照护工作。到1990年，这个比例已经上升到11.5%。[84]

虽然医院的就业率在20世纪90年代初出现了大幅增长，但这种模式随着市场寡头垄断的出现而发生了转变。医院的就业在1993年达到顶峰，这个年份也是企业兼并过程中的一个拐点。但即使医院的工作岗位增长趋于平缓，医疗照护劳动力市场总体上仍保持着扩张，并扩展到其他类型的机构；门诊部、养老院、医生办公室和居家护理机构的就业都继续快速增长。又过了10年，医疗照护工作岗位总体上占地区劳动力的14%，使其轻松成为劳动力市场上占比最大的行业，接近全盛时期钢铁业的水平。[85]

然而，正是因为医疗照护行业起源于社会政策和政治冲突，而不是有利可图的投资，医疗照护行业的增长和商品化过程继续产生关于医疗照护工作性质的日常争论。它是由经济逻辑还是由其他东西支配的？这些规则基于什么样的价值观？

作为劳动密集型行业，医院为了控制其成本，不得不通过限制员工的数量来最大限度地提高他们的生产力，期望他们无论如何都能提供足够的产出。这种期望建立在原有的护理伦理上，即从正在消亡的非商品化系统中留下的文化基底。管理部门能够实施操纵的支点在于，护工自己不会允许护理工作的关键部分被磨灭。[86]

图6.1 《抗议 UPMC 东部的集会，2012年7月2日》，2012年。LaToya Ruby Frazier, gelatin silver print. Courtesy the artist and Gavin Brown's enterprise, New York / Rome.

医疗照护的许多产出是非物质性的，有些甚至是无法衡量的。即使医疗服务越来越商品化，其无形的特质也使得很难确定一种有界的、有价的照护产品，用于会计报销以外的目的。注重成本的卫生经济学家和医院管理者认为没有任何简单的方法来提高直接护理工作的生产力。这种困境甚至在某种程度上延伸到可以更明确地被衡量和加速的医疗照护工作类型：洗衣服、铺床、洗地板、提供膳食。在这些情况下，某些护理标准也构成了衡量护理质量的最低标准，如果管理部门过分追求生产力，就有可能违反这一标准。[87]

然而，管理层提高生产力的唯一直接方法是限制雇用人数或限制给员工的工作时间。例如，在麦基斯波特医院，管理层在 1994 年实施了一个"劳动生产率监测系统"（LPMS），指示管理人员"临床经理的目标是管理人员配置，以便在支付期结束时，人员配置等于或低于劳动生产率监测系统建议的人员配置水平"。该系统是一个关于人员配置水平的向下的棘轮*。管理层承认，这种方法只能计算两周内所需的人员总数，而且不够精细，无法预测任何一天的需求。在两周的周期内，按照平均需要量或低于平均需要量的标准配置人员，使医院的实际日常工作服从于只有通过抽象的减少工作时间才能实现的生产率原则。[88]

在与保险公司就费率问题进行的斗争的推动下，富裕医院在公司兼并时期也出现了关于调度和人员配置的冲突，类似的冲突在过去 10 年中原本只在衰落的社区医院内部上演，并成为护理和居家护理系统的特点。艾琳·科本说："他们把人赶走了，但他们从来没有找人替代那些人。"她很容易看到这种变化，因为她曾在非常不同的时期在医院工作过两

---

* 棘轮，具有刚性齿形表面或摩擦表面的齿轮，由配套的棘爪推动做步进运动，这种啮合运动的特点是棘轮只能向一个方向旋转，而不能倒转。由此衍生出"棘轮效应"概念，是指人的消费习惯形成之后有不可逆性，即易于向上调整，而难于向下调整。本文中"向下的棘轮"，指的是医院的"劳动生产率监测系统"通过最低的人员配置压榨员工的最大生产率，然后将员工高于实际最低配置要求的生产率作为确定新一轮监测最高配置的依据，进而进一步压榨生产力，造成一种不断压缩人员配置的不可逆过程。这类似于 2020 年左右中国的互联网企业用最高送餐时间压缩外卖员的送餐时间，并用外卖员实际取得的进步不断降低最高送餐时间的规定。

院给工人们施加了压力。通过这种方式，机构调动了照护者的情感这一资源。她说："我不希望我的母亲坐在走廊上。"科本不喜欢现在这种状况，但她知道如何让这种状况发生且正常运转。[91]

乔伊斯·亨德森也在医院系统工作了足够长的时间，看到了医院的变化。20世纪70年代在一家养老院短暂工作后，她在长老会大学医院工作了几十年，开始时是一名护士助理。"当领导层这样做时，整个医院的氛围发生了变化。就像我说的，这是一家给予人们关爱的医院，"她回忆起80年代末的转型，"然后，它变成了一家对你来说不可或缺的医院。如果你不去他们的医院，你肯定会死。所以他们试图推进他们的移植项目。"[92]

亨德森被培训为心电图（EKG）技术员。虽然她在整个职业生涯中都感受到了来自雇主的基于种族的不尊重，但在20世纪80年代末，情况发生了转变。"我的意思是，他们不断地裁员、裁员、裁员。他们就像暴君一样。他们对你所做的一切进行审查。如果有人离开了工作岗位，他们就不会去招人填补那份工作的空缺。当时谁在工作，谁就得接下走掉的那个人的一摊活儿。"亨德森的说法与科本相同。"他们认为只要你在做工作，你就不需要帮助。所以你在做你的工作，也在做别人的工作。他们就是这么干的。有人离开了，他们并没有招人取代那些人。你不得不做更多的事情，你不得不工作更长的时间，而且真的很长。"[93]

尽管普遍存在过度工作和人手不足，但医疗照护工作的前景却越来越不平均。在20世纪90年代的企业整合时期，医院职业的分化加剧了。1990年，该地区一半的医疗照护劳动力（56665人）由专业技术人员组成，他们是从技术人员到医生的职业等级制度中的上半部分。到2005年，这一人数已经增加到77537。绝大多数从事专业技术工作的人都在医院——那里需要他们进行技术密集型的干预——而不是在养老院、流动诊所或居家护理机构，那里的"低技能"人员仍然更接近于采用缓慢的、以维持生命为目的的旧模式。因此，这种快速的增长标志着医疗照护从业者的职业分层变得更显著了。[94]

虽然专业技术人员的绝对数量增加了，而且在增长停滞的医院劳动力总数中的相对比例也大大增加了，但他们在蓬勃发展的整个医疗照护劳动力中的比例却缩小了。就业增长更快的是"非技术"*的劳动力，集中在养老院、居家护理和非住院护理机构中。其结果是两方面的分裂：首先，在医院内部，随着机构等级制度的纵向延伸，专业技术人员被按照学历和技能水平划分为更精细的等级；其次，在医院和医疗照护行业的其他部分之间，"非技术"劳动力集中在照顾门诊病人的工作场所。[95]

---

* 这里的"非技术"（unskilled）一般语境下应译为"非熟练"，与"熟练工"相对，但这里是与上文提到的专业技术人员相对，因此译为"非技术"。但从事这些位于职业等级底层的工作的人并非没有技能，下一节讨论的护士、护士助理的"去技能化"（deskilling）事实上肯定了护理工作的技能，尤其是与病人互动的技能。所以，作者在这里提到"非技术"都加了双引号，以表示其事实上并不同意这种说法。

这种职业等级是种族化的。乔伊斯·亨德森是一名罕见的在技术岗位工作的非裔美国工人，她在长老会大学医院观察到："所有这些黑人都在家政、厨师之类的较低岗位上工作。但是，当你想接受培训，成为一名 X 光技术员或其他类型的技术员之类的，他们让你几乎没有机会。"卢·贝里在同一家医院从家政服务开始做，他对自己的职业发展前景持乐观态度。但问了一圈后，他就清醒了。"我的一些同事在那里工作了 15 年、20 年，还仍然在做同样的工作。我无法理解。比如，我刚从培训班出来，他们谈到了在公司晋升和成长的所有机会。这么多年了，你为何还在做同样的事情？"经过一段时间，贝里形成了一种分析："那个地方几乎是一个阶级系统。管家、餐饮工人，所有我们称之为服务人员的人，很难脱离这个阶层，转到像技术员那样的岗位中去。因此，我看到的主要是服务人员转到同层次的其他职位中。"在这些服务岗位中，每小时的平均工资为 12.94 美元。[96]

人情味护理的消失

商品化和兼并并没有减少对医疗照护服务的直接需求，事实证明这种需求是无法完全满足的：现在有太多的社会负担落在医疗照护的供应上。改革只是将这种需求转移了，导致供应机构在有报酬的地方利用需求，在没有报酬的地方转移需求——最常见的是，将其转移到新的低工资工人大军的肩上。20 世纪八九十年代医疗行业的结构转型制造了大量被边缘化的劳动力,他们集中在医院等级制度的底层与医院之外的养老院和私人住宅中。这支部分以种族、部分以性别划分出来的劳动力大军,负责提供越来越多的护理,以维持病人的日常生存——而不是像密集干预那样被用来维持医院的利润。

医院工作的新分化倾向于重新分配对病人的直接护理。玛丽安·约翰逊是匹兹堡大学医疗中心的一名技术娴熟的白人麻醉护士,她解释说:"护理助手进了病房,病人护理技术人员也进了病房。他们进去,他们是检查生命体征的人,他们是与病人在一起的人,为病人指路,在那里陪伴病人。因此,你让护士做的只是收集数据、信息,并将其输入电脑。"约翰逊抱怨说,注册护士熟练的互动式劳动已经沦为无足轻重的敲击键盘行为。"你看到的是护士站的护士正在记录、记录和输入数据。他们从剪贴板上获取数据,也从其他人的工作中获取数据。"她的观点在护理学界得到广泛认同。"在实践中,受教育程度最高的护士的工作越来越不关心病人的身体",桑奇娅·阿兰达和罗西·布朗写道。[97]

在职业等级的底层,情况也发生了变化。例如,卢·贝里几乎不相信管理部门关于工作纪律和病人护理的任何告诫。针对匹兹堡大学医疗中心的一次致命的霉菌暴发,他指出:"我早就看透了。我的观点是,充足的人员配置对病人护理才是最重要的。你们这些地方人手不足,你们根本不在乎病人。"医疗助理帕梅拉·班克斯发现,当匹兹堡大学医疗中心收购她所在的医院时,她的医院的"气氛更加人性化，像个大家庭"。虽然她认为"让病人感觉到他们不仅仅是一个数字，是很重要的"，但"以现在的设置方式，很难真正了解"他们，"自从我在儿童医院工作以来，我的工作量已经翻了两番，但这并没有反映在我的薪水中"。[98]

商品化和去技能化，通过强调劳动生产率，打击了护理工作中有意义的维度。曾经具有剥削性但也能产生真正共鸣的服务伦理，现在变得更像是奴役，用于雇主本身并不承认的社会目的。如今，工人所创造的社会利益与他们的工作感受之间相互抵触。[99]

尾 声

自20世纪90年代初以来,医疗照护一直是美国政治中一个争议不断的领域,而且冲突的模式一直在重复。每一次改革的尝试都未能破坏,反而最终巩固了基本的组织结构,这一结构将社会保险的供给委托给了私营主体。这种碎片化的安排使成本上升,从而推动下一轮的改革,使改革遭遇钱更多、权更大的私营部门,阻碍系统性的变革。20世纪90年代,比尔·克林顿的医改努力失败了,因为太多的社会选区在它们各自的医疗系统中以邻为壑。接下来的两位总统吸取了教训,任何有成功机会的提案都必须买通而不是打压主要行业。2003年,医疗保险将覆盖范围扩大到处方药,然后是2010年的《患者保护和可负担医疗法》(ACA),这两次改革都集中体现了这一教训。后一次改革中,对巴拉克·奥巴马计划的反对与1994年一样,是对社会保险的保卫。"把你政府的手从我的医疗保险上拿开",这句备受嘲弄的口号,并不是非理性的虚假意识,而是对仍在生效的社会政策的代际辩护。[1]

不用说，无论是医疗保险处方药计划，还是患者保护法案，都没有解决美国医疗照护业的基本功能障碍。虽然在边缘部分有了很大的改善——特别是医疗补助的扩展和对"已有疾病"患者的保护——但通过修补脆弱的边缘和进一步争取行业合作来恢复现有制度的做法，根本上不足以解决医疗照护业的问题，因为这些问题在美国早已组织化和制度化了。这些反常情况可以分为两个基本的、相互联系的类别。第一类是医疗行业的组织性分裂，以及在公共消费的补贴下，将医疗服务委托给私人主体。[2] 第二类是社会在结构层面上的问题带来的不良健康结果：社会不平等本身使美国人病得更重，更依赖医疗照护行业。

这第二个过程似乎通过各种现象表现出来，如残疾索赔、毒瘾流行、高死亡率等等。在去工业化的匹兹堡，这种联系很容易被发现。"这里没有社群意识，"一名生活在后钢铁业时代的麦基斯波特的海洛因过量幸存者在一项成瘾研究中解释说，"你对自己想干什么就干什么，那些酗酒和吸毒的人会继续酗酒和吸毒。没别的，因为没有别的事情可做。"[3]

卫生政治的悖论在于，该行业的组织碎片化使得医疗照护的提供成为对日益加剧的不平等的社会反应。虽然不断上涨的医疗费用在公众辩论中几乎完全是作为一个财政问题出现的，但具有讽刺意味的是，医疗通胀代表了对去工业化破坏的政治解决方案——这有助于解释为什么系统性的功能障碍在政治上如此难以解决。由于支离破碎的医疗照护系统将公共资源与私人利润联系在一起，它成了仅有的具有制度性能力来进行大规模扩张并应对上述社会问题的场所，在这个意义上，卫生政策将经济失调当成一种传染病来处理。* 在许多情况下，这种联系给目标人群带来了耻辱，但有时也带来了关怀或安慰，而且往往同时带来耻辱和安慰。[4]

战后的自由主义国家（liberal state）使社会再生产中的公共干预有可能通过医疗照护而扩大，就像通过刑罚一样，以管控工业衰退的社会和经济后果。依赖于国家的慷慨解囊并从根本上由公共权力所塑造的机构，在所谓自由放任政策（laissez-faire）的复兴中稳步发展，因为这些机构可以管控那些社会问题，尽管人们为解决这些问题付出了很多努力，但合理的解决方案都受到了普遍抵制。[5] 随着越来越多的人成为病人，他们可以通过参与服务而获得一部分收入；为那些病人服务的机构也可以以保险报销的形式获得收入。一路走来，公私联合的福利国家帮助美国劳动力市场选择了一条低工资的道路。

这种状况不应该被认为是完成的或稳定的。由于这一制度使收入不断地进入医疗系统并通过医疗系统进行转移，它或多或少地引起了政治冲突。该系统的极端低效与它的扩张能力有关，这使得它能够应对社会需求激增带来的情况。在无从克服的成本控制压力下，同时又在生产率无法提高的限

---

* 作者的意思是说，公共卫生政策本来的主要任务是预防和应对传染病，现在缓解由工业衰退和失业带来的社会痛苦也成了其主要任务。

制下，卫生机构只能反过来通过压低工资和就业水平来压缩劳动成本。当然，这些机构还通过混乱的医疗市场，尽可能地使病人非人化，使支付者蒙受损失。[6]

于是，在医疗照护行业，有两股对立的力量在碰撞。美国社会的不平等转型引发的对医疗照护的无限度需求，与在政治和经济领域抵制在医疗上，特别是在对穷人的医疗上花费更多的资源，形成了冲突。这种冲突在三个层面上解决自身。在政治层面上，国家管理者寻求以任何政治上必要的方式保障民众，同时力图管控随之而来的成本；在制度层面上，医院和保险公司寻求巩固市场、抬高价格，拒收治疗成本高昂或有风险的病例——让患者体验卫生系统的残酷和功能失调；在医护人员的日常生活中，他们的服务被要求实现行业的社会和政治功能，但实现这些功能的代价必须由他们和病人一起承担，由此，医护人员成为集体上不可缺少但作为个体却可被抛弃的人。这种矛盾是医疗照护行业必须从根本上被理解为一个阶级形成（class formation）之场所的原因。正如芝加哥护士助理珊托妮娅·杰克逊所说："我们这种人一毛钱一打。我告诉我的护理主任好几次，'你吓不倒我。我是一个 CNA［认证护士助理］，我有资质在伊利诺伊州各地清洗屁股'。"[7]

基本工人

当匹兹堡大学医疗中心于 2009 年关闭布拉多克医院时，

其理由是一个人口锐减的小镇对该机构的服务缺乏需求。只有一条服务线仍在大量使用：行为健康、戒毒戒酒以及康复项目。一位当地专家评论说："布拉多克医院是社区行为护理安全网中为数不多的剩余部分之一，而这个安全网却变得越来越小。"另一位专家说："看看监狱在医院关闭后会做什么，这将很有趣。我认为监狱长得到了一份更大的工作。"[8]

然而，医院的关闭不止在一个方面产生了反响。对于在布拉多克医院出生的匹兹堡大学医疗中心工作人员卢·贝里来说，这让他深感震惊。"他们一直在谈论这家医院如何地不赚钱，"他指出该机构对护理和利润之间界限的侵犯，"它应该是一家慈善医院。世界上还有什么地方比布拉多克更需要慈善？它绝对是阿勒格尼县最贫穷的地区。慈善应该从家乡开始。"贝里开始与他的同事讨论组建工会的问题。[9]

将提供医疗服务的成本转移到医疗工作者身上，这在他们与新自由主义和工业衰退所造成的可支配剩余人口之间形成了一个利益共同体。工作对他们身体的压力和社会环境对病人身体的压力越来越相互呼应。一个依靠医疗系统维持生命的病人，对于像卡特里娜·雷肯沃德这样的护士助理来说，将是30个人中的一个，很少受到关注。"回答呼叫铃声、测量生命体征、为病人洗澡、换床单和协助病人上厕所——所有这些都是助理的责任，而每个助理要照顾多达30名病人，"雷肯沃德说，"当护士助理开始工作时，他们已经压力很大了。他们的交通压力很大，我不知道有哪位助理是有车的。他们对自己的账单感到压力很大。最近，我们楼层的一名助理居然向护士要钱。你可以想象这对一个人的尊严和我们护理团队的活力有多大影响。"[10]

对于自2006年以来在匹兹堡大学医疗中心的病理办公室担任医疗秘书的尼拉·佩顿来说,压力的主要来源是她的电话不断响起,而且她不能错过任何一个电话。打电话来的人主要是处理间皮瘤和黑肺——这两种环境疾病都是去工业化地区特有的。由于部门里的其他人也都工作过度,她发现很难找到人在她上厕所的时候顶替她。因此,每次她需要小便时,她必须乞求别人。她认为自己的膀胱已经受到了损伤。在她26岁生日那天,"因为我憋了很久的尿,我居然尿裤子了"。佩顿在"帮助那些打电话向我哭诉的人"中找到了成就感,"因为他们无法得到某些事情的答案,而我会超越职责范围去帮助他们",她解释说。

"我喜欢我的工作。老实说,我只是不喜欢我为之工作的老板。""在我为匹兹堡大学医疗中心工作的9年中,我没有得到超过15美分的加薪。有一段时间,我在马吉医院做两份工作,只是为了维持生计。"卡尔·布鲁说,"这对你的身体是非常大的压力,但我必须做我需要做的事情。我这样做是为了挣钱,为了生存,为了支付我的账单,为了养育我的孩子,给他们需要的钱,让他们有学上,以及能做其他必要的事情。只是为了我们所有人都能生存下去,吃上饭,这就是我做这个的原因。"医院管家珍妮特·迪克森的高工作量——"你一个人要打扫30个房间"——也对她的身体造成了伤害。"你进去把床单洗干净,你要擦拭所有的东西。

闪电，照亮了我们的社会，揭示了谁是有价值的，谁是可有可无的。成千上万的人死在养老院和监狱里，标志着这样一个启示——社会性的可丢弃性（disposability）变得明显。这种疾病造成的死亡在种族间的不平等是另一个启示，它与谁必须冒着疫情风险继续工作有关。至于那些处于危险中的工人，他们形成了一个矛盾的案例。窗户和桥梁上挂满了感谢"前线英雄"的横幅，但这并不能弥补几周来防护装备的不足，人员配备和培训的不足，或对支付危险津贴的拒绝。无论是出于责任感还是缺乏任何真正的选择而继续工作，都造成了成千上万的工人生病和死亡。在新冠肺炎疫情暴发的头两个月被感染的医护人员中，有73%是女性。在2018年和2019年的罢工浪潮中，教师显示了他们的力量，他们可以停止工作，但医护人员在确立他们的关键角色方面的选择要少一些。[14]

当我们作为一个社会整体认为这些工人"必不可少"时，我们是什么意思？我们显然不是指他们的努力应得到实质性的认可或权力、金钱、地位。相反，我们的意思是，无论他们是否情愿，他们都欠我们一些东西——可能是一切。那些在当前不平等的社会秩序中投资的人可能会后悔承认对这些工人的依赖程度，对他们的要求如此之高，而对他们的给予却如此之少。

甚至在新冠肺炎疫情暴发之前，医护人员就已经意识到了这一矛盾。"除了是一个非常有爱心的母亲之外，我还是一个非常坚定的女人，这就是为什么我不断地和我的同事谈论组建工会的重要性,并站出来争取更好的薪酬和我们能负担得起的医疗照护",拉塔莎·塔布在2015年向匹兹堡的一个委员会做证说:"这个行业主要由职业母亲主导,其中一些是单身母亲,我们所有人都在尽一切努力为自己和家人建立一个良好的生活。我们是医院里的母亲和看护人,但似乎没有人照顾我们,也没有人关注我们的福祉。"鉴于她的情绪有坚实的结构性基础,我们估计她的主张会得到广泛认同。"我是病人护理的一个组成部分——从给他们洗澡到清空便盆,到在他们需要的时候摆出一张友好的面孔。这非常困难,但我已经做了30年,所以我显然不害怕艰苦的工作。我已经接受了因挪动病人和整天站立而产生的背痛和膝盖问题,"艾蕾娜·希尔承认道,"我不能接受的是低工资。我被安排每周工作36小时,但如果我只工作这么多,我唯一能支付的就是我的房租。没有钱支付账单、汽油、食物,甚至没有钱买一双打折的新鞋。"[15]

对于这些工人来说,他们所做的事情的价值是明确的。对其他人来说,他们可能仍然是看不见的,或者是可有可无的,或者是情绪感叹的对象——但他们清楚地看到自己:"像我这样的医护人员正在照顾患有严重疾病和慢性病的人——挪动他们,排空导管,给他们洗澡。为此,我每小时只赚13.3美元。这真的是我的全部价值吗?"[16]

文内缩略语列表

ACA	Patient Protection and Affordable Care Act《患者保护和可负担医疗法》	
ACCD	Allegheny Conference on Community Development 阿勒格尼社区发展会议	
AFDC	Aid to Families with Dependent Children 对有受抚养子女家庭的援助	
AHERF	Allegheny Health Education and Research Foundation 阿勒格尼健康教育与研究基金会	
BCC	Black Construction Coalition 黑人建筑联盟	
BLS	Bureau of Labor Statistics 劳工统计局	
CIK	Committee to Improve Kane 改善凯恩医院委员会	
CIO	Congress of Industrial Organizations 产业工人联合会	
CMP	Central Medical Pavilion 中央医疗馆	
CNA	certified nursing assistant 认证护士助理	
DPC	Dues Protest Committee 会费抗议委员会	

DRG	diagnostic related group	

- DRG　diagnostic related group
  诊断相关组
- ENA　Experimental Negotiating Agreement
  实验性谈判协议
- ET　Edgar Thomson Works
  埃德加·汤姆森工厂
- FTE　full-time equivalent
  全职当量
- HCFA　Health Care Financing Administration
  医疗保健融资管理局
- HHS　Department of Health and Human Services
  卫生与公共服务部
- HMO　health maintenance organization
  健康维护组织
- HSA　health systems agency
  卫生系统局
- HUD　Department of Housing and Urban Development
  住房和城市发展部
- J&L　Jones & Laughlin Steel
  琼斯与洛林钢铁公司
- LPN　licensed practical nurse
  执业护士
- LTV　Ling-Temco-Vought Steel
  沃特公司
- MHCD　Medical and Health Care Division of the University of Pittsburgh
  匹兹堡大学综合医疗和保健部门
- NAACP　National Association for the Advancement of Colored People
  全国有色人种促进会
- NAM　New American Movement
  新美国运动

NLRA	National Labor Relations Act 《国家劳动关系法》
NLRB	National Labor Relations Board 国家劳资关系委员会
PUH	Presbyterian-University Hospital 长老会大学医院
PPO	preferred provider organization 首选医疗服务提供机构
PPS	prospective payment system 预付费系统
RN	registered nurse 注册护士
SEIU	Service Employees International Union 服务雇员国际联盟
TEFRA	Tax Equity and Fiscal Responsibility Act 《税收公平和财政责任法案》
TRA	Trade Readjustment Act 《贸易再调整法》
UE	United Electrical Workers 电气工人联合会
UNPC	United Negro Protest Committee 黑人联合抗议委员会
UPMC	University of Pittsburgh Medical Center 匹兹堡大学医疗中心
URA	Urban Redevelopment Agency 城市重建局
USWA	United Steelworkers of America 美国钢铁工人联合会
USS	United States Steel Corporation 美国钢铁公司

USX	United States Steel Corporation's new name in 1986
	1986年以后美国钢铁公司的新名称
WPIC	Western Psychiatric Institute and Clinic
	西部精神病学研究所和诊所
WROAC	Welfare Rights Organization of Allegheny County
	阿勒格尼县福利权利组织

文献档案缩略语列表

1199 AF	National Union of Hospital and Health Care Employees Local 1199 Additional Files, 1955-1986, Kheel Center for Labor-Management Documentation and Archives, Catherwood Library, Cornell University.
ACCDC	Allegheny Conference on Community Development Collection, 1944-1993, AIS. 1973. 04, Archives & Special Collections, University of Pittsburgh Library System.
ACCDR	Allegheny Conference on Community Development (Pittsburgh, Pa.), Records, 1920-1993, MSS 285, Library and Archives Division, Senator John Heinz History Center.
BGC	Bernard Greenberg Collection, 1951-1988, AIS. 2010. 09, Archives & Special Collections, University of Pittsburgh Library System.
CORP	Charles Owen Rice Papers, 1935-1998, AIS. 1976. 11, Archives & Special Collections, University of Pittsburgh Library System.
CUPDHKAF	Chancellor of the University of Pittsburgh, David H. Kurtzman (Acting), Administrative Files, 1966-1967, UA. 2. 10. 1966-1967, University Archives, Archives & Special Collections, University of Pittsburgh Library System.
CUPWWPAF	Chancellor of the University of Pittsburgh, Wesley W. Posvar, Administrative Files, 1967-1991, UA. 2. 10. 1967-1991, University Archives, Archives & Special Collections, University of Pittsburgh Library System.

DTP	Dick Thornburgh Papers, 1932– , AIS. 1998. 30, Archives & Special Collections, University of Pittsburgh Library System.
EESP	Edward E. Smuts Papers, 1945 – 1981, AIS. 2012. 07, Archives Service Center, University of Pittsburgh Library System.
GASPR	Group Against Smog and Pollution (GASP) Records, 1968– 2002, AIS. 1979. 21, Archives & Special Collections, University of Pittsburgh Library System.
HAOHPR	Homestead Album Oral History Project Records, 1975–1977, AIS. 1980. 06, Archives & Special Collections, University of Pittsburgh Library System.
HSASPR	Health Systems Agency of Southwestern Pennsylvania Records, 1971–1987, AIS. 1987. 02, Archives & Special Collections, University of Pittsburgh.
HWP	Harris Wofford Papers, Bryn Mawr Special Collections, Bryn Mawr College.
ISFP	Isidore Sydney Falk Papers (MS 1039). Manuscripts and Archives, Yale University Library.
JFP	James Ferlo Papers, 1963–2015, AIS. 1998. 02, Archives & Special Collections, University of Pittsburgh Library System.
MFR	Local 1199 Executive Secretary Moe Foner Records #5206–S, Kheel Center for Labor-Management Documentation and Archives, Cornell University Library.
MMDP	Michael M. Dawida Papers, 1984–1995, AIS. 2000. 02, Archives & Special Collections, University of Pittsburgh Library System.
MSP	Melvin Seidenberg Papers, c. 1840–2002, MSS#566, Library and Archives Division, Senator John Heinz History Center.
MVUCC	Mon Valley Unemployed Committee Collection, 1973 – 1998, AIS. 2002. 02, Archives & Special Collections, University of Pittsburgh Library System.
NAACPPBR	National Association for the Advancement of Colored People, Pittsburgh Branch Records, 1964–1966, 1974, AIS. 1964.

	38, Archives & Special Collections, University of Pittsburgh Library System.
NPC	*New Pittsburgh Courier.*
NYT	*New York Times.*
POHP	Pittsburgh Oral History Project, Manuscript Group 409, Pennsylvania State Archives.
PBT	*Pittsburgh Business-Times.*
PC	*Pittsburgh Courier.*
PELR	Pennsylvania Economy League Records, 1929 – 1985, AIS. 1978.06, Archives & Special Collections, University of Pittsburgh Library System.
PP	*Pittsburgh Press.*
PPG	*Pittsburgh Post-Gazette.*
RCCP	R. Conrad Cooper Papers, 1927 – 1980, AIS. 1991.01, Archives & Special Collections, University of Pittsburgh Library System.
RHWPA	Records of the Health and Welfare Planning Association, 1908–1980, MSS#158, Library and Archives Division, Senator John Heinz History Center.
RKR	Rainbow Kitchen Records, 1974 – 1992, AIS. 1991.10, Archives & Special Collections, University of Pittsburgh Library System.
RSSP	Richard S. Schweiker Papers (1771), Historical Collections and Labor Archives, Special Collections Library, Pennsylvania State University.
RTJP	Robert Taft, Jr. Papers, Library of Congress.
SDP	Steffi Domike Papers, 1946–2009, AIS. 1997.20, Archives & Special Collections, University of Pittsburgh Library System.
SEIU 585	Service Employees International Union Local 585 Records, 1966–1989, AIS. 1982.14, Archives & Special Collections, University of Pittsburgh Library System.
SLC	Steelworker Lore Collection, Rivers of Steel Foundation, Homestead, PA.

SOHP	Steelworker Oral History Project, Rivers of Steel Museum, Homestead, PA.
TAMP	Thomas A. Michlovic Papers, 1978–2002, AIS. 2002.04, Archives & Special Collections, University of Pittsburgh Library System.
USSCDWIRDR	United States Steel Corporation Duquesne Works Industrial Relations Department Records, 1904 – 1980, AIS. 1987.03, Archives & Special Collections, University of Pittsburgh Library System.
USSCNDWR	United States Steel Corporation National–Duquesne Works Records, 1890–1985, AIS. 1991.06, Archives & Special Collections, University of Pittsburgh Library System.
USWA 1397	United Steelworkers of America Local 1397 (Homestead, Pa.) Records, 1937 – 1972, AIS. 1993.17, Archives & Special Collections, University of Pittsburgh Library System.
USWA 1843	United Steelworkers of America Local 1843 Records, 1937–1999, AIS. 2000.05, Archives & Special Collections, University of Pittsburgh Library System.
USWADPCS	United Steelworkers of America Dues Protest Committee Scrapbook, 1956–1957, AIS. 1997.43, Archives & Special Collections, University of Pittsburgh Library System.
VNAACR	Visiting Nurse Association of Allegheny County Records, Inc., 1918–2000, AIS. 2000.13, Archives & Special Collections, University of Pittsburgh Library System.
WCWP	Walter C. Worthington Papers, 1940–1993, MSS 905, Library and Archives Division, Senator John Heinz History Center.
WEMHOHPR	Women, Ethnicity and Mental Health Oral History Project Records, 1975–1977, AIS. 1978.11, Archives & Special Collections, University of Pittsburgh Library System.
WHWSR	Women Hospital Workers Study Records WAG. 195, Tamiment Library and Robert F. Wagner Labor Archives, New York University.
WOR	*Washington Observer–Reporter.*

WUCR   Women in the Urban Crisis Records, 1969–1984, AIS. 1985. 03, Archives & Special Collections, University of Pittsburgh Library System.

39; David H. Autor, Lawrence F. Katz, 和 Melissa S. Kearney, "The Polarization of the U. S. Labor Market," *American Economic Review* 96, no. 2 (May 2006), 189–194; William J. Baumol, *The Cost Disease: Why Computers Get Cheaper and Health Care Doesn't* (New Haven, CT: Yale University Press, 2013); Jochen Hartwig, "Structural Change, Aggregate Demand, and Employment Dynamics in the OECD, 1970–2010," *Structural Change and Economic Dynamics* 34 (September 2015), 36–45; Peter Temin, *The Vanishing Middle Class: Prejudice and Power in a Dual Economy* (Cambridge, MA: MIT Press, 2017); Servaas Storm, "The New Normal: Demand, Secular Stagnation, and the Vanishing Middle Class," *International Journal of Political Economy* 46, no. 4 (2018), 169–210。

[5] 见 Teresa Leste, Yakir Siegal, 和 Maulesh Shukla, "Return on Capital Performance in Life Sciences and Health Care," *Deloitte Insights*, April 30, 2019, available at https://www2.deloitte.com/us/en/insights/industry/healthcare/return-on-capital-health-care.html; Lawton R. Burns 和 Wharton School Colleagues, *The Health Care Value Chain: Producers, Purchasers, and Providers* (San Francisco: Jossey-Bass, 2002); City of Pittsburgh Wage Review Committee, *Report on the Impact of Raising Wages for Service Workers at Pittsburgh's Anchor Institutions* (December 8, 2015), 131。

[6] Richard Rose, *Public Employment in Western Nations* (Cambridge: Cambridge University Press, 1985); Torben Iversen 和 Thomas R. Cusack, "The Causes of Welfare State Expansion: Deindustrialization or Globalization?" *World Politics* 52, no. 3 (April 2000), 313–349; Francesca Bettio 和 Janneke Plantenga, "Comparing Care Regimes in Europe," *Feminist Economics* 10, no. 1 (2008), 85–113; Linda McDowell, *Working Bodies: Interactive Service Employment and Workplace Identities* (London: Wiley-Blackwell, 2009); Andrea Muehlebach, *The Moral Neoliberal: Welfare and Citizenship in Italy* (Chicago: University of Chicago Press, 2013); Anne Wren, ed., *The Political Economy of the Service Transition* (Oxford: Oxford University Press, 2013); Sophie Mathieu, "From the Defamilialization to the 'Demotherization' of Care Work," *Social Politics* 23, no. 4 (Winter 2016), 576–591。

[7] Torben Iversen 和 Anne Wren, "Equality, Employment, and Budgetary Restraint: The Trilemma of the Service Economy," *World Politics* 50, no. 4

(July 1998), 507–546; Gøsta Esping-Andersen, *Social Foundations of Postindustrial Economies* (Oxford: Oxford University Press, 1999), 96。

〔8〕Rachel E. Dwyer, "The Care Economy? Gender, Economic Restructuring, and Job Polarization in the U. S. Labor Market," *American Sociological Review* 78, no. 3 (June 2013), 398. 关于照护的定义及其意义的讨论，见 Paula England, "Emerging Theories of Care Work," *Annual Review of Sociology* 31 (2005), 381–399。

〔9〕Dwyer, "The Care Economy?", 404; Evelyn Nakano Glenn, "From Servitude to Service Work: Historical Continuities in the Racial Division of Paid Reproductive Labor," *Signs* 18, no. 1 (Autumn 1992), 1–43; Mignon Duffy, *Making Care Count: A Century of Gender, Race, and Paid Care Work* (New Brunswick: Rutgers University Press, 2011).

〔10〕见 Kenneth J. Arrow, "Uncertainty and the Welfare Dynamics of Medical Care," *American Economic Review* 53, no. 5 (December 1963), 941–973; 另见 Baumol, *The Cost Disease*。

〔11〕第一种观点参见 Moishe Postone, *Time, Labor, and Social Domination: A Reinterpretation of Marx's Critical Theory* (Cambridge: Cambridge University Press, 1993); Michael Denning, "Wageless Life," *New Left Review* 66 (November–December 2010), 79–97; Kathi Weeks, *The Problem with Work: Feminism, Marxism, Antiwork Politics, and Post-Work Imaginaries* (Durham, NC: Duke University Press, 2011); Aaron Benanav, "Automation and the Future of Work—1," *New Left Review* 119 (September–October 2019), 5–38; Aaron Benanav, "Automation and the Future of Work—2," *New Left Review* 120 (November–December 2019), 117–146。关于更多主流方法，见 Erik Brynjolfsson 和 Andrew McAfee, *The Second Machine Age: Work, Progress, and Prosperity in a Time of Brilliant Technologies* (New York: Norton, 2014); Richard Baldwin, *The Globotics Upheaval: Globalization, Robotics, and the Future of Work* (New York: Oxford University Press, 2019)。第二种观点见 Arne L. Kalleberg, *Good Jobs, Bad Jobs: The Rise of Polarized and Precarious Employment Systems in the United States, 1970s to 2000s* (New York: Russell Sage Foundation, 2011); Draut, *Sleeping Giant*; Kim Moody, *On New Terrain: How Capital is Reshaping the Battleground of Class War* (Chicago: Haymarket, 2017)。

［12］见 "A Union Aims at Pittsburgh's Largest Employer," *New York Times*, April 2, 2014; Rich Exner, "Ohio's 100 Largest Employers," Cleveland.com, June 17, 2019, https://www.cleveland.com/news/g661-2019/06/929ccb3d 1d2274/ohios-100-largest-employers-2019-rankings-led-by-cleveland-clinic-walmart-others.html (accessed September 2020); Metropolitan Milwaukee Association of Commerce, "Major Employers List," 参见 https://www.mmac.org/major-employers-in-metro-milwaukee.html; Johns Hopkins Medicine, "Fast Facts: Johns Hopkins Medicine," January 2020, 参见 https://www.hopkinsmedicine.org/about/downloads/JHM-Fast-Facts.pdf。

［13］Charlie Deitch, "UPMC Opens Food Bank for Struggling Employees, Misses Point Completely," *Pittsburgh City Paper*, December 11, 2012.

［14］Lizabeth Cohen, *Making a New Deal: Industrial Workers in Chicago, 1919-1939* (New York: Cambridge University Press, 1990); Joshua B. Freeman, *Working-Class New York: Life and Labor Since World War II* (New York: New Press, 2000), 3-71.

［15］Christopher Tomlins, *The State and the Unions: Labor Relations, Law, and the Organized Labor Movement in America, 1880-1960* (New York: Cambridge University Press, 1985); Cohen, *Making a New Deal*.

［16］*National Labor Relations Board v. Jones and Laughlin Steel Corporation*, 301 U.S. 1 (1937), 27.

［17］*National Labor Relations Board v. Jones and Laughlin Steel Corporation*, 301 U.S. 27.

［18］Mike Davis, *Prisoners of the American Dream: Politics and Economy in the History of the US Working Class* (New York: Verso, 1986), 52-101; Nelson Lichtenstein, "From Corporatism to Collective Bargaining: Organized Labor and the Eclipse of Social Democracy in the Postwar Era," in *The Rise and Fall of the New Deal Order, 1930-1980*, eds. Steve Fraser 和 Gary Gerstle (Princeton, NJ: Princeton University Press, 1989), 122-152; Steve Fraser, *Labor Will Rule: Sidney Hillman and the Rise of American Labor* (Ithaca, NY: Cornell University Press, 1993); John H. Hinshaw, *Steel and Steelworkers: Race and Class Struggle in Twentieth-Century Pittsburgh* (Albany: SUNY Press, 2002), 65-104; Nelson Lichtenstein, *Labor's War at Home: The CIO in World War II* (Philadelphia: Temple University Press, 2003); Meg Jacobs, *Pocketbook*

Politics: Economic Citizenship in Twentieth-Century America (Princeton, NJ: Princeton University Press, 2005), 179-220; Eric Leif Davin, Crucible of Freedom: Workers' Democracy in the Industrial Heartland, 1914-1960 (Lanham, MD: Lexington Books, 2010); James T. Sparrow, Warfare State: World War II Americans and the Age of Big Government (New York: Oxford University Press, 2011), 160-200; Jefferson Cowie, The Great Exception: The New Deal and the Limits of American Politics (Princeton, NJ: Princeton University Press, 2016), 10-11。

[19] George Lipsitz, Rainbow at Midnight: Labor and Culture in the 1940s (Urbana: University of Illinois Press, 1994), 142-148; Jack Metzgar, "The 1945-1946 Strike Wave," in The Encyclopedia of Strikes in American History, eds. Aaron Brenner, Benjamin Day, 和 Immanuel Ness (Armonk, NY: M. E. Sharpe, 2009), 216-217。

[20] Howell John Harris, The Right to Manage: Industrial Relations Policies of American Business in the 1940s (Madison: University of Wisconsin Press, 1982), 105-158; Barbara S. Griffith, The Crisis of American Labor: Operation Dixie and the Defeat of the CIO (Philadelphia: Temple University Press, 1988).

[21] Ellen Schrecker, Many Are the Crimes: McCarthyism in America (New York: Little, Brown, 1998); Landon Storrs, The Second Red Scare and the Unmaking of the New Deal Left (Princeton: Princeton University Press, 2013); David Caute, The Great Fear: The Anti-Communist Purge Under Truman and Eisenhower (New York: Simon & Schuster, 1978), 216-217; Philip Jenkins, The Cold War at Home: The Red Scare in Pennsylvania, 1945-1960 (Chapel Hill: University of North Carolina Press, 1999); Ronald W. Schatz, The Electrical Workers: A History of Labor at General Electric and Westinghouse, 1923-1960 (Urbana: University of Illinois Press, 1987), 188-224.

[22] Katherine Van Wezel Stone, "The Post-War Paradigm in American Labor Law," Yale Law Journal 90, no. 7 (June 1981), 1511-1580; Jennifer Klein, For All These Rights: Business, Labor, and the Shaping of America's Public-Private Welfare State (Princeton, NJ: Princeton University Press, 2003), 15, 257.

[23] Ruth Milkman, Gender at Work: The Dynamics of Job Segregation by Sex during World War II (Urbana: University of Illinois Press, 1987), 99-160;

Robert Korstad 和 Nelson Lichtenstein, "Opportunities Found and Lost: Labor, Radicals, and the Early Civil Rights Movement," *Journal of American History* 75, no. 3 (December 1988), 786–811; Alice Kessler-Harris, *In Pursuit of Equity: Women, Men, and the Quest for Economic Citizenship in Twentieth-Century America* (New York: Oxford University Press, 2001); David K. Johnson, *The Lavender Scare: The Cold War Persecution of Gays and Lesbians in the Federal Government* (Chicago: University of Chicago Press, 2004); Ira Katznelson, *When Affirmative Action Was White: An Untold History of Racial Inequality in America* (New York: Norton, 2005); Margot Canaday, *The Straight State: Sexuality and Citizenship in Twentieth-Century America* (Princeton, NJ: Princeton University Press, 2009), 137–254; Robert O. Self, *All in the Family: The Realignment of American Democracy Since the 1960s* (New York: Hill and Wang, 2012); Storrs, *The Second Red Scare*。

[24] Alan Derickson, "Health Security for All?: Social Unionism and Universal Health Insurance, 1935–1958," *Journal of American History* 80, no. 4 (March 1994), 1333–1356; Nelson Lichtenstein, *The Most Dangerous Man in Detroit: Walter Reuther and the Fate of American Labor* (New York: Basic Books, 1995), 271–298; Jacobs, *Pocketbook Politics*, 179–261; Marie Gottschalk, *The Shadow Welfare State: Labor, Business, and the Politics of Health Care in the United States* (Ithaca, NY: Cornell University Press, 2000); Colin Gordon, *Dead on Arrival: The Politics of Health Care in Twentieth-Century America* (Princeton, NJ: Princeton University Press, 2003); Klein, *For All These Rights*; Jonathan Cutler, *Labor's Time: Shorter Hours, the UAW, and the Struggle for American Unionism* (Philadelphia: Temple University Press, 2004); Thomas A. Stapleford, *The Cost of Living in America: A Political History of Economic Statistics, 1880–2000* (New York: Cambridge University Press, 2009), 253–295.

[25] Jill Quadagno, *One Nation, Uninsured: Why the U.S. Has No National Health Insurance* (New York: Oxford University Press, 2005), 50; A. Norman Somers 和 Louis Schwartz, "Pension and Welfare Plans: Gratuities or Compensation?" *Industrial and Labor Relations Review* 4, no. 1 (October 1950), 81。

[26] Jacob Hacker, *The Divided Welfare State: The Battle over Public and*

Private Social Benefits in the United States (New York: Cambridge University Press, 2002); Klein, *For All These Rights*; Lane Windham, *Knocking on Labor's Door: Union Organizing in the 1970s and the Roots of the New Economic Divide* (Chapel Hill: University of North Carolina Press, 2017). 另见 Jonathan Levy, "From Fiscal Triangle to Passing Through: Rise of the Nonprofit Corporation," in *Corporations and American Democracy*, eds. Naomi R. Lamoreaux 和 William J. Novak (Cambridge, MA: Harvard University Press, 2017), 213-244。

〔27〕Theodore R. Marmor, *The Politics of Medicare* (Chicago: Aldine, 1970), 14-38; Lauri Perman 和 Beth Stevens, "Industrial Segregation and Gender Distribution of Fringe Benefits," *Gender and Society* 3, no. 3 (September 1989), 388-404; Klein, *For All These Rights*; Beatrix Hoffman, *Health Care for Some: Rights and Rationing in the United States Since 1930* (Chicago: University of Chicago Press, 2012)。

〔28〕Sanford Jacoby, *Employing Bureaucracy: Managers, Unions, and the Transformation of Work in American Industry, 1900-1945* (New York: Columbia University Press, 1985); Carl Gersuny 和 Gladis Kaufman, "Seniority and the Moral Economy of U.S. Automobile Workers, 1934-1946," *Journal of Social History* 18, no. 3 (Spring 1985), 463-475。关于经济安全委员会，见 Committee on Economic Security, *Old Age Security Staff Report*, 38, https://www.ssa.gov/history/reports/ces/ces2armstaff.html。关于社会保障及其"规范化"，见 François Ewald, *The Birth of Solidarity: The History of the French Welfare State*, ed. Melinda Cooper 以及 trans. Timothy Scott Johnson (Durham, NC: Duke University Press, 2020)。关于军费支出，见 Larry J. Griffin, Joel A. Devine, 和 Michael Wallace, "Monopoly Capital, Organized Labor, and Military Expenditures in the United States, 1949-1976," in "Marxist Inquiries: Studies of Labor, Class, and States," supplement, *American Journal of Sociology* 88 (1982), S113-S153; Tim Barker, "Cold War Capitalism: The Political Economy of American Military Spending, 1949-1989" (PhD diss., Harvard University, forthcoming)。

〔29〕关于雇佣与生命历程，见 Martin Kohli, "The Institutionalization of the Life Course: Looking Back to Look Ahead," *Research in Human Development* 4, nos. 3-4 (2007), 253-271。关于战后的工业工人阶级及其社会空间，见 Thomas J. Sugrue, *The Origins of the Urban Crisis: Race and Inequality in*

Postwar Detroit (Princeton, NJ: Princeton University Press, 1996); Robert O. Self, *American Babylon: Race and the Struggle for Postwar Oakland* (Princeton, NJ: Princeton University Press, 2003)。关于通货膨胀,见Jacobs, *Pocketbook Politics*; Samir Sonti, "The Price of Prosperity: Inflation and the Limits of the New Deal Order" (PhD diss., University of California, Santa Barbara, 2017); Melinda Cooper, *Family Values: between Neoliberalism and the New Social Conservatism* (Cambridge, MA: Zone Books, 2017)。

[30] Ann Shola Orloff, "Gender and the Social Rights of Citizenship: The Comparative Analysis of Gender Relations and Welfare States," *American Sociological Review* 58, no. 3 (June 1993), 303-328; Linda Gordon, *Pitied But Not Entitled: Single Mothers and the History of Welfare* (New York: Free Press, 1994); Sonya Michel, "A Tale of Two States: Race, Gender, and Public/Private Welfare Provision in Postwar America," *Yale Journal of Law and Feminism* 9, no. 1 (1997), 123-156; Kessler-Harris, *In Pursuit of Equity*; Bruce Nelson, *Divided We Stand: American Workers and the Struggle for Black Equality* (Princeton, NJ: Princeton University Press, 2001); Canaday, *The Straight State*; Self, *All in the Family*. 关于黑人女性主义、黑人生存和黑人激进主义,见Carol B. Stack, *All Our Kin: Strategies for Survival in a Black Community* (New York: Basic Books, 1974); Patricia Hill Collins, "Shifting the Center: Race, Class, and Feminist Theorizing about Motherhood," in *Mothering: Ideology, Experience, and Agency*, eds. Evelyn Nakano Glenn, Grace Chang, 和Linda Rennie Forcey (New York: Routledge, 1994), 45-66; Premilla Nadasen, "Expanding the Boundaries of the Women's Movement: Black Feminism and the Struggle for Welfare Rights," *Feminist Studies* 28, no. 2 (Summer 2002), 270-301。

[31] 见Martha May, "The Historical Problem of the Family Wage: The Ford Motor Company and the Five-Dollar Day," *Feminist Studies* 8, no. 2 (Summer 1982), 399-424; Elizabeth Faue, *Community of Suffering and Struggle: Women, Men, and the Labor Movement in Minneapolis, 1915-1945* (Chapel Hill: University of North Carolina Press, 1991); Dorothy Sue Cobble, *The Other Women's Movement: Workplace Justice and Social Rights in Modern America* (Princeton, NJ: Princeton University Press, 2004); Tithi Bhattacharya, ed., *Social Reproduction Theory: Remapping Class, Recentering Oppression* (London:

Pluto, 2017)。见 Self, *All in the Family*; Kessler-Harris, *In Pursuit of Equity*, 170-202。

[32] Leon Fink 和 Brian Greenberg, *Upheaval in the Quiet Zone: A History of the Hospital Workers' Union, Local 1199* (Urbana: University of Illinois Press, 1989), 1-27; "Who Is Responsible for the 'Disturbance' at West Penn Hospital?" *Hospital Workers Organizer* 1, no. 12 (July 1940), 6, box 7, folder 36, CORP; "Slave Conditions Exposed by West Penn Picket Line," *Pennsylvania Reporter*, July-August 1940, box 7, folder 36, CORP; Hospital Workers' Local No. 255, State, County, and Municipal Workers of America (CIO), "A Statement to the Public on Hospital Conditions in Allegheny County," July 1, 1940, box 7, folder 36, CORP; "Hospitals Gain Injunction in Labor Fight," *PPG*, July 2, 1940; *Western Pennsylvania Hospital v. Lichliter*, 340 Pa. 382 (1941), 209; William C. Scott 和 Donald W. Smith, "The Taft-Hartley Act and the Nurse," *American Journal of Nursing* 56, no. 12 (December 1956), 1557。

[33] Unsigned Note, "Exemption of Non-profit Hospital Employees from the National Labor Relations Act: A Violation of Equal Protection," *Iowa Law Review* 57, no. 2 (December 1971), 417n24.

[34] 见 Nancy Folbre, "'Holding Hands at Midnight': The Paradox of Caring Labor," *Feminist Economics* 1, no. 1 (1995), 73-92; Paula England 和 Nancy Folbre, "The Cost of Caring," *Annals of the American Academy of Political and Social Science* 561, no. 1 (January 1999), 39-51; Fink 和 Greenberg, *Upheaval in the Quiet Zone*; Eileen Boris 和 Jennifer Klein, *Caring for America: Home Health Workers in the Shadow of the Welfare State* (New York: Oxford University Press, 2012)。

[35] Paul A. Tiffany, *The Decline of American Steel: How Management, Labor, and Government Went Wrong* (New York: Oxford University Press, 1988); John T. Cumbler, *A Social History of Economic Decline: Business, Politics, and Work in Trenton* (New Brunswick, NJ: Rutgers University Press, 1989); Sugrue, *The Origins of the Urban Crisis*; Roger Horowitz, "*Negro and White, Unite and Fight!*": *A Social History of Industrial Unionism in Meatpacking, 1930-1990* (Urbana: University of Illinois Press, 1997), 245-280; Jefferson R. Cowie, *Capital Moves: RCA's Seventy-Year Quest for Cheap Labor* (Ith-

aca, NY: Cornell University Press, 2001); Thomas Dublin 和 Walter Licht, *The Face of Decline: The Pennsylvania Anthracite Region in the Twentieth Century* (Ithaca, NY: Cornell University Press, 2005); Robert Brenner, *The Economics of Global Turbulence* (London: Verso, 2006); Ronald D. Eller, *Uneven Ground: Appalachia since 1945* (Lexington: University of Kentucky Press, 2008); Tami J. Friedman, "Exploiting the North-South Differential: Corporate Power, Southern Politics, and the Decline of Organized Labor after World War II," *Journal of American History* 95, no. 2 (September 2008), 323–348; David Koistinen, *Confronting Decline: The Political Economy of Deindustrialization in Twentieth-Century New England* (Gainesville: University of Florida Press, 2013)。

[36] Iversen 和 Cusack, "The Causes of Welfare State Expansion"; Wren, *The Political Economy of the Service Transition*。

[37] Frances Fox Piven 和 Richard Cloward, *Regulating the Poor: The Functions of Public Welfare* (New York: Vintage, 1971); James O'Connor, *The Fiscal Crisis of the State* (New York: St. Martin's, 1973); Lisa Levenstein, *A Movement Without Marches: African American Women and the Politics of Poverty in Postwar Philadelphia* (Chapel Hill: University of North Carolina Press, 2005); Jefferson Cowie, *Stayin' Alive: The 1970s and the Last Days of the Working Class* (New York: New Press, 2010); William p. Jones, "The Unknown Origins of the March on Washington: Civil Rights Politics and the Black Working Class," *Labor* 7, no. 3 (September 2010), 33–52; Judith Stein, *Pivotal Decade: How the United States Traded Factories for Finance in the 1970s* (New Haven, CT: Yale University Press, 2010); Cal Winslow, Aaron Brenner, and Robert Brenner, eds., *Rebel Rank-and-File: Labor Militancy and Revolt from Below in the Long 1970s* (New York: Verso, 2010); Julilly Kohler-Hausmann, *Getting Tough: Welfare and Imprisonment in 1970s America* (Princeton, NJ: Princeton University Press, 2017); Jessica Wilkerson, *To Live Here, You Have to Fight: How Women Led Appalachian Movements for Social Justice* (Urbana: University of Illinois Press, 2019); David Stein, "Containing Keynesianism in an Age of Civil Rights: Jim Crow Monetary Policy and the Struggle for Guaranteed Jobs, 1956–1979," in *Beyond the New Deal Order: U. S. Politics from the Great Depression to the Great Recession*, eds. Gary Gerstle, Nelson Licht-

enstein,和 Alice O'Connor (Philadelphia: University of Pennsylvania Press, 2019), 124-140; Johanna Fernández, *The Young Lords: A Radical History* (Chapel Hill: University of North Carolina Press, 2019)。

[38] Duffy, *Making Care Count*.

[39] Theodore R. Marmor, Jerry L. Mashaw,和 Philip L. Harvey, *America's Misunderstood Welfare State: Persistent Myths, Enduring Realities* (New York: Basic Books, 1990), 92。

[40] Ruth Wilson Gilmore, *Golden Gulag: Prisons, Surplus, Crisis, and Opposition in Globalizing California* (Berkeley: University of California Press, 2007). 关于照护和控制, 见 Barbara Ehrenreich 和 John Ehrenreich, "Health Care as Social Control," *Social Policy* 5, no. 1 (May–June 1974), 26-40; Peter Conrad, "Medicalization and Social Control," *Annual Review of Sociology* 18 (August 1992), 209-232。

[41] 见 Jefferson Cowie, *The Great Exception: The New Deal and the Limits of American Politics* (Princeton, NJ: Princeton University Press, 2016)。**相反观点**, 见 Sugrue, *The Origins of the Urban Crisis*; Klein, *For All These Rights*; Kessler-Harris, *In Pursuit of Equity*; Canaday, *The Straight State*; Jennifer Mittelstadt, *From Welfare to Workfare: The Unintended Consequences of Liberal Reform, 1945-1965* (Chapel Hill: University of North Carolina Press, 2005); Greta R. Krippner, *Capitalizing on Crisis: The Political Origins of the Rise of Finance* (Cambridge, MA: Harvard University Press, 2011); Self, *All in the Family*; Elizabeth Hinton, *From the War on Poverty to the War on Crime: The Making of Mass Incarceration in America* (Cambridge, MA: Harvard University Press, 2016); Kim Phillips-Fein, *Fear City: New York's Fiscal Crisis and the Rise of Austerity Politics* (New York: Metropolitan Books, 2017); Windham, *Knocking on Labor's Door*; Keeanga-Yamahtta Taylor, *Race for Profit: How Banks and the Real Estate Industry Undermined Black Homeownership* (Chapel Hill: University of North Carolina Press, 2019)。**在这些方面对战后自由主义的一般性分析**, 见 Cooper, *Family Values*; Amy C. Offner, *Sorting Out the Mixed Economy: The Rise and Fall of Welfare and Developmental States in the Americas* (Princeton, NJ: Princeton University Press, 2019)。

[42] 见 Michel Foucault, "The Mesh of Power," trans. Christopher Chitty, *Viewpoint Magazine* 2 (September 2012); David H. Autor 和 Mark G. Dug-

gan, "The Growth in the Social Security Disability Rolls: A Fiscal Crisis Unfolding," *Journal of Economic Perspectives* 20, no. 3 (Summer 2006), 71-96; Gilmore, *Golden Gulag*; Anne Case 和 Angus Deaton, "Rising Morbidity and Mortality in Midlife among White Non-Hispanic Americans in the 21st Century," *Proceedings of the National Academy of Science* 112, no. 49 (December 2015), 15078-15083; Gabriel Winant, "A Place to Die: Nursing Home Abuse and the Political Economy of the 1970s," *Journal of American History* 105, no. 1 (June 2018), 96-120; Nathan Seltzer, "The Economic Underpinnings of the Drug Epidemic," *SocArXiv* (2019), 参见 https://osf.io/preprints/socarxiv/cdwap/。

[43] Michael Moran, "Understanding the Welfare State: The Case of Health Care," *British Journal of Politics and International Relations* 2, no. 2 (June 2000), 135-160; Jacob S. Hacker, "Dismantling the Health Care State? Political Institutions, Public Policies and the Comparative Politics of Health Reform," *British Journal of Political Science* 34, no. 4 (October 2004), 693-724; Austin Frakt, "Medical Mystery: Something Happened to U.S. Health Spending After 1980," *New York Times*, May 14, 2018.

[44] J. Mohan, "Spatial Aspects of Health-Care Employment in Britain: 1—Aggregate Trends," *Environment and Planning A* 20, no. 1 (1988), 19. 关于英国经验的更多证据，见 McDowell, *Working Bodies*; Margaret Whitehead, *Due North: Report of the Inquiry on Health Equity for the North* (Liverpool: University of Liverpool and Centre for Local Strategies, 2014)。

[45] 见 Allen Dieterich-Ward, *Beyond Rust: Metropolitan Pittsburgh and the Fate of Industrial America* (Philadelphia: University of Pennsylvania Press, 2015)。

[46] Benjamin Chinitz, "Contrasts in Agglomeration: New York and Pittsburgh," *American Economic Review* 51, no. 2 (May 1961), 279-289.

[47] Nora Faires, "Immigrants and Industry: Peopling the 'Iron City'," in *City at the Point: Essays on the Social History of Pittsburgh*, ed. Samuel p. Hays (Pittsburgh: University of Pittsburgh Press, 1989), 17-18; Joe W. Trotter 和 Jared N. Day, *Race and Renaissance: African Americans in Pittsburgh Since World War II* (Pittsburgh: University of Pittsburgh Press, 2010); University Center for Social and Urban Research, University of Pittsburgh, "Pittsburgh Women Close Labor Force Gap," *Pittsburgh Economic Quarterly* (Summer

[55] Steven Henry Lopez, *Reorganizing the Rust Belt: An Inside Study of the American Labor Movement* (Berkeley: University of California Press, 2004); Dana Beth Weinberg, *Code Green: Money-Driven Hospitals and the Dismantling of Nursing* (Ithaca, NY: Cornell University Press, 2009); Andrea Louise Campbell 和 Kimberly J. Morgan, *The Delegated Welfare State: Medicare, Markets, and the Governance of Social Policy* (New York: Oxford University Press, 2011); Ariel Ducey, *Never Good Enough: Health Care Workers and the False Promise of Job Training* (Ithaca, NY: Cornell University Press, 2009); Dan Clawson 和 Naomi Gerstel, *Unequal Time: Gender, Class, and Family in Employment Schedules* (New York: Russell Sage Foundation, 2014); Mignon Duffy, Amy Armenia, 和 Clare L. Stacey, eds., *Caring on the Clock: The Complexities and Contradictions of Paid Care Work* (New Brunswick, NJ: Rutgers University Press, 2015); Rebecca Kolins Givan, *The Challenge to Change: Reforming Health Care on the Front Line in the United States and the United Kingdom* (Ithaca, NY: Cornell University Press, 2016); Jane McAlevey, *A Collective Bargain: Unions, Organizing, and the Fight for Democracy* (New York: HarperCollins, 2020)。

[56] Joan C. Tronto, *Who Cares?: How to Reshape a Democratic Politics* (Ithaca, NY: Cornell University Press, 2015); Nancy Fraser, "Contradictions of Capital and Care," *New Left Review* 100 (July-August 2016), 99-117.

第一章

[1] Howard Wickerham, interview with Gabriel Winant, June 5, 2013.

[2] Edward A. Salaj, "Blue Collar Memories of the Homestead Works, By Edward A. Salaj, A Former Worker," box 2, folder 72, SOHP.

[3] Salaj, "Blue Collar Memories."

[4] Edward F. Stankowki Jr., *Memory of Steel* (Lima, OH: Wyndham Hall Press, 2004), 3.

[5] 关于经济繁荣, 见 Claudia Goldin 和 Robert A. Margo, "The Great Compression: The Wage Structure of the United States at Midcentury," *Quarterly Journal of Economics* 107, no. 1 (1992), 1-34; Stephen A. Marglin 和 Juliet

B. Schor, eds., *The Golden Age of Capitalism: Reinterpreting the Postwar Experience* (New York: Oxford University Press, 1992); Thomas Piketty, *Capital in the Twenty-First Century*, trans. Arthur Goldhammer (Cambridge, MA: Harvard University Press, 2014)。关于战后工业化冲击的当代看法,一个杰出的范例是, Clark Kerr, John T. Dunlop, Frederick Harbison, 和 Charles A. Myers, *Industrialism and Industrial Man* (Cambridge, MA: Harvard University Press, 1960)。

[6] Jefferson Cowie, *The Great Exception: The New Deal and the Limits of American Politics* (Princeton, NJ: Princeton University Press, 2016), 153.

[7] Jack Metzgar, *Striking Steel: Solidarity Remembered* (Philadelphia: Temple University Press, 2000), 39.

[8] 见 Mike Davis, *Prisoners of the American Dream: Politics and Economy in the History of the US Working Class* (London: Verso, 1986), 121–124; David L. Stebenne, *Arthur J. Goldberg: New Deal Liberal* (New York: Oxford University Press, 1996), 154–232; Nelson Lichtenstein, *State of the Union: A Century of American Labor* (Princeton, NJ: Princeton University Press, 2002), 98–140; Kim Phillips-Fein, *Invisible Hands: The Businessmen's Crusade Against the New Deal* (New York: Norton, 2009)。另见 Jefferson R. Cowie, *Capital Moves: RCA's Seventy-Year Quest for Cheap Labor* (New York: New Press, 2001); Thomas J. Sugrue, *The Origins of the Urban Crisis: Race and Inequality in Postwar Detroit*, 2nd ed. (Princeton, NJ: Princeton University Press, 2005); Jeremy Milloy, *Blood, Sweat, and Fear: Violence at Work in the North American Auto Industry, 1960–1980* (Urbana: University of Illinois Press, 2017); Daniel J. Clark, *Disruption in Detroit: Autoworkers and the Elusive Postwar Boom* (Urbana: University of Illinois Press, 2018)。

[9] Richard Hartshorne, "Location Factors in the Iron and Steel Industry," *Economic Geography* 4, no. 3 (July 1928), 241. 关于匹兹堡的工业化历史,见 Kenneth J. Kobus, *City of Steel: How Pittsburgh Became the World's Steelmaking Capital during the Carnegie Era* (Lanham, MD: Rowman & Littlefield, 2015)。

[10] Herb Edwards, interview, box 2, folder 16, SOHP; Anne Yurcon, interview with James R. Barrett, May 12, 1976, HAOHPR. 关于生产文化中的建筑环境,见 Tim Ingold, "The Temporality of the Landscape," *World Ar-*

chaeology 25, vol. 2 (1993), 152-174; Andrew Herod, *Labor Geographies: Workers and the Landscapes of Capitalism* (New York: Guilford Press, 2001); Thomas G. Andrews, *Killing for Coal: America's Deadliest Labor War* (Cambridge, MA: Harvard University Press, 2010)。**尤其关于钢铁业,见** Robert Bruno, *Steelworker Alley: How Class Works in Youngstown* (Ithaca, NY: Cornell University Press, 1999); Sherry Lee Linkon 和 John Russo, *Steeltown U. S. A.: Work and Memory in Youngstown* (Lawrence: University of Kansas Press, 2002)。

[11] Douglas A. Fisher, *Steel Making in America* (Pittsburgh: US Steel, 1949); Kenneth Warren, *Big Steel: The First Century of the United States Steel Corporation* (Pittsburgh: University of Pittsburgh Press, 2001).

[12] John Hinshaw, *Steel and Steelworkers: Race and Class Struggle in Twentieth-Century Pittsburgh* (Albany, NY: SUNY Press, 2002), 169-170. **另见** arry Braverman, *Labor and Monopoly Capital: The Degradation of Labor in the Twentieth Century* (New York: Monthly Review Books, 1974), 294-300。

[13] Data from American Iron and Steel Institute, *Annual Statistical Report*, qtd. in Paul A. Tiffany, *The Decline of American Steel: How Management, Labor, and Government Went Wrong* (New York: Oxford University Press, 1988), 27.

[14] Tiffany, *The Decline of American Steel*. **见** 103-127,**尤其是** 117 **页关于国际竞争,以及** 128-152 **页关于国内合作**; Gary Herrigel, *Manufacturing Possibilities: Creative Action and Industrial Recomposition in the United States, Germany, and Japan* (New York: Oxford University Press, 2010), 87。

[15] Hinshaw, *Steel and Steelworkers*, 109-110; Judith Stein, *Running Steel, Running America: Race, Economic Policy, and the Decline of Liberalism* (Chapel Hill, NC: University of North Carolina Press, 1998), 11-36; Tiffany, *The Decline of American Steel*, 21-41; Kristoffer Smemo, Samir Sonti, 和 Gabriel Winant, "Conflict and Consensus and the Anatomy of the New Deal Order," *Critical Historical Studies* 4, no. 1 (Spring 2017), 54。

[16] Warren, *Big Steel*, 275. Data from American Iron and Steel Institute, *Annual Statistical Report*, qtd. in Tiffany, *The Decline of American Steel*, 27.

[17] Census of Population, 1950, table 35; John D. Stephens 和 Brian p. Holly, "City System Behaviour and Corporate Influence: The Headquarters Lo-

cation of US Industrial Firms, 1955-75," *Urban Studies* 18, no. 3 (October 1981), 296。

[18] Census of Population, 1950, table 83.

[19] "The Kitchen Debate—Transcript," July 24, 1959, 参见 http://www.foia.cia.gov/sites/default/files/document_conversions/16/1959-07-24.pdf。

[20] Stein, *Running Steel*, 7-36; Lichtenstein, *State of the Union*, 122-25; Meg Jacobs, *Pocketbook Politics: Economic Citizenship in Twentieth-Century America* (Princeton, NJ: Princeton University Press, 2004), 179-261.

[21] Charles Maier, *In Search of Stability: Explorations in Historical Political Economy* (Cambridge: Cambridge University Press, 1988), 121-152.

[22] Smemo, Sonti, 和 Winant, "Conflict and Consensus"。

[23] United States Steel Corporation, "Economic Trends in the Iron and Steel Industry: Facts for Management," May 1959, p. 18, 1959 Negotiations Folder, box 54, USSCNDWR.

[24] Hearings of the Subcommittee on Antitrust and Monopoly, *Administered Prices: Steel*, Part 3, 80th Congress, 1st Session, 1958, p. 1059, qtd. in Walter Adams 和 Joel B. Dirlam, "Big Steel, Invention, and Innovation," *Quarterly Journal of Economics* 80, no. 2 (1966), 175; "Supervisors Connected with Civic Activities," April 16, 1957, box 30, folder 8, USSCDWIRDR; Annie Dillard, *An American Childhood* (New York: Harper & Row, 1987), 198。

[25] Robert Brenner, *The Economics of Global Turbulence* (London: Verso, 2006), 56.

[26] Memorandum, pp. 5-6, October 16, 1956, box 3, series IV, RCCP.

[27] "Progress Report Regarding Development of a Measure and Index of Productivity," pp. 4-5, May 8, 1956, box 3, folder 3, RCCP.

[28] "Progress Report Regarding Development of a Measure and Index of Productivity," p. 25. 另见 Metzgar, *Striking Steel*, 120-127。

[29] Benjamin Chinitz, "Contrasts in Agglomeration: New York and Pittsburgh," *American Economic Review* 51, no. 2 (May 1961), 285; Dillard, *An American Childhood*, 75, 92, 134; "Supervisors Connected with Civic Activities," April 16, 1957, box 30, folder 8, USSCDWIRDR; Salaj, "Blue Collar Memories"; Wickerham, interview. Deborah Rudacille, *Roots of Steel: Boom*

and Bust in an American Mill Town (New York: Pantheon, 2010), 18. 见 Nelson Lichtenstein, "The Man in the Middle: A Social History of Automobile Industry Foremen," in On the Line: Essays in the History of Auto Work, eds. Nelson Lichtenstein 和 Stephen Meyer (Urbana: University of Illinois Press, 1989)。

[30] "Rules and Regulations Governing the Operations of the Duquesne Luncheon Club," ca. 1957, box 27, USSCDWIRDR.

[31] Superintendents' Club Parties, 1957–1961, box 27, USSCDWIRDR; Supervisors Club Participation, February 27, 1959, box 27, folder 3, USSCDWIRDR; 例如, 见 Duquesne Works Supervisors Club Tentative Program, February 2, 1960, box 27, folder 3, USSCDWIRDR。

[32] Works Management Incentive Plan, May 1954, box 261, USSCNDWR; W. J. McShane to T. H. Kennedy, May 29, 1956, box 260, folder 3, USSCNDWR.

[33] Duquesne Works Management Development Program, April 1959, box 30, folder 8, USSCDWIRDR.

[34] Task Force Questionnaires, September 20, 1957, box 30, folder 8, USSCDWIRDR.

[35] Anna Mae Lindberg, interview with Nora Faires, May 5, 1976, HA-OHPR; Stankowki, Memory of Steel, 13.

[36] Salaj, "Blue Collar Memories."

[37] Interview, Wickerham.

[38] Ellie Wymard, Talking Steel Towns: The Men and Women of America's Steel Valley (Pittsburgh: Carnegie Mellon University Press, 2007), 24–25. 另见 Bruno, Steelworker Alley, 116–122; Metzgar, Striking Steel, 50, 199–201。

[39] 见 Michael Burawoy, Manufacturing Consent: Changes in the Labor Process Under Monopoly Capitalism (Chicago: University of Chicago Press, 1979)。

[40] Action on Providing Supervisory Desks, April 22, 1957, box 30, folder 8, USSCDWIRDR; Report, Industrial Relations Conference, Medical Evaluations, December 26, 1962, box 8, folder 5, United States Steel Duquesne Works Industrial Relations Records; Supplemental Agreement Attached to Agree-

ment of April 29, 1947, "Portal to Portal," USWA 1843; Official Walking Time, September 14, 1939, box 15, "Walking Time," USWA 1843.

[41] Salaj, "Blue Collar Memories." Minutes of Meeting with Grievance Committee, May 19, 1953, box 4, folder 6, USSCDWIRDR; Minutes of Meeting with Grievance Committee, January 19, 1954, box 4, folder 6, USSCDWIRDR; Minutes of Meeting with Grievance Committee, September 21, 1954, box 4, folder 6, USSCDWIRDR; Minutes of Meeting with Grievance Committee, September 19, 1956, box 4, folder 7, USSCDWIRDR; Employee Suggestion Plan Investigation Form, July 11, 1957, box 26, folder 2, USSCDWIRDR; Cost Reduction Project Report, November 1957, box 32, folder 2, USSCDWIRDR; Employee Request, June 18, 1957, box 29, USSCDWIRDR.

[42] Memorandum, p. 5, October 16, 1956, box 3, series IV, RCCp. 关于20世纪50年代后期的管理攻势，见 Davis, *Prisoners of the American Dream*, 121-124; Stebenne, *Arthur J. Goldberg*, 154-232; Phillips-Fein, *Invisible Hands*, 87-114。

[43] Memorandum of Special Third-Step Meeting Concerning Unanswered Grievance—Discharge of Pete Dohanic Jr., May 25, 1956, box 9, folder 2, USSCDWIRDR. 关于此种暴力，见 Milloy, *Blood, Sweat, and Fear*。

[44] E. p. Thompson, "Time, Work-Discipline, and Industrial Capitalism," *Past and Present* 38 (December 1967), 56-97.

[45] Work Stoppages at Duquesne, from April, 1947 to February 21, 1956, box 22, USSCDWIRDR; "Potential Sources of Labor Relations Trouble," May 23, 1958, box 2, folder 7, USSCDWIRDR.

[46] Minutes of Special Third-Step Meeting between Local #1256 Grievance Committee Chairman and Management of Duquesne Works, March 14, 1957, box 22, folder 2, USSCDWIRDR.

[47] Minutes of Meeting with Grievance Committee, May 15, 1957, box 22, folder 2, USSCDWIRDR; Minutes of Meeting Grievance Committee, June 19, 1957, box 29, USSCDWIRDR.

[48] "Number of Employees to Be Laid Off for Minimum Four-Day Work Week," August 29, 1957, box 2, folder 12, USSCDWIRDR.

[49] Board of Arbitration, Docket No. 259-C-60, November 28, 1958, box 59, folder 2, USWA 1843; Grievance Report, August 25, 1958, box 59,

folder 1, USWA 1843; Herb Edwards, interview, box 2, folder 16, SOHP. 那些在肮脏的车间或地位较低的岗位中工作的工人，如果没有南欧或东欧的姓氏，他们就很可能（尽管不一定）是非裔美国人。

[50] R. A. Brumbaugh to A. L. Norman, November 12, 1957, box 2, folder 8, USSCDWIRDR; United States Steel Corporation Meeting with Grievance Committee, December 17, 1957, box 32, folder 7, USSCDWIRDR; Relief of Congestion in Employment Office by SUB Applicants, December 1, 1957, box 26, folder 2, USSCDWIRDR; Employment Statistics, January 23, 1959, box 8, folder 3, USSCDWIRDR. 关于经济衰退的年代，见 "US Business Cycle Expansions and Contractions," National Bureau of Economic Research, http://www.nber.org/cycles.html。

[51] Beth Novak, diary, January 1958, 为 Linda Novak 所有，是作者原稿的摹本; Memorandum of Understanding Regarding Temporary Work Schedules for Open Hearth Department and Open Hearth Assigned and Operating Maintenance, February 9, 1958, box 15, folder 10, USSCDWIRDR。

[52] Elizabeth Freeman, *Time Binds: Queer Temporalities, Queer Histories* (Durham, NC: Duke University Press, 2010), 1-19.

[53] Stankowski, *Memory of Steel*, 31.

[54] Salaj, "Blue Collar Memories."

[55] Second Step Meeting—Grievance 57-2, January 28, 1957, box 8, folder 2, USSCDWIRDR; Memorandum of Understanding, John White, #16505, October 25, 1961, box 15, folder 4, USSCDWIRDR. Grievance form, HD-65-166, September 19, 1965, box 10, folder 5, USSCDWIRDR. 关于睡眠，见 Alan Derickson, *Dangerously Sleepy: Overworked Americans and the Cult of Manly Wakefulness* (Philadelphia: University of Pennsylvania Press, 2013), 53-83。Grievance form, HD-65-166, September 19, 1965, box 10, folder 5, USSCDWIRDR.

[56] Interview, Wickerham. Injury reports, box 14, item 2, USSCDWIRDR; Minutes of Meeting with Grievance Committee, November 12, 1963, box 31, folder 2, USSCDWIRDR; "Minor Injuries 1955," box 55, USSCNDWR.

[57] Beth Novak, diary, November 24, 1958; Wymard, *Talking Steel Towns*, 57-61.

[58] Interview, Bob McFeely, Box 2, Folder 11, SOHP.

［59］ Wickerham, interview.

［60］ Industrial Engineering Methods Division, Variance Improvement Standards Tightening, April 1961, box 32, folder 1, USSCDWIRDR.

［61］ Minutes of Meeting with Grievance Committee, June 17, 1955, box 2, folder 6, USSCDWIRDR.

［62］ Events Leading to Walk-Out—Thursday, May 21, 1959, box 17, folder 3, USSCDWIRDR; Pipefitter Strike Log, June 5, 1959, box 17, folder 3, USSCDWIRDR.

［63］ Pipefitters' Strike, 7-3 Turn, May 22, 1959, box 17, folder 3, USSCDWIRDR; Vernon Sidberry to John W. Price, June 4, 1959, box 17, folder 3, USSCDWIRDR; Pipefitter Strike Log, June 5, 1959, box 17, folder 3, USSCDWIRDR; Strike photographs, box 17, folder 3, USSCDWIRDR; Proposed Procedure with Respect to the Discipline in Connection with the Pipefitter Work Stoppage, May 27, 1959, box 17, folder 3, USSCDWIRDR.

［64］ Summary by Industrial Relations, Industrial Engineering, and Legal Departments of Holdings of Section 2-B Arbitration Cases, July 3, 1956, box 8, folder 1, USSCDWIRDR; 此部分为原文重点。关于2-B条款, 见 Stebenne, *Arthur J. Goldberg*, 120-232, Metzgar, *Striking Steel*, 13-117; James D. Rose, "The Struggle Over Management Rights at US Steel, 1946-1960: A Reassessment of Section 2-B of the Collective Bargaining Contract," *Business History Review* 72 (Autumn, 1998), 446-477。

［65］ Section 2-B Local Working Conditions, box 8, folder 1, 1958, USSCDWIRDR.

［66］ E. J. Woll to Superintendents of Industrial Relations, November 11, 1958, box 8, folder 1, USSCDWIRDR.

［67］ Review of Local Working Conditions, December 2, 1958, box 8, folder 1, USSCDWIRDR; Local Working Conditions, December 19, 1958, box 8, folder 1, USSCDWIRDR; Proposed Changes to 8-3-56 P&M Labor Agreement, November 11, 1958, box 8, folder 1, USSCDWIRDR.

［68］ Labor Relations Meeting, December 12, 1958, box 32, folder 21, USSCDWIRDR; Stebenne, *Arthur J. Goldberg*, 202.

［69］ Statement by David J. McDonald, August 18, 1959, box 7, folder 4, USWA 1397.

〔70〕 Dues Protest Committee Slate, 1957, vol. 1, USWADPCS.

〔71〕 见 John Herling, *The Right to Challenge: People and Power in the Steelworkers Union* (New York: Harper & Rowe, 1972); John P. Hoerr, *And the Wolf Finally Came: The Decline of the American Steel Industry* (Pittsburgh: University of Pittsburgh Press, 1988), 252–253; Metzgar, *Striking Steel*, 161–175; " 'Trotskyite' Tag Hit by USW Dues Foe," *PP*, December 4, 1956; "USW Official Hanged in Effigy," *PP*, December 19, 1956; "Bribe Charge a Lie, McDonald Tells USW," *PP*, January 13, 1957; "McDonald Sees High Pay, More Leisure in Future," *PPG*, January 16, 1957; "McDonald Pushes 3-Months Vacation Plan," *PP*, January 20, 1957。

〔72〕 Confidential report, Labor Relations meeting, May 6, 1960, box 8, folder 16, USSCDWIRDR; Metzgar, *Striking Steel*, 65.

〔73〕 Strike or Work Stoppage Reports, no. 72, December 16, 1959, box 17, USSCDWIRDR.

〔74〕 Metzgar, *Striking Steel*, 68; Novak, diary, 1959; Joyce Henderson, interview with Gabriel Winant, July 20, 2016; Carol Henry, interview with Gabriel Winant, July 21, 2016.

〔75〕 Metzgar, *Striking Steel*, 73; Mrs. Mike Micklo to L. B. Worthington, December 11, 1959, box 15, folder 4, USSCDWIRDR.

〔76〕 "Askthe Steelworker's Wife," October 19, 1959, box 54, USSCNDWR; F. J. Schaeffer to W. T. Lowe, Jr., September 1, 1959, box 54, USSCNDWR (ellipses in original).

〔77〕 F. J. Schaeffer to W. T. Lowe Jr., September 1, 1959, box 54, USSCNDWR; "Wives Surrender Strike to Mates," *Pittsburgh Sun-Telegraph*, September 4, 1959.

〔78〕 Smemo, Sonti, 和 Winant, "Conflict and Consensus," 46–48。

〔79〕 Smemo, Sonti, 和 Winant, "Conflict and Consensus," 68–70。

〔80〕 Stankowski, *Memory of Steel*, 65.

〔81〕 *Steelworkers v. United States*, 361 U. S. 39 (1959).

第二章

[1] Beth Novak diary, July 31, 1961, 为作者原稿的摹本。

[2] Linda Novak, interview with Gabriel Winant, June 22, 2015.

[3] Interview S-15-C, p. 3, WEMHOHPR. 和所有口述史项目的采访对象一样，这位女士也是匿名的。参见众多例子中的一例，Award in Case No. USC-645, Grievance No. A-57-2, Duquesne Works, February 19, 1958, box 29, folder 6, USSCDWIRDR。

[4] Eve Kosofsky Sedgwick, *Tendencies* (Durham, NC: Duke University Press, 1993), 5-6.

[5] Alice Kessler-Harris, *Out to Work: A History of Wage-Earning Women* (New York: Oxford University Press, 1982). 另见 Ruth Schwartz Cowan, *More Work for Mother: The Ironies of Household Technology from the Open Hearth to the Microwave* (New York: Basic Books, 1985); Eileen Boris, *Home to Work: Industrial Motherhood and the Politics of Industrial Homework in the United States* (New York: Cambridge University Press, 1994); Susan Strasser, *Never Done: A History of American Housework* (New York: Holt, 2000). 本章灵感来自 Susan Porter Benson, *Household Accounts: Working-Class Family Economies in the Interwar United States* (Ithaca, NY: Cornell University Press, 2007)。

[6] Maurine Weiner Greenwald, "Women and Class in Pittsburgh, 1850-1920," in *City at the Point: Essays on the Social History of Pittsburgh*, ed. Samuel p. Hays (Pittsburgh: University of Pittsburgh Press, 1989), 33-68; Pittsburgh Regional Planning Association, *Region in Transition* (Pittsburgh: University of Pittsburgh Press, 1963), 34. 另见 Sabina Deitrick, Susan B. Hansen, 和 Christopher Briem, "Gender Wage Disparity in the Pittsburgh Region: Analyzing Causes and Differences in the Gender Wage Gap," University Center for Social and Urban Research, University of Pittsburgh, 2007; Kessler-Harris, *Out to Work*; Dorothy Sue Cobble, *The Other Women's Movement: Workplace Justice and Social Rights in Modern America* (Princeton, NJ: Princeton University Press, 2004)。另见 Karen Olson, "The Gendered Social World of Steelmaking: A Case Study of Bethlehem Steel's Sparrows Point Plant," in *U. S. Labor in the Twentieth Century: Studies in Working-Class Struggle and Insurgency*, eds. John

Hinshaw 和 Paul Le Blanc (Amherst, NY: Humanity Books, 2000), 101-126。

[7] Cowan, *More Work for Mother*, 192-209; Stephanie Coontz, *The Way We Never Were: American Families and the Nostalgia Trap* (New York: Basic Books, 1992), 23-41. 对 Parsons 的引用, 见 Talcott Parsons, "Age and Sex in the Social Structure of the United States," *American Sociological Review* 7, no. 5 (1942), 3, qtd. in Andrew J. Cherlin, *Labor's Love Lost: The Rise and Fall of the Working-Class Family in America* (New York: Russell Sage Foundation, 2014), 3; Lizabeth Cohen, *A Consumer's Republic: The Politics of Mass Consumption in Postwar America* (New York: Knopf, 2003), 154; Cobble, *The Other Women's Movement*。

[8] 见 Ralf Dahrendorf, *Class and Class Conflict in Industrial Society* (Stanford, CA: Stanford University Press, 1959); Ferdynand Zweig, *The Worker in an Affluent Society: Family Life and Industry* (New York: Free Press of Glencoe, 1961)。对立观点见 Ely Chinoy, *Automobile Workers and the American Dream* (New York: Doubleday, 1955)。关于工人被持续等级化的消费习惯, 见 Shelly K. Nickles, "More Is Better: Mass Consumption, Gender, and Class Identity in Postwar America," *American Quarterly* 52, no. 4 (2002), 581-662。

[9] Helen H. Lamale 和 Margaret S. Stotz, "The Interim City Worker's Family Budget," *Monthly Labor Review* 83, no. 8 (August 1960), 785-808, 转引自 Marc McColloch, "Modest but Adequate: Standard of Living for Mon Valley Steelworkers in the Union Era," in *U. S. Labor History in the Twentieth Century*, eds. Hinshaw 和 Le Blanc。

[10] McColloch, "Modest but Adequate," especially 254.

[11] John Bodnar, Roger Simon, 和 Michael P. Weber, *Lives of Their Own: Blacks, Italians, and Poles in Pittsburgh, 1900-1960* (Urbana: University of Illinois Press, 1983); Joyce Henderson, interview with Gabriel Winant, July 20, 2016。

[12] Lee Rainwater, Richard B. Coleman, 和 Gerald Handel, *Workingman's Wife: Her Personality, World and Life Style*, 2nd ed. (New York: Arno Press, 1979), 19, 58-59; National Manpower Council, *Womanpower: A Statement by the National Manpower Council* (New York: Columbia University Press, 1957), 3, qtd. in Kessler-Harris, *Out to Work*, 300。

〔24〕 S-15-B, p. 18, WEMHOHPR.

〔25〕 S-14-B, pp. 32-33, WEMHOHPR; S-5-B, pp. 53-54, WEMHOHPR.

〔26〕 Komarovsky, *Blue-Collar Marriage*, 58-59; E. p. Thompson, "Time and Work-Discipline in Industrial Capitalism," *Past and Present* 38 (1967), 79.

〔27〕 I-5-B, WEMHOHPR.

〔28〕 Interview, Queen E. Wright, box 4, folder 207, POHP.

〔29〕 Census of Population, 1960, Table 129; Census of Population, 1960, Table 176; Census of Population, 1960, Table 176; Application Form, November 3, 1961, box 33, folder 2, NAACPPBR.

〔30〕 Interview, Lucille Smith, box 4, folder 223, POHp. 见 Evelyn Nakano Glenn, "From Servitude to Service Work: Historical Continuities in the Racial Division of Paid Reproductive Labor," *Signs* 18, no. 1 (1992), 1-43; Carol Henry, interview with Gabriel Winant, July 23, 2016; S-14-A, pp. 27-28, WEMHOHPR。

〔31〕 Wymard, *Talking Steel Towns*, 60; I-8-B, WEMHOHPR.

〔32〕 S-1-A, p. 73, WEMHOHPR; S-14-B, p. 52, WEMHOHPR; S-13-B, pp. 18-25, WEMHOHPR.

〔33〕 I-1-A, WEMHOHPR; I-4-C, WEMHOHPR; Wymard, *Talking Steel Towns*, 62-67.

〔34〕 Beth Novak diary, May 6, 1958.

〔35〕 Beth Novak diary, May 19, 1958; Wymard, *Talking Steel Towns*, 60-61.

〔36〕 S-18-C, pp. 32, 36, WEMHOHPR.

〔37〕 S-10-B, pp. 20-22, WEMHOHPR.

〔38〕 S-14-B, p. 2, WEMHOHPR; S-23-B, p. 4, WEMHOHPR.

〔39〕 Frank Takach, interview May 19, 1976, box 1, folder 20, HAOHPR; James Longhurst, *Citizen Environmentalists* (Lebanon, NH: Tufts University Press, 2010), 42. 关于一个制铝城镇的相似议题，见 Pavithra Vasudevan, "An Intimate Inventory of Race and Waste," *Antipode* 51, no. 2 (March 2019), 1-21。

〔40〕 Wymard, *Talking Steel Towns*, 62-67; Henderson, interview; Raymond Henderson, *My Three Books: A Life Journey* (Wilmington, DE: Create Space Independent Publishing Platform, 2017), 42–43.

[41] Judith Modell 和 Charlee Brodsky, "Envisioning Homestead: Using Photographs in Interviewing," in *Interactive Oral History Interviewing*, eds. Eva M. McMahan 和 Kim Lacy Rogers (New York: Routledge, 2013), 148。

[42] Census of Population, 1960, table 72.

[43] 见 Thomas J. Sugrue, "Crabgrass-Roots Politics: Race, Rights, and the Reaction against Liberalism in the Urban North, 1940–1964," *Journal of American History* 82, no. 2 (September 1995), 551–578; Becky M. Nicolaides, *My Blue Heaven: Life and Politics in the Working-Class Suburbs of Los Angeles, 1920–1965* (Chicago: University of Chicago Press, 2002)。

[44] S-11-B, p. 30, WEMHOHPR; S-1-A, pp. 71–72, WEMHOHPR.

[45] "Rankin Family of 9 Unprotected from Rain and a Leaking Floor in Cellar," *Pittsburgh Courier*, November 9, 1957.

[46] Rainwater, Coleman, and Handel, *Workingman's Wife*, 159.

[47] I-5-A, WEMHOHPR; S-25-A, p. 8, WEMHOHPR; S-1-B, pp. 59–71, WEMHOHPR; S-24-A, p. 20, WEMHOHPR.

[48] Henderson, interview; I-1-A, WEMHOHPR; I-22-B, p. 47, WEMHOHPR; I-8-A, WEMHOHPR; Earline Coburn, interview with Gabriel Winant, July 20, 2016.

[49] I-5-B, WEMHOHPR.

[50] Beth Novak diary, July 24, 1961–July 25, 1961.

[51] 另见 Karen Olson, *Wives of Steel: Voices of Women from the Sparrows Point Steelmaking Communities* (University Park: Pennsylvania State University Press, 2005)。

[52] The Kitchen Debate—Transcript, July 24, 1959, 参见 http://www.foia.cia.gov/sites/default/files/document_conversions/16/1959-07-24.pdf; S-25-C, pp. 8–9, WEMHOHPR。

[53] McColloch, "Modest but Adequate"; "Out-of-Work Steelworker's Family in Dire Plight," *Pittsburgh Courier*, April 1, 1960; Henry, interview.

[54] Karl N. Llewellyn, "Behind the Law of Divorce," *Columbia Law Review* 33 (1933), 256–257, nn. 12, 16, qtd. in Cott, *Public Vows*, 3–4.

〔55〕 I-1-A, WEMHOHPR.

〔56〕 S-1-A, p. 88, WEMHOHPR; S-25-A, p. 8, WEMHOHPR.

〔57〕 S-15-B, pp. 16-17, WEMHOHPR; S-14-A, p. 23, WEMHOHPR; Mrs. Mike Micklo to Mr. Worthington, December 11, 1959, Box 15, Folder 2, USSCDWIRDR.

〔58〕 I-8-B, WEMHOHPR; S-11-B, p. 17, WEMHOHPR.

〔59〕 Jack Metzgar, *Striking Steel: Solidarity Remembered* (Philadelphia: Temple University Press, 2000), 186-199.

〔60〕 Sherri Peterson, "Sociology 10 Class Project," 1987, Sociology 10 Course Project on Student Family Histories Collection, box 1, folder 24, Archives & Special Collections, University Library System, University of Pittsburgh.

〔61〕 R. W. M. Memo re: Mrs. Czap's letter to J. W. Price, September 5, 1961, box 15, folder 2, USSCDWIRDR.

〔62〕 S-7-C, pp. 17-20, WEMHOHPR; S-23-B, pp. 34-36, WEMHOHPR.

〔63〕 S-9-C, pp. 34, 38-40, WEMHOHPR.

〔64〕 Novak diary, January 7-12, February 14, 1961; Novak, interview.

〔65〕 Lillian B. Rubin, *Worlds of Pain: Life in the Working-Class Family* (New York: Basic Books, 1976), 138; S-10-A, p. 13, WEMHOHPR; S-13-C, p. 13, WEM-HOHPR; S-3-A, p. 38, WEMHOHPR; S-2-A, p. 53, WEMHOHPR; S-18-B, p. 26, WEMHOHPR.

〔66〕 S-15-A, p. 17, WEMHOHPR; Wymard, *Talking Steel Towns*, 58-60.

〔67〕 S-16-A, p. 24, WEMHOHPR; S-11-B, p. 11, WEMHOHPR. Olson 在"The Gendered Social World of Steelmaking"第 122-123 页中回应了这一观点。

〔68〕 Wymard, *Talking Steel Towns*, 58-59. 另见 Komarovsky, *Blue-Collar Marriage*, 100; Wymard, *Talking Steel Towns*, 95。

〔69〕 Paula S. Fass, "The Child-Centered Family? New Rules in Postwar America]," in *Reinventing Childhood After World War II*, eds. Paula S. Fass 和 Michael Grossberg (Philadelphia: University of Pennsylvania Press, 2012), 7-8; William Graebner, "Coming of Age in Buffalo: The Ideology of Maturity in

Postwar America," *Radical History Review* 34 (January 1986), 53-74; Martin Kohli, "The Institutionalization of the Life Course: Looking Back to Look Ahead]," *Research in Human Development* 4, nos. 3-4 (2007), 253-271。

[70] US Census, Statistics of Population, Occupations, Agriculture, Manufactures, and Mines and Quarries for the State, Counties and Cities, 1920, State Compendium Pennsylvania, table 8. "钢铁镇"的数据基于布拉多克、杜肯、霍姆斯特德和麦基斯波特。

[71] 1-3-C, WEMHOHPR; S-13-B, p. 18, WEMHOHPR.

[72] Wymard, *Talking Steel Towns*, 63.

[73] I-22-B, p. 33, WEMHOHPR; S-10-A, p. 24, WEMHOHPR; S-13-B, p. 19, WEMHOHPR.

[74] S-9-B, p. 14, WEMHOHPR; Wymard, *Talking Steel Towns*, 64.

[75] S-9-C, pp. 45-46, WEMHOHPR; S-18-B, pp. 30-31, 52, 56, WEMHOHPR; S-18-C, p. 4, WEMHOHPR.

[76] S-22-B, pp. 4, 12, 18-19, 49, WEMHOHPR.

[77] Earline Coburn, interview.

[78] Henderson, *My Three Books*, 10-11, 21-22, 31; Henry, interview.

[79] 见 Kessler-Harris, *In Pursuit of Equity*; Wymard, *Talking Steel Towns*, 86; Edward F. Stankowki Jr., *Memory of Steel* (Lima, OH: Wyndham Hall Press, 2004), 20。

[80] 见 Coontz, *The Way We Never Were*, 42。另见 Nancy Chodorow, *The Reproduction of Mothering*: *Psychoanalysis and the Sociology of Gender* (Berkeley: University of California Press, 1978); "'Mrs. Steelworker' Is Now in Charge of Home," *PC*, July 25, 1959。

[81] Lauren Berlant, *The Female Complaint*: *The Unfinished Business of Sentimentality in American Culture* (Durham, NC: Duke University Press, 2008), 1-2.

第三章

[1] "Unemployed Father of 8 in Condemned House Faces Eviction for Un-

paid Rent," *PC*, September 20, 1958.

〔2〕 William Julius Wilson, *When Work Disappears: The World of the New Urban Poor* (New York: Vintage, 1996). 但另见 Carol B. Stack, *All Our Kin: Strategies for Survival in a Black Community* (New York: Basic Books, 1974); Ida Susser, *Norman Street: Poverty and Politics in an Urban Neighborhood* (New York: Oxford University Press, 1982)。见 Susan Gore, "The Effect of Social Support in Moderating the Health Consequences of Unemployment," *Journal of Health and Social Behavior* 19, no. 2 (June 1978), 158。

〔3〕 见 Andrew Herod, *Labor Geographies: Workers and the Landscapes of Capitalism* (New York: Guilford Press, 2001)。

〔4〕 Sharon Patricia Holland, *The Erotic Life of Racism* (Durham, NC: Duke University Press, 2012), 6.

〔5〕 Sean F. Reardon, Stephen A. Matthews, David O'sullivan, Glenn Firebaugh, Chad R. Farrell, 和 Kendra Bischoff observe in Pittsburgh one of the most finegrained patterns of segregation in the country in "The Geographic Scale of Metropolitan Racial Segregation," *Demography* 45, no. 3 (August 2008), 489–514; Gwendolyn Mitchell, The History Makers A2003.304, interview by Larry Crowe, December 18, 2003, The History Makers Digital Archive。

〔6〕 Allen Dieterich-Ward, *Beyond Rust: Metropolitan Pittsburgh and the Fate of Rust Belt America* (Philadelphia: University of Pennsylvania Press, 2015); Earline Coburn, interview with Gabriel Winant, July 20, 2016. 关于白人，见 Thomas J. Sugrue, *The Origins of the Urban Crisis: Race and Inequality in Postwar Detroit* (Princeton, NJ: Princeton University Press, 1998); Eric Avila, *Popular Culture in the Age of White Flight: Fear and Fantasy in Suburban Los Angeles* (Berkeley: University of California Press, 2006)。

〔7〕 John Bodnar, Roger Simon, 和 Michael P. Weber, *Lives of Their Own: Blacks, Italians, and Poles in Pittsburgh, 1900–1960* (Urbana: University of Illinois Press, 1983); Marc McColloch, "Modest but Adequate: Standard of Living for Mon Valley Steelworkers in the Union Era," *U.S. Labor in the Twentieth Century: Studies in Working-Class Struggle and Insurgency*, eds. John Hinshaw 和 Paul Le Blanc (Amherst, NY: Humanity Books, 2000)。

〔8〕 Joe W. Trotter 和 Jared Day, *Race and Renaissance: African Americans in Pittsburgh Since World War II* (Pittsburgh: University of PP, 2010); Ruth

M. McIntyre, "The Organizational Nature of an Urban Residential Neighborhood in Transition: Homewood-Brushton of Pittsburgh" (PhD diss., University of Pittsburgh, 1963); Ralph Lemuel Hill, "A View of the Hill: A Study of Experiences and Attitudes in the Hill District of Pittsburgh, Pennsylvania from 1900 to 1973" (PhD diss., University of Pittsburgh, 1973); Melvin D. Williams, *On the Street Where I Lived* (New York: Holt, Rinehart, and Winston, 1981); Fidel Makoto Campet, "Housing in Black Pittsburgh: Community Struggles and the State" (PhD diss., Carnegie Mellon University, 2011); Jessica D. Klanderud, "Street Wisdom: African American Cultural and Community Transformations in Pittsburgh, 1918-1970" (PhD diss., Carnegie Mellon University, 2013)。**关于一般意义上战后贫民区的形成,见** Arnold R. Hirsch, *Making the Second Ghetto: Race and Housing in Chicago, 1940-1960* (New York: Cambridge University Press, 1983); Sugrue, *The Origins of the Urban Crisis*; Robert O. Self, *American Babylon: Race and the Struggle for Postwar Oakland* (Princeton, NJ: Princeton University Press, 2003); Heather Ann Thompson, *Whose Detroit?: Politics, Labor, and Race in a Modern American City* (Ithaca, NY: Cornell University Press, 2004); Donna Jean Murch, *Living for the City: Migration, Education, and the Rise of the Black Panther Party in Oakland, California* (Chapel Hill: University of North Carolina Press, 2010)。

[9] Population Growth Trends, box 2, folder 2, MSP; Trotter and Day, *Race and Renaissance*, xix.

[10] Edward F. Stankowski Jr., *Memory of Steel* (Lima, OH: Wyndham Hall Press, 2004); Census of Population, 1950, table 35; Census of Population, 1960, tables 72-75. 另见 Kristoffer Smemo, Samir Sonti, 和 Gabriel Winant, "Conflict and Consensus: The Steel Strike of 1959 and the Anatomy of the New Deal Order," *Critical Historical Studies* 4, no. 1 (Spring 2017), 39-73。

[11] Census of Population and Housing, 1960, Pittsburgh Standard Metropolitan Statistical Area, Final Report PHC (1)-9 (Washington, 1962), table P-3, 171; Census of Population, 1970, table 87; "Mon-Valley NAACP Seeks to Aid Jobless," *PC*, August 11, 1962.

[12] "Focal Point Pittsburgh: A Community Examination," box 46, folder 10, NAACPPBR; "Pittsburgh in Danger of Losing Status as 'Boom' Town,"

PP, August 4, 1967; Community Action Pittsburgh, "Target Neighborhood Report," box 126, folder 5, RHWPA; "Negro Jobless Rates Highest," *PPG*, February 27, 1968; Community Action Pittsburgh, "Target Neighborhood Report," box 126, folder 5, RHWPA.

〔13〕Donald T. Barnum, "A Statistical Analysis of Negro Employment Data in the Pittsburgh Area Basic Steel Industry, 1965," 转引自 Herbert Hill, "Race and the Steelworkers Union: White Privilege and Black Struggles," *New Politics* 8, no. 4 (2002), 7; John H. Hinshaw, *Steel and Steelworkers: Race and Class Struggle in Twentieth-Century Pittsburgh* (Albany: SUNY Press, 2002), 207。

〔14〕August Wilson, *Two Trains Running* (New York: Penguin, 1992), 20.

〔15〕"Poverty in Southwestern Pennsylvania," box 126, folder 2, RHWPA.

〔16〕见 Employment Applications, box 12, folder 4, NAACPPBR; box 17, folder 7, NAACPPBR; box 24, folder 13, NAACPPBR; box 33, folder 2, NAACPPBR。

〔17〕Mary Lou Holt, Letter to League Members, January 23, 1958, box 20, folder 9, NAACPPBR.

〔18〕"Bias Narrows Choice of Housing," *PPG*, September 13, 1963. 关于匹兹堡，见 Roger S. Ahlbrandt Jr., "Exploratory Research on the Redlining Phenomenon," *Real Estate Economics* 5, no. 4 (1977), pp. 473-481; William S. J. Smith, "Redlining: A Neighborhood Analysis of Mortgage Lending in Pittsburgh, Pa." (MA thesis, University of Pittsburgh, 1982); Council of Industrial and Interracial Relations, Presbytery of Pittsburgh and Department of Racial and Cultural Relations, Council of Churches of the Pittsburgh Area, Testimony Given to the Subcommittee on Housing of the Senate Committee on Banking and Currency, December 13, 1957, p. 3; "Population Shifts Underscore Restrictions," *Human Relations Review* 2, no. 8 (November-December 1957)。转引自 Mary Lou Holt, Letter to League Members, January 23, 1958, box 20, folder 9, NAACPPBR; Trotter 和 Day, *Race* 和 *Renaissance*, 66; "Hill Still City's Most Crowded Area," April 16, 1952, box 1, folder 8, WCWP。

〔19〕Census of Population and Housing, 1960, vol. IX, table P-3—Occupancy and Structural Characteristics of Housing Units, by Census Tract, p. 173; Community Action Pittsburgh, "Target Neighborhood Report," box 126, folder 5, RHWPA.

[20] Census of Population and Housing, 1960, vol. IX, table H-1—Occupancy and Structural Characteristics of Housing Units, by Census Tract, p. 233. Definitions of "deteriorating" and "dilapidated" in Census of Population and Housing, vol. IX, introduction, p. 9.

[21] "'Negro Not Guilty of Creating Slums,' Witnesses Tell Senate Housing Group," *PC*, January 4, 1958; "Two Landlords Fined, 7 Others Charged With Failing to Repair Slum Properties," *PC*, December 20, 1958; Trotter and Day, *Race and Renaissance*, 65; Pittsburgh Commission on Human Relations, Testimony to the Subcommittee on Housing of the Senate Committee on Banking and Currency, December 13, 1957, p. 9, 转引自 Holt, Letter to League Members; "Tenants Picket Own Apartment," *PC*, August 17, 1963; "Tenant, Landlord Get Hospital Care," *PC*, October 3, 1959。

[22] Barbara Ferman, *Challenging the Growth Machine: Neighborhood Politics in Chicago and Pittsburgh* (Lawrence: University of Kansas Press, 1996), 59-66; Roy Lubove, *Twentieth-Century Pittsburgh* (Pittsburgh: University of Pittsburgh Press, 1996); Dieterich-Ward, *Beyond Rust*; "Pittsburgh's Redevelopment: The First Ten Years," box 1, folder 11, WCWP.

[23] Ferman, *Challenging the Growth Machine*, 59-66; Gregory J. Crowley, *The Politics of Place: Contentious Urban Redevelopment in Pittsburgh* (Pittsburgh: University of Pittsburgh Press, 2005), 58-89.

[24] Crowley, *The Politics of Place*, 83-88.

[25] "Lower Hill Relocation Facts—1," box 3, folder 20, EESP; Michael Weber, "Rebuilding a City: The Pittsburgh Model," in *Snowbelt Cities: Metropolitan Politics in the Northeast and Midwest Since World War II*, ed. Richard Bernard (Bloomington: Indiana University Press, 1990), 227-246; Lubove, *Twentieth-Century Pittsburgh*, vol. 1, 130-132; Ferman, *Challenging the Growth Machine*; Michael Sean Snow, "Dreams Realized and Dreams Deferred: Social Movements and Public Policy in Pittsburgh, 1960-1980" (PhD diss., University of Pittsburgh, 2004); Trotter, *Race and Renaissance*, 67-72; Dieterich-Ward, *Beyond Rust*, 172-197; Interview, James Dean, box 3, folder

81，POHp。关于霍姆伍德，另见 Williams, *On the Street Where I Lived*。关于"第二贫民区"，见 Hirsch, *Making the Second Ghetto*。关于20世纪60年代的城市罢工，见 Gerald Horne, *The Fire This Time: The Watts Uprising and the 1960s* (Charlottesville: University of Virginia Press, 1995); Thompson, *Whose Detroit?*; Joshua Clover, *Riot. Strike. Riot: The New Era of Uprisings* (New York: Verso, 2016), 103-126。关于匹兹堡的工人罢工，见 Alyssa Ribeiro, "'A Period of Turmoil': Pittsburgh's April 1968 Riots and Their Aftermath," *Journal of Urban History* 39, no. 2 (March 2013), 147-171。

[26] Coburn, interview.

[27] Bodnar, Simon, 和 Weber, *Lives of Their Own*。

[28] Jim Cunningham 和 Joel Tarr, "The Communities of the Mon Valley: A Strategy for Recovery," table 1 (B), paper presented for conference, "Mill Towns: Despair, Hopes, and Opportunities, May 5-6, 1988, Pittsburgh, box 124, folder 10, RHWPA。

[29] Norman Krumholz, "Some City-Suburban Social and Economic Comparisons for the United States, Northeast Region, Pittsburgh Region, and Allegheny County," January 1968, box 3, folder 16, EESP.

[30] "Woman Claims Blacks Barred From Renting in Bethel Park," *NPC*, December 1, 1973.

[31] Sarah Andersz, interview with Gabriel Winant, July 14, 2016; Carol Henry, interview with Gabriel Winant, July 23, 2016.

[32] Henderson, *My Three Books*, 39.

[33] Field Report, Case CRC #511, November 9, 1956, box 17, folder 6, NAACPPBR; Public accommodations complaints, box 17, folders 6 和 9, NAACPPBR; Klanderud, "Street Wisdom," pp. 193-199。关于肯尼伍德，见 Thomas J. Sugrue, *Sweet Land of Liberty: The Forgotten Struggle for Civil Rights in the North* (New York: Random House, 2008), 157; Victoria W. Wolcott, *Race, Riots, and Roller Coasters: The Struggle over Segregated Recreation in America* (Philadelphia: University of Pennsylvania Press, 2012), 59, 105。

[34] Joel A. Tarr 和 Denise Di Pasquale, "The Mill Town in the Industrial City: Pittsburgh's Hazelwood," *Urbanism Past & Present* 7, no. 1 (Winter / Spring 1982), 1-14。

[35] Census of Population and Housing, 1970, Census Tracts, table P-1,

p. 10.

[36] Census of Population and Housing, 1960, vol. IX, table H-1—Occupancy and Structural Characteristics of Housing Units, by Census Tract, p. 238.

[37] Census of Population, 1950, table 1—Characteristics of the Population, by Census Tracts, p. 25; Census of Population and Housing, 1960, vol. IX, table P-1— Occupancy and Structural Characteristics of Housing Units, by Census Tract, p. 43; Census of Population and Housing, 1970, Census Tracts, table P-1, p. 28.

[38] 见 William Kornblum, *Blue-Collar Community* (Chicago: University of Chicago Press, 1975); Jonathan Rieder, *Canarsie: The Jews and Italians of Brooklyn against Liberalism* (Cambridge, MA: Harvard University Press, 1985)。

[39] "Black Family under Constant Harassment in Hazelwood Home," *NPC*, December 30, 1972. 关于芝加哥和底特律，见 Hirsch, *Making the Second Ghetto*, 40-67; Sugrue, *The Origins of the Urban Crisis*, 235-241; Henderson, *My Three Books*, 36; "Hazelwood Rioting Jails 11 Negro, 5 White Teens," *PC*, June 6, 1964; Richard Michael Hessler, "Perceived Stress and Physical and Emotional Health Status of a Large Municipal Housing Project" (PhD diss., University of Pittsburgh, 1969), p. 77。

[40] Hessler, "Perceived Stress," pp. 140, 181.

[41] "District City Hitwith Race Disturbances," *NPC*, July 1, 1967.

[42] "Aliquippa Riot Ebbs, Parleys on Race Start," *NPC*, May 30, 1970.

[43] "Braddock Girl Says Policeman Beat Her," *PC*, November 14, 1964; "Racial Feud in Braddock Hills Erupts," *PC*, May 22, 1965; "Students Hold Walkout Over Racial Incident," *WOR*, January 7, 1969; "Four Braddock Schools Close in Racial Tension," *PPG*, May 12, 1970; "Area High Schools Hit By Racial Strife," *NPC*, May 16, 1970; "Duquesne High Race Walkout Woes Mend," *PPG*, April 22, 1971; "Trouble Erupts in Donora, 6 Students Arrested," *NPC*, May 1, 1971; "Charleroi Area Schools Charged With Bias," *NPC*, May 11, 1974; "Cops Force Calm at Gladstone: Cmdr. Bill Moore Cools Militant Black Students," *New Pittsburgh Courier*, February 22, 1969; "Tired of Dousing Racial Fires, Moore Quits School Board Post," *NPC*, February 20, 1971.

[44] "Smoldering Hate, Fear Still Threaten Perry, South Hills," *NPC*, October 3, 1970; "4 Students Dismissed From White Oak School," *NPC*, May 4, 1974; "Slaying of Black Youth Sets Off Monessen Conflict," *NPC*, April 22, 1972; "White Parents Group Wants Clairton High Closed Down," *WOR*, April 23, 1973.

[45] S-14-B, p. 51, WEMHOHPR.

[46] Larry Victor Stockman, "Poverty and Hunger: A Pittsburgh Profile of Selected Neighborhoods" (PhD diss., University of Pittsburgh, 1982), pp. 36-39.

[47] S-14-A, pp. 27-28, 31, WEMHOHPR; S-1-B, p. 78, WEMHOHPR; S-19-B, p. 9, WEMHOHPR.

[48] S-19-B, pp. 46-47, WEMHOHPR.

[49] S-10-B, p. 4, WEMHOHPR.

[50] S-19-B, pp. 4-5, WEMHOHPR.

[51] I-23-B, pp. 10-25, WEMHOHPR.

[52] I-23-B, pp. 26, 33; Stockman, "Poverty and Hunger," p. 55.

[53] Henderson, *My Three Books*, 47.

[54] Interview, Sadie Adams, box 4, folder 203, POHP.

[55] Williams, *On the Street Where I Lived*, 17.

[56] "Donora Family Seeks Help as Rainstorm Destroys New Home, Furniture, Clothing," *PC*, September 6, 1958.

[57] "Housing Authority Evicts Mother and Five Sons from Oakland Home," *NPC*, September 8, 1973.

[58] Williams, *On the Street Where I Lived*, 111.

[59] Lou Berry, interview with Gabriel Winant, July 13, 2016; "Elderly Homewood Couple Lives in Poverty 2 Years," *NPC*, July 17, 1976; Williams, *On the Street Where I Lived*, 52; Barbara Ciara, The History Makers A2003.304, interview by Larry Crowe, February 7, 2012, The History Makers Digital Archive; Edward Parker, The History Makers A2004.073, interview by Regina Williams, June 14, 2004, The History Makers Digital Archive; "A Team Player for Arlington Hts," *NPC*, May 31, 1980. 另见 Stack, *All Our Kin*。

[60] "UNPC Hits 'Filthy' Stores: Health Dept. to Get Area Survey Report," *PC*, June 5, 1965; "UNPC Says Public Defender Staff Should Have Ne-

NAACP," *NPC*, November 13, 1971; "Costly Pgh. Plan Due for Refunding," *NPC*, February 5, 1972; "Pgh. Plan Is Working, Called Good Investment," *NPC*, September 28, 1974.

〔66〕关于钢铁业中的种族,见 Dickerson, *Out of the Crucible: Black Steelworkers in Western Pennsylvania* (Albany, NY: SUNY Press, 1980), 215–246; Judith Stein, *Running Steel, Running America: Race, Economic Policy, and the Decline of Liberalism* (Chapel Hill: University of North Carolina Press, 1996); Hinshaw, *Steel and Steelworkers*; Ruth Needleman, *Black Freedom Fighters in Steel: The Struggle for Democratic Unionism* (Ithaca: Cornell University Press, 2003)。关于钢铁业的工作实践,见"J&L Agrees to Fair Job Practices," *NPC*, March 14, 1970。

〔67〕Dickerson, *Out of the Crucible*, 215–246; "U. S. Steel Disclaims Bias," *NPC*, September 12, 1970. 另见 "USW Protests Mapped in 3 Cities Meets," *NPC*, August 1, 1970; "Steelworkers To Appeal Case Against Homestead Works," *NPC*, October 12, 1974; "Charge J&L—Union With Bias," *NPC*, January 24, 1970; "J&L Steel Is Under Attack," *NPC*, December 6, 1969; "U. S. Will Probe Bias At J&L," *NPC*, January 3, 1970; "UBPC Gears For E. Pgh., Westinghouse," *NPC*, February 14, 1970; "J&L Agrees to Fair Job Practices," *NPC*, March 14, 1970; "HUD To Investigate ALCOA's Job Records," *NPC*, April 4, 1970。

〔68〕David E. Epperson, "Administering a Federal Policy: The Case of the Pittsburgh Poverty Program" (PhD diss., University of Pittsburgh, 1975), 57; Ferman, *Challenging the Growth Machine*.

〔69〕"The War on Poverty in Pittsburgh," p. 14, box 126, folder 2, RHWPA.

〔70〕Lubove, *Twentieth-Century Pittsburgh*, vol. 1, 106; Tracy Neumann, *Remaking the Rust Belt: The Postindustrial Transformation of North America* (Philadelphia: University of Pennsylvania Press, 2016); Epperson, "Administering a Federal Policy," 155–157; "The War on Poverty in Pittsburgh," p. 37, box 126, folder 2, RHWPA.

〔71〕Snow, "Dreams Realized and Dreams Deferred."

〔72〕Premilla Nadasen, "Expanding the Boundaries of the Women's Movement: Black Feminism and the Struggle for Welfare Rights," *Feminist Studies*

28, no. 2 (Summer 2002), 270-301.

[73] William Allan Sr., "Welfare Rights: Woman In Eye of a Storm," *PP*, July 6, 1980, p. 25.

[74] "Welfare Recipient Benefits Are Raised," *NPC*, January 10, 1970; Health and Welfare Association of Allegheny County, "Goals for Income Maintenance," July 1968, box 111, folder 6, RHWPA.

[75] "Homewood DPA Office Policy Studied by WRO," *NPC*, September 6, 1975; "Welfare Group Seeks Funds for Clothing," *PPG*, November 28, 1968; "Welfare Group Blasts Shafer's '70-'71 Budget," *NPC*, May 9, 1970; "Hundreds of Pittsburgh Children, Parents Going to 'Survival' March," *NPC*, March 25, 1972; *Jenkins v. Georges*, 312 F. Supp. 289 (W. D. Pa. 1969); "Black's Jubilant over Tronzo's Suspension," *NPC*, January 31, 1970; "Jeter Protests Roaches," *NPC*, October 1, 1977; "Special Investigating Team Is Checking Mother's Bias Claim," *NPC*, October 25, 1969; "Late Rent May Be Taken out of Welfare Checks," *NPC*, May 5, 1979; "Welfare Rights Head Hits Proposed Day Care Rules," *NPC*, November 27, 1976; "Welfare Rights: Woman in the Eye of a Storm," *PP*, July 6, 1980.

[76] Simone M. Caron, "Birth Control and the Black Community in the 1960s: Genocide or Power Politics?" *Journal of Social History* 31, no. 3 (1998), 556-558. 关于 Haden, 见 "Bouie Haden, Black Leader of '60s, Dies," *PP*, July 30, 1974; Trotter and Day, *Race and Renaissance*, 94-96, 134-135。

[77] 见 Shyrissa Dobbins-Harris, "The Myth of Abortion as Black Genocide: Reclaiming Our Reproductive Choice," *National Black Law Journal* 26, (2017), 85-128。

[78] Caron, "Birth Control and the Black Community in the 1960s," 559-561.

[79] 见 Matthew Frye Jacobson, *Roots Too: White Ethnic Revival in Post-Civil Rights America* (Cambridge, MA: Harvard University Press, 2006); David R. Roediger 和 James R. Barrett, "How White People Became White," in *Critical White Studies: Looking Behind the Mirror*, eds. Richard Delgado 和 Jean Stefancic (Philadelphia: Temple University Press, 1997), 404; Stankowski, *Memory of Steel*, 6。

[80] S-23-B, pp. 37-49, WEMHOHPR.

[81] "9th Ward Retreating in War on Poverty," *PP*, May 5, 1966; Census of Population and Housing, 1970, Census Tracts, table H-1, p. 8; "City Prepped for First Ethnic Stand," *PPG*, September 16, 1969; "White Poor Vow They'll Join Poverty Effort," *NPC*, September 27, 1969.

[82] I-23-B, pp. 43-47, WEMHOHPR.

[83] "Ethnic Poor of City Organize to End Neglect," *PPG*, September 15, 1969; "Polish Hill Residents Rap Plan," *PPG*, July 30, 1968; "Model Cities Plan Protested on Polish Hill," *PPG*, May 12, 1969.

[84] "Pittsburgh's Polish Poor—or, the White Ethnic Alienated," *Baltimore Sun*, August 10, 1969. 另见 John T. McGreevy, *Parish Boundaries: The Catholic Encounter with Race in the Twentieth-Century Urban North* (Chicago: University of Chicago Press, 1996)。

[85] Lubove, *Twentieth-Century Pittsburgh*, vol. 2, 104, 322n56; "How City Voted," box 2, folder 8, MSP; Marian Irwin, interview with James Barrett, May 19, 1976, p. 7, box 1, folder 7, HAOHPR.

第四章

[1] S-15-A, p. 29, WEMHOHPR.

[2] "Union Push at Hospital Is Slowed," *PPG*, March 25, 1970, box 33, folder 5, MFR; Wyndle Watson, "Judge Lewis to End Six-Day Presby Strike," *PP*, March 25, 1970, box 33, folder 5, MFR.

[3] "Mercy Hit by Hospital Unionists," *PPG*, February 11, 1970, p. 14; James p. Gannon, "Mercy 'Must Permit' Workers to Organize," *Pittsburgh Catholic*, undated, box 33, folder 5, MFR; Hospital Council of Western Pennsylvania, "An Open Letter to—Employees, Patients, the Public," box 33, folder 3, MFR; "Posvar Backs Presby Vote," *PP*, March 25, 1970, box 33, folder 5, MFR.

[4] 关于医院作为"安静的区域",见 Leon Fink and Brian Greenberg, *Upheaval in the Quiet Zone: 1199 SEIU and the Politics of Health Care Unionism*, 2nd ed. (Urbana: University of Illinois Press, 2009); Department of

Health, Education, and Welfare, *A Report to the President on Medical Care Prices* (Washington, DC: Government Printing Office, 1967), 2。

[5] 见 Rosemary Stevens, *In Sickness and In Wealth: American Hospitals in the Twentieth Century* (Baltimore, MD: Johns Hopkins University Press, 1999); Christy Ford Chapin, *Ensuring America's Health: The Public Creation of the Corporate Health Care System* (New York: Cambridge University Press, 2015)。

[6] Beatrix Hoffman, *Health Care for Some: Rights and Rationing in the United States Since 1930* (Chicago: University of Chicago Press, 2012), 90–142.

[7] Robert Stevens 和 Rosemary Stevens, *Welfare Medicine in America: A Case Study of Medicaid* (New York: Free Press, 1971), 19–71; Laura Katz Olson, *The Politics of Medicaid* (New York: Columbia University Press, 2010), 20–50; Hoffman, *Health Care for Some*, 117–167; Julian E. Zelizer, "The Contentious Origins of Medicare and Medicaid," in *Medicare and Medicaid at 50: America's Entitlement Programs in the Age of Affordable Care*, eds. Alan B. Cohen, David C. Colby, Keith Wailoo, 和 Julian E. Zelizer (New York: Oxford University Press, 2015), 3–20; Chapin, *Ensuring America's Health*, 194–232。**关于退伍军人,** 见 Robert O. Self, *All in the Family: The Realignment of American Democracy Since the 1960s* (New York: Hill and Wang, 2012), 47–74; Jennifer Mittelstadt, *The Rise of the Military Welfare State* (Cambridge, MA: Harvard University Press, 2015)。**关于精神疾病护理,** 见 Richard G. Frank 和 Sherry A. Glied, *Better but Not Well: Mental Health Policy in the United States since 1950* (Baltimore, MD: Johns Hopkins University Press, 2006)。

[8] 见 Kenneth J. Arrow's classic essay, "Uncertainty and the Welfare Dynamics of Medical Care," *American Economic Review* 53, no. 5 (December 1963), 941–973. 另见 Jonathan Simon, "The Ideological Effects of Actuarial Practices," *Law & Society Review* 22, no. 4 (1988), 771–800; Marie Gottschalk, *The Shadow Welfare State: Labor, Business, and the Politics of Health Care in the United States* (Ithaca, NY: Cornell University Press, 2000); Jacob S. Hacker, *The Divided Welfare State: The Battle over Public and Private Social Benefits in the United States* (New York: Cambridge University Press, 2002); Colin Gordon, *Dead on Arrival: The Politics of Health Care in Twentieth-Century*

America (Princeton, NJ: Princeton University Press, 2003); Jennifer Klein, *For All These Rights: Business, Labor, and the Shaping of America's Public-Private Welfare State* (Princeton, NJ: Princeton University Press, 2003)。

〔9〕这一过程已被丹尼尔·贝尔预见,但他预测这一冲突将是富裕而非贫困带来的结果。见 *The Coming of Post-Industrial Society: A Venture in Social Forecasting* (New York: Basic Books, 1973), 127-128。

〔10〕Klein, *For All These Rights*, 129-130; Margaret C. Albert, *A Practical Vision: The Story of Blue Cross of Western Pennsylvania, 1937-1987* (Pittsburgh: Blue Cross of Western Pennsylvania, 1987), 25. 另见 Gerald Markowitz 和 David Rosner, "Seeking Common Ground: A History of Labor and Blue Cross," *Journal of Health Politics, Policy and Law* 16, no. 4 (1991), 695-718。关于工人阶级天主教,见 Ronald W. Schatz, "American Labor and the Catholic Church," *International Labor and Working-Class History* 20 (Fall 1981), 46-53。

〔11〕Paul Starr, *The Social Transformation of American Medicine: The Rise of a Sovereign Profession and the Making of a Vast Industry* (New York: Basic Books, 1982), 335-363; Lawrence S. Root, *Fringe Benefits: Social Insurance in the Steel Industry* (Beverly Hills, CA: Sage, 1982); Klein, *For All These Rights*; *Inland Steel Co. v. National Labor Relations Board*, 170 F. 2d 247 (7th Cir. 1948); *W. W. Cross & Co. v. National Labor Relations Board*, 174 F. 2d 875 (1st Cir. 1949)。

〔12〕Alan Derickson, "Health Security for All?: Social Unionism and Uni-versal Health Insurance, 1935-1958," *Journal of American History* 80, no. 4 (March 1994), 1333-1356; Gottschalk, *The Shadow Welfare State*, 1-38; Klein, *For All These Rights*, 204-247; Adam D. Reich, *Selling Our Souls: The Commodification of Hospital Care in the United States* (Princeton, NJ: Princeton University Press, 2014), 71.

〔13〕见 Alan Derickson, "The United Steelworkers of America and Health Insurance, 1937-1962," in *American Labor in the Era of World War II*, eds. Sally M. Miller 和 Daniel A. Cornford (Westport, CT: Greenwood Press, 1995), 69-87。另见 Robyn Muncy, "Coal-Fired Reforms: Social Citizenship, Dissident Miners, and the Great Society," *Journal of American History* 96, no. 1 (June 2009), 72-98。

[14] Albert, *A Practical Vision*, 73. 见 Carol A. Heimer, *Reactive Risk and Rational Action: Managing Moral Hazard in Insurance Contracts* (Berkeley: University of California Press, 1985)。关于社区等级, 见 Klein, *For All These Rights*, 214, 227; Gottschalk, *The Shadow Welfare State*, 40–41, 57–58。

[15] Albert, *A Practical Vision*, 75; "Blue Cross Enrollment Affected by Steel: Collective Bargaining and Blue Cross," *Blue Cross Bulletin* 1, no. 8 (November 1959), p. 1, box 104, folder 1200, ISFP.

[16] Program of Insurance Benefits, September1, 1956, box 8, folder 3, United States Steel Corporation Duquesne Works Industrial Relations Records, Archives & Special Collections, University Library System, University of Pittsburgh; Statement by David J. McDonald before the Medical Society of Pennsylvania, October 15, 1958, box 110, folder 1309, ISFP; I. S. Falk 和 Joseph J. Senturia, "The Steelworkers Survey Their Health Services: A Preliminary Report," October 21, 1959, box 115, folder 1388, ISFP。另见 Derickson, "The United Steelworkers of America and Health Insurance, 1937–1962"。

[17] Community Planning and Hospital Design, February 11, 1960, box 105, folder 1238, ISFP; *Pittsburgh's Fortresses of Health: 200 Years of Hospital Progress, 1758–1958*, pp. 28–47, box 136, folder 5, RHWPA.

[18] Community Planning and Hospital Design, February 11, 1960, box 105, folder 1238, ISFp. 关于医院规划协会与更广泛意义上的"医院—市民"关系, 见 Andrew T. Simpson, *The Medical Metropolis: Health Care and Economic Transformation in Pittsburgh and Houston* (Philadelphia: University of Pennsylvania Press); *Pittsburgh's Fortresses of Health*, pp. 28–47, box 136, folder 5, RHWPA; Hospital Planning Association of Allegheny County, "Executive Director's Report," May 23, 1960, box 105, folder 1238, ISFp. Joshua B. Freeman 同样论证了纽约的政治和工业构成创造了当地的社会民主。见 *Working-Class New York: Life and Labor Since World War II* (New York: New Press, 2000), 125–142。

[19] Ronald Branca to John Tomayko, July 7, 1960, box 105, folder 1238, ISFP; David p. Willis to I. S. Falk, June 29, 1960, box 105, folder 1238, ISFP.

[20] Chart 3, The Unit Costs for Hospitalization Benefits, 1954–1962; Chart 9, Summary of Utilization Rates and Costs, 1953–1962, box 115, folder

1386, ISFP; Statement by David J. McDonald before the Medical Society of Pennsylvania, October 15, 1958, box 110, folder 1309; ISFP Evaluation and Improvement of Steel-workers' Health Insurance Program, October 30, 1959, box 105, folder 1235, ISFP; Special Report on Insurance, Pensions and Supplemental Unemployment Benefits, September 15-19, 1958, box 110, folder 1309, ISFP.

[21] Special Study on the Medical Care Program for Steelworkers and Their Families, August 20, 1960, box 115, folder 1394, ISFP.

[22] Falk 和 Senturia, "The Steelworkers Survey Their Health Services"。

[23] Comments by John p. Tomayko, October 21, 1959, box 115, folder 1388, ISFp. 关于团体实践计划，见 Starr, *The Social Transformation of American] Medicine*, 321-342; Klein, *For All These Rights*, 190-200。

[24] Comments by John p. Tomayko.

[25] Memorandum of Agreement, January 7, 1960, box 111, folder 1326, ISFP.

[26] R. A. Albright, "Tomorrow's Costs of Today's Group Insurance Plan," October 21, 1960, box 103, folder 1180, ISFP.

[27] Joint Committee to Study the Future of the Health Insurance Program, October 7, 1959, box 110, folder 1311, ISFP; "Some Relations Between Physicians' Charges and Blue Shield Insurance Benefits," August 14, 1964, box 109, folder 1301, ISFP; "Utilization and Claim Costs Under the Blue Cross and Blue Shield Contracts Covering Employes of United States Steel Corporation," 1957-1962, box 109, folder 1301, ISFP; "Steel, Doctors, USW Explore Medical Care," *PP*, June 24, 1959.

[28] "Steel Industry, Union, Study Pre-Paid Health Program Possibilities," *NYT*, June 25, 1959; Summary Notes, Meeting of Joint Sub-Committee on Medical Care and the American Medical Association, January 29, 1961, box 110, folder 1312, ISFP; Summary Notes, Meeting of Joint Sub-Committee on Medical Care and the American Medical Association, January 24, 1961, box 110, folder 1312, ISFP; "Group Practice Prepayment Plans," July 24, 1964, box 111, folder 1323, ISFP; "Steel Union Acts to Build Clinics," *NYT*, September 21, 1960, box 110, folder 1310. 关于医疗职业内部的分化，见 Chapin, *Ensuring America's Health*, 66-94。

〔29〕 E. R. McCluskey to I. S. Falk, February 16, 1959, box 109, folder 1301, ISFP; Correspondence with Allegheny General Hospital, 1959-1960, box 103, folder 1189, ISFP; Minutes, Medical Care Sub-Committee Meeting, November 10, 1964, box 111, folder 1325, ISFP; Group Practice Prepayment Plans for Steelworkers and Their Families, November 10, 1964, box 111, folder 1325, ISFP.

〔30〕 John Hoerr, *And the Wolf Finally Came: The Decline and Fall of the American Steel Industry* (Pittsburgh: University of Pittsburgh Press, 1988), 17; "Uphill Fight to Get Decision Before Strike Deadline," *Associated Press*, July 11, 1959; Union Members' Rejection of Company Members' Proposal for a "Major Medical" Pilot Project, January 21, 1962, box 110, folder 1316, ISFP; Insurance and Medical Care Problems, January 22, 1962, box 110, folder 1317, ISFP; p. E. Johnson to I. S. Falk, September 9, 1965, box 104, folder 1204, ISFP; Exhibit B: Insurance, June 19, 1963, box 54, USSCNDWR.

〔31〕 见 Starr, *The Social Transformation of American Medicine*, 335-378; Health Security for the American People, June 13, 1961, box 6, folder 107, ISFP。

〔32〕 USS-USW Minutes, February 17, 1962, box 54, USSCNDWR; Starr, *The Social Transformation of American Medicine*, 368.

〔33〕 Theodore Marmor, *The Politics of Medicare* (Chicago: Aldine, 1973); Jill Quadagno, *The Transformation of Old Age Security: Class and Politics in the American Welfare State* (Chicago: University of Chicago Press, 1988), 173; Gottschalk, *The Shadow Welfare State*, 3; Hacker, *The Divided Welfare State*, 409-410n135; Klein, *For All These Rights*, 254-257; Gordon, *Dead on Arrival*, 22-31, 116-119; Olson, *The Politics of Medicaid*, 20-50; Hoffman, *Health Care for Some*, 90-142; Zelizer, "The Contentious Origins of Medicare and Medicaid"; Chapin, *Ensuring America's Health*, 194-232.

〔34〕 Michael Harrington, *The Other America: Poverty in America* (New York: Simon & Schuster, 1962); William p. Jones, "The Unknown Origins of the March on Washington: Civil Rights Politics and the Black Working Class," *Labor* 7, no. 3 (September 2010), 33-52; David Stein, "Containing Keynesianism in an Age of Civil Rights: Jim Crow Monetary Policy and the Struggle for Guaranteed Jobs, 1956-1979," in *Beyond the New Deal Order: U. S. Politics from the Great Depression to the Great Recession*, eds. Gary Gerstle, Nelson Lichtenstein, 和 Alice O'Connor (Philadelphia: University of Pennsylvania Press, 2019), 124 – 140。见 "Remarks of Vice-President Humphrey United States Steel Corporation National Works McKeesport, Pennsylvania," p. 3, October 29, 1968, box 39, Speech Text Files, Hubert H. Humphrey Papers, Minnesota Historical Society。

[35] Population Trends in Eastern Allegheny County, Steven Sieverts to I. S. Falk, selected data, January 30, 1969, box 105, folder 1234, ISFP; Homestead Hospital, June 26, 1968, box 105, folder 1234, ISFP.

[36] Homestead Hospital Administrator's Annual Summary of Activities, July 1, 1966—June 30, 1967, box 105, folder 1234, ISFP.

[37] Homestead Hospital Administrator's Annual Summary of Activities, July 1, 1966—June 30, 1967, box 105, folder 1234, ISFP; Specific Considerations, April 15, 1967, box 105, folder 1234, ISFP.

[38] Homestead Hospital, June 26, 1968, box 105, folder 1234, ISFP.

[39] For Immediate Release: Congressman Joseph M. Gaydos—20th Congressional District, box 105, folder 1234, ISFP; "Homestead Hospital Firm Despite Wave of Protest," *PP*, February 21, 1969; "Homestead Must Reopen Baby Unit," *PP*, December 12, 1969.

[40] Adjudication, *Homestead Hospital Cot Club et al. v. Homestead Hospital of Homestead, PA., et al.*, No. 1874 (April Term 1969), box 105, folder 1234, ISFP.

[41] *Flagiellov. Pennsylvania Hospital*, 417 Pa. 486 (1965).

[42] "Our Visiting Nurse Association Anticipates a 'Care' Explosion," *PPG*, ca. 1961, box 2, folder 6, VNAACR.

[43] Philip Jenkins, *The Cold War at Home: The Red Scare in Pennsylvania, 1945-1960* (Chapel Hill: University of North Carolina Press, 1999).

[44] Program of Insurance Benefits effective August 1, 1970, box 112, folder 1335, ISFP; Hospital and Medical Benefits Supplementing Medicare, January 1, 1969, box 6, folder 4, USWA 1397; Comments concerning union insurance proposal, July 24, 1968, box 1, Coordinating Committee Meetings and Union Meetings, book 2, RCCP; Costs of proposed settlement, July 30, 1968, box 1, Coordinating Committee Meetings and Union Meetings, book 2, RCCP.

〔45〕生产力增长明显滞后于就业增长。见 Jerry Cromwell, "Hospital Productivity Trends in Short-Term General Nonteaching Hospitals," *Inquiry* 11, no. 3 (September 1974), 181–187; Victor R. Fuchs, *The Service Economy* (New York: National Bureau of Economic Research, 1968), 116; Census of Population, 1950, table 79; Census of Population, 1960, table 127; Census of Population, 1970, table 186。

〔46〕Proposed Memo of Understanding; Richard J. Person to Sister Mary John, January 15, 1968, box 7, folder 34; CORP; "5 Women Walk Lonely Picket Line," *Oil City Derrick*, February 16, 1968.

〔47〕Census of Population, 1970, table 94. 经济学家 Helen Ginsburg 发现，在整个国家，城市医院更能够通过利用非白人劳动力市场来压制工资增长。见 "Wage Differentials in Hospitals, 1956–1963: A Study Emphasizing the Wages of Nurses and Unskilled Workers in Nongovernment Hospitals" (PhD diss., New School for Social Research, 1967), 120–122。

〔48〕Census of Population, 1970, table 94; Carol A. Brown, "Women Workers in The Health Service Industry," in *Organization of Health Workers and Labor Conflict*, ed. Samuel Wolfe (Farmingdale, NY: Baywood Publishing, 1976), 116; "Blacks' Pay at Hospitals Hit as Low," *PPG*, January 27, 1970. Susan Kocin, "Basic Provisions of the 1966 FLSA Amendments," *Monthly Labor Review* 90, no. 3 (March 1967), 2–3; Earline Coburn, interview with Gabriel Winant, July 20, 2016.

〔49〕Gregg L. Michel, "'Union Power, Soul Power': Unionizing Johns Hopkins University Hospital, 1959–1974," *Labor History* 38, no. 1 (1996), 28–66; "Hospital Union Effort Launched," Associated Press, November 4, 1969; Steve Lowman, "1199 Starts Organizing Drive in Pittsburgh," *Modern Hospital* 114, no. 2 (1970), 99–103.

〔50〕"Arbitrator to Rule on Pitt Union," *PPG*, January 1, 1970; "Three City Hospitals Face Strike," *PP*, March 18, 1970; "Will Strike, Says Union at Mercy," *PPG*, December 31, 1969.

〔51〕"Hospital Union Hits Snag Here," *PPG*, April 13, 1970; "Jewish Home Demands Pushed," *PP*, December 24, 1969; "Irvis, Kaufman Back Hospital Union Fight," *PP*, January 27, 1970.

〔52〕Lowman, "1199 Starts Organizing Drive in Pittsburgh"; Elliott Godoff to Max Greenberg, February 16, 1970, box 73, folder 6, 1199 AF.

[53] Murray Kempton, "Sticking to the Union," *New York Review of Books*, April 9, 1970, qtd. in Leon J. Davis 和 Moe Foner, "Organization and Union-ization of Health Workers in the United States: The Trade Union Perspective," in *Organization of Health Workers and Labor Conflict*, ed. Wolfe, 18。

[54] "Notes on the Union Situation," March 9, 1970, Record Group III, box 3, folder 5, CUPWWPAF; "Stop the Back Door Deal," undated, box 33, folder 7, MFR; "Elections Won't Bring Hospital Peace," *PPG*, January 13, 1970 Charles Volk to David Montgomery, December 31, 1969, box 33, folder 3, MFR. 另见 Correspondence, Committee to Secure Justice for Hospital Workers, box 1, David Montgomery Papers, Tamiment Library and Robert F. Wagner Archives, New York University, New York.

[55] "Organizer for Union Is Arrested at Hospital," January 9, 1970, *PPG*; Draft, "High Noon in Pittsburgh," ca. January 1970, box 33, folder 9, MFR; Edward H. Noroian memo to employees, February 2, 1970, box 73, folder 6, 1199 AF.

[56] "Will Strike, Says Union at Mercy," *PPG*, December 31, 1969; "End Dictatorship at Presby!" undated, box 33, folder 7, MFR; "2nd Arrest in Hospital Drive Made," *PPG*, January 10, 1970; "30 Employes Suspended by Two Hospitals," *PPG*, January 8, 1970; "2nd Arrest in Hospital Drive Made," *PPG*, January 10, 1970; "Three City Hospitals Face Strike," *PP*, March 18, 1970; "Mercy Hospital, Western Psychiatric Strike Threat Fails to Materialize," Associated Press, March 21, 1970; Donald Janson, "Service Employees Strike at Pittsburgh Hospital," *NYT*, March 21, 1970; "Hospital Union Hits Snag Here," *PPG*, April 13, 1970.

[57] "Hospital Union Hits Snag Here," *PPG*, April 13, 1970; Draft, "High Noon in Pittsburgh," undated, box 33, folder 9, MFR; Gabriel Winant, interview with Kay Tillow, August 8, 2016; Fink and Greenberg, *Upheaval in the Quiet Zone*, 161-167.

[58] C. Patrick Hardwick 和 Harvey Wolfe, "Evaluation of an Incentive Reimbursement Experiment," *Medical Care* 10, no. 2 (March-April 1972), 112; Godoff to Max Greenberg, February 16, 1970, box 73, folder 6, 1199 AF。

[59] Jon Shelton, *Teacher Strike!: Public Education and the Making of a*

〔69〕 Patricia B. Pelkofer to Commonwealth of Pennsylvania Air Quality Board, December 3, 1971, box 6, folder 3, GASPR; Peter Safar, "Physician's Concern About Pollution," October 22, 1970, box 6, folder 1, GASPR.

〔70〕 Young et al., "Factors Affecting Hospital Inpatient Utilization," 19. 见 Nancy Tomes, *Remaking the American Patient: How Madison Avenue and Modern Medicine Turned Patients into Consumers* (Chapel Hill: University of North Carolina Press, 2016)。

〔71〕 Handicapped and Elderly Transportation Advisory Committee, Minutes, April 18, 1978, box 4, folder 4, EESP; Laura C. Leviton, "Implications of an Aging Population for the Health Care System in Southwestern Pennsylvania: Report of a Study," p. 79, Health Policy Institute, Policy Series No. 2, August 1981, box 6, item 24, BGC.

〔72〕 Beaufort B. Longest, "The Pattern of Utilization of Inpatient Hospital Services in Southwestern Pennsylvania: Report of a Study," p. 10, Health Policy Institute, Policy Series no. 1, November 1980, box 136, folder 8, RHWPA; Young et al., "Factors Affecting Hospital Inpatient Utilization," 4–7. Root 观察了一组工人，发现他们68%的健康支出为住院费。见 *Fringe Benefits*, 63。

〔73〕 S-14-B, p. 13, WEMHOHPR; S-23-B, p. 42, WEMHOHPR.

〔74〕 S-5-B, p. 50, WEMHOHPR; S-15-B, p. 25, WEMHOHPR; S-15-C, p. 10, WEMHOHPR; John Jameson, Larry J. Shuman 和 Wanda W. Young, "The Effects of Outpatient Psychiatric Utilization on the Costs of Providing Third-Party Coverage," *Medical Care* 16, no. 5 (May 1978), 383–399。

〔75〕 "Nurse Aide Adept Housekeeper," *PP*, January 9, 1962, box 2, folder 20, VNAACR; Poem, May 21, 1976, box 1, folder 13, HAOHPR; "'Home Health Aides' Giving Shut-Ins New Will to Live," *PP*, May 15, 1966, box 2, folder 20, VNAACR.

〔76〕 Carol Henry, interview with Gabriel Winant, July 23, 2016.

〔77〕 见 Carolyn Leonard Carson, *Healing Body, Mind, and Spirit: The History of the St. Francis Medical Center, Pittsburgh, Pennsylvania* (Pittsburgh: Carnegie Mellon University Press, 1995); Georgine Scarpino, *The Rise and Fall of the Faith-Based Hospitals: The Allegheny County Story* (Bloomington, IN: Author House, 2013); Georgeanne Koehler, interview with Gabriel Winant,

June 22, 2015; "Critical Issues Surrounding the Hospital Industry's Participation in the Medical Assistance Program," April 1976, box 19, folder 15, EESP。

［78］见 Gordon, *Dead on Arrival*, 172-209; Rosemary Stevens, *The Public-Private Health Care State: Essays on the History of American Health Care Policy* (New Brunswick, NJ: Transaction Publishers, 2007), 219-222; Lisa Levenstein, *A Movement Without Marches: African American Women and the Politics of Poverty in Postwar Philadelphia* (Chapel Hill: University of North Carolina Press, 2009), 157-180; Alondra Nelson, *Body and Soul: The Black Panther Party and the Fight against Medical Discrimination* (Minneapolis: University of Minnesota Press, 2011); Charles Owen Rice to Jack Lynch, November 1, 1967, box 6, folder 34, CORP。

［79］Trotter 和 Day, *Race and Renaissance*, 85; Sr. M. Ferdinand Clark, RSM, "A Hospital for the Black Ghetto," February 1969, box 33, folder 3, MFR。

［80］Scarpino, *The Rise and Fall of the Faith-Based Hospitals*, 22; Exhibit 1, box 13, folder 1, CORP.

［81］Items to be resolved as presented to Pittsburgh Hospital by the Homewood-Brushton Health Committee on September 15, 1966, box 13, folder 1, CORP; Dr. L. LeMon 和 Dr. Oscar Gonzalez to Samuel B. Casey, September 1, 1966, box 13, folder 1, CORP; Minutes, Health Committee, Meeting with Pittsburgh Hospital, July 12, 1966, box 13, folder 1, CORP。

［82］"Doctor Outlines Health Controversy," *PPG*, October 7, 1967; "Urban League Okays Pittsburgh Hospital," *PPG*, September 29, 1967; "Health Unit Imperiled by Dispute," *PPG*, February 6, 1968; "Health Center Peace Effort Parley Slated," *PP*, February 6, 1968; "Negroes Win Hospital Post for Their Man," *News & Letters*, April, 1968; "Bouie Haden, Black Leader of '60s, Dies," *PP*, July 30, 1974; "Health Center Election Slated," *PP*, March 29, 1971; "Homewood-Brushton Health Center Defends Building Ownership," *PP*, February 2, 1977; "Monday Report: Rivals Debate Health Needs of Homewood," *PPG*, February 14, 1977; "Homewood Health Unit Shifted to New Board," *PPG*, February 24, 1977.

［83］Trotter 和 Day, *Race and Renaissance*, 127-128; Chuck Staresinic, "Send Freedom House!" *Pittmed*, February 2004, 32-34。另见 Andrew Simpson, "Transporting Lazarus: Physicians, the State, and the Creation of the Modern Paramedic and Ambulance," *Journal of the History of Medicine and Allied Sciences* 68, no. 2 (April 2013), 180-183; Simpson, *The Medical Metropolis*, 55-60。

[84] "Central Medical Health Services: A Responsive New Health Delivery System for the Residents of Greater Pittsburgh," 1972, box 91, folder 32, HSASPR.

[85] Irving H. Breslow 和 Dr. Stanley J. Brody, Initial Design for a Health Service System for Central Medical Pavilion, box 3, folder 30, CORP; Zoning Report— Pittsburgh City Planning Commission, March 9, 1971, box 3, folder 30, CORP; Herbert S. Denenberg, "New Hospital Rated Costly to Public," *PP*, September 26, 1972; "Lower Hill Hospital Plan Draws Protests," *PP*, January 19, 1971。

[86] "Group Suggests Revised Hill Hospital Plan," *PPG*, July 29, 1972; "Medical Pavilion Problems Taken to Consultants," November 26, 1974; "Receivership Urged For Uptown Hospital," *PP*, January 5, 1977.

[87] "Amputees, Other Vets, Battle Red Tape, Despair," *PP*, July 21, 1974; "Long Waits, Crowded Units Work Against Care For Veterans," *PP*, July 22, 1974.

[88] "Vets Won Big Victory with Inking of PL 93-82," *Pottsville Republican and Herald*, December 3, 1973; "Ailments from 3 Wars Swamp Vets Facilities," *PP*, July 27, 1974; Jennifer Mittelstadt, *The Rise of the Military Welfare State* (Cambridge, MA: Harvard University Press, 2015); Paul Starr, James F. Henry, 和 Raymond p. Bonner, *The Discarded Army: Veterans After Vietnam*; *The Nader Report on Vietnam Veterans and the Veterans Administration* (New York: Charterhouse, 1973); "Long Waits, Crowded Units Work against Care for Veterans," *PP*, July 22, 1974。

[89] Stevens, *In Sickness and in Wealth*, 287-297; Allegheny County Code, chapter 210, article IV; "County to Give Help In Hospital Borrowing," *PPG*, January 23, 1971.

[90] Gail Radford, *The Rise of the Public Authority: Statebuilding and Economic Development in Twentieth-Century America* (Chicago: University of Chicago Press, 2013), 163.

[91] Pennsylvania Economy League, "Issues Surrounding the Planning and Financing of Capital Improvements to Allegheny County Hospitals," April 1978, box 12, folder 2, EESP; Irwin Wolkstein, "The Impact of Legislation on Capital Development for Health Facilities," in *Health Care Capital: Competition and Control*, eds. Gordon K. MacLeod 和 Mark Perlman (Cambridge, MA: Harper-Collins, 1978), 11。

[92] Pennsylvania Economy League, "Issues Surrounding the Planning and Financing of Capital Improvements to Allegheny County Hospitals"; Arnold H. Raphaelson 和 Charles p. Hall Jr., "Politics and Economics of Hospital Cost Containment," *Journal of Health Politics, Policy, and Law* 3, no. 1 (Spring 1978), 87-111。

[93] Jerry Cromwell, Helene T. Hewes, Nancy L. Kelly, 和 Saul Franklin, "Comparative Trends in Hospital Expenses, Finances, Utilization, and Inputs, 1970 – 1981," *Health Care Financing Review* 9, no. 1 (1987), pp. 51-69。

[94] Greta R. Krippner, *Capitalizing on Crisis: The Political Origins of the Rise of Finance* (Cambridge, MA: Harvard University Press, 2011); Kim Phillips-Fein, *Fear City: New York's Fiscal Crisis and the Rise of Austerity Politics* (New York: Metropolitan, 2017).

[95] H. Robert Cathcart, "Discussion of the Projected Response of the Capital Markets to Health Facilities Expenditures," in *Health Care Capital*, eds. MacLeod 和 Perlman, 349-350。

[96] Nathan J. Stark, "Foreword," in *Health Care Capital*, eds. MacLeod 和 Perlman, xv; Wesley W. Posvar, "Chancellor's Welcome," in *Health Care Capital*, eds. MacLeod 和 Perlman, xix。

[97] 见 Gottschalk, *The Shadow Welfare State*, 53-57。

[98] "City World Famous as Health Center," *PP*, January 18, 1966; "Pitt's Health Center Gets Grant for Regional Medical Program," February 2, 1967, box 14, folder 119A, CUPDHKAF. 一般关于这一现象，见 Stevens, *In Sickness and in Wealth*, 317-320; Lawrence D. Brown, "The More Things Stay the Same the More They Change: The Odd Interplay between Government and Ideology in the Recent Political History of the U. S. Health-Care System," in *History and Health Policy in the United States: Putting the Past Back In*, eds.

Rosemary A. Stevens, Charles E. Rosenberg, 和 Lawton R. Burns (New Brunswick, NJ: Rutgers University Press, 2006), 40-45; Minutes of the First Meeting of the Incorporators of the University Health Center of Pittsburgh, September 7, 1965, box 14, folder 119B, CUPDHKAF; Minutes of Board of Directors Quarterly Meeting, Health Center Hospital Service Corporation, December 20, 1966, box 14, folder 119B, CUPDHKAF; Arthur G. Hennings to Edward J. Magee, May 1, 1969, box 1, folder 30, EESP。

[99] Hospital Investments, 1973-1977, University Health Center, box 19, folder 18, EESP; "Health Center Maps Rotating Development Plan," *PP*, March 2, 1976; "Medical Center Breakthrough," *PPG*, September 30, 1977; "Obituary: Nathan J. Stark," *PPG*, November 13, 2002.

[100] 见 Vicente Navarro, *Medicine under Capitalism* (New York: Prodist, 1976); Douglas R. Brown, "A Study of the Pool of Possible Candidates for Admission to University Programs in Hospital Administration in September 1963," March 1965, box 2, folder 30, ISFP; Gary L. Filerman, "The Teaching of Medical Care in Graduate Programs in Hospital Administration," paper presented the Annual Meeting of the Committee on Medical Teaching of the Association of Teachers of Preventive Medicine, October 31, 1966, box 2, folder 31, ISFP; Robert M. Sigmond, *Hospital Administration* 11, no. 3 (1966), 28-34。

[101] "Fight for OK on Consolidation Still on at Homestead Hospital," *PPG*, August 10, 1973. 在相似环境下对此现象的个案研究, 见 Stephanie Woolhandler, David U. Himmelstein, Ralph Silber, Martha Harnly, Michael Bader, 和 Alice A. Jones, "Public Money, Private Control: A Case Study of Hospital Financing in Oakland and Berkeley, California," *American Journal of Public Health* 73, no. 5 (1983), 574-587。

[102] Richard A. Rettig, "Origins of the Medicare Kidney Disease Entitlement: The Social Security Amendments of 1972," in Kathi E. Hanna, ed., *Biomedical Politics* (Washington, DC: National Academy Press, 1991), 176-208; Edward D. Berkowitz, "The Historical Development of Social Security in the United States," in *Social Security in the 21st Century*, eds. Eric R. Kingson 和 James H. Schulz (New York: Oxford University Press, 1997), 36-37。

[103] Richard D. Lyons, "Nixon Signs $5-Billion Bill Expanding Social Security," *New York Times*, October 31, 1972; Evan M. Melhado, "Health

Planning in the United States and the Decline of Public-Interest Policymaking," *Milbank Quarterly* 84, no. 2 (June 2006), 359-440; Jonathan p. West 和 Michael D. Stevens, "Comparative Analysis of Community Health Planning: Transition from CHPs to HSAs," *Journal of Health Politics, Policy, and Law* 1, no. 2 (1976), 173-195; Bonnie Lefkowitz, *Health Planning: Lessons for the Future* (Rockville, MD: Aspen, 1983); Melhado, "Health Planning in the United States and the Decline of Public-Interest Policymaking"。

[104] Leah R. Judd 和 Robert J. McEwen, "A Handbook for Consumer Participation on Health Care Planning," 1977, pp. 4-5, box 19, folder 4, EE-SP; "Cut District Hospital Beds 13% In 8 Years, Health Agency Urges," *PPG*, October 18, 1977; Michael A. Vojtecky, "Status and Control in Voluntary Community Health Planning Groups," *Medical Care* 20, no. 12 (December 1982), 1168-1177。

[105] The South Side Hospital Program for Development, vol. I, Summary, January 1978, box 129, folder 620, HSASPR.

[106] "Bettering South Side Hospital," *PPG*, March 20, 1979; "South Side Hospital Good, Must Be Used," *PP*, September 15, 1978. Obituary, "Anne L. (Kicinski) Jenneve," *PPG*, August 18, 2007.

[107] Letters to the Editor, *PPG*, March 20, 1979; Letters to the Editor, *PPG*, April 14, 1979; "Legislator Supports South Side Hospital," *PP*, March 21, 1979.

[108] "S. Side Hospital Plan Draws Political Support," *PP*, March 14, 1979; "New South Side Hospital Wins State Approval," *PP*, May 1, 1979.

[109] "New South Side Hospital Wins State Approval," *PP*, May 1, 1979; "MacLeod Proposes Elections to Boards of Health Systems," *PPG*, May 12, 1979.

[110] "State Promises Full Hearing for St. John's," *PP*, January 27, 1977; "The People Speak: We Need Both," *PPG*, February 14, 1977; "Drop Plans, State Tells St. John's," *PP*, February 23, 1977; "St. John's Denied OK to Rebuild," *PPG*, January 13, 1977; "Health Agency Denies Anti-City Claim," *PP*, January 19, 1977; "St. John's Work Is Now Assured," *North Hills News Record*, February 24, 1978; "Health Planners Secretive—Peirce," *PPG*, May 17, 1977.

〔111〕Health Systems Agency of Southwestern Pennsylvania, "Review: HAS Completes First Year of Project Review Activity," October 1977, box 19, folder 4, EESP.

〔112〕Longest, "The Pattern of Utilization of Inpatient Hospital Services in Southwestern Pennsylvania," pp. 25-26. 见 Theodore R. Marmor, Donald A. Wittman, 和 Thomas C. Heagy, "The Politics of Medical Inflation," *Journal of Health Politics, Policy, and Law* 1, no. 1 (1976), 69-84。

〔113〕**除非另有说明，与凯恩医院有关的叙述均来自作者的总结**, "A Place to Die: Elder Abuse and the Political Economy of the 1970s," *Journal of American History* 105, no. 1 (June 2018), 96-120。

〔114〕Joseph Nagy, interview with Gabriel Winant, January 16, 2019.

〔115〕Nagy, interview. 关于这一思想史，见 Gabriel Winant, "The Making of *Nickel and Dimed*: Barbara Ehrenreich and the Exposé of Class in America," *Labor* 15, no. 1 (March 2018), 67-79。

〔116〕Nagy, interview.

〔117〕Institute of Medicine, *Controlling the Supply of Hospital Beds: A Policy Statement* (Washington, DC: National Academy of Sciences, October 1976), viii. 与之平行的叙述，见 Muncy, "Miners, Social Citizenship, and the Great Society"。

〔118〕William J. Baumol, *The Cost Disease: Why Computers Get Cheaper and Health Care Doesn't* (New Haven, CT: Yale University Press, 2012). 另见 Uwe E. Reinhardt, "Table Manners at the Health Care Feast," in *Financing Health Care: Competition Versus Regulation*, eds. Duncan Yaggy 和 William G. Anlyan (Cambridge, MA: Ballinger, 1982), 13-36。

第五章

〔1〕Lou Berry, interview with Gabriel Winant, July 13, 2016; Earline Coburn, interview with Gabriel Winant, July 18, 2016.

〔2〕David E. Biegel, James Cunningham, Hide Yamatani, 和 Pamela Martz, "Self-Reliance and Blue-Collar Unemployment in a Steel Town," *Social Work*, 34, no. 5 (September 1989), 399。关于20世纪70年代和劳工史，

见 Jefferson R. Cowie, *Stayin' Alive: The 1970s and the Last Days of the Working Class* (New York: New Press, 2010); Lane Windham, *Knocking on Labor's Door: Union Organizing in the 1970s and the Roots of the New Economic Divide* (Chapel Hill: University of North Carolina Press, 2017)。**关于工业失业的经典研究**,见 William Julius Wilson, *When Work Disappears: The World of the New Urban Poor* (New York: Knopf, 1996)。

[3] Thomas K. Glennan Jr. et al., *Education, Employment, and the Economy: An Examination of Work-Related Education in Greater Pittsburgh* (Santa Monica: RAND Corporation, 1989).

[4] Dennis C. Dickerson, *Out of the Crucible: Black Steelworkers in Western Pennsylvania* (Albany, NY: SUNY Press, 1980); John H. Hinshaw, *Steel and Steelworkers: Race and Class Struggle in Twentieth-Century Pittsburgh* (Albany, NY: SUNY Press, 2002); "Strike Threat Effects," August 30, 1967, box 1, Coordinating Committee Meetings, vol. 2, RCCp. **另见** John P. Hoerr, *And the Wolf Finally Came: The Decline of the American Steel Industry* (Pittsburgh: University of Pittsburgh Press, 1988)。

[5] Christian Associates of Southwestern Pennsylvania, "Report of the Task Force on Full and Equitable Employment," February 1978, box 6, folder 75, WUCR; "People Laid Off as of 2/9/66, Held in Open Hearth," February 11, 1966, box 19, folder 1, USSCDWIRDR; "Departments Effected by Open Hearth Shutdown," August 27, 1965, box 19, folder 1, USSCDDWIRDR.

[6] "Negro Jobless Rates Still Highest," *PPG*, February 28, 1968.

[7] "To Every Employee of the Pittsburgh Works," December 29, 1969, box 52, USWA 1843.

[8] "Massive Layoffs Hit Steel Industry," *Associated Press*, August 6, 1971; "Steel Feast...and Famine," *PPG*, March 21, 1973; "Jobless Rate of 8.8% Tied to Steel Layoffs," *PPG*, January 5, 1977.

[9] Employment Data, May 16, 1972, box 55, binder 1, USSCNDWR. **关于钢铁业内部争取种族公正的斗争**,见 Dennis C. Dickerson, *Out of the Crucible: Black Steelworkers in Western Pennsylvania* (Albany, NY: SUNY Press, 1980); Judith Stein, *Running Steel, Running America: Race, Economic Policy, and the Decline of Liberalism* (Chapel Hill: University of North Carolina Press, 1996); Hinshaw, *Steel and Steelworkers*; Ruth Needleman, *Black Free-*

dom Fighters in Steel: The Struggle for Democratic Unionism (Ithaca, NY: Cornell University Press, 2003).

[10] *Women of Steel*, no. 4 (November 1979), box 1, folder 10, SDP; "Meeting of Duquesne Works Women," box 1, folder 10, SDP.

[11] "20 Questions and Answers about I. W. Abel's No-Strike Agreement," box 1, folder 35, SDP.

[12] "Sadlowski Will Run for Presidency of USW," *PPG*, September 14, 1976; "Abel's E. N. A.: Check the Record," box 1, folder 35, SDP.

[13] "A Message to Steelworkers and Their Families," box 1, folder 23, SDP; emphasis in original.

[14] Ken Kelley, "Penthouse Interview: Ed Sadlowski," *Penthouse*, January 1977.

[15] 见 Cowie, *Stayin' Alive*, 30-38; Ken Kelley, "Penthouse Interview: Ed Sadlowski," *Penthouse*, January 1977; James B. Lane and Mike Olszanski, eds., "Steel-workers Fight Back: Inland's Local Union 1010 and the Sadlowski/Balanoff Campaigns," *Steel Shavings* 30 (2000), 1 – 144; S. M. A. R. T. (Steelworker Members Against Radical Takeover), box 1, folder 28, SDP; "A Gutter View of a Candidate in Penthouse," box 1, folder 24, SDP; "What Sadlowski Really Said," box 1, folder 25, SDP; Hoerr, *And the Wolf Finally Came*, 78-79.

[16] *Steelworkers Stand Up*, November 1976, box 1, folder 4, SDP; Thomas Geoghegan, *Which Side Are You On?: Trying to Be for Labor When It's Flat on Its Back* (New York: Farrar, Strauss & Giroux, 1991), 81-82; *Steelworkers Stand Up*, "Special Bulletin on 1557 Local Contract Negotiations" and *Steelworkers Stand Up*, "Local Issues Collapse," box 1, folder 4, SDP.

[17] Mike Stout, *Homestead Steel Mill—The Final Ten Years: USWA Local 1397 and the Fight for Union Democracy* (Oakland, CA: PM Press, 2020).

[18] Judith Stein, *Pivotal Decade: How the United States Traded Factories for Finance in the Seventies* (New Haven, CT: Yale University Press, 2010), 245-247; "A Sad Day for Steel Workers: 25 Years Later, Ex-Foreman Recalls Demise of Blast Furnace," *PPG*, June 22, 2004.

[19] 关于这一转变，见 David Harvey, *A Brief History of Neoliberalism* (Oxford: Oxford University Press, 2005); Robert Brenner, *The Economics of*

Global Turbulence (London: Verso, 2006)。关于滞胀,见 Wolfgang Streeck, Buying Time: The Delayed Crisis of Democratic Capitalism, trans. Patrick Camiller (London: Verso, 2014); "Volcker Asserts U. S. Must Trim Living Standard," New York Times, October 18, 1979。

[20] Stein, Pivotal Decade, 276; Federal Open Markets Committee, transcript of conference call, June 5, 1980, p. 10; 关于钢铁厂的关闭,见 Hoerr, And the Wolf Finally Came。

[21] "Milltowns in the Pittsburgh Region: Conditions and Prospects," box 124, folder 9, RHWPA; Christopher Briem, "Recessions and Pittsburgh," Pittsburgh Economic Quarterly (December 2008), 2.

[22] "U. S. Steel's Debt-Shrouded Future," Business Week, October 18, 1982; Jack Metzgar, "Would Wage Concessions Help the Steel Industry?" Labor Research Review 1, no. 2 (1983), 26; "USS scraps $100 million plan for Edgar Thomson," PPG, December 16, 1982; Edward F. Stankowski Jr., Memory of Steel (Lima, OH: Wyndham Hall Press, 2004), 104; Briem, "Recessions and Pittsburgh," 2.

[23] "U. S. Steel to Close 30 Mills, Cut 15,000 Jobs," UPI, December 28, 1983; "U. S. Steel Says Steel Profit Best in 2 ½ Years," PPG, August 1, 1984; "U. S. Steel's Homestead Works Rolls Final Order before Shutdown," WOR, May 25, 1986; "Shutting Down: Tube Works' Last 22 Workers Bid Farewell to Jobs, Each Other," PPG, August 29, 1987.

[24] Allegheny Conference on Community Development, "A Strategy for Growth: An Economic Development Program for the Pittsburgh Region," vol. 1, November 1984, p. 16, box 7, folder 89, ACCDC; James C. Musselwhite Jr., Rosalyn B. Katz, 和 Lester B. Salamon, Government Spending and the Nonprofit Sector in Pittsburgh/ Allegheny County (Washington, DC: Urban Institute Press, 1985), p. 14, box 60, folder 2, RHWPA; "Pittsburgh Unemployment Rate Highest in 1983," WOR, August 10, 1984; "Hunger in Allegheny County: A Study of the Food Assistance System and the Hunger Problem," May 1986, box 17, folder 6, RKR; William Serrin, "Steel Union Leaders Ratify Concessions," New York Times, March 2, 1983, p. A16; J. Bruce Johnston to Steelworker-Represented Employees, December 13, 1982, box 2, folder 6, RKR; Elizabeth Blocher, "Introduction," in Aliquippa: Struggle for Survival in a Pittsburgh Mill-

town, *1984 and Before*, eds. Elizabeth Blocher, Cathy A. Cairns, James V. Cunningham, 和 C. Matthew Hawkins (Pittsburgh: University of Pittsburgh School of Social Work, 1984), 3。

[25] Hoerr, *And the Wolf Finally Came*, 78-80; Nonprofit Sector Project, "Impact of Government Cutbacks on Allegheny County," pp. 8, 28-30, box 60, folder 1, RHWPA; "States Borrowing Heavily from U. S. to Pay Jobless Aid," *Associated Press*, January 13, 1983; "Smaller Budgets Strain Towns, Jobless," *PP*, April 4, 1984.

[26] "Fiscal Trends: Allegheny County and Institution District, 1968-1974," PELR; "Potential Impact of Federal Cutbacks, Moratoriums, and New Regulations on Allegheny County Programs and Consumers of Services," 1973, box 43, folder 6, RHWPA; Nonprofit Sector Study Research Guide, Part II, December 21, 1982, box 59, folder 8, RHWPA; Nonprofit Sector Project, "Impact of Government Cutbacks on Allegheny County," box 60, folder 1, RHWPA.

[27] Nonprofit Sector Project, "Impact of Government Cutbacks on Allegheny County," box 60, folder 1, RHWPA; Barney Oursler, interview by Steffi Domike, August 5, 1983, box 2, folder 50, SDP.

[28] 20世纪80年代匹兹堡对关闭工厂的抵制，见 Dale A. Hathaway, *Can Workers Have a Voice?: The Politics of Deindustrialization in Pittsburgh* (State College: Pennsylvania State University Press, 1993)。关于这次抗议，见 "4,000 Unemployed Protest President's Arrival Here," *PP*, April 6, 1983; 关于杰克逊竞选，见 "Rev. Jackson rallies support in Homestead," *News Messenger*, April 11, 1984, box 23, RKR。关于失业激进主义，见 Cynthia Deitch, "Collective Action and Unemployment: Responses to Job Loss by Workers and Community Groups," *International Journal of Mental Health* 13, no. 1-2 (1984), 139-153。

[29] "Hunger in Allegheny County: A Study of the Food Assistance System and the Hunger Problem," pp. 12-27, May 1986, box 17, folder 6, RKR. 关于第75条法案，另见 Anne E. Parsons, *From Asylum to Prison: Deinstitutionalization and the Rise of Mass Incarceration after 1945* (Chapel Hill: University of North Carolina Press, 2018), 129-132; "Welfare Cutback May Force Carrick Mother To Quit Job," *PP*, December 27, 1981。

sylvania Commission on Crime and Delinquency, "A Strategy to Alleviate Overcrowding in Pennsylvania's Prisons and Jails," January 1985, box 1, folder 6, MMDP; "Allegheny County Jail Reviewed," *WOR*, April 18, 1980; "Prison System under Siege," *Allegheny Times*, December 17, 1989; Borough of Homestead arrest records, January 15, 1986, box 1, folder 46, MMDP; Parsons, *From Asylum to Prison*. 关于大规模监禁的兴起，见 Ruth Wilson Gilmore, *Golden Gulag: Prisons, Surplus, Crisis, and Opposition in Globalizing California* (Berkeley: University of California Press, 2007); Marie Gottschalk, *Caught: The Prison State and the Lockdown of American Politics* (Princeton, NJ: Princeton University Press, 2016); Elizabeth Hinton, *From the War on Poverty to the War on Crime: The Making of Mass Incarceration in America* (Cambridge, MA: Harvard University Press, 2016); Julilly Kohler-Hausmann, *Getting Tough: Welfare and Imprisonment in 1970s America* (Princeton, NJ: Princeton University Press, 2017)。

［38］Sharon Browning, interview with Gabriel Winant, July 11, 2016; Gambhir Dev Bhatta, "Migration Patterns and Trends of the Ten-County Region of Southwestern Pennsylvania, 1980–1985," p. 36, Pittsburgh Department of City Planning, September 1987.

［39］Christopher p. Briem, "Beyond Hell with the Lid Off" (unpublished manuscript, January 2020), 168–172.

［40］见 Jim Cunningham 和 Pamela Martz, eds., "Steel People: Survival and Resilience in Pittsburgh's Mon Valley," p. 84, box 17, Item 8, RKR; "Pittsburgh Ranks Low as U. S. Trend Setter," *PPG*, November 9, 1982; "The Feminization of Poverty," *PPG*, October 13, 1986; Martha Baum, Barbara K. Shore, and Kathy Fleissner, "When Unemployment Strikes: The Impact on Women and Families," November 1988, pp. 15–21, box 125, folder 2, RHWPA。

［41］"Milltowns in the Pittsburgh Region: Conditions and Prospects," box 124, folder 9, RHWPA; "Allegheny Still Second Oldest Big County in United States," *PPG*, May 24, 2001; Glennan Jr. et al., *Education, Employment, and the Economy*, 13, 展现了 15—34 岁年龄段外来移民的聚集; Health and Welfare Planning Association, "Background Papers: United Way of Allegheny County Priority Setting Forum," March 1987, p. 8, box 17, RKR。

〔42〕 "A Time for Concern: The Status of Elderly and Handicapped in Western Pennsylvania," box 1, Reports on Allegheny County, Archives & Special Collections, University Library System, University of Pittsburgh, Pittsburgh, PA; Beaufort B. Longest, "The Pattern of Utilization of Inpatient Hospital Services in Southwestern Pennsylvania: Report of a Study," Health Policy Institute, Policy Series No. 1, November 1980, box 136, folder 8, RHWPA; "Background Information, Long Term Care," box 88, folder 2, RHWPA.

〔43〕 Laura C. Leviton, "The Implications of an Aging Population for the Health Care System in Southwestern Pennsylvania," Health Policy Institute, Graduate School of Public Health, 1981, 78, box 6, Item 24, BGC; The Nonprofit Sector Project, "Impact of Government Cutbacks on Allegheny County," box 60, folder 1, RHWPA; Bob Macey, interview with Robert L. Anderson, SLC, p. 12; "Background Information, Long Term Care," p. 23, box 88, folder 2, RHWPA.

〔44〕 Hospital Council of Western Pennsylvania, "Long–Term Care: A Perspective," box 136, folder 6, RHWPA; Planning Committee on Long Term Care for the Elderly, Final Report, June 1979, box 26, Item 2, PELR. 关于人口老龄化与财政危机的关系，见 Meredith Minkler 和 Carroll L. Estes, eds., *Critical Perspectives on Aging: The Political and Moral Economy of Growing Old* (Amityville, NY: Baywood Publishing Company, 1991); Paul Pierson, "Irresistible Forces, Immovable Objects: Postindustrial Welfare States Confront Permanent Austerity," *Journal of European Public Policy* 5, no. 4 (December 1998), 539–560; Laura Katz Olson, *The Not–So–Golden Years: Caregiving, the Frail Elderly, and the Long–Term Care Establishment* (Lanham, MD: Rowman & Littlefield, 2003)。

〔45〕 I-22-B, p. 31, WEMHOHPR; Nonprofit Sector Project, "Impact of Government Cutbacks on Allegheny County," box 60, folder 1, RHWPA.

〔46〕 Louise Child Care Center, Annual Report, 1975, box 32, folder 11, RHWPA; Nonprofit Sector Project, "Impact of Government Cutbacks on Allegheny County," box 60, folder 1, RHWPA. 关于尼克松政府与日间护理政策，见 Marisa Chappell, *The War on Welfare: Family, Poverty, and Politics in Modern America* (Philadelphia: University of Pennsylvania Press, 2012), 104; Kirsten Swinth, *Feminism's Forgotten Fight: The Unfinished Struggle for Work* and Family (Cambridge, MA: Harvard University Press, 2018), 156-179。

〔47〕Nonprofit Sector Project, "Impact of Government Cutbacks on Allegheny County," box 60, folder 1, RHWPA; Thomas J. LaBelle 和 Christopher Ward, "Education and Training in the Mon Valley," Paper Prepared for the President's Conference: Mill Towns: Despair, Hopes and Opportunities, May 5-6, 1988, pp. 12-13, box 125, folder 1, RHWPA。

〔48〕见 Kirsten Swinth, "Post-Family Wage, Postindustrial Society: Reframing the Gender and Family Order through Working Mothers in Reagan's America," *Journal of American History* 105, no. 2 (September 2018), 311-335。

〔49〕Glennan Jr. et al., *Education, Employment, and the Economy*, 16-17. 关于青年与非裔美国人失业问题，见 Allegheny Conference on Community Development, "A Strategy for Growth: An Economic Development Plan for the Pittsburgh Region," vol. II, November 1984, p. VII-5, box 7, folder 79, ACCDC。

〔50〕Daniel Sullivan 和 Till von Wachter, "Job Displacement and Mortality: An Analysis Using Administrative Data," *Quarterly Journal of Economics* 124, no. 3 (August 2009), 1266。另见 Martin Browning 和 Eskil Heinesen, "Effect of Job Loss Due to Plant Closure on Mortality and Hospitalization," *Journal of Health Economics* 31 (2012), 599-616; Jessamyn Schaller 和 Ann Huff Stevens, "Short-Run Effects of Job Loss on Health Conditions, Health Insurance, and Health Care Utilization," *Journal of Health Economics* 43 (September 2015), 190-203。

〔51〕Pee Wee Veri, interview with Robert L. Anderson, p. 12, SLC; Michele McMills, interview with Robert L. Anderson, May 8, 1991, p. 32, SLC; Irwin M. Marcus, "The Deindustrialization of America: Homestead, a Case Study, 1959-1984," *Pennsylvania History* 52, no. 3 (July 1985), 174; Hoerr, *And the Wolf Finally Came*, 19; Sara Bachman Ducey et al., *Poor Infants, Poor Chances: A Longitudinal Study of Progress toward Reducing Low Birth Weight and Infant Mortality in the United States and Its Largest Cities*, 1979-1984 (Washington, DC: Food Research and Action Center, 1987), 45, 178-179; "Unemployment Tied to Infant Death Rise," *PPG*, November 19, 1983.

〔52〕Henry W. Pierce, "Woes of All Kinds Grow in Hard Times," *PPG*, May 18, 1982, pp. 1-4. 关于布伦纳给国会的报告，见 Joint Economic Committee of the Congress of the United States, *Estimating the Effects of Economic Change on National Health and Social Well-Being*, 98th Cong., 2nd sess., 1984。另见 Ramsay Liem 和 Paula Rayman, "Health and Social Costs of Unemployment," *American Psychologist* 37, no. 10 (October 1982), 1116–1123; Allison Zippay, *From Middle Income to Poor: Downward Mobility among Displaced Steelworkers* (New York: Praeger, 1991), 91–112; "Study Finds Suicide, Depression Levels High in Mon Valley," *PPG*, July 25, 1985; "Survey Claims 50% Jobless Rate in Valley, Suicides High," *PP*, July 25, 1985; Centers for Disease Control and Prevention, National Center for Health Statistics, Compressed Mortality File 1979–1998, CDC WONDER Online Database, 编自 Compressed Mortality File CMF 1968–1988, series 20, no. 2A, 2000, 和 CMF 1989–1998, series 20, no. 2E, 2003。

[53] "Living—and Dying—with Steel," *Philadelphia Inquirer*, August 11, 1986; Georgeanne Koehler, interview with Gabriel Winant, June 24, 2015.

[54] "Crying Out," *PP*, March 6, 1983; Health and Welfare Planning Association, "Background Papers: United Way of Allegheny County Priority Setting Forum," March 1987, p. 6, box 17, RKR; Elizabeth Blocher, "Social Services," in Blocher et al., *Aliquippa*, 23.

[55] "Joblessness, Inflation Take Health Toll," *PPG*, June 18, 1982; "Psychiatric Care Issue Vexes Health Committee," *PPG*, July 1, 1982.

[56] Richard (Buz) Cooper, *Poverty and the Myths of Health Care Reform* (Baltimore: Johns Hopkins University Press, 2016), 39. 库珀讨论的是密尔沃基。

[57] "Jobless Need Aid on Paying Health Bill," *PPG*, March 11, 1983.

[58] "Lost Health Care Sickens Jobless," *PP*, April 10, 1983; "Free Health Programs for Jobless Not in Great Demand in South Hills," *PP*, July 28, 1983.

[59] Biegel, Cunningham, Yamatani, 和 Martz, "Self-Reliance and Blue-Collar Unemployment in a Steel Town," 404; "Jobless to Get Free Health Care," *PP*, January 26, 1983; Judith Feder, Jack Hadley, 和 Ross Mullner, "Falling through the Cracks: Poverty, Insurance Coverage, and Hospital Care for the Poor, 1980 and 1982," *Milbank Memorial Fund Quarterly* 62, no. 4 (Autumn 1984), 545。

[60] 例如见 "Notice of Availability of Hill-Burton Uncompensated Services," *PP*, August 30, 1985; "Blue Cross Offers Plan to Jobless," *PPG*, April 21, 1983, p. 6; "Health Care Access for Poor Dwindling," *PP*, July 21, 1985; "Lost Health Care Sickens Jobless"; "80,000 May Use New Health Plan for Jobless," *PP*, April 21, 1983。

[61] Jack Hadley 和 Judith Feder, "Hospital Cost Shifting and Care for the Uninsured," *Health Affairs* 4, no. 1 (Fall 1985), 67-80; "Thousands Assail Medicaid Cut, but Thornburgh Says It'll Stay," *Philadelphia Inquirer*, February 9, 1983。

[62] "Health Care Access for Poor Dwindling," *PP*; Koehler, interview.

[63] A Study of Act 75—Executive Summary," p. 3, box 2, folder 29, MVUCC; Hoerr, *And the Wolf Finally Came*, 79; "Welfare Case Work: Cutbacks, Red Tape, Delays," *PPG*, September 27, 1983; Nonprofit Sector Study Research Guide, Part II, December 21, 1982, pp. 46-49, box 59, folder 8, RHWPA.

[64] Rand J. Wortman to Representative Thomas Michlovic, April 7, 1992, box 12, folder 5, TAMP.

[65] "Labor, Its Clout Waning, Fights for Jobs," *PP*, April 6, 1984; "Steel Union Leaders Ratify Concessions," *NYT*, March 2, 1983; J. Bruce Johnston to Steelworker-Represented Employees, December 13, 1982, box 2, folder 6, RKR; Hoerr, *And the Wolf Finally Came*, 554.

[66] "LTV Benefit Cuts Stir Strike Threats," *PP*, July 24, 1986; US Congress, Senate, Special Committee on Aging, *Retiree Health Benefits: The Fair-Weather Promise*, 99th Cong., 2nd sess., 1987, August 7, pp. 1, 108; "Director of PBGC Turns Optimist," *PPG*, January 23, 1988; "Ritter Promises Help On Pensions," *Allentown Morning Call*, May 16, 1988. 见 Staughton Lynd 和 Alice Lynd, "Labor in the Era of Multinationalism: The Crisis in Bargained-For Benefits," *West Virginia Law Review* 93, no. 4 (Summer 1991), 912-921; "Broken Promises: For Tens of Thousands of LTV Retirees and Their Families, Health-Care Coverage Now an Issue," *PPG*, March 24, 2002; Kaiser Family Foundation, "Retired Steelworkers and Their Health Benefits: Report from a 2004 Survey," May 2006, 参见 https://www.kff.org/wp-content/uploads/2013/01/7518.pdf。

〔67〕"Researchers Examine Steelworkers' Benefits," *Latrobe Bulletin*, May 9, 1986; 另见 Edward A. Montgomery and Otto A. Davis, "Private Income Security Schemes in Times of Crisis: A Case Study of US Steel," *Labour and Society* 15, no. 1 (1990), 75-88。

〔68〕American Hospital Association, *Hospital Statistics* (Chicago: American Hospital Association, 1982), 169-172.

〔69〕"Hospitals Face Crisis as Patients Can't Pay," *PPG*, August 5, 1985; Nonprofit Sector Study Research Guide, Part II, December 21, 1982, pp. 46-49, box 59, folder 8, RHWPA; Jim Cunningham 和 Pamela Martz, eds. , "Steel People: Survival and Resilience in Pittsburgh's Mon Valley," pp. 57-58, box 17, Item 8, RKR; Koehler, interview; Margaret A. Potter 和 Allison G. Leak, *Health Care System Change and Its Employment Impacts in Southwestern Pennsylvania* (Pittsburgh: Health Policy Institute, University of Pittsburgh, 1995), 9。

〔70〕Musselwhite, Katz, 和 Salamon, *Government Spending and the Nonprofit Sector in Pittsburgh/Allegheny County*, p. 17, box 60, folder 2, RHWPA; Health Policy Institute, "The Implications of a Changing Economy for the Hospital System in Southwestern Pennsylvania," pp. 97-103。

〔71〕"Health Department Approves $127 Million Project at Children's Hospital in Pittsburgh," September 18, 1981, box 164, folder 3, series XI, DTP.

〔72〕Draft Application for a Stage One Planning Grant to the Robert Wood Johnson Foundation, June 17, 1982, p. 5, box 41, folder 4, ACCDR; George Ross Fisher, *The Hospital That Ate Chicago: Distortions Imposed on the Medical System by Its Financing* (Philadelphia: Saunders Press, 1980), 102; Brian M. Kinkead, "Medicare Payment and Hospital Capital: The Evolution of Policy," *Health Affairs* 3, no. 3 (Fall 1984), 49-74; Health Policy Institute, "The Implications of a Changing Economy for the Hospital System in Southwestern Pennsylvania," xii-xiv, box 136, folder 8, RHWPA; "Background Information, Long Term Care," p. 31, box 88, folder 2, RHWPA.

〔73〕"Health care and related data," box 41, folder 3, ACCDR; Department of Health and Human Services, National Center for Health Statistics, *Utilization of Short-Stay Hospitals: Annual Summary for the United States, 1979* (December 1981), 2; Draft Application for a Stage One Planning Grant to the Robert Wood Johnson Foundation, June 17, 1982, box 41, folder 4, ACCDR.

[74] Draft Application for a Stage One Planning Grant to the Robert Wood Johnson Foundation, June 17, 1982, box 41, folder 4, ACCDR; Max Shain 和 Milton I. Roemer, "Hospital Costs Relate to the Supply of Beds," *Modern Hospital* 92, no. 4 (April 1959), 71-74; Paul B. Ginsburg 和 Daniel M. Koretz, "Bed Availability and Hospital Utilization: Estimates of the 'Roemer Effect,'" *Health Fare Financing Review* 5, no. 1 (Fall 1983), 87-92; Longest, "The Pattern of Utilization of Inpatient Hospital Services in Southwestern Pennsylvania," p. 26; Potter 和 Leak, *Health Care System Change and Its Employment Impacts in Southwestern Pennsylvania*, 9; "Profiting from Health Care," *PPG*, January 10, 1990。

[75] Allegheny Conference on Community Development, "A Strategy for Growth: An Economic Development Program for the Pittsburgh Region," vol. 1, p. 36, box 7, folder 89, ACCDC; Allegheny Conference on Community Development, "Five Year Economic Development Report," November 1984, p. 10, box 7, folder 90, ACCDC. **关于匹兹堡社会精英在经济重组中的角色，见** Tracy Neumann, *Remaking the Rust Belt: The Postindustrial Transformation of North America* (Philadelphia: University of Pennsylvania Press, 2016)。

[76] Allegheny Conference on Community Development, "A Strategy for Growth," vol. 2, III-2-III-3, box 7, folder 89, ACCDC.

[77] Daniel Bell, *The Coming of Post-Industrial Society: A Venture in Social Forecasting* (New York: Basic Books, 1973), 128, 137; Allegheny Conference on Community Development, "A Strategy for Growth: An Economic Development Program For the Pittsburgh Region," vol. 1, p. 18, box 7, folder 89, ACCDC; US Congress, House of Representatives, Committee on Banking, Finance and Urban Affairs, Subcommittee on Economic Stabilization, *Service Industries: The Future Shape of the American Economy*, 98th Cong., 2nd sess., 1984, June 8, p. 103.

[78] Potter 和 Leak, *Health Care System Change and Its Employment Impacts in Southwestern Pennsylvania*, 31。

[79] Rachel E. Dwyer, "The Care Economy? Gender, Economic Restructuring, and Job Polarization in the U.S. Labor Market," *American Sociological*

Review 78, no. 3 (June 2013), 404. 另见 Irene Butter, Eugenia Carpenter, Bonnie Kay, 和 Ruth Simmons, *Sex and Status: Hierarchies in the Health Workforce* (Ann Arbor: Department of Health Planning and Administration, School of Public Health, University of Michigan, 1985)。

[80] Ralph L. Bangs 和 Thomas Soltis, "The Job Growth Centers of Allegheny County: Interim Report for the Project: Linking the Unemployed to Growth Centers in Allegheny County," June 1989, p. 19, box 124, folder 3, RHWPA; Potter 和 Leak, *Health Care System Change 和 Its Employment Impacts in Southwestern Pennsylvania*, 24-25。

[81] Census of Population, 1990, Social and Economic Characteristics, Table 146.

[82] "Strike Breakers Assailed By Labor," *PP*, December 15, 1985. 关于此次罢工的回忆及其部分后果，见 Billy Joe Jordan, *Union Man* (Bloomington, IN: Author House, 2003)。

[83] "Health Insurance Cut Upsets Custodians," *PP*, July 24, 1986; Richard W. Hurd 和 William Rouse, "Progressive Union Organizing: The SEIU Justice for Janitors Campaign," *Review of Radical Political Economics*, 21, no. 3 (September 1989), 70-75。

[84] Job bank applications, box 23, RKR.

[85] Browning, interview.

[86] Browning, interview.

[87] 见 Susan Thistle, *From Marriage to the Market: The Transformation of Women's Lives and Labor* (Berkeley: University of California Press, 2006), 43; Coburn, interview; Henderson, interview; Job bank applications, box 23, RKR; Henry, interview。

[88] S-25-A, p. 11, WEMHOHPR.

[89] Interview with Terry Chalich, SLC, p. 10; Linda Ganczak, interview by Steffi Domike, box 2, folder 39, SDP; S-7-C, p. 3, WEMHOHPR; S-10-B, pp. 5-7, WEMHOHPR; Arbitration Proceeding, in the Matter of Monsour Hospital Service Employees International Union, Local 585 AFL-CIO, Brief on Behalf of the Union, January 26, 1983, box 69, folder 3, SEIU 585.

[90] VNA Inc., "Homemaker / Home Health Aide Training Programs For the Ten County Southwestern Pennsylvania Region," July 1986, box 25,

HSASPR. 另见 Thistle, *From Marriage to the Market*, 59-65。

[91] Torben Iversen 和 Anne Wren, "Equality, Employment, and Budgetary Restraint: The Trilemma of the Service Economy," *World Politics* 50, no. 4 (July 1998), 513; Gøsta Esping-Andersen, *Social Foundations of Postindustrial Economies* (Oxford: Oxford University Press, 1999); Kathleen Thelen, *Varieties of Liberalization and the New Politics of Social Solidarity* (New York: Cambridge University Press, 2014)。

[92] Baum, Shore, 和 Fleissner, "When Unemployment Strikes."

第六章

[1] Documents related to Elfreida Murray grievance, May 3, 1984, box 121, folder 5, SEIU 585. 对护理人员之间协议规范的讨论, 见 John and Barbara Ehrenreich, "Hospital Workers: A Case Study in the 'New Working Class,'" *Monthly Review* (January 1973), 17。

[2] Jonathan Oberlander, *The Political Life of Medicare* (Chicago: University of Chicago Press, 2003), 120-135; Rosemary Stevens, *In Sickness and in Wealth: American Hospitals in the Twentieth Century* (Baltimore: Johns Hopkins University, 1999), 324-330.

[3] Columbia Hospital Employee's Handbook, 1974, box 87, folder 3, SEIU 585. Interview transcript, Pauline Oravetz, WHWSR; Interview transcript, Sally Pearman, WHWSR; Interview transcript, Cecilia Kravice, WHWSR; Regina Horvat, interview with Gabriel Winant, July 12, 2016. 关于这一转变, 见 Michael Bittman 和 Nancy Folbre, *Family Time: The Social Organization of Care* (London: Routledge, 2004); Karen V. Hansen, *Not-So-Nuclear Families: Class, Gender, and Networks of Care* (New Brunswick, NJ: Rutgers University Press, 2004); Dan Clawson 和 Naomi Gerstel, *Unequal Time: Gender, Class, and Family in Employment Schedules* (New York: Russell Sage Foundation, 2014)。关于情感劳动, 见 Arlie Russell Hochschild, *The Managed Heart: Commercialization of Human Feeling* (Berkeley: University of California Press, 1983); Kathi Weeks, *Constituting Feminist Subjects* (Ithaca, NY: Cornell University Press, 1998); Michael Hardt, "Affective Labor," *Boundary 2* 26, no. 2

(Summer 1999), 89-100。

[4] Interview transcript, Pauline Oravetz, WHWSR. 关于病房文员在这一时期扮演的角色, 见 Karen Brodkin Sacks, *Caring by the Hour: Women, Work, and Organizing at Duke Medical Center* (Urbana: University of Illinois Press, 1988), 71-78。另见 Ariel Ducey, "More Than a Job: Meaning, Affect, and Training Health Care Workers," *The Affective Turn: Theorizing the Social*, eds. Patricia Ticineto 和 Jean Halley (Durham: Duke University Press, 2007), 187-208; Interview transcript, Anne Brumfield, WHWSR; Arbitration Proceeding, in the Matter of Monsour Hospital Service Employees International Union, Local 585 AFL-CIO, Brief on Behalf of the Union, January 26, 1983, box 69, folder 3, SEIU 585; Congressional Record, S. 2375, 96 Cong., 2nd sess., 1980, September 19, p. S13015。

[5] Gale Ridenour files, May to December 1976, box 69, folder 2, SEIU 585. 见 Mignon Duffy, Amy Armenia, 和 Clare L. Stacey, eds., *Caring on the Clock: The Complexities and Contradictions of Paid Care Work* (New Brunswick: Rutgers University Press, 2015)。

[6] Interview transcript, Cheryl Hershberger, WHWSR; Phyllis D. Coontz, Judith A. Martin, 和 Edward W. Sites, "Steeltown Fathers: Raising Children in an Era of Industrial Decline," in *Social Work Intervention in an Economic Crisis*, eds. Martha Baum 和 Pamela Twiss (New York: Haworth Press, 1996), 112; Interview transcript, Robin Floyd, WHWSR; Interview transcript, Charlene Bierer, WHWSR。见 Lisa C. Ruchti, *Catheters, Slurs, and Pickup Lines: Professional Intimacy in Hospital Nursing* (Philadelphia: Temple University Press, 2012)。

[7] Interview transcript, Carolyn Piper, WHWSR; interview transcript, Sondra Bisher, WHWSR. 见 Arlie Russell Hochschild, *The Second Shift: Working Families and the Revolution at Home* (New York: Penguin, 1989)。

[8] Interview transcript, Kathy Keffer, WHWSR; "How Frick Is Faring in Strike," June 10, 1978, box 51, folder 15, SEIU 585; Interview transcript, Charlene Bierer, WHWSR.

[9] US Department of Health and Human Services, "HHS News," October 6, 1982, box 24, folder 9, RSSP.

[10] Martin Gaynor, Lynn Barth, Kathleen Calore, Carol Carter, 和 Da-

vid Juba, Health Care Financing Administration, "National Hospital Prospective Payment Evaluation: Case Study Site Report: Pittsburgh, Pennsylvania," November 17-21, 1986, pp. 1-2, 7。

[11] Beaufort B. Longest, "A Plan for Reducing Inpatient Hospital Utilization in Southwestern Pennsylvania," January 1982, p. 5, box 41, folder 3, ACCDR; Oberlander, *The Political Life of Medicare*, 121.

[12] US Congress, Senate, Special Committee on Aging, *The Future of Medicare*, 98th Cong., 1st sess., 1983, October 6, April 13, pp. 88-89; US Congress, Senate, Special Committee on Aging, *Controlling Health Care Costs: State, Local, and Private Sector Initiatives*. 98th Cong., 1st sess., 1983, October 6, p. 43. 见 Michael B. Katz, ed., *The "Underclass" Debate: Views from History* (Princeton, NJ: Princeton University Press, 1993)。

[13] "Opening Statement of Senator Richard S. Schweiker (R-Pa.) at Subcommittee on Health and Scientific Research Hearings Concerning Administration's Hospital Cost Containment Proposal," March 9, 1979, box 21, folder 54, RSSP.

[14] Rick Mayes 和 Robert A. Berenson, *Medicare Prospective Payment and the Shaping of U.S. Health Care* (Baltimore: Johns Hopkins Press, 2006), 29; David G. Smith, *Paying for Medicare: The Politics of Reform* (Hawthorne, NY: Aldine de Gruyter, 1992), 28-30。

[15] Robert G. Fetter, David A. Brand, 和 Dianne Gamache, eds., *DRGs: Their Design and Development* (Ann Arbor, MI: Health Administration Press, 1991)。

[16] Mayesand Berenson, *Medicare Prospective Payment and the Shaping of U.S. Health*.

[17] "Statement of Richard S. Schweiker, Secretary of Health and Human Services, before the Senate Committee on Finance, Subcommittee on Health," p. 3, February 2, 1983, box 24, folder 21, RSSP.

[18] Smith, *Paying for Medicare*, 47-56; Mayes 和 Berenson, *Medicare Prospective Payment and the Shaping of U.S. Health Care*, 42-46。

[19] "DRGs and Quality of Care," *Washington Report on Medicine & Health*, November 25, 1985; US Congress, Senate, Special Committee on Aging, *Quality of Care Under Medicare's Prospective Payment System: Hearings be-*

Heinz History Center; Certificate of Need Application CON-86-H-6280-B, especially pp. 160, 201, box 4, BGC。

[28] Carol Henry, interview with Gabriel Winant, July 23, 2016.

[29] "Hospital Trying to Ease Financial Woes Caused by Federal Rules," *PPG*, May 20, 1989.

[30] Braddock Medical Center Partnership Update, February 8, 1991, box 12, folder 2, TAMP; "Saving Braddock General," *PPG*, March 30, 1990; Braddock Medical Center Presentation to Representative Dwight Evans, Chairman, House Appropriations Committee, Representative Thomas A. Michlovic, and Representatives of the Braddock Borough Council, April 21, 1992, box 12, folder 5, TAMP.

[31] Potter 和 Leak, *Health Care System Change and Its Employment Impacts in Southwestern Pennsylvania*, 27-28; Gaynor et al., "National Hospital Prospective Payment Evaluation," p. 9; Braddock Medical Center Partnership Update, February 8, 1991, box 12, folder 2, TAMP; Braddock Medical Center Presentation, box 12, folder 5, TAMP。

[32] "Hospital, Union Plan Meeting," *Greensburg Tribune-Review*, November 19, 1983; "Frick Reduces Staff By 100," *Greensburg Tribune-Review*, November 18, 1983; Before and after 12/19/83, box 56, folder 9, SEIU 585.

[33] Louis B. Kushner to Joseph R. McFerron, December 15, 1983, box 56, folder 9, SEIU 585; Frick Committee Sign-In Sheet, December 18, 1983, box 56, folder 9, SEIU 585; "Union To Protest Cutbacks At Frick," *Greensburg Tribune-Review*, December 19, 1983; "Frick Staff Stages Vigil," *Greensburg Tribune-Review*, December 20, 1983; Leaflet, box 56, folder 9, SEIU 585.

[34] Anne Brumfield to Robert Butler, January 18, 1984, box 121, folder 4, SEIU 585.

[35] Disciplinary action report, Joanne Warrick, June 22, 1984, box 121, folder 6, SEIU 585.

[36] Thomas H. Prickett to Rosemary Trump, March 24, 1987, box 119, folder 3, SEIU 585.

[37] *The 9 to 5 National Survey on Women and Stress* (Cleveland: 9 to 5, National Association of Working Women, 1984), 4, 51.

[38] Record of Verbal Counseling, Phylis Frock, October 10, 1984, box

121, folder 5, SEIU 585.

[39] Health and Welfare Planning Association, Background Information, Long Term Care, p. 1, box 88, folder 2, RHWPA. 另见 Barry R. Chiswick, "The Demand for Nursing Home Care: An Analysis of the Substitution Between Institutional and Non-Institutional Care," National Bureau of Economic Research, Working Paper Series, no. 98, July 1975, p. 9; VNA Inc., "Homemaker/Home Health Aide Training Programs For the Ten County Southwestern Pennsylvania Region," July 1986, p. 35, box 25, HSASPR。

[40] Service Employees International Union, "Beverly Enterprises in Pennsylvania: Profits and Problems in the Nursing Home Industry," May 1986, p. 3, box 102, folder 12, SEIU 585.

[41] Gaynor et al., "National Hospital Prospective Payment Evaluation," pp. 28-29; Health and Welfare Planning Association, Background Information, Long Term Care, pp. 15-16, box 88, folder 2, RHWPA. 关于健康政策变化与家庭护理之间的关系，见 Nona Y. Glazer, *Women's Paid and Unpaid Labor: The Work Transfer in Health Care and Retailing* (Philadelphia: Temple University Press, 1993), 109-219; Eileen Boris 和 Jennifer Klein, *Caring for America: Home Health Workers in the Shadow of the Welfare State* (New York: Oxford University Press, 2012), 158-162。

[42] "An Overview of the Medicaid System in Pennsylvania," box 102, folder 4, SEIU 585; "Nursing Care Signing Eyed," *McKeesport Daily News*, ca. 1984, box 20, folder 6, MVUCC; "Union Hall Converted in Duquesne," *PPG*, "PG South," February 5, 1987, 9; "4 USX Plants Idled," *PPG*, February 5, 1987. 另见 Timothy Diamond, *Making Gray Gold: Narratives of Nursing Home Care* (Chicago: University of Chicago Press, 1992); Nancy Foner, *The Caregiving Dilemma: Work in an American Nursing Home* (Berkeley: University of California Press, 1995)。

[43] Service Employees International Union, "Beverly Enterprises in Pennsylvania," pp. 1-8.

[44] Service Employees International Union, "Beverly Enterprises in Pennsylvania," p. 11; "Testimony of the Service Employees International Union, AFL-CIO before the Committee on Energy and Commerce, Subcommittee on Health and the Environment, Medicaid Nursing Home Quality Care Amendments

of 1986," September 19, 1986, Submitted by Rosemary Trump, International Vice President, President Local 585, Pittsburgh, PA, p. 1, box 123, folder 4, SEIU 585. 关于 SEIU 运动, 见 Timothy J. Minchin, "A Successful Union in an Era of Decline: Interrogating the Growth of the Service Employees International Union, 1980-1995," *Labor History* 61, nos. 3-4 (2020), 306-307。

[45] Service Employees International Union, "Beverly Enterprises in Pennsylvania," p. 31; "Testimony of the Service Employees International Union," pp. 30-33.

[46] 对管家所遇麻烦的完整、匿名的描述, 见 box 120, folder 7, SEIU 585; Survey, Chris Meier, September 20, 1987, box 120, folder 8, SEIU 585; Survey, Barb Latharow, October 11, 1987, box 120, folder 8, SEIU 585。

[47] "Lawsuit Expected In Nursing Home Death," *Pittsburgh Tribune-Review*, March 9, 1985; "When Medical Staff Errors Cost Patients' Lives," *Associated Press*, May 7, 1985.

[48] Complaint Investigation, Negley House, September 16, 1985, p. 2, box 1, folder 38, MMDP; Complaint Investigation, Shadyside Manor, September 9, 1985, p. 5, box 1, folder 38, MMDP.

[49] Complaint Investigation, Shadyside Manor; "Aged Abuse Curbed," *PP*, October 6, 1985. 关于健康照护中的"时间网络", 见 Clawson and Gerstel, *Unequal Time*。

[50] Grievance, Jo Anne Ariondo, February 24, 1987, box 120, folder 8, SEIU 585.

[51] 与之平行的论述, 见 Bethany Moreton, *To Serve God and Wal-Mart: The Making of Christian Free Enterprise* (Cambridge, MA: Harvard University Press, 2009), 65。

[52] Grievance, Jennifer Lis, February 23, 1987, box 120, folder 8, SEIU 585.

[53] Benjamin Hensler to Georgine Scarpino, October 26, 1992, box 12, folder 11, CORP; Esther Jefferson, "Interrogation 9 / 30," box 12, folder 11, CORP.

[54] Carol Henry, interview with Gabriel Winant, July 23, 2016. 关于"照护链", 见 Rhacel Salazar Parreñas, *Servants of Globalization: Women, Migration, and Domestic Work* (Stanford, CA: Stanford University Press, 2001)。

〔55〕Neferti X. M. Tadiar, *Things Fall Away: Philippine Historical Experience and the Makings of Globalization* (Durham, NC: Duke University Press, 2009), 91.

〔56〕Michael Walzer, *Spheres of Justice: A Defense of Pluralism and Equality* (New York: Basic, 1983), 181; Hochschild, *The Managed Heart*; Joan Tronto, "Beyond Gender Difference to a Theory of Care," *Signs* 12, no. 4 (Summer 1987), 661.

〔57〕Donna Haraway, "A Manifesto for Cyborgs: Science, Technology, and Socialist Feminism in the 1980s," *Socialist Review* 80 (1985), 133; Jesse Jackson, "1988 Democratic National Convention Address," July 19, 1988, https://www.americanrhetoric.com/speeches/jessejackson1988dnc.htm.

〔58〕Mary Brignano, *Beyond the Bounds: A History of UPMC* (Pittsburgh: Dorrance Publishing, 2009), 63.

〔59〕"Center for Transplants Aids Pittsburgh Ascent," *New York Times*, September 16, 1985; Brignano, *Beyond the Bounds*, 82-83; Andrew T. Simpson, *The Medical Metropolis: Health Care and Economic Transformation in Pittsburgh and Houston* (Philadelphia: University of Pennsylvania Press), 79-92.

〔60〕Certificate of Need Application CON-86-H-6280-B, p. 300, box 4, BGC; Brignano, *Beyond the Bounds*, 90-92.

〔61〕"Pittsburgh area hospitals," December 1989, box 10, folder 3, JFP; "A Tale of Two Pittsburgh Hospitals..." *Health Care*, December 1989, pp. 12, 35; Brignano, *Beyond the Bounds*, 119-126.

〔62〕"Profiting from Health Care," *PPG*, January 10, 1990. 然而，医院对"利润"的描述与以营利为目的的商业机构不同。见 Jonathan Levy, "Accounting for Profit and the History of Capital," *Critical Historical Studies* 1, no. 2 (Fall 2014), 171-214. 宾夕法尼亚州反垄断监管机构倾向于通过收购来维持社区医院的运营。关于收购，见 Gregory Vistnes, "Hospital Mergers and Antitrust Enforcement," *Journal of Health Politics, Policy, and Law* 20, no. 1 (Spring 1995), 188-189。收购行为在宾夕法尼亚，见 "Harrisburg Monopoly," *Modern Healthcare*, January 26, 1998; "PA Hospitals Hold Out," *Modern Healthcare*, March 23, 1998。

〔63〕"Profiting from Health Care," *PPG*, January 10, 1990; Executive Summary, Braddock General Hospital Proposed Joint Venture, November 3,

1989, box 12, folder 2, TAMP; "Saving Braddock General," *PPG*, March 30, 1990.

〔64〕 Rand J. Wortman to Representative Thomas Michlovic, April 7, 1992, box 12, folder 5, TAMP; Thomas Michlovic notes on board meeting, June 1993, box 12, folder 3, TAMP; Braddock Medical Center Assumptions and Projected Results for Operating Budget, box 12, folder 7, TAMP.

〔65〕 Minutes of Combined Board Meeting, June 14, 1993, pp. 3-4, box 12, folder 3, TAMP; "Medical Cuts Threaten New Pain in Mill Town," *Philadelphia Inquirer*, March 31, 1996.

〔66〕 "Imperiling of Benefits Puts Scare into Couple," *PPG*, March 18, 1996.

〔67〕 "After Years of Profits, Hospitals Are Starting to Feel the Squeeze," *PPG*, ca. 1996, box 25, folder 6, TMP; "Safety Net Goes under the Knife," *PPG*, March 18, 1996; *St. Francis Medical Center v. Donna E. Shalala*, 32 F. 3d 805 (3d. Cir. 1994). 圣弗朗西斯健康中心后被匹兹堡大学医疗中心收购。

〔68〕 Brignano, *Beyond the Bounds*, 74-75; Wesley W. Posvar to Thomas Detre, "Governance of the University of Pittsburgh Medical Center within the University," April 19, 1991, pp. 3, 10, box 55, folder 908.00, Chancellor of the University of Pittsburgh, CUPWWPAF.

〔69〕 Brignano, *Beyond the Bounds*, 105; Transcript of Presentation by Thomas Detre, M. D. , at Board Retreat of Presbyterian University Hospital and Montefiore University Hospital, November 19, 1990, pp. 5-7, box 55, folder 908.0b, WWPAF.

〔70〕 Brignano, *Beyond the Bounds*, 107-112.

〔71〕 Beaver Falls focus group notes, July 15, 1991, box 77, HWP; Jacob S. Hacker, *The Road to Nowhere: The Genesis of President Clinton's Plan for Health Security* (Princeton, NJ: Princeton University Press, 1997), 10-41.

〔72〕 "Clinton's Campaign Signs On Strategists Who Aided Wofford," *New York Times*, December 3, 1991; "Wofford Chairs Hearing on Retiree Health: Says Current System Leaves Early Retirees Vulnerable," March 2, 1994, box 1, folder 8, HWp. US Congress, Senate, Subcommittee on Labor of the Senate Committee on Labor and Human Resources, Retiree Health Benefits: The Impact on Workers and Businesses, 103rd Cong. , 1st sess. , 1993; "Democrats Scramble to Fill Health Gaps," *Detroit Free Press*, July 31, 1994. 关于劳工的角色，见 Marie Gottschalk, "'It's the Health-Care Costs, Stupid!': Ideas, Institutions, and the Politics of Organized Labor and Health Policy in the United States," *Studies in American Political Development* 14, no. 2 (October 2000), 235-252。关于财政紧缩的作用，见 Theda Skocpol, *Boomerang: Health Care Reform and the Turn against Government* (New York: Norton, 1996)。

[73] Paul O'Palka, Jr. to Harris Wofford, January 24, 1994, box 6, folder 1, HWP; "Clinton to Establish Global Budget for Nation's Health Care," October 1993, box 6, folder 1, HWP; Skocpol, *Boomerang*, 166-167; "Keep Wofford in United States Senate," *Pittston Sunday Dispatch*, November 6, 1994; "Union Distorts Santorum Record," *Allentown Morning Call*, September 24, 1994. 另见 Colin Gordon, *Dead on Arrival: The Politics of Health Care in Twentieth-Century America* (Princeton, NJ: Princeton University Press, 2003)。

[74] Brignano, *Beyond the Bounds*, 115.

[75] "Blue Cross Plans Major Migration to Managed Care," *PBT*, July 12, 1993; "Blue Cross Invites 64 Hospitals to Join New Managed-Care Networks," *PBT*, March 7, 1994; "Local Hospitals Still Find Themselves under the Knife," *PBT*, October 23, 1995; "Ohio Valley General Chief Braces for New Market," *PBT*, October 11, 1993; "Health Care Faces Consolidation as Reform Plans Bubble," *PBT*, December 27, 1993.

[76] Brignano, *Beyond the Bounds*, 117-118.

[77] Agreement with UPMCS, September 12, 1996, pp. 11-12, box 12, folder 8, TAMP; "Pennsylvania Hospital in Poor Community Contemplates Life after Pittsburgh Takeover," *Philadelphia Tribune*, December 13, 1996; *UPMC-Braddock Hosp. v. Sebelius*, 592 F. 3d 427 (3d Cir. 2010).

[78] "Credit Firm Says Cuts Would Imperil 7 Area Hospitals," *PPG*, November 3, 1995; Merger announcement, October 23, 1996, box 144, folder 2, SEIU 585; "Nurses Use City Rally to Push Contract Points," *McKeesport Daily News*, October 12, 1995; John E. Lyncheski to Rosemary Trump, October 6, 1995, box 144, folder 2, SEIU 585; Contract vote notice, November 25, 1996, box 144, folder 2, SEIU 585.

[79] "Aliquippa Community Hospital Makes Strides to Stay Alive after Cutting the Cord from UPMC," *PPG*, February 3, 2002; Brignano, *Beyond the*

Bounds, 119-126.

[80] "Blue Cross, Blue Shield Merger a 'High Probability' Insurers Say," *PBT*, March 20, 1995; "Docs Sue to Torpedo Blue Shield-Blue Cross Merger," *Central Penn Business Journal*, January 10, 1997; Brignano, *Beyond the Bounds*, 144.

[81] Lawton R. Burns 和 Alexandra p. Burns, "Policy Implications of Hospital System Failures: The Allegheny Bankruptcy," in *History and Health Policy in the United States: Putting the Past Back In*, eds. Rosemary A. Stevens, Charles E. Rosenberg, 和 Lawton R. Burns (New Brunswick, NJ: Rutgers University Press, 2006), 275-278; "Anatomy of a Bankruptcy," *PPG*, January 17-24, 1999; L. R. Burns 和 A. P. Burns, "Policy Implications of Hospital System Failures," 251; Lawton R. Burns, John Cacciamani, James Clement, 和 Welman Aquino, "The Fall of the House of AHERF: The Allegheny Bankruptcy," *Health Affairs* 19, no. 1 (January 2000), 7-41。

[82] "Pennsylvania Approves Highmark - West Penn Allegheny Health System Merger," *PPG*, April 30, 2013; Brignano, *Beyond the Bounds*, 112, 153.

[83] "Aliquippa Hospital Shuts Down Abruptly," *PPG*, December 13, 2008; "New Era Begins For UPMC South Side Hospital," *PPG*, June 26, 2009; "UPMC to Close Braddock Hospital," *PPG*, October 17, 2009.

[84] Census of Population, 1980, table 122; Census of Population, 1990, table 35.

[85] Bureau of Labor Statistics, State and Area Employment, Hours, and Earnings, Pittsburgh, Pennsylvania.

[86] 关于照护劳动的强制性和剥削性维度，见 Paula England and Nancy Folbre, "The Cost of Caring," *Annals of the American Academy of Political and Social Science* 561, no. 1 (1999), 39-51; Paula England, "Emerging Theories of Care Work," *Annual Review of Sociology* 31 (2005), 381-399。

[87] Dana Beth Weinberg, *Code Green: Money-Driven Hospitals and the Dismantling of Nursing* (Ithaca, NY: Cornell University Press, 2003); Laurie J. Bates 和 Rexford E. Santerre, "Does the U. S. Health Care Sector Suffer from Baumol's Cost Disease? Evidence from 50 States," *Journal of Health Economics* 32, no. 2 (March 2013), 386-391; Pat Armstrong, Hugh Armstrong, 和 Kris-

ta Scott-Dixon, *Critical to Care: The Invisible Women in Health Services* (Toronto: University of Toronto Press, 2008)。

[88] Frances M. Kolle, "Labor Productivity Monitoring System," July 22, 1994, box 144, folder 1, SEIU 585.

[89] Earline Coburn, interview with Gabriel Winant, July 18, 2016.

[90] Coburn, interview.

[91] Coburn, interview.

[92] Joyce Henderson, interview with Gabriel Winant, July 22, 2016.

[93] Henderson, interview.

[94] Census of Population, 1990, Social and Economic Characteristics, Metropolitan Areas, tables 34-35, pp. 1691, 1823; US Census Bureau, 2005 American Community Survey, Occupation by Class of Worker for Civilian Employed Population 16 Years and Over, Pittsburgh Standard Metropolitan Statistical Area; Potter 和 Leak, *Health Care System Change and Its Employment Impacts in Southwestern Pennsylvania*。另见 Acemoglu and Finkelstein, "Input and Technology Choices in Regulated Industries"。

[95] 见 Ariel Ducey, *Never Good Enough: Health Care Workers and the False Promise of Job Training* (Ithaca, NY: ILR Press, 2009)。

[96] Henderson, interview; Lou Berry, interview with Gabriel Winant, July 13, 2016; City of Pittsburgh Wage Review Committee, "Report on the Impact of Raising Wages for Service Workers at Pittsburgh's Anchor Institutions," December 8, 2015, p. 10, https://apps.pittsburghpa.gov/district9/FINAL.Report_of_the_Wage_Review_Committee_12082015_%281%29_%281%29_%281%29.pdf.

[97] Johnson, interview; Robert L. Brannon, "Restructuring Hospital Nursing: Reversing the Trend toward a Professional Workforce," *International Journal of Health Services* 26, no. 4 (1996), 643-654; Weinberg, *Code Green*; Suzanne Gordon, *Nursing against the Odds: How Health Care Cost Cutting, Media Stereotypes, and Medical Hubris Undermine Nurses and Patient Care* (Ithaca, NY: Cornell University Press, 2005); Sanchia Aranda 和 Rosie Brown, "You Must Be Clever to Care," *The Complexity of Care: Nursing Reconsidered*, eds. Suzanne Gordon 和 Siobhan Brown (Ithaca, NY: ILR Press, 2006) 124。

[98] Berry, interview; "UPMC Sued Again by Family of Patient Who

Died after Mold Infection," *PPG*, April 20, 2017; City of Pittsburgh Wage Review Committee, "Report on the Impact of Raising Wages for Service Workers at Pittsburgh's Anchor Institutions," December 8, 2015, pp. 39, 109.

[99] Amy S. Wharton, "The Affective Consequences of Service Work," *Work and Occupations* 20, no. 2 (May 1993), 205–232; Gabrielle Meagher, "What Can We Expect from Paid Carers?" *Politics and Society* 34, no. 1 (March 2006), 33–53.

尾 声

[1] Kimberly J. Morgan 和 Andrea Louise Campbell, *The Delegated Welfare State: Medicare, Markets, and the Governance of Social Policy* (New York: Oxford University Press, 2011); Brian H. Balogh, " 'Keep Your Government Hands Off My Medicare': A Prescription that Progressives Should Fill," *Forum* 7, no. 4 (December 2009), 1–21; Daniel p. Gitterman 和 John p. Scott, " 'Obama Lies, Grandma Dies': The Uncertain Politics of Medicare and the Patient Protection and Affordable Care Act," *Journal of Health Politics, Policy, and Law* 36, no. 3 (June 2011), 555–563。

[2] Suzanne Mettler, *The Submerged State: How Invisible Government Policies Undermine American Democracy* (Chicago: University of Chicago Press, 2011); Morgan 和 Campbell, *The Delegated Welfare State*。

[3] David H. Autor 和 Mark G. Duggan, "The Growth in the Social Security Disability Rolls: A Fiscal Crisis Unfolding," *Journal of Economic Perspectives* 20, no. 3 (Summer 2006), 71–96; Göran Therborn, *The Killing Fields of Inequality* (Cambridge: Polity, 2013); Anne Case 和 Angus Deaton, "Rising Morbidity and Mortality in Midlife among White Non-Hispanic Americans in the 21st Century," *Proceedings of the National Academy of Science* 112, no. 49 (December 2015), 15078–15083; David A. Ansell, *The Death Gap: How Inequality Kills* (Chicago: University of Chicago Press, 2017); James S. House, *Beyond Obamacare: Life, Death, and Social Policy* (New York: Russell Sage Foundation, 2015); Richard (Buz) Cooper, *Poverty and the Myths of Health Care Reform* (Baltimore: Johns Hopkins University Press, 2016); Nathan Seltzer, "The

Economic Underpinnings of the Drug Epidemic," *SocArXiv* (2019), 参见 https: //osf. io/preprints/socarxiv/cdwap/; James Tyner, *Dead Labor: Toward a Political Economy of Premature Death* (Minneapolis: University of Minnesota Press, 2019); Katherine McLean, " 'There's Nothing Here': Deindustrialization as Risk Environment for Overdose," *International Journal of Drug Policy* 29 (March 2016), 25。

[4] Jacqueline Azzarto, "Medicalization of the Problems of the Elderly," *Health & Social Work* 11, no. 3 (Summer 1986), 189-195; Carroll L. Estes 和 Elizabeth A. Binney, "The Biomedicalization of Aging: Dangers and Dilemmas," *Gerontologist* 29, no. 5 (October 1989), 587-596; Peter Conrad, *The Medicalization of Society: On the Transformation of Human Conditions into Treatable Disorders* (Baltimore: Johns Hopkins University Press, 2007); Elizabeth H. Bradley 和 Lauren A. Taylor, *The American Health Care Paradox: Why Spending More Is Getting Us Less* (New York: Public Affairs, 2013); Richard (Buz) Cooper, *Poverty and the Myths of Health Care Reform* (Baltimore: Johns Hopkins University Press, 2016); Nicolas p. Terry, "Structural Determinism Amplifying the Opioid Crisis: It's the Healthcare, Stupid!" *Northeastern University Law Review* 11, no. 1 (2018), 315-371。

[5] Ruth Wilson Gilmore, *Golden Gulag: Prisons, Surplus, Crisis, and Opposition in Globalizing California* (Berkeley: University of California Press, 2007).

[6] Gerard F. Anderson, Uwe E. Reinhardt, Peter S. Hussey, 和 Varduhi Petrosyan, "It's the Prices, Stupid: Why The United States Is So Different From Other Countries," *Health Affairs* 22, no. 3 (May / June 2003), 89-105。

[7] Gabriel Winant 和 Shantonia Jackson, "What's Actually Going on in Our Nursing Homes," *Dissent*, Fall 2020, 33。

[8] "UPMC to Close Braddock Hospital," *PPG*, October 17, 2009.

[9] Lou Berry, interview with Gabriel Winant, July 13, 2016.

[10] City of Pittsburgh Wage Review Committee, "Report on the Impact of Raising Wages for Service Workers at Pittsburgh's Anchor Institutions," December 8, 2015, p. 110.

[11] Nila Payton, interview with Gabriel Winant, September 9, 2018; City of Pittsburgh Wage Review Committee, "Report on the Impact of Raising

Wages for Service Workers at Pittsburgh's Anchor Institutions," pp. 43, 55.

[12] City of Pittsburgh Wage Review Committee, "Report on the Impact of Raising Wages," pp. 53, 104, 133; Payton, interview.

[13] Ryan Deto, "UPMC Workers to Participate In One-Day Strike on Oct. 4," *Pittsburgh City Paper*, September 24, 2018; US Department of Labor, Bureau of Labor Statistics, "Major Work Stoppages in 2018," February 8, 2019.

[14] "'Firethrough Dry Grass': Andrew Cuomo Saw COVID-19's Threat to Nursing Homes. Then He Risked Adding to It," *ProPublica*, June 16, 2020; "Coronavirus Cases Rise Sharply in Prisons Even as They Plateau Nationwide," *NYT*, June 16, 2020; "Black Americans Face Alarming Rates of Coronavirus Infection in Some States," *NYT*, April 14, 2020; Centers for Disease Control COVID-19 Response Team, "Characteristics of Health Care Personnel with COVID-19—United States, February 12–April 9, 2020," *Morbidity and Mortality Weekly Report* 69, no. 15 (April 17, 2020), 477–481.

[15] City of Pittsburgh Wage Review Committee, "Report on the Impact of Raising Wages for Service Workers at Pittsburgh's Anchor Institutions," pp. 68, 132.

[16] City of Pittsburgh Wage Review Committee, "Report on the Impact of Raising Wages," p. 68.

品。Jennifer Klein 支持并推动了我前进的每一步，从大规模的问题框架到寻找答案的具体方法。我们一起被捕过两次，而她总是在被召唤时准备好再次出手——这是博士生导师中少有的品质。

其次，我应该感谢让我受益的更广泛的学术和知识界。阅读过本书部分或全部内容并提供有益意见的同事和朋友包括 Tim Barker, Alyssa Battistoni, Rudi Batzell, Ally Brantley, John Canham-Clyne, Alex Colston, Lena Eckert-Erdheim, Ted Fertik, Katrina Forrester, Max Fraser, Lisa Furchtgott, Puya Gerami, Stephanie Greenlea, Tina Groeger, Amanda Hall, David Huyssen, Jeremy Kessler, Jamie Martin, Kurt Newman, Arianna Planey, Justin Randolph, Anita Seth, Tim Shenk, Kit Smemo, Samir Sonti, David Stein, Jonah Stuart-Brundage, Hillary Taylor, Lindsay Zafir 和 Ben Zdencanovic。

后面几章的想法是在耶鲁大学全球化和文化工作组的背景下形成的。该小组的每一位成员也都在我的工作中留下了印记：Alyssa Battistoni, Jonny Bunning, Sigma Colon, Jorge Cuéllar, Michael Denning, Ed King, Geneva Morris, Peter Raccuglia, Yami Rodriguez, Courtney Sato, Randa Tawil, 和 Damian Vergara。耶鲁大学的马克思主义与文化阅读小组，也是由 Michael Denning 协调的，同样是我理论发展的关键。

我还受益于与 Eileen Boris, Meg Jacobs, Nelson Lichtenstein, Guian McKee, Lev Menand, Alina Méndez, Jack Metzgar, Joe McCartin, Ellie Shermer, Drew Simpson, 已故的 Judith Stein 和 Katherine Turner 的讨论，以及他们给予我的评论。Nancy Folbre，Kim Phillips–Fein，Karen Tani 和 Adam Tooze 阅读了大部分或全部手稿，并给了我宝贵的反馈意见。Sam Lebovic 和 *the Journal of Social History* 的同行评审员帮助我形成了一些关键的想法。

我在美国艺术与科学学院的日子使这本书得以走向成熟。我感谢 Paul Erickson、Jeannette Estruth、Ben Holtzman 和 Palmer Rampell 在智识上的陪伴和友谊。在剑桥期间，我很高兴参加哈佛大学的20世纪美国历史研讨会，我感谢与会成员。这些年来，我也为成为所谓"萨默维尔苏维埃"的成员而自豪。这个组织的其他成员包括 Tim Barker, Alyssa Battistoni, Maggie Doherty, Katrina Forrester, Aaron Kerner, Jamie Martin, Quinn Slobodian, Ben Tarnoff, Simon Torracinta, Moira Weigel 和 Kirsten Weld。

我在芝加哥大学的同事们以严谨和热情的态度欢迎我和我的工作。Emilio Kourí 使我完成本书的研究休假成为可能。我要特别感谢 Aaron Benanav, Kathleen Belew, Brodwyn Fischer, Adam Green, Destin Jenkins, Jonathan Levy, Emily Osborn, Steve Pincus, Michael Rossi, Bill Sewell, James Sparrow, Amy Stanley 和 Tara Zahra，他们密切关注我的工作，并在关键时刻出谋划策。Marie Gottschalk, Will Jones 和 Ann Shola Orloff 不负众望，来到芝加哥大学为我提供了尖锐和具有建设性的批评，我希望他们在最终作品中认出这些批评的痕迹。还要感谢 Cyndee Breshock，她的助益和能力之大令人

难以置信。

我的研究得到了耶鲁大学历史系、哈佛大学资本主义史项目、美国艺术与科学学院以及芝加哥大学社会科学部的资金支持。如果没有这些资助,这个项目就无法完成,我感谢所有这些机构中选择支持我的工作的人。虽然我感谢所有我工作过的图书馆中的档案工作者,但我麻烦了匹兹堡大学档案服务中心的工作人员太多,因此要特别致谢 Zach Brodt, David Grinnell, Miriam Meislik 和 Ashley Taylor,他们都是我几年来研究生活中的固定人物,没有他们的帮助,这个项目是不可能完成的。在耶鲁,很难想象在 Marcy Kaufman 成为研究生注册官之前,怎么会有一个历史系。Sofonias Getachew 在关键时刻协助我进行了研究。Chris Briem 是有关匹兹堡的知识的源泉,他为我指出了关键的统计问题的答案。我非常感谢 LaToya Ruby Frazier 允许我使用她的一张图片,并对那些允许我使用其图片的博物馆和档案馆表示感谢。我已尽一切努力确定版权人并获得他们对使用版权材料的许可。如有任何补充或更正应纳入本书未来的再版或版本中,我将不胜感激。

我非常感谢每一个坐下来和我谈他们自己的历史或帮我介绍这些受访者的人。我很遗憾不得不隐去一些人的名字,但我想向所有受访者和那些帮我介绍他们并让我在匹兹堡获得知识的人表达深深的谢意。我可以在这里提到的人包括 Lou Berry, Anne Brumfield, Tony Buba, Earline Coburn, Emily Eckel, Joyce Henderson, Christoria Hughes, Georgeanne Koehler、Jerry Klehm、Joseph Nagy、John Haer、Gabe Kramer、Nila Payton、Joni Rabinowitz、Kay Tillow、Rosemary Trump，和Howard Wickerham。我相信其他人能够在叙述中认出自己，并希望他们知道我是多么感激他们。

许多编辑让我有机会以详细性和学术性稍逊的方式尝试践行我的想法。为此，我特别感谢Charles Petersen。我还要感谢Steve Fraser、Mark Krotov、Natasha Lewis、David Marcus、Laura Marsh、Marco Roth，尊敬的Nikil Saval、Nick Serpe和Tim Shenk。Alex出版社在完成这本书时容忍了我不规律的日程安排。

在哈佛大学出版社，Andrew Kinney从一开始就给了这个项目以支持和热情，并对它的完成起到了关键作用。我也感谢Olivia Woods和Mihaela Pacurar为使本书出版成为现实所做的工作，以及同行评审员的敏锐评论。感谢Isabelle Lewis出色的地图制作，感谢Eli Cook的联系。我要感谢James Brandt，他出现在这里，是因为他在哈佛大学出版社工作，当然他也就本书提供了有用的建议，但尤其要感谢他和我分享音乐、远足、啤酒和友谊。

如果不是因为我多年来为争取承认地方33-联合工会（前身为GESO）而进行的斗争，我就不会是现在的我，也不会像现在这样看待历史。这场斗争将我与耶鲁大学的几代工会成员、组织者、工人和知识分子联系起来。我想特别提到Abbey Agresta、Alyssa Battistoni、Ally Brantley、Kate Brackney、Jeffrey Boyd、Camille Cole、Robin Dawson、Charles Decker, Sarah Ifft Decker, Lena Eckert-Erdheim, Andrew Epstein, Ted Fertik, Max Fraser, Adom Getachew, Kelly Goodman, Aaron Greenberg, Stephanie Greenlea, David Huyssen, Kate Irving, Matt Keaney, Jamicia Lackey, Chris McGowan, Lukas Moe, Michelle Beaulieu-Morgan, Brais Outes-León, Evan Pease, Julia Powers, Hari Ramesh, Justin Randolph, Mary Reynolds, Mark Rivera, Paul Seltzer, Emily Sessions, Anita Seth, Tif Shen, Sam Snow, Josh Stanley, Simon Torracinta, James Super, Susan Valentine, Lindsay Zafir, 以及更广泛的工会大家庭, 包括 Eddie Camp, John Canham-Clyne, Ellen Cupo, Frank Douglass, Antony Dugdale, Ian Dunn, Sarah Eidelson, Connie Ellison, JJ Fueser, Marcy Kaufman, Melissa Mason, Yuval Miller, Adam Patten, Jesse Seitel, Margaret Sharp, 以及 Ella Wood。正是由于我和这群人在一起的时间，我才知道 Eugene Debs 在谈到"与同志握手时的狂喜"时是什么意思。

还有几个人发挥的非常重要的作用，超出了上面提到的一切。Nicole Wires 是一位同志和朋友，有着令人难以想象的——甚至是令人讨厌的——献身精神；我很感激她对全世界的关怀。Maggie Doherty 阅读了这份手稿的大部分内容，以及我所写的其他大部分内容。我从她那里学到了很多东西，如果我们不认识对方，就不会有今天的我。我与 Alyssa Battistoni 的友谊不同于我生命中的任何其他友谊，这种近乎持续的对话现在已经达到了 16 年。我认为我们一直都在做同样的工作。

我的伴侣 Adom Getachew 通过阅读和评论帮助我磨砺和改进这本书，但更重要的是她在我生命中的存在。我试图完成一些配得上她的高标准承诺和正直的事情，使我和她在一起的好运不至于德不配位。我的姐妹 Carmen Winant 和 Johanna Winant 一直是我们这一代人中为建立有意义的精神生活而奋斗的伙伴。在这个项目的最后一年，我失去了祖父母 Melvin 和 Yvonne Rogow。与 Dé Winant 和已故的 Karl Winant 一道，他们将我与下东城和布鲁克林、阿姆斯特丹和维也纳联系在一起；除此之外，还有国际妇女和平与自由联盟、意第绪社会主义*以及犹太维也纳的知识传统。换句话说，他们不仅在族谱上，而且在历史上都是我的前辈，我已经尽我所能来继承这一传统。最重要的是，我应该感谢我的父母 Deborah Rogow 和 Howard Winant，这本书是献给他们的。他们已经听过和阅读了无数次在这里所写的内容，并为之提供了无尽的支持和爱。这个项目或多或少是关于他们的，关于他们创造的世界以及他们在其中给予我的位置。

---

* 意第绪语是德国莱茵兰地区犹太人所使用的语言，后来这支犹太人扩散到中东欧很多地方，成为世界犹太人的主体。20 世纪移民美国的犹太人也主要讲意第绪语。在 20 世纪 20 年代的苏联，意第绪语被认为是与代表资产阶级的希伯来语相对的"犹太无产阶级"语言。

索 引

(条目中数字为原书页码,请参考本书边码)

Abel, I. W., 阿贝尔, 185

Acemoglu, Daron, 达伦·阿塞莫格鲁, 229

Action Coalition of Elders, 老年人行动联盟, 176

Ad Hoc Committee of Concerned Black Steel Workers, 关注黑人钢铁工人的特别委员会, 124

Administrators, 管理人员, and collective bargaining, 与集体谈判, 153-156, 239; and hospitals, 与医院, 14, 136, 149, 169, 248, 252; and long-term care, 与长期护理, 238, 254; and new health care technologies, 与新的医疗技术, 229, 242; and "rise of administrators" in 1970s and 1980s, 与20世纪70年代至80年代"管理人员的崛起", 171, 174—175, 199; and VA, 与退伍工人协会, 167; and War on Poverty, 与扶贫斗争, 124, 125

affirmative action, 平权行动, 124, 183, 213

aging, 老龄化, 16, 21, 102; and steel workforce, 与钢铁业劳动力, 147, 173, 196, 217; and transformation of Pittsburgh's political economy, 与改造匹兹堡的政治经济, 220, 224, 228, 234, 243

Aid to Families with Dependent Children (AFDC), 对有受抚养子女家庭的援助, 191, 193, 204

Albright, R. A., R. A. 奥尔布赖特, 145

Alcoa, 阿尔科阿, 34

alienation, 异化, 50, 61, 71

Aliquippa, 阿里基帕, 114, 183; and Aliquippa Hospital, 以及阿里基帕医院, 174, 203, 230, 249-250, 252; and deindustrialization, 与去工业化, 187, 189, 201, 217, 252

Allegheny Conference on Community Development (ACCD), 阿勒格尼社区发展会议, 106, 209

Allegheny County, 阿勒格尼县, 6; and aging of population, 与人口老

龄化, 160; 168, 173—175, 196; and civil rights, 与公民权利, 101, 127; and crisis of late 1970s, 与20世纪70年代末的危机, 194, 197, 198, 200, 201, 204; and decline of steel industry, 与钢铁工业的衰落, 20, 29, 209; and hospitals, 与医院, 141, 150, 167, 168, 251, 262; and increasing centrality of health care, 与医疗保健的日益中心化, 207, 210—214, 231, 235, 243, 249; and unemployment, 与失业, 187—190, 192

Allegheny County Hospital Development Authority, 阿勒格尼县医院发展局, 167

Allegheny County Mental Health / Mental Retardation Program, 阿勒格尼县精神健康/智力迟钝项目, 200

Allegheny General Hospital, 阿勒格尼综合医院, 243—244, 250—251

Allegheny Health Education and Research Foundation (AHERF), 阿勒格尼健康教育与研究基金会, 251

Allegheny River, 阿勒格尼河, 29, 249

American Federation of Technical Employees, 美国技术雇员联合会, 151

American Hospital Association, 美国医院协会, 14, 145, 157, 158

American Medical Association, 美国医学协会, 145, 226

American Standard, 美国标准石油公司, 40, 65

Andersz, Sarah, 萨拉·安德兹, 108

Appalachia, 阿巴拉契亚, 8, 28

Association of Pittsburgh Priests, 匹兹堡教士协会, 176

automation, 自动化, 4, 16, 73, 102, 239

Bales, Robert F., 罗伯特·贝拉, 68

Barr, Joseph, 约瑟夫·巴尔, 123

Bartus, John, 约翰·巴图斯, 50

basic oxygen furnace technology, 氧气顶吹转炉技术, 34, 38, 181—182

Begala, Paul, 保罗·贝加拉, 247

Bell, James, 詹姆斯·贝尔, 153, 154

Berlant, Lauren, 劳伦·贝兰特, 97

Berry, Lou, 卢·贝里, 120, 179, 180, 256—258, 262; See also Coburn, Earline, 另见艾琳·科本

Beverly Enterprises, 贝弗利创业, 235, 236, 238

Black Power movement, 黑色力量运动, 16, 123, 131

Black Construction Coalition (BCC), 黑人建筑联盟, 122, 123

Blue-Collar Marriage,蓝领阶层的婚姻,72

Blue Cross,蓝十字会:and crisis of early 1980s,与80年代初的危机,203,207;and debt-financing of hospital expansion,与医院扩张的债务融资,168,209;early history of Blue Cross of Western Pennsylvania,西宾州蓝十字会的早期历史,139—141;and failure of Clinton's health care reform efforts,与克林顿医疗改革努力的失败,247;and high health care utilization rates by steelworkers,与钢铁工人的高医疗利用率,158-160,224;and hospital workers' collective bargaining,与医院工人的集体谈判,156;merger with Blue Shield,与蓝盾公司合并,250;and 1990s,与90年代,248;merger with Highmark,与海马克公司合并,251;and push back against DRGs,对按"诊断相关组"付费的反击,227;and USWA,与美国钢铁工人联合会,144—148,163

Bodak, Leonard,伦纳德·博达克,130

"boilermaker"(drink),"锅炉制造者"(饮料),52

Boland, Rose,罗斯·博兰,76

bond market,债券市场,167,168,170,171,175,208

Boy Scouts,童子军,40

Braddock(town),布拉多克(镇):and African American community,与非裔美国人社区,179,205;and aging of population,与人口老龄化,160;and Braddock Hospital,与布拉多克医院,152,205,230—231,244,245,248—250,252,254,261—262;and racism,与种族主义,109,112,114,120;and working-class everyday life,与工人阶级的日常生活,78,95,115,119

Branca, Ronald,罗纳德·布兰卡,141,142

Brenner, M. Harvey,哈维·布伦纳,200

Briem, Christopher,克里斯托弗·布里姆,195

Broward County(FL),布劳沃德县(佛罗里达州),21,196

Brown, Bertram,伯特伦·布朗,202

Brown, Homer,荷马·布朗,107

Browning, Sharon,莎朗·布朗宁,194—195,213—214

Brumfield, Anne,安妮·布鲁姆菲尔德,232

Bureau of Labor Statistics(BLS),劳工统计局,66

bureaucracy,官僚主义,42,44,184

"bureaucratic despotism","官僚专制主义",60

business cycle, 经济周期, 12, 29, 35, 86

Business Week, 《商业周刊》, 60, 66

capital flight, 资本外逃, 16

care economy, 照护经济, 2—7, 23, 141, 166, 210, 219

Carnegie, Dale, 戴尔·卡内基, 42

Carnegie Mellon University 卡内基-梅隆大学, 123

Carrie Furnace, 卡利高炉, 78, 200, 202

cartel, 卡特尔, 38

Carter, Carol, 卡罗尔·卡特, 74

Carter, Jimmy, 吉米·卡特, 225

Carville, James, 詹姆斯·卡维尔, 247

Casey, Bob, 鲍勃·凯西, 246

Cathcart, H. Robert, 罗伯特·卡斯卡特, 169

Catholicism, 天主教: and Committee to Improve Kane Hospital, 与改善凯恩医院委员会, 176; and Duquesne University, 与杜肯大学, 129; and fight against "socialized medicine," 与反对"社会化医疗"的斗争, 139; and labor politics, 与劳工政治, 136; and public-private welfare state, 与公私联合的福利国家, 150; and racism, 与种族主义, 163; and reproductive politics, 与生育政治, 88, 128; and working-class community, 与工人社群, 65, 93, 215

Catholic Hospital Association, 天主教医院协会, 139

Caute, David, 大卫·科特, 10

Central Medical Health Services, 中央医疗卫生服务机构, 165

Central Medical Pavilion (CMP), 中央医疗馆, 165—166

Chicago, 芝加哥, 8, 34, 100, 112, 120, 176, 184, 185, 206, 225, 261

Chinitz, Benjamin, 本杰明·奇尼茨, 40

Chrononormativity, 时序规范性, 50; See also Freeman, Elizabeth, 另见伊丽莎白·弗里曼

Churches, 教会: and African American politics, 与非裔美国人的政治, 127, 164; and volunteerism, 与志愿服务, 72, 116, 117, 149; and white working-class culture, 与白人工人阶级文化, 99, 109, 119, 129, 133, 215

Citizens Against Inadequate Resources, 反对资源不足公民组织, 126

Citizens Against Slum Housing (CASH), 反对贫民窟住房公民组织, 126

citizenship, 公民身份, 23, 66, 156, 157, 176

citizenship, social, 社会公民权: and collective bargaining, 与集体谈判, 12, 61, 62; deindustrialization and, 去工业化与社会公民

权，134，148；differential access to and racial disparities，有区别的获得途径与种族差异，116，155，179；and family，与家庭，96，99；and guaranteed access to health care，与获得医疗照护保障，136，137，139，158

Clairton（town），克莱顿（镇），51，114，115，141，183，212

Clairton Works，克莱顿工厂，29，98，119，185

Clinton, Bill，比尔·克林顿，247

Coal，煤炭，9，79，130，150，231，239：and coal dust，与煤烟，78；and geography of coal-mining towns，与采煤镇的地理，20；and introduction of surface mining，与地面采矿的引进，16；and steel-making process，与炼钢过程，28—29，184；See also coke，另见焦炭

Coburn, Earline（see Berry），艾琳·科本（见贝里）：and description of understaffing of hospitals，与对医院人员不足的描述，254；and discussion of childhood，与对童年的讨论，107，179，180；and discussion of residential segregation，与对居住隔离的讨论，100；and discussion of survival skills imparted by older family members，与对老年家庭成员传授的生存技能的讨论，80，81，94；and entry into nursing profession，与进入护理行业，152，214

Cohen, Lizabeth，丽莎贝丝·科恩，66

Cohen, Wilbur，威尔伯·科恩，146

coke，焦炭，9，185：coke oven workers，焦炉工人，48，50，51，103；as ingredient in steel-making process，作为炼钢过程中的成分，28—29，32；and predominance of Black workers in coke ovens，与焦炉中黑人工人的主导地位，103，183；See also coal，另见煤炭

Cold War，冷战，8，13，33，36

collective bargaining，集体谈判：and deindustrialization，与去工业化，181；and health insurance，与健康保险，137，224；and hospital workers，与医院工人，153，156，158；and New Deal，与新政，8；and 1949 bargaining agreement in steel，与1949年的钢铁谈判协议，140；and shaping of postwar welfare state，与战后福利国家的形成，10—15，136，139，150；and USWA，与美国钢铁工人联合会，33，36，60—61

Colville, Bob，鲍勃·科尔维尔，174

Committee on Economic Security，经济安全委员会，12

Committee to Secure Justice for Hospital Workers，为医院工人争取正义委员会，153

steel strike of 1959，与1959年的钢铁业罢工，86

debt financing，债务融资，167

Deindustrialization，去工业化：and health care，与医疗保健，18，19，260；as historical process，作为历史进程，17，21，134，245；and technological unemployment，与技术性失业，185；and welfare state，与福利国家，181；and working-class community，与工人阶级社区，99

Denenberg, Herbert，赫伯特·登伯格，166

Denominational Ministry Strategy，教派战略，190

Department of Health and Human Services（HHS），卫生与公共服务部，223—226

Department of Public Assistance，公共援助部，127

Detre, Thomas，托马斯·德特雷，245—246，248

Detroit，底特律：and African American kinship networks，与非裔美国人的亲属关系网，120；in comparison with Pittsburgh，与匹兹堡相比，34，100，102，112，159，182；and deindustrialization，与去工业化，195，206；and growth of health care and social assistance sector，与保健与社会援助部门的增长，5，6；and New Deal order，与新政秩序，8

diagnostic related groups（DRGs），诊断相关组，226，227

Dillard, Annie，安妮·迪拉德，38，40

Discipline，纪律：and social policy，与社会政策，11，15；and collective child-rearing，与集体育儿，121；discipline slips，纪律滑坡，43，54，62—63；and domesticity，与家庭性，70—75，84，89—96；of the market，市场的，227；in steel workplace，在钢铁业工作场所，26，41，238，239

disinvestment，撤资，16，107，125，202，245

divorce，离婚，195，214

Dohanic, Pete，皮特·多哈尼克，46，47

domesticity，家庭性，64，73，77，78，80，96，116，222

domestic emigration，国内移民，195

domestic violence，家庭暴力，200，201

domestic work，家务劳动，90，116，152，179，223，232

Donora，多诺拉，114，120

Dravo，德拉沃公司，34

Dravosburg，德拉沃斯堡，58，86

dualization of economy，经济的二元化，2；See also polarization of economy，另见经济的两极化

Dues Protest Committee（DPC），会费

抗议委员会, 56, 59
Duquesne (town), 杜肯 (镇), 29, 52, 78, 108, 114, 193, 207, 217, 235
Duquesne University, 杜肯大学, 122, 129, 130
Duquesne Works, 杜肯工厂, 86; and installation of basic oxygen furnace, 与安装氧气顶吹转炉, 181; and management, 与管理, 40—44, 47, 53—57; and Pete Dohanic case, 与皮特·多哈尼克案, 46; and plant closure of 1984, 与1984年的工厂关闭, 188, 193, 235; and protest of sexual harassment by women workers, 与女工对性骚扰的抗议, 183; and racism, 与种族主义, 48; and unsanitary facilities, 与不卫生的设施, 45
Dvorsky, Joe, 乔·德沃斯基, 53

Eckel, Emily, 艾米丽·埃克尔, 176
Edgar Thomson Works, 埃德加·汤姆森工厂, 29, 78, 179, 187
Edwards, Herb, 赫伯·爱德华兹, 48
efficiency, 效率, 2, 11, 39, 52, 80, 145, 235
Eisenhower, Dwight D. 德怀特·艾森豪威尔, 36, 60, 62
Equal Employment Opportunity Commission, 平等工作机会委员会, 103

Esping-Andersen, Gøsta, 考斯塔·艾斯平-安德森, 3
Experimental Negotiating Agreement (ENA), 实验性谈判协议, 181, 183

Fair Labor Standards Act, 《公平劳动标准法》, 15
Falk, Isidore, 伊西多尔·福尔克, 143—144
Family, 家庭: and African American families, 与非裔美国人家庭, 78—81, 98, 108, 109, 111, 119, 120, 179; and aging of Pittsburgh population, 与匹兹堡人口老龄化, 160, 194, 197; and deindustrialization, 与去工业化, 175, 181, 188, 191, 199, 201, 213; and gender, 与性别, 70—75, 84, 85—90, 92—97; and health care, 与保健, 150, 162, 184, 220; and "like a family" ethos in health care sector, 与医疗照护部门的"亲如家人"精神, 135—136, 158, 161, 163, 230, 258; and patriarchal family-wage liberalism, 与父权制的家庭-工资自由主义, 11, 13—15, 18, 19; and racism, 与种族主义, 164; and reproductive labor, 与再生产性劳动, 195, 214, 222, 223, 234, 240, 241; and steel strike of 1959, 与1959年的钢铁业罢工, 58—59; and steel-

workers' wages, 与钢铁工人的工资, 82; and survival strategies during economic downturns, 与经济衰退期间的生存策略, 115, 189; and War on Poverty, 与反贫困斗争, 125, 132; and white ethnic steelworkers, 与白人钢铁工人, 118, 130, 150, 215; and working-class everyday life, 与工人阶级的日常生活, 41, 50, 63—69, 83

Fass, Paula, 保拉·法斯, 90, 95

Federal Reserve, 美联储, 186

feminism, 女权主义, 11, 66, 127—128, 133, 176, 240, 241

Fields, Harriet, 哈丽特·菲尔兹, 128

Finkelstein, Amy, 艾米·芬可斯坦, 229

fiscal crisis of state, 国家的财政危机, 16

"fissuring" of workplace, 工作场所的"撕裂", 1, 2, 15

Flagiello v. Pennsylvania Hospital, 弗拉杰罗诉宾夕法尼亚医院案, 150

Flaherty, Pete, 皮特·弗莱厄蒂, 132, 174

Florida, 佛罗里达州, 6, 88, 195

Foerster, Thomas, 托马斯·福斯特, 173, 174

food stamps, 食品券, 18, 119

foremen, 工头, 25, 32, 42—45, 53, 55, 62, 102, 183

Fraternal Order of Eagles, 老鹰兄弟会, 149

Freeman, Elizabeth, 伊丽莎白·弗里曼, 50

Freedom House Ambulance Service, 自由之家救护车服务, 165

Frick Hospital (Henry Clay Frick Community Hospital), 弗里克医院（亨利·克莱·弗里克社区医院）, 219, 221, 227

fringe benefits, 附加福利, 11, 36

Gaydos, Joseph, 约瑟夫·盖多斯, 149, 173

Gender, 性别：and African American women's organizing, 与非裔美国妇女的组织 128, 155; and community labor, 与社区劳动, 116—117; and deindustrialization, 与去工业化, 17, 180, 184, 216; and division of labor, 与劳动分工, 35; and household, 与家庭, 68, 74—75, 95; and housework, 与家务, 71, 91; and 1959 steel strike, 与1959年钢铁业罢工, 58—59; and postwar welfare state, 与战后福利国家, 11, 15; and reproductive labor, 与再生产性劳动 3, 240, 252, 257; and work in health care sector, 与在医疗照护部门工作, 136, 213—214, 220, 239, 252

general strike of 1946, 1946年的大罢工, 9, 35

generational warfare, 代际之间的战争, 23

Gephardt, Richard, 理查德·格法特, 225

ghettos, 贫民窟, 101, 115, 118

ghettoization, 贫民窟化, 112

Glen-Hazel housing project, 格伦-哈泽尔住宅项目, 112—113

Gilded Age, the, 镀金时代, 18

Godoff, Elliott, 艾利奥特·戈多夫, 153

Goree, Henrietta, 亨丽埃塔·戈雷, 135

Gray Panthers, 灰豹, 176

Great Depression, 大萧条, 9

great exception, the, 伟大的例外, 27; See also Cowie, Jefferson, 另见杰斐逊·考伊

Great Society, the, 伟大的社会, 16, 147, 163

Greenlee, Dr. Charles, 查尔斯·格林利博士, 126, 128, 153, 164—165

Haden, Bouie, 布伊·哈登, 126, 164

Haraway, Donna, 唐娜·哈拉维, 241

Harff, Henry, 亨利·哈夫, 53

Harris, Edward, 爱德华·哈瑞斯, 52

Havrilla, Helen, 海伦·哈夫里利亚, 71, 76, 77

Hazelwood (neighborhood), 黑泽尔伍德（街区）, 108—114, 125, 130, 135

Head Start, 启智计划, 199

Health Care Financing Administration, 医疗保健融资管理局, 226

health insurance 健康保险: and collective bargaining, 与集体谈判, 136—137, 205; and failure of national health insurance proposals, 与国家健康保险提案的失败, 11, 139, 247; and postwar welfare state, 与战后福利国家, 12, 18, 140, 150, 224; See also Blue Cross; Medicaid; Medicare health maintenance organization (HMO), 另见蓝十字会；医疗补助；医疗保险健康维护组织, 120, 165—166, 224

Health Policy Institute, 卫生政策研究所, 196, 211—212, 224, 228—229

Health Systems Agency (HSA) of Southwestern Pennsylvania, 宾州西南部的卫生系统局, 172, 174, 177, 196—197

Heinz (corporation), 海因茨（公司）, 34, 40

Heinz, John, 约翰·海因茨, 206, 224, 226, 227, 246

Henderson, Joyce, 乔伊斯·亨德森, 58, 67, 77, 78, 80, 255—256

Henderson, Ray, 雷·亨德森, 78, 95, 109, 112, 119

Hennings, Arthur G., 阿瑟·亨宁斯, 170

Henry, Carol, 卡罗尔·亨利, 58, 74, 82, 108, 162, 214, 230, 240

Herrigel, Gary, 加里·赫里格尔, 33

Highmark (insurance company), 海马克（保险公司）, 250, 251; See also Blue Cross, 另见蓝十字会

Hill, David G., 大卫·希尔, 126

Hill District, 希尔区, 101, 104—105, 111, 119, 131, 156

Hill-Burton Act,《希尔-伯顿法案》139, 141

Hinshaw, John, 约翰·辛肖, 103

Hochschild, Arlie, 阿莉·霍赫希尔德, 241

Hoerr, John, 约翰·霍尔, 200, 205

Holland, Sharon Patricia, 莎伦·帕特丽夏·霍兰德, 99

Holzman, Dr. Ian, 伊恩·霍兹曼博士, 200

home care programs, 家庭护理计划: and Medicare, 与医疗保险, 148—149, 162; in 1980s, 在20世纪80年代, 234—235, 237; rapid growth in 1990s, 在20世纪90年代迅速增长, 252, 254, 256

homeownership, 房屋所有权, 66—67, 79, 100

Homestead Hospital, 霍姆斯特德医院, 148, 149, 171—172, 249

Homestead (town), 霍姆斯特德（镇）: changing demographic profile of, 不断变化的人口状况, 112, 148, 160; deindustrialization, 去工业化, 201; everyday life, 日常生活, 28; 69; 77; gender gap, 性别差距, 68; housing, 住房, 78; poverty, 贫困, 115, 194; racism, 种族主义, 100, 108, 113; schools, 学校, 114; Homestead Works: and conflict between workers and management, 霍姆斯特德工厂：工人与管理层之间的冲突, 52; closure of, 关闭, 188; and Local 1397, 与地方1397工会, 185, 190, 192; and manufacture of plate, 与板材制造, 32; and racism, 与种族主义, 103, 124; and sexual harassment, 与性骚扰, 183; and US Steel, 与美国钢铁公司, 25, 69

Homewood-Brushton, 霍姆伍德-布鲁斯顿, 101, 107, 164, 165

Homewood-Brushton Alliance, 霍姆伍德-布鲁斯顿联盟, 126, 128

Hospitals, 医院: access to as marker of social citizenship, 作为获取社会公民权标志的途径, 161; and Catholicism, 与天主教, 163; conflicts over scheduling and staffing, 在时间安排与人员配置上的冲突, 254; consolidation movement of 1980s and 1990s, 20世纪80年代与90年代的整合运动, 5, 219, 220, 230, 250—252; debt-financing of expansion, 债务融资的扩张, 167—170, 173, 208; discrimination against African American patients, 对非裔美国病人的歧视, 138, 178; drives to unionize workers, 推动工人加入工会, 14, 153—158, 240—241; and economic crisis of early 1980s, 与80年代初的经济危机, 2, 17, 203; and economic polarization of health care industry, 与医疗卫生行业的经济两极化, 242—246, 248—250, 256, 261; and expansion of union health care plans, 与工会医疗计划的扩展, 140, 141, 144—145; gendered / racialized divisions of labor, 性别/种族化的劳动分工, 35, 152, 257; growth of in post-industrial Rust Belt, 在后工业化铁锈地带的扩张, 137, 159, 160, 167, 174; and ideologies of "care work," 与"照护工作"的意识形态, 15, 16, 223, 253, 264; and inflation, 与通货膨胀, 224; investment in new technologies in 1980s, 20世纪80年代对新技术的投资, 229; and labor law, 与劳动法, 135—136; and Medicaid, 与医疗补助, 204; and Medicare, 与医疗保险, 148, 150, 207; and prospective payment system (PPS), 与预付费系统, 218, 225—228, 231; private non-profit hospitals, 私营非营利医院, 12, 137, 139; rise of administrators, 管理者的崛起, 171, 172; shift toward acute care in 1980s, 20世纪80年代向急症护理的转变, 233—236; as source of employment, 作为就业来源, 210—212; and Veterans Administration, 与退伍军人管理局, 166; and War on Poverty, 与反贫困斗争, 126; and working-class community, 与工人阶级社群, 133

Hospital Council of Western Pennsylvania, 西宾州医院理事会, 171—172, 204

household-workplace divide, 家庭与工作场所的分歧, 20

Housing and Urban Development Department (HUD), 住房和城市发展部, 131—132

Humphrey, Hubert, 休伯特·汉弗莱, 147

"Hunky Hollow", Hunky Hollow 教堂, 129

Inflation, 通货膨胀: and collective bargaining, 与集体谈判, 36, 38, 60—61, 139, 146; and fiscal austerity, 与财政紧缩, 207, 226, 228; and health care, 与医疗保健, 171—172, 211, 220, 223, 260; and public-private welfare state, 与公私联合的福利国家,

13, 169, 190, 196; and "stagflation," 与"滞胀", 186, 224

inflationary cycles, 通胀周期, 13, 36, 169

interstate commerce, 州际商业, 8, 14

interstate highway system, 州际高速公路系统, 33

Irvin Works, 欧文工厂, 29, 48, 56, 63, 76, 81, 147, 190

Irvis, Leroy, 雷罗伊·艾维斯, 156

Irwin, Marian, 玛丽安·欧文, 132

Jackson, Jesse, 杰西·杰克逊, 190, 241

Jenneve, Anne, 安妮·珍妮芙, 173

Jeter, Frankie Mae, 弗兰克·梅·杰特, 127

Jewish Home and Hospital for the Aged, 犹太养老院与医院, 152

Job Corps, 就业团, 126

job security, 就业保障, 12, 185

Job Training and Partnership Act,《职业培训与伙伴关系法》, 192

Jones & Laughlin Steel, 琼斯与洛林钢铁公司: acquisition by LTV Steel, 被沃特公司收购, 186—187; and Hazelwood neighborhood, 与黑泽尔伍德街区, 109; and housing, 与住房, 106; and Pittsburgh Works, 与匹兹堡工厂, 182; and shop-floor racism, 与车间的种族主义, 48, 82, 125;

steel production process, 钢铁生产过程, 29, 31; and working-class everyday life, 与工人阶级的日常生活, 71, 84, 89

Justice for Janitors, 清洁工人的正义, 213

Kane Hospital (John J. Kane Hospital), 凯恩医院（约翰·凯恩医院）, 167, 175

Kane Hospital: A Place to Die,《凯恩医院：蹈死之地》, 176

Kauffman's department store, 考夫曼百货公司, 212

Kefauver, Estes, 埃斯蒂斯·基福弗, 38

Kempton, Murray, 莫里·肯普顿, 153

Kennedy, John F., 约翰·肯尼迪, 102

Kennedy, Ted, 特德·肯尼迪, 225

Khrushchev, Nikita, 尼基塔·赫鲁晓夫, 36, 82

King, Coretta Scott, 科蕾塔·斯科特·金, 153—154

King, Martin Luther, Jr., 小马丁·路德·金, 107

"kitchen debate", "厨房辩论", 36

Kober, Jane, 简·科贝尔, 151

Komarovsky, Mirra, 米拉·科玛洛夫斯基, 72

Korean War, 朝鲜战争, 35

labor-management accord, 劳资协议, 27

labor movement, 劳工运动, 8, 9, 11, 65—66, 184

labor productivity monitoring system (LPMS), 劳动生产率监测系统, 254

Laborers' International Union of North America, 北美劳工国际联盟, 157

Lally, James, 詹姆斯·拉利, 173

Lawrence, David, 大卫·劳伦斯, 106

Lawrenceville, 劳伦斯维尔, 105, 131

Lawrenceville Economic Action Program (LEAP), 劳伦斯维尔经济行动计划, 130

Leech Farm, 利奇农场, 166

Leonard, Bishop Vincent, 文森特·伦纳德主教, 135

Lewin, Mary, 玛丽·莱温, 176

Lindberg, Anna Mae, 安娜·梅·林德伯格, 42

Linder, Marc, 马克·林德, 122

Llewellyn, Karl, 卡尔·卢埃林, 83

Local 1199, 1199地方工会, 135, 152, 155, 157, 239

Lower Hill, 下希尔, 98, 104—105, 107, 165

LTV Steel, 沃特公司, 186—187, 205—206; See also Jones & Laughlin Steel, 另见琼斯与洛林钢铁公司

Lyles, Helen, 海伦·莱尔斯, 135

Lynd, Staughton, 斯托顿·林德, 190

MacLeod, Gordon, 戈登·麦克劳德, 173—174, 176

male-headed household, 男户主家庭, 13, 68

Management, 管理层: conflict with hospital workers, 与医院工人的冲突, 14, 153, 221, 237—239, 250; conflicts over scheduling, 关于调度的冲突, 48, 56; conflicts regarding work rules, 关于工作规则的冲突, 55; and discipline slips, 与纪律滑坡, 54; discrimination against Black workers, 对黑人工人的歧视, 124—125; drive to increase productivity in hospitals, 提高医院生产力的动力, 253—254; drive to increase productivity in steel, 提高钢铁生产力的动力, 34, 39, 40, 42, 45, 47; fights over medical coverage, 针对医疗保险的斗争, 146; and growth of health care sector, 与医疗部门的增长, 168, 180—181, 226, 229, 234; and hospital mergers and acquisitions, 与医院的并购, 242, 243; and inflation, 与通货膨胀, 36, 38; managerial solidarity, 管理层的团结, 41, 43—44; and 1980s, 与20世纪80年代, 190, 206, 212; and 1959 steel strike, 与

1959 年的钢铁业罢工, 59, 60, 144—145; and 1970s, 与 20 世纪 70 年代, 182; and postwar labor-management accord, 与战后劳资协议, 27; and workers' resistance, 与工人的抵抗, 53

managerial offensive (1950s), 管理者的攻势 (20 世纪 50 年代), 45—47

Marathon Oil, 马拉松石油公司, 187

March on Washington, 向华盛顿进军, 147

marriage, 婚姻, 13, 15, 64, 67—71, 83, 87—88, 93, 118, 179

Marshall Plan, 马歇尔计划, 36

mass incarceration, 大众监狱, 18

McCarthyism, 麦卡锡主义, 10

McDonald, David, 大卫·麦克唐纳, 56—57, 143

McKeesport 麦基斯波特: and aging of population, 与人口老龄化, 160, 194, 203; and health care, 与医疗照护, 166; and McKeesport Hospital, 与麦基斯波特医院, 249, 250, 254; and National Tube Works, 与国家钢管厂, 32, 42, 51, 103, 147; and 1980s, 与 20 世纪 80 年代, 188, 233, 235; and racism, 与种族主义, 113—115, 183; and steel strike of 1959, 与 1959 年钢铁业罢工, 58; working-class community, 工人阶级社群, 78, 161, 260; See also National Tube Works, 另见国家钢管厂

Medicaid, 医疗补助: and the ACA, 与《患者保护和可负担医疗法》, 259; as counter-cyclical economic force, 作为反周期的经济力量, 204, 206, 224; decline of as source of hospital revenue, 作为医院收入来源的下降, 243—245; and elder care, 与老年人护理, 175; establishment of, 其建立, 137, 147; and ethos of care, 与护理精神, 163; and "health systems agencies," 与 "卫生系统局", 172; in 1980s, 在 20 世纪 80 年代, 18, 205, 234—235, 241; and privatization, 与私有化, 177

Medicare, 医疗保险: and the "chronically needy," 与 "长期性贫困", 204; establishment of, 其建立, 12, 137, 146—148; and growth of hospitals, 与医院的发展, 150, 168—169; and health care reform, 与医疗改革, 247; and inflation, 与通货膨胀, 172, 223—224, 227—228; Medicare Part D, 医疗保险处方药计划, 259; and 1980s, 与 20 世纪 80 年代, 205, 207, 231, 235, 243—244, 246; and prospective payment system (PPS), 与预付费系统, 218, 226; and "right to care," 与 "护理权", 220; share of medical costs with unions, 与工会的医疗费用份额, 151, 159

Mercy Hospital, 仁爱医院, 249: and Local 1199, 与1199地方工会, 135, 152—154, 239; and nurses, 与护士, 76—77, 215; and racism, 与种族主义, 163—164

Mering, Otto von, 奥托·冯·梅林, 132

Mesta Machine, 梅斯塔机械, 29, 34

Met Life Insurance, 大都会人寿保险公司, 165

Metzenbaum, Howard, 霍华德·梅岑鲍姆, 206

Metzgar, Jack, 杰克·梅茨加, 27, 57—58, 84—85

Midwest Academy, 中西部学院, 176

Mitchell, John, 约翰·米切尔, 60

Mittelstadt, Jennifer, 珍妮弗·米特尔施塔特, 167

Model Cities program, 模范城市计划, 131—132, 166

Monessen, 莫内森, 114—115

Mon (Monongahela) River, 蒙(莫农加希拉)河: and Duquesne Works, 与杜肯工厂, 188; and favorability of Pittsburgh area for steel manufacturing, 与匹兹堡地区对钢铁制造业的青睐, 28, 29, and racial segregation, 与种族隔离, 107, 110, 113; and South Side Hospital, 与南区医院, 173

Mon (Monongahela) Valley, 蒙(莫农加希拉)谷: and African American community, 与非裔美国人社区, 101, 107, 114; and fertility rates, 与生育率, 90; and health care as engine of local economy, 与作为当地经济引擎的医疗保健, 206, 244; and Irvin Works, 与欧文工厂, 56; and steel production process, 与钢铁生产过程, 29; and unemployment, 与失业, 102, 190, 193, 200

Monongahela (town), 莫农加希拉(镇), 120, 206

Monsour Medical Center, 孟苏尔医疗中心, 221

Montefiore Hospital, 蒙特菲奥里医院, 240, 244, 246, 249

Montgomery, David, 大卫·蒙哥马利, 153—154

Mooney, Ann, 安·穆尼, 201

Moore, Bill, 比尔·摩尔, 114

Moss, Frank, 弗兰克·莫斯, 175

Murray Manor, 默里庄园, 236—239

Musmanno, Michael, 迈克尔·穆斯曼诺, 150

Nagy, Joseph, 约瑟夫·纳吉, 176

National Association for the Advancement of Colored People (NAACP), 全国有色人种促进会, 122, 124, 130, 153

National Institutes of Health, 国家卫生研究院, 139

National Labor Relations Act (NLRA),《国家劳动关系法》, 8, 9, 15, 135, 154—155, 157

National Labor Relations Board (NLRB), 国家劳资关系委员会, 8, 11, 14

National Labor Relations Board v. Jones & Laughlin Steel Corporation, 国家劳资关系委员会诉琼斯与洛林钢铁公司案, 8—9, 15

National Tube Works (McKeesport), 国家钢管厂（麦基斯波特）, 29, 42, 103, 188

National War Labor Board, 国家战争劳工委员会, 139

nationalization of steel industry, 钢铁工业的国有化, 60

Negley House, 内格利之家, 238

Neighborhood Youth Corps, 邻里青年团, 126

neoliberalism, 新自由主义, 134, 186, 262

New American Movement (NAM), 新美国运动, 176

New Deal, 新政: and health care, 与医疗照护, 12, 14, 135, 139; and labor movement, 与劳工运动, 9, 15, 27, 61, 140; and postwar welfare state, 与战后福利国家, 8, 11, 19, 127

Nicholas, Henry, 亨利·尼古拉斯, 152—153

Nickeson, Jean, 让·尼克森, 77

The 9to5 National Survey on Women and Stress, 工作时段全国女性与压力调查, 233

Nixon, Richard, 理查德·尼克松, 36, 60, 82, 123, 132, 157, 172, 198

normative life course, 规范的生命历程, 12, 50

Noroian, Edward, 爱德华·诺罗安, 154

North American Free Trade Agreement (NAFTA), 北美自由贸易协定, 247

North Side, 北区, 101, 105, 115, 118, 243, 250

Novak, Dan, 丹·诺瓦克, 48—49, 58

Novak, Beth, 贝丝·诺瓦克, 63, 76, 81, 88

Novak, Linda, 琳达·诺瓦克, 63, 88

Nurses, 护士: and African American women, 与非裔美国妇女, 152, 179, 214; and ideologies of care, 与护理意识形态, 142, 221; and ideologies of gender, 与性别意识形态, 214—216; and Medicare, 与医疗保险, 150, 227; and resistance to cost-cutting, 与对削减成本的抵抗, 231, 232, 237; and transformation of health care work in recent decades, 与近几十年来医疗工作的转变, 257—258, 262;

steel workers, 与管理部门对钢铁工人的进攻, 55—56; and service work, 与服务工作, 216, 254, 261; and steel industry, 与钢铁工业, 36, 38—40, 44—46

prospective payment system (PPS), 预付费系统, 218—219, 225, 227—228, 240; See also Medicare, 另见医疗保险

public assistance, 公共援助, 81, 105, 119—120, 126—127, 190, 198

public housing, 公共住房, 106, 119, 127, 179

Radford, Gail, 盖尔·拉德福德, 168

RAND Corporation, 兰德公司, 180, 199

Rankin (town), 兰金(镇), 79, 107, 115

Rarick, Donald, 唐纳德·拉里克, 56, 59, 147; See also Dues Protest Committee (DPC), 另见会费抗议委员会

Reagan, Ronald, 罗纳德·里根, 190—191, 223, 225—226

recession, 衰退, 82, 87, 182, 199

recession of 1954, 1954年的经济衰退, 41

recession of 1957, 1957年的衰退, 38, 48, 57, 98

recession of 1979—1980, 1979—1980年的衰退, 186—188, 201, 204, 207—209, 223

Reibman, Jeanette, 珍妮特·莱布曼, 156

repair work, 维修工作, 32, 47, 51

retired workers, 退休工人: and home care, 与家庭护理, 162; and Medicare, 与医疗保险, 151, 159, 205; and union health insurance, 与工会健康保险, 12, 137, 143—148, 206, 246—247

Retiree Benefits Protection Act, 《退休人员福利保护法》, 206

retirement benefits, 退休福利, 12, 145, 147—148, 151, 166, 205, 206, 247

residential segregation, 居住隔离, 18, 78, 99, 100, 108—109, 131, 187

Rice, Father Charles Owen, 查尔斯·欧文·赖斯神父, 59—60

right-to-work laws, 工作权法, 9; See also Taft-Hartley Act, 另见《塔夫特-哈特莱法》

Roderick, David, 大卫·罗德里克, 187—188

Romanelli, James, 詹姆斯·罗曼尼利, 173

Romney, George, 乔治·罗姆尼, 132

Romoff, Jeffrey, 杰弗里·罗莫夫, 246, 248

Rorem, Rufus, 鲁弗斯·罗尔姆, 141

Ross, Wilbur, 威尔伯·罗斯, 206

Rostenkowski, Dan, 丹·罗斯滕考斯基, 225

Rubin, Lillian, 莉莲·鲁宾, 88

Rumsfeld, Donald, 唐纳德·拉姆斯菲尔德, 127

Sadlowski, Edward, Jr., 小爱德华·萨德洛夫斯基, 184—185

St. Adelbert's Church, 圣阿德尔伯特教堂, 116

St. Francis Hospital, 圣弗朗西斯医院, 151, 163, 201—202, 245, 249

St. Margaret's Hospital, 圣玛格丽特医院, 249—250

St. John's Hospital, 圣约翰医院, 174, 243, 249

St. Joseph Nursing and Health Care Center, 圣约瑟夫护理和保健中心, 117, 239—240

St. Michael's Church, 圣迈克尔教堂, 149

Salaj, Edward, 爱德华·萨拉吉, 26, 27, 33, 40, 43, 45, 50

Salvation Army, 救世军, 149

Santorum, Rick, 里克·桑托勒姆, 247

Saulnier, Raymond, 雷蒙德·索尼耶, 60

Schools, 学校: and austerity, 与紧缩, 199; elementary school, 小学, 59, 72, 87; and gendered labor, 与性别化劳动, 72, 75, 85, 115; high school, 高中, 25, 69, 71, 82; and racism, 与种族主义, 13, 109, 114, 115, 118, 130; medical school, 医学院, 246, 251; school strikes, 学校罢工, 212; and Trade Readjustment Act, 与《贸易再调整法》, 193; and white working-class culture, 与白人工人阶级文化, 90, 94, 119, 133, 216; and volunteerism, 与志愿服务, 116, 117

Schweiker, Richard, 理查德·施韦克, 221, 223, 225—226

Section 2-B (of steelworkers' contract), 2-B 条款（关于钢铁工人的工作契约）55, 56, 57, 60—61

security, 保障, 22, 23: and collective bargaining, 与集体谈判, 10, 136—139, 142—143, 147, 160, 178; and downturn of 1970s, 与20世纪70年代的衰退, 169, 180—181, 189, 194, 213; economic security, 经济保障, 65, 90, 94, 98—99, 114, 127; and family, 与家庭, 13, 96; and health care, 与医疗照护, 147, 153, 168, 177; job security, 工作保障, 62, 169, 185; national security, 国家安全, 60; and private-public welfare state, 与公私联合的福利国家, 3, 11, 191, 206, 220, 247; and race, 种族, 128—129, 163, 179; and social citizenship, 与社会公民权, 12, 14, 15, 18, 27; and working-class community, 与工人阶级社区, 109, 113, 115—119, 133; See also Social Security, 另见社会保障

Sedgwick, Eve Kosofsky, 伊芙·科索夫斯基·塞奇威克, 64

Senate Special Committee on Old Age, 参议院老年问题特别委员会, 226

Senate Subcommittee on Antitrust and Monopoly, 参议院反垄断与垄断小组委员会, 38

seniority rights, 年资制: and aging of steel work-force, 与钢铁工人队伍的老龄化, 21; and deindustrialization, 与去工业化, 188; and health insurance, 与健康保险, 144, 189, 204; and racism, 与种族主义, 101—102, 122, 124, 181, 183

secular crisis of manufacturing, 制造业的普遍危机, 16, 17

service work, 服务工作, 73, 152, 216; and social citizenship, 与社会公民权, 12, 137, 150; and working class life cycle, 与工人阶级的生命周期, 25, 48, 87, 194

Service Employees International Union (SEIU), 服务雇员国际联盟, 236

Seybert, Pat, 帕特·西伯特, 75

Shadyside Hospital, 沙迪赛德医院, 238, 243, 249—250

Shadyside Manor, 沙迪赛德庄园, 238

Shafer, Raymond, 雷蒙德·沙弗, 156

Sidberry, Vernon, 弗农·西德伯里, 53

Sigmond, Robert M., 罗伯特·西格蒙德, 171

Sisters of Charity, 慈善修女会, 164

Skocpol, Theda, 西达·斯考切波, 247

Sloan, Martha, 玛莎·斯隆, 88—89

Smith, Lucille, 露西尔·史密斯, 74

Smith, Nate, 内特·史密斯, 124

social reproduction, 社会再生产: and deindustrialization, 与去工业化, 19, 220, 225; and health care, 与医疗保健, 22, 17, 251—252, 260; and Pittsburgh working class, 与匹兹堡工人阶级, 21, 119, 188; and postwar welfare state, 与战后福利国家, 15, 217; and WROAC, 与阿勒格尼县福利权利组织, 128

Social Security, 社会保障, 81, 105, 137, 143, 172, 189

Sopko, Andrew, 安德鲁·索普科, 190

South Side (neighborhood), 南区(街区): and aging population, 与老龄人口, 160; and 1980s, 与20世纪80年代, 191; and public housing, 与公共住房, 106; and

索引 *483*

racial conflict, 与种族冲突, 114, 130; and working-class culture, 与工人阶级文化, 26
South Side Hospital, 南区医院, 172—173, 249, 250, 252
stagflation, 滞胀, 16, 38, 186, 224
Staisey, Leonard, 伦纳德·斯塔西, 167
standard of living, 生活标准, 27, 65—66, 71, 82
Stankowski, Edward, Jr., 小爱德华·斯坦科夫斯基, 26, 42, 50, 61, 96, 102, 129, 187
Stark, Nathan, 内森·斯塔克, 171
Stawicki John, 约翰·斯塔维奇, 46
steel strike of 1959, 1959年钢铁业罢工, 35, 54; and bifurcation of social citizenship, 与社会公民权的分化, 61, 144—145; economic hardship resulting for workers, 对工人造成的经济困难, 58, 81; effects of in 1960s, 20世纪60年代的影响, 181; Eisenhower administration's efforts to settle, 艾森豪威尔政府为解决这个问题所做的努力, 60; and gender, 与性别, 96; and "kitchen debate," 与"厨房辩论", 82; lead-up to strike, 罢工的前奏, 57
steel-toed boots, 钢趾靴, 45
Stone, Robert Rade, 罗伯特·拉德·斯通, 173

suburbs, 郊区, 20, 66, 78, 101, 108, 112, 187, 212, 247
suicide, 自杀, 201
Sullivan, Daniel, 丹尼尔·沙利文, 200
Supreme Court of Pennsylvania, 宾州最高法院, 14, 150
Supreme Court of the United States, 联邦最高法院, 8, 62

Tadiar, Neferti, 奈费尔蒂·塔迪尔, 240
Taft-Hartley Act, 《塔夫特-哈特莱法》, 9, 10, 14—15, 60
Taft, Robert, Jr., 小罗伯特·塔夫特, 157—158
Tax Equity and Fiscal Responsibility Act (TEFRA) of 1982, 1982年《税收公平和财政责任法案》225—226, 231
teachers' strike (1968), 教师罢工 (1968), 156
Thomas Merton Center, 托马斯·默顿中心 176
Thompson, E. P., E.P.汤普森, 72
Thornburgh, Richard, 理查德·索恩堡, 191, 208, 246
Three Rivers Stadium, 三河体育场, 122, 123
time, 时间: and care work, 与护理工作, 22, 117, 161, 216—217, 235, 238; and domestic routine, 与家庭日常事务, 72, 73; and eve-

ryday life, 与日常生活, 66, 69; and the life cycle, 与生命周期, 13, 64; and managerial discipline, 与管理纪律, 44, 46, 56, 238, 239; and reproductive labor, 与再生产性劳动, 74—79, 86—96, 118, 195, 197; and resistance, 与抵抗, 45, 53, 55, 234; and time sheets, 与时间表, 237; and women workers as producers of, 与作为生产者的女工, 136, 199, 240, 241; and the working day, 与工作日, 51—52

time cards, 考勤卡, 52—53

Tomayko, John, 约翰·托梅科, 145

Trade Readjustment Act (TRA), 《贸易再调整法》, 193

transplant surgery, 移植手术, 230, 242, 255

trilemma, 三难困境, 2, 3, 216

Tri-State Conference on Manufacturing, 三州制造业会议, 190

Tronto, Joan, 琼·特朗托, 241

Trotskyism, 托洛茨基分子, 56

Trotter, Joe, 乔·特罗特, 101, 163

Truman, Harry S., 哈里·杜鲁门, 36, 60

Tydings, Millard, 米拉德·泰丁斯, 14—15

Unemployment, 失业: and deindustrialization, 与去工业化, 199—202; and gender, 与性别, 222; and health care, 与保健, 16, 204; and management offensive against unions in 1980s, 与20世纪80年代管理层对工会的进攻, 212—213; and new technologies, 与新技术, 102, 184; and policy trilemma, 与政策三难, 2, 3, 216—217; and racial disparity, 与种族分裂, 110, 152, 182; and replacement of high-wage industrial jobs with low-wage service industry jobs, 与低工资服务业岗位对高工资制造业岗位的替代, 180; and social citizenship, 与社会公民权, 12; and stagflation, 与滞胀, 38, 186; and transformation of labor in neoliberal era, 与新自由主义时代的劳动力转型, 4; and unemployment insurance, 与失业保险, 190, 193; and "Volcker shock," 与"沃尔克冲击", 186—189; and working-class community, 与工人阶级社群, 77, 99

unemployment insurance, 失业保险, 190

union density, 工会覆盖率, 9

United Food and Commercial Workers, 食品和商业工人联合会, 212

United Negro Protest Committee, 黑人联合抗议委员会 (UNPC), 121, 122

United Electrical Workers (UE), 电气工人联合会, 10

United Movement for Progress, 联合进步运动, 128, 164

United Steelworkers of America (USWA), 美国钢铁工人联合会: bureaucratic character of, 的官僚主义特征, 56; and decline of steel industry, 与钢铁工业的衰退, 190, 200; and geography of steel industry, 与钢铁工业的地理, 34; and health care, 与医疗照护, 141—148, 205; and postwar order, 与战后秩序, 26, 65; and price-setting, 与价格制定, 33; strikes, 罢工, 35, 60; and racism, 与种族主义, 124

University Health Center (UHC), 大学健康中心, 170—171

University of Pittsburgh, 匹兹堡大学, 132, 136, 153, 170, 224, 229, 242—246

University of Pittsburgh Medical Center (UPMC), 匹兹堡医疗中心, 1, 249, 261

Urban Institute, 城市研究所, 188

Urban Redevelopment Agency (URA), 城市重建局, 106—107

urban renewal, 城市更新, 33, 106, 107, 119, 125, 132

US Senate Committee on Aging, 美国参议院老龄化小组委员会, 147

US Steel, 美国钢铁公司, 29, 179, 181, 183, 187, 188, 190, 206, 213

Veterans Administration (VA), 退伍军人管理局, 166—167

volunteerism, 志愿服务, 116

Volcker, Paul, 保罗·沃尔克, 186, 228

Wachter, Till von, 蒂尔·瓦赫特, 200

Wagner-Murray-Dingell Bill, 《瓦格纳-默里-丁格尔法案》, 139

Wallace, George, 乔治·华莱士, 123, 132

Wallace, Henry, 亨利·华莱士, 10

War on Poverty, 反贫困斗争, 16, 125—126, 128, 147, 164—165

Warrick, Joanne, 乔安妮·沃里克, 232

Washington, Mary, 玛丽·华盛顿, 213—214

Welfare Rights Organization of Allegheny County (WROAC), 阿勒格尼县福利权利组织, 127—128

welfare state 福利国家: and carceral state, 与监狱国家, 194; collapse of, 的崩溃, 241; and failure of health care reform, 与医疗改革的失败, 247; and fiscal austerity, 与财政紧缩, 230; and generational tensions, 与代际冲突, 23; and health care, 与医疗照护, 153, 158, 177, 205, 220—224; and industrial decline, 与工业衰退, 4, 21, 180—181, 189; as "military welfare state,"作为"军事福利国家",167; and organized labor, 与有组织的劳工, 10—19, 146—148, 150; and presumption of male breadwinner-headed household, 与男性养家糊口者为户主的假设, 99, 138; public-private character of, 公私联合的特点, 3, 127, 150, 208, 217, 260; and race, 与种族, 73, 178

Western Psychiatric Institute, 西部精神病院, 122, 152, 242, 249

West Penn Hospital, 西宾州医院, 152, 249

Westinghouse, 西屋公司, 10, 34, 40

white ethnics, 白种人, 108

white flight, 白人逃离, 100, 107, 108, 112, 148

whiteness, 白人, 94, 118, 129, 131

White House Conference on Effective Uses of Woman-power, 白宫关于有效利用女性力量的委员会, 67

Wickerham, Howard, 霍华德·威克汉姆, 25—27, 33, 42, 43, 51, 52, 58

Wideman, John Edgar, 约翰·埃德加·魏德曼, 101

wildcat strikes, 野猫罢工, 47, 53—54, 56

Williams, Melvin, 梅尔文·威廉姆斯, 119—121

Wilson, August, 奥古斯特·威尔逊, 101, 103

Wofford, Harris, 哈里斯·沃夫德, 246—247

Woll, E. J., E. J. 沃尔, 55

workfare, 工作福利, 191

workplace injuries, 工伤, 51, 77, 98, 239

Worlds of Pain (Rubin),《痛苦的世界》(鲁宾), 88

women's work, 女性的工作, 67, 72, 102

Woodring, E. R., E. R. 伍德林, 50

Workingman's Wife,《工人的妻子》, 67, 80

Yale University, 耶鲁大学, 225—227

Yatzko, Joe, 乔·雅兹科, 26

Young Lords,《年轻的领主》运动, 16

Yurcon, Anne, 安妮·尤尔孔, 28